U0447547

国家社科基金青年项目
"锡良与清末新政研究"(13CZS055)结项成果

进退失据

旗人总督锡良与清末新政

潘崇 著

中国社会科学出版社

图书在版编目（CIP）数据

进退失据：旗人总督锡良与清末新政/潘崇著.—北京：中国社会科学出版社，2022.8

ISBN 978-7-5227-0724-2

Ⅰ.①进… Ⅱ.①潘… Ⅲ.①锡良—人物研究②政治制度史—研究—中国—清后期 Ⅳ.①K827=52②D691.2

中国版本图书馆 CIP 数据核字（2022）第 145838 号

出 版 人	赵剑英
责任编辑	吴丽平
责任校对	李 剑
责任印制	李寡寡

出　　版	中国社会科学出版社
社　　址	北京鼓楼西大街甲 158 号
邮　　编	100720
网　　址	http://www.csspw.cn
发 行 部	010-84083685
门 市 部	010-84029450
经　　销	新华书店及其他书店
印　　刷	北京明恒达印务有限公司
装　　订	廊坊市广阳区广增装订厂
版　　次	2022 年 8 月第 1 版
印　　次	2022 年 8 月第 1 次印刷
开　　本	710×1000　1/16
印　　张	28.5
字　　数	430 千字
定　　价	158.00 元

凡购买中国社会科学出版社图书，如有质量问题请与本社营销中心联系调换
电话：010-84083683
版权所有　侵权必究

序

清末新政下一位蒙旗官员的再认识

清末新政是对清政府在其统治的最后十年（1901—1911）所进行的各项改革的总称。这次改革是继洋务运动和戊戌变法之后，清政府发动的第三次也是最后一次改革运动，其力度远远超出前二次改革，内容涉及政治、经济、军事、文化教育与社会生活等领域的变革，是晚清历史上一场比较完整意义上的现代化运动，也是中国由古代封建王朝国家向现代国家转型和过渡的一个关键时期。清末新政改革虽然没有成功实现这一重要转型和过渡，并以清朝的灭亡而告终，但其成果却多被继承，成为中国现代国家生成的重要一环，对清末民初历史产生深远影响。

由于清末新政改革在历史上的重要性，自20世纪80年代改革开放以来，清末新政史的研究开始受到学界的重视，并在2001年之后成为晚清史和中国近代史研究中的一门"显学"。[①] 依我看来，在新政史研究成绩斐然的情形下，潘崇这部系统考察蒙旗官员锡良在清末新政改革中的作为及其困境和命运的学术著作，丰富了地方督抚与清末新政关系的研究，具有以下特殊意义和学术价值。

首先，锡良在清末的为官遭遇及命运反映了一位游离在清朝政治派

---

① 有关国内外清末新政史的研究，请参见崔志海《建国以来的国内清末新政史研究》（《清史研究》2014年第3期）和《国外清末新政研究专著述评》（《近代史研究》2003年第4期）。

系和权力集团之外的勤政为民的"循吏"官员的从政处境和生存状态。朋党和派系政治是中国封建官僚政治一个挥之不去的痼疾和阴影。在清末政治派系和权力集团中,锡良除了其蒙古镶蓝旗贵族身份,似不归属任何政治派系或集团。一方面因不属任何派系或集团,缺乏奥援,导致其早年仕途并不顺畅,在山西州县官任上就长达20年之久,且在1903年出任四川总督之前,仕途始终颠簸:先是在晋抚任上因其积极备防及与主张排外的山东巡抚李秉衡的关系遭列强反对,于1901年初被清廷开缺,并改任湖北巡抚亦不果,勉强赴任与外事和新政无关的河东河道总督这一"闲曹"。至1902年初好不容易履任河南巡抚职,又因发生泌阳教案遭外人不满,不及半年而去职,经过一番努力和争取,于是年底赴任热河都统。但在此一任上也仅有四月又被调任,直到1903年9月11日履任四川总督才结束一段"颠沛流离"的官宦之旅,开始主政一方。此后,虽然被委以重任,先后任四川总督、云贵总督和东三省总督,但施政上还是常常因不得奥援而举措艰难,以致让这位生性耿直的蒙古镶蓝旗官员不时心生退意。另一方面,锡良也因其为"循吏",在光绪二十年之后而得被保举、擢升,并成为朝廷权力斗争的"调解器"而受到重用,同时调任频繁,即使在出任四川总督之后也是如此:1907年他被调任云贵总督就与"丁未政潮"权力角逐不无关系;1909年初出任清朝"龙兴之地"东三省总督,则与以摄政王载沣为首的满族权贵与袁世凯北洋集团之间的权力斗争有着直接关系。其为官经历和处境,与咸同年间亦不隶属任何权力派系或政治集团的历任漕运总督、署江苏巡抚、四川总督等职的汉族官员吴棠颇有类似之处,反映了"循吏"官员无论其汉族身份还是其旗人贵族身份,在君主专制制度官僚政治下的生存实态和共性。

其二,锡良的为官经历为我们更好地重新认识清末满蒙旗人官员群体及施政作为提供了一个比较典型对象。清末的满蒙旗人官员通常被认为是一个保守、反动群体,新政伊始,锡良就因其对外人的态度,被视为排外的保守派官员而被排除在新政运动之外,不得参与其中。但锡良在清末督抚任上在革除弊端、兴学育才、发展实业,整顿旗务,禁毒,以及编练新军，强化边防，维护国家主权等方面实行的各项举措及其成效，以及在宪政上的主张，体现出的却是"有能力、有操守、有头脑"，负责、廉洁，开明、勤政，锐意改革的形象。这就提醒我们在历史研究中切勿脸谱化和简单化，有必要重新看待和评价清末满蒙官僚群体。并且，锡良的施政作为亦表明这位蒙古镶蓝旗官员已远远超越和摆脱了美国"新清史"学派所说的"满族认同"，已具有强烈的现代国家认同，体现了在反抗外来列强侵略过程中中华民族共同体意识已在满蒙旗人官员中生根、滋长。

其三，深化了清末新政史的研究。经过40余年学界的不断探索，清末新政的研究虽然已取得辉煌成果，学界对这场改革运动的内容和历史意义亦多有认识，但鉴于中国地域辽阔，存在比较多的地方差异，有关这场改革在各地的实际实行情况和差异，我们的研究尚不充分。而清末锡良主政的川省、云贵和东三省三地，都在多民族聚集的边疆地区，就与其他省份有很大不同。因此，这部著作对锡良与清末新政关系所做的研究，既有助于我们更好地认识清末新政在其任职省份的落实情况及所遭遇到的一些共性问题，也有助于我们清楚清末边疆地区新政遇到的其他省份不存在或不突出的个性问题，诸如川边的改土归流和治理、开发问题，云贵土司的改土归流和禁毒问题，东三省的筹办八旗生计和旗务改革问题，抵御列强对东三省的觊觎问题等。这些问题事关边疆地区与内地的一体化和民族融合，事关边疆地区的宗教和经济发展，事关边疆地区的边防和边政，事关中国近代民族国家的生成。这部著作在这些方面所做的拓展性研究，无疑增强了我们对清末新政改革的复杂性和艰巨性及其历史意义的认识。

这部学术著作的另一学术价值还在于，充分利用了中国社会科学院近代史研究所馆藏的"锡良档案"资料。该档案系20世纪50年代由锡良后人整理后捐赠近代史研究所收藏，共179函，9万余页，起于1875年，讫至1911年，包括奏稿、电报、函札、公牍、训辞、演说、自撰履历、州县事实清单等，比较完整地记录了锡良一生的政治活动和经历及同时代与锡良有往来官员的活动，是国内外研究锡良独一无二的最完整的档案资料。这也是当年潘崇来近代史所从事博士后研究时，我建议他以锡良与清末新政为主题展开博士后报告写作的一个重要原因，甚至在此数年之前，我就建议我的第一个硕士生利用该档案资料写了锡良与清末东三省改革的硕士学位论文。而难能可贵的是，除了"锡良档案"资料外，潘崇这部著作还广泛挖掘和利用了中国第一历史档案馆、台北"中央研究院"近代史研究所收藏的锡良相关档案和其他清朝官方档案与文书，以及相关文集、日记、信札、报刊等。可以说，正是在史料挖掘和利用上的突破，决定了这部著作在锡良研究中尚能走在学界前列。

光阴荏苒，日月如梭，从潘崇当年从事锡良研究到今年付梓出版，转眼整整十年，这部学术著作的诞生，正践行了"十年磨一剑"的箴言。然而，学术研究终究是一个不断完善的过程。在锡良研究领域，这部学术著作依然不能说臻于理想，在如何做到知人论世、跳出就锡论锡论，在思辨和史论的再深化，以及史料的再挖掘和再利用等方面，都尚有待完善之处。而令人欣慰的是，潘崇在与我交流过程中，也说及锡良人际关系、政坛遭际、对外交涉、历史定位等方面内容尚有较大探讨空间，计划在后续的"锡良年谱（1853—1918）"研究工作中进一步加以深化，在史论的阐释和史料的再利用和再解读等方面继续有所突破。相信他在锡良人物以及晚清政局研究上一定能够更上一层楼。

以上所言，是我个人在读了这部学术著作之后的一点小小体会和感言，权作序文，以与作者和读者做一交流，并祝贺这部学术著作的付梓出版！

崔志海

2022年6月写于北京

目　录

绪　论 ·· 1
  第一节　选题缘起 ·· 1
  第二节　学术前史 ·· 7
  第三节　思路内容 ··· 16
  第四节　史料概述 ··· 18

第一章　进退出处：锡良早期仕途 ···································· 20
  第一节　有循吏名：山西府县的任职经历 ························ 21
  第二节　得逢知遇：仕鲁期间交谊李秉衡 ························ 23
  第三节　人生际遇：北上勤王与调抚山西 ························ 25
  第四节　仕途风波：开缺晋抚与抚鄂不果 ························ 28
  第五节　波澜再起：泌阳教案与离豫被阻 ························ 31
  结　语 ·· 33

第二章　锡良与清末四川新政之腹地改革：
        从整顿官场到开发建设 ······································ 36
  第一节　四川社会状况与施政规划 ································· 37
  第二节　"安民必先察吏" ·· 41
  第三节　理想难敌现实：川汉铁路筹办始末 ···················· 47

第四节　王朝观念与世界意识的重奏：练兵思想与实践 …………… 67
　　第五节　兴学育才 …………………………………………………… 86
　　第六节　发展实业 ………………………………………………… 102
　　结　语 ……………………………………………………………… 115

第三章　锡良与清末四川新政之川边治理：
　　　　　开发、用兵与改制 ………………………………………… 117
　　第一节　初始经营 ………………………………………………… 120
　　第二节　筹瞻川属及其失败 ……………………………………… 126
　　第三节　因矿生衅：泰凝用兵始末 ……………………………… 133
　　第四节　巴塘用兵及善后 ………………………………………… 151
　　第五节　设置川滇边务大臣 ……………………………………… 161
　　结　语 ……………………………………………………………… 174

第四章　锡良与清末云南新政 ………………………………………… 179
　　第一节　调任滇督与滇政论说 …………………………………… 180
　　第二节　"非练兵无以固圉" ……………………………………… 185
　　第三节　厉禁鸦片：基于多方矛盾视角的考察 ………………… 210
　　第四节　"以滇之财修滇之路"：失败的路权维护 ……………… 228
　　第五节　土司地区治理 …………………………………………… 247
　　第六节　公共事业 ………………………………………………… 257
　　结　语 ……………………………………………………………… 266

第五章　锡良与清末东北新政 ………………………………………… 275
　　第一节　离滇调东：感念与忐忑交织 …………………………… 276
　　第二节　怨谤烦兴的官制改革 …………………………………… 286
　　第三节　中外博弈与央地歧异：锦瑷铁路借款计划实施始末 … 301

第四节　困境与纾困：统筹东三省新军编练 ………………… 335
　第五节　筹办八旗生计与旗务改革 ……………………………… 352
　第六节　差强人意的移民垦荒 …………………………………… 370
　第七节　参与疆臣会、阁期限讨论 ……………………………… 385
　结　语 ………………………………………………………………… 411

余论　进退失据：锡良及其时代 …………………………………… 418

参考文献 ………………………………………………………………… 423

后　记 …………………………………………………………………… 444

绪　　论

第一节　选题缘起

光绪二十六年十二月十日（1901年1月29日），慈禧太后以光绪皇帝的名义颁布了一道推行新政改革的上谕，中国历史自此步入新政改革时期。清末新政是对清政府在统治最后十年（1901—1911）所进行的各项改革的总称。这次改革继洋务运动和戊戌变法之后，是清政府主导推行的第三次也是最后一次具有全国辐射性和比较完整意义的现代化运动，也是一场自救运动，改革力度和改革范围远远超出前两次改革，广泛涉及政治、经济、军事、文化教育与社会生活等各个领域。十年的新政改革，在人类历史长河中不过转瞬之间，但对近代中国社会历史进程的影响却是巨大的。作为王朝时代的收尾和新历史时期的前夜，不仅宣告了旧格局的崩溃，也昭示着新秩序的来临；不仅有着浓厚的传统社会的特征，社会也发生诸多方面的新变动，尽管这种新与旧并非截然区分，但在更大程度上是交互并存的。如何还原和解释这段历史并从中汲取正反两方面的历史启示，是摆在我们面前的一个重大课题。然而，长期以来，受时代风气和研究取向的影响，学界对晚清十年历史的研究，普遍以孙中山领导的革命事业为主线，而对清政府主导推行的新政改革并未给予充分关注。诚如论者言："尽管清末新政在晚清历史上占有十分重要地位，其意义和影响亦不在前两次改革——洋务运动和戊戌变法之下，但由于生不逢时，其发生和发展几乎与辛亥革命同一时段，在中国近代革命史框架下，它长期以来仅作为辛亥革命的附庸或背景，被学界附带论及，始终无缘像前两次改革那样，被列入中国近代史'八大事件'序列。"①

推进清末新政史研究需要多措并举，既需要新史料的发掘，也需要新研究领域的拓展，新视角与新方法的引入也为必然。就研究内容来看，强化对直接影响乃至决定省域改革成效的督抚作为的探讨，无疑是一个直接而重要的途径。不论是内地督抚还是边臣疆吏，他们在推行新政的过程中，担负秉承清廷改革意旨、规划一省或数省改革蓝图、督导州县实施等多重使命，发挥着关键性作用。光绪二十九年二月，康有为在《官制议》一文中曾这样言道："立国之道，兵食为先，而财政兵政皆散在各省，如何筹饷，如何练兵，如何开制度局，如何开军械局，如何开银行，如何铸钱币，一皆听各省督抚之各自为谋。"②是言虽在针砭清末督抚"各自为谋"俨如"小政府"之弊，但恰恰展现出督抚在清末权力格局中的重要地位及其行政作为对于省域社会发展的主导性作用。新政改革时期，汉、满、蒙古等多民族的督抚大员纷纷亮相历史舞台，或经营内地，或耕耘边疆，各自改变着省域面貌，反映了统治阶层救亡图存的努力。但就目前学界关于督抚与清末新政研究的基本取向来看，明显存在重汉人督抚，轻满蒙督抚；重内地省份，轻边疆区域的倾向，满蒙督抚研究、边疆新政研究成为新政史研究突出的薄弱环节。

清末时期，中国广袤的边疆地区普遍危机丛生，内外形势较之内地省份更为复杂多变，治理难度也更大。清代前期形成并延续下来的"因俗而治""分而治之"的治边政策，已经不能确保边疆安定和领土完整，加之思想界构建民族国家的宣扬，清政府逐步改变传统治边政策，采取

---

① 崔志海：《建国以来的国内清末新政史研究》，《清史研究》2014年第3期。
② 汤志钧编：《康有为政论集》（上册），中华书局1981年版，第552页。

建立行省及州县体制等办法，对边疆地区进行政治整合和秩序重建。作为边疆地区最高行政长官的边臣疆吏，则是推进边疆治理和社会转型的具体执行者和落实者，一般而言，他们担负着比内地督抚更艰巨的职责，也承受着更大的压力。总体看，绝大多数边臣疆吏力图通过新政改革推动边疆发展、消除边疆危机、巩固边疆统治。阐明边臣疆吏所处的历史时代和社会地位，客观评价边疆新政的成效及不足，理应是新政史和晚清史研究的重要课题。目前而言，学界对清末边臣疆吏的研究广度、深度及研究视角都有进一步拓展的空间，对满蒙旗人边臣疆吏的研究更是不足，影响和制约了清末新政史研究的深度和整体进展。本书试图系统讨论蒙古镶蓝旗人督抚锡良在四川、云贵、东三省的新政改革思想与实践，展示取得的成绩与遭遇的困境，是一项主要关涉旗人督抚与边疆新政的实证性研究。

锡良（1853—1918[①]），字清弼，号梦如，晚号止斋，镶蓝旗蒙古麟昌佐领下人，是一位在清末新政时期活跃于政治舞台的旗人改革派督抚。同治十三年（1874）甲戌科进士，之后次第在山西、山东州县任职。自光绪二十四年起，历任山西按察使、湖南按察使、湖南布政使、山西巡抚、河东河道总督、署理河南巡抚、热河都统等职。光绪二十九年七月至宣统三年三月，锡良在西南、东北边疆省份任职，相继担任四川、云贵、东三省总督，一人连续出任多省总督且上述省份直接关系中国边疆安全以及多民族国家的统一，这在清末督抚群体中实属罕见，足见清政府对锡良的信任和优擢，锡良亦因此成为新政时期在边疆任职时间最长的边臣疆吏。锡良素来对国家怀有浓厚的忠诚与情感，他目睹时局艰危，试图竭尽全力履行臣子之道，在各总督任上力行新政、恪尽职守，试图以此拱卫千疮百孔的清王朝，是清末边疆新政的推动者、实践者和见证

[①] 关于锡良卒年，学界一直以来误为1917年，根据锡良之子斌循所撰《锡文诚公行述》以及《时报》1918年3月9日刊发的一则关于锡良逝世的报道，锡良卒于1918年3月2日（农历正月二十日）。详见拙文《锡良卒年辨正》，《读书》2020年第8期。

者，也是活跃于晚清政坛且政绩颇佳、贡献较大的旗人督抚。

更难能可贵的是，在清末众多督抚大员当中，锡良以廉洁奉公、刚正不阿著称于世，这在江河日下的晚清政坛并不多见，为风雨飘摇的年代增添了一抹亮色。

揆诸公私论说，对锡良之政风、事功以及道德、品行颇为乐道，且几无二致地将之誉为官场典范，不吝赞美之词。注重人物品行的《清史稿》写道："（锡良）性清刚，自官牧令，即挺立无所倚。嫉恶严，所莅止，遇不职官吏，劾治不少恤；非义之财，一介不取。"① 在时人眼中，锡良也是典型的"良吏"形象。陈灨一描述，锡良"躯干矮小，髯长及腹"，"治事以锋厉著"。② 查骞记载："（锡良）耐劳苦，每延见僚属，恒语曰：咱们作知县，虽小县亦积钱，不贪而谨俸禄也。尔辈出为令，动以地方无款为词，殆不知俭省耳。"③ 汤用彬将锡良与袁世凯、岑春煊相提并论："晚清季年名督抚，袁、岑外，若锡良亦一时之俊也。锡良本粗才，独持躬廉整，又差能知人。"④ 费行简评价锡良："清勤绝俗，律己甚严，粹然儒者，仕于晚近，未尝馈赂权要，清末一人而已。"⑤ 以弹劾大员得名的胡思敬，称"锡良稍闇而操守尚正"，认为正是这种品行致其在尔虞我诈、贿赂成风的官场"不能久于其位"。⑥ 周询为锡良川督任内属

---

① 赵尔巽等：《清史稿》（第41册），中华书局1977年版，总第12535页。
② 陈灨一：《睇向斋秘录》，中华书局2007年版，第40页。又言："锡清弼守正不阿，廉介自持，为疆吏十余年，未尝馈赂权要。"陈灨一：《新语林》，上海书店出版社1997年版，第54页。
③ 查骞：《泰凝寺夷变始末》，《边藏风土记》（卷1），多杰才旦主编：《中国藏学史料丛刊》（第1辑），中国藏学出版社1991年版，第26页。查骞，字介休，安徽怀宁人，光绪三十一年任里塘粮务，时锡良为四川总督。
④ 徐凌霄、徐一士：《凌霄一士随笔》，山西古籍出版社1997年版，第1385页。
⑤ 沃丘仲子：《近代名人小传》，沈云龙主编：《近代中国史料丛刊三编》（第8辑），（台北）文海出版社1986年影印版，第233页。又言："心地之纯洁、操行之谨严、立身之忠鲠，要不得不谓晚近一完人。"沃丘仲子：《徐世昌》，崇文书局1918年版，第147页。
⑥ 胡思敬：《退庐全集·审国病书》，沈云龙主编：《近代中国史料丛刊正编》（第45辑），（台北）文海出版社1966年影印版，第1278页。

吏，曾在督署办理文案等事，他对锡良的勤政廉洁深有感触："公为人廉正勤俭，一无所好，终日孳孳，惟在国事。黎明而兴，夜分始息，其艰苦有为常为人所不及。"① 沈曾植对锡良清名称誉有加，自认就清廉而言，"推锡清帅为第一，而己居第二"。② 在外人、革命派眼中，锡良也是一副忠贞老吏的模样。曾长期在东北游历的英国人杜格尔德·克里斯蒂对锡良勤政爱民深有感触，在他笔下锡良同情人民，具有人民的思想感情："就个人而言，他（锡良）是进步的，乐于倾听任何对自己的人民有益的建议。对其治下的人民，他有着父亲一样的热心肠，与民同乐，与民同忧，是中国传统官僚的典范。"③ 范鸿仙比较了清末四大督抚，认为端方"如时髦之美人"，袁世凯"如在山之猛虎"，升允"如墓中枯朽骨"，锡良则"如护主老家人"。④

那么，盛名之下，其副也与？作为一名个性鲜明的旗人督抚，锡良对国家前途命运注入了何种运思，其新政改革作为与成效究竟如何？本书即以锡良履历为经，以新政举措为纬，旨在从实证角度全面系统地还原锡良新政改革的思路与实施情况，展示督抚作为与省域新政改革成效的关系，凸显清末新政改革的困境所在，进一步彰显清末政情特色，从而裨益于我们对清末时期改革与革命的竞争关系，以及从帝制到共和历史巨变的深入认识。具体来说，本研究在学术以及理论、现实等多方面

---

① 周询：《蜀海丛谈》，沈云龙主编：《近代中国史料丛刊正编》（第1辑），（台北）文海出版社1966年影印版，第503—504页。他还曾颇为形象地记述锡良衣着："（锡良）持躬廉俭，然廉而不刻，俭而不矫，所著冠服率多垢敝。公之夫人，尤能助成公志。余在署三年，从未见夫人出门，闻家居皆布服，甚有经补缀者。余时以文案兼收发并缮折，事较繁，每日必面陈两三次。一日与公晏坐。见公所著马褂，边幅已有坏处。余屡目之，公似觉，笑指谓曰：此为阳曲知县时所缝，二十余年矣。焉得不坏！闻之，令人心折不已。"周询：《蜀海丛谈》，沈云龙主编：《近代中国史料丛刊正编》（第1辑），（台北）文海出版社1966年影印版，第511页。
② 罗继祖：《枫窗三录》，大连出版社2000年版，第136—137页。
③ ［英］杜格尔德·克里斯蒂：《奉天三十年：1883—1913》，张士尊等译，湖北人民出版社2007年版，第197页。
④ 《老袁、端四、升允、锡良》，《民立报》1911年7月20日，第4页。南京市档案局（馆）编：《铁血忠魂——辛亥先烈范鸿仙纪念文集》，凤凰出版社2011年版，第94页。

有着较为重要的价值。

  首先，学术价值。边疆地区既是中外交涉频繁区域，又是少数民族聚集区或民族杂糅区，经济文化普遍落后，在管理模式上与内地有着重大差别。锡良长期在西南、东北边疆省份任职，其新政事业具有涵盖区域广、遭遇困难大、改革内容多等特点，在清末新政尤其是边疆新政中具有相当的代表性，不仅展示了清末边疆新政的成就，也展示出其复杂性和艰巨性。系统探讨之，不仅有利于深化锡良人物研究，尤其可以深化我们对边疆地区实行新政的总貌、新政时期边疆状况以及中央与边疆省域关系的认识，从而拓展和推进清末新政和清末边政研究。具体言：一方面，可具体展示新政在边疆的开展、落实情况，西南、东北边疆新政的成就及其遭遇的不同困境；另一方面，可具体揭示边疆新政与内地新政的诸多差异，诸如边疆新政直接关乎边防，关乎中国多民族国家统一，容易受中外关系的影响等。

  其次，理论价值。可促进与国际学术界的对话，丰富近代民族主义和国家建设理论。美国"新清史"研究片面强调清朝与汉族王朝的区别、满蒙旗人的族群认同，以汉满冲突对立取代彼此融合的主流。锡良是新政时期的实干型官员，因长期任职边疆省份，对于清王朝面临的主权、边防等危机有着切身感受。他秉承国家、民族利益至上的原则，以维护王朝统治、改变王朝颓废局势为指向，坚持开发边疆与巩固边防并重的思路，改革内容涵盖政治、经济、军事、文化等各个方面，力图通过新政改革巩固国防，振兴国家。展现边疆危机日益加剧历史背景下旗人督抚锡良省域新政具体指向，总结其在国家建设中包括国家认同、民族认同在内的多元认同，概括其国家情感的具体呈现，当可揭示汉、满、蒙古等民族的诸多共性，加深我们对清末旗人政治人物在国家现代化建构中角色的认知，丰富我们对近代以来民族主义与国家建设复杂关系的理解。

  最后，现实意义。从锡良个案出发观察清末边疆地区的诸多问题与政府应对，并与现代中国边疆的种种实态相衔接，可为我们了解当下中国边疆地区的历史与人文背景，持续推行边疆地区开发建设，制定切实可行的民族政策、宗教政策和边政政策，提供正反两方面的历史启示。

第二节 学术前史

清末新政史研究自改革开放以来受到学界重视并取得丰硕成果。然而，目前研究水平和高度与清末新政改革的丰富内涵相比，仍然有着较大差距，诸多研究领域需要推进、研究视角需要更新、研究资料需要挖掘。① 基于新史料，强化督抚人物与省域新政改革的个案研究，则是当前推进清末新政史研究的重要方向之一。

锡良宦海浮沉近四十年，留下从州县小吏到封疆大吏各时期的大量档案，新中国成立后锡良后人将其捐给中科院历史研究所第三所，后藏中国社科院近代史所，今因部门整合而收藏于中国历史研究院图书档案馆。锡良档案起于1875年，迄至1911年，以任职省份和所办事项分类，共179函、约9.5万页，包括奏稿、电报、函札、公牍、训辞、演说、自撰履历、州县事实清单等，也包括他人来电来函、锡良收存的各类资料等，涉及政治、经济、军事、外交、文教等各个领域，记录政局变动、社会变革、对外交涉等林林总总，具有很强的完整性、持续性和系统性，不仅使探讨锡良与清末新政成为可能，也为长程观察晚清国家治理和社会风貌提供了绝佳史料。1959年，选编自锡良档案的《锡良遗稿·奏稿》由中华书局出版；2017年，锡良档案随《近代史所藏清代名人稿本抄本》第三辑（虞和平主编，共140册，18册后为锡良档）由大象出版社影印出版。

学术研究起步于史料出版，应该说是一个很好的开端。然而，《锡良遗稿·奏稿》的出版，并未推动学界对锡良予以足够重视，取得的学术

---

① 关于清末新政史的研究状况，可参见崔志海《建国以来的国内清末新政史研究》，《清史研究》2014年第3期。

成果并不能令人满意,锡良的历史贡献与地位尚待厘清。《近代史所藏清代名人稿本抄本》"第三辑"出版以来的数年间,学界对其利用率也不高。整体来看,美国学者戴福士在1973年出版《锡良与中国民族革命》,在锡良研究上走在了前列。国内锡良研究始于20世纪80年代,除一些工具书词条性质的介绍外,多数研究就锡良某方面、某阶段的改革做出探讨,并出现若干以锡良为研究对象的学位论文。

一 锡良与省域新政研究

(一) 四川总督时期

隗瀛涛著《四川保路运动史》,系统讨论了川汉铁路公司的成立、组织模式变动过程,认为在自办川汉铁路一事上,"锡良毕竟与那些放肆卖国的买办官僚和那些昏庸敷衍的腐朽官僚还有所不同",他提出的严杜外资、自办铁路主张,对帝国主义无孔不入的资本输入和掠夺川汉铁路的狂图具有一定抵制作用,对四川人民保卫川汉铁路的斗争在客观上也有一定的鼓励作用。[①] 该书前两章还较为详尽地论述了清末四川社会基本状况,诸如帝国主义侵略、清政府暴政、保路运动前四川人民自发斗争的特点和发展趋势、经济发展等,为我们研究锡良四川新政提供了重要参考。

何一民梳理了锡良编练新军、兴办警察、发展农商矿业、改革教育、创办报刊、整顿吏治以及创办川汉铁路公司等举措,认为他是晚清一位较为精明能干、廉洁开明的官吏,其主张学习西方,在传统的框架内进行若干改革,推动了四川的近代化发展。[②] 李绍先、陈渝认为锡良是四川教育史上一位影响巨大的人物,其健全教育机构、派遣留学、创建学堂、延聘洋教习等举措,为近代四川造就出大批新型知识分子,推动了近代

---

① 隗瀛涛:《四川保路运动史》,四川人民出版社1981年版,第158—164页。
② 何一民:《锡良与晚清四川近代化》,《四川师范大学学报》1993年第3期。

四川社会的进步和发展。① 席萍安从力保路权、兴办学堂、振兴工商、编练新军、安定川边五个方面探讨了锡良四川施政，肯定了其推动四川经济社会向近代化迈进的积极作用。② 王笛、吕实强探讨了清末时期的四川农业改良，涉及锡良督川时期的相关举措。③

学界还集中对锡良督川时期发生的巴塘事变的诱因及经过做出了较为详细的探讨。早在1937年，吴丰培即依据《清实录》《东华续录》及有泰奏牍等史料，撰成《记清光绪三十一年巴塘之乱》一文，梳理了事变脉络。作者指出，清代康藏乱事戕害大臣者有二：一是乾隆十五年珠尔墨特之乱，驻藏大臣傅清、左都御史拉布敦被杀；二是光绪三十一年的巴塘之乱，驻藏帮办大臣凤全遇害。两者对比则"前得后失"，前者用兵日久，平定后相安数百年；后者"虽为时不过数月而巴乱剿平，藏事从此遂难收拾矣。盖巴塘变乱，为川军入藏之张本，川军入藏为藏人离叛中土之根原"。④ 任新建、张秋雯分别探讨了巴塘事变的诱因，并简要论及清政府对巴塘的用兵过程。⑤ 王秀玉结合新清史研究的一个重要理论问题，即"如何把边缘地区国家化与内地体制自身演变的过程结合起来"，分析了凤全被杀的过程以及官方、僧俗、藏人关于凤全之死的不同看法，同时讨论了川边战事对四川省财政、军事改革的影响。作者认为："从政权变迁的角度看，晚清川边战事是边疆军事化的表现，更具体地说是四川省政权克服财政困难在边区实行武力控制的结果，并且为以后政治经济改革提供了条件。"⑥ 四川省志近百年大事纪述编辑组编写的《凤全与巴塘事件本末》，以记述巴塘事件史实为主，利用查骞《边

---

① 李绍先、陈渝：《锡良与近代四川教育》，《文史杂志》2004年第3期。
② 席萍安：《锡良与二十世纪初年的四川》，《成都大学学报》2002年第2期。
③ 王笛：《清末四川农业改良》，《中国农史》1986年第2期；吕实强：《清末民初四川的农业改良（1894—1916）》，《台湾师大历史学报》1978年第6期。
④ 吴丰培：《藏学研究论丛·吴丰培专辑》，西藏人民出版社1999年版，第70页。
⑤ 参见张秋雯《清末巴塘变乱之探讨》，《"中央研究院"近代史研究所集刊》1981年第10期；参见任新建《凤全与巴塘事变》，《中国藏学》2009年第2期。
⑥ 王秀玉：《清末川康战事：川西藏区改土归流的前奏》，《民族学刊》2011年第2期。

藏风土记》、刘廷恕《不平鸣》等史料，对巴塘事变相关史实做了梳理。认为凤全在王朝已届垂死的时期"独于川边欲有所作为"，某些规划从民族长远利益来看"有其一定的积极意义"。然而，凤全实行的"一套极愚蠢、极粗暴的封建高压强制手法"，对藏族宗教信仰、风俗习惯以及喇嘛、土司、头人长久所享受的特权利益不加也不屑考虑，加之积极筹划收复瞻对引起西藏地方上层的嫉恨，由是惨变发生。① 美国学者戴福士探讨了锡良督川时期的对藏政策及其演变，指出："他一度坚信，可靠的行政管理足以控制边疆，不需对边人的特别了解。但是英国的侵略和来自在康区制造机会的外国人的压力使锡良意识到，他必须先发制人，阻断外国人在中国属地不断增加的各种干预。……然而锡良的政策仍然显得很中庸。锡良在边疆扩张的道路上固然有所作为，但是没有像他的那些深受西方的威胁和示范作用影响的同僚那样走得更远。"②

锡良川边施政关乎民族区域稳定和西南边防安全，在其川督任内的新政改革体系中占有重要地位。目前学界侧重探讨巴塘事变的原因及经过，这仅仅提供了锡良川边施政的某些时代背景。揆诸事实，几乎与锡良督川同时，英国发动第二次侵藏战争，随后清政府即开始着力谋划强固西南边防。随着巴塘事发，锡良在有争议的情况下趁势用兵川边，并在战事得利的基础上谋划包括改土归流在内的一系列改革。锡良川边用兵的曲折进程、川边战事与川边政局演化的复杂关系，尚需做出进一步探讨。

（二）云贵总督时期

关于锡良云贵总督任内施政情况的研究，目前尚处于起步阶段。吴达德探讨了新政时期云南新军的编练与教育情况，部分内容涉及锡良编

---

① 四川省志近百年大事纪述编辑组：《凤全与巴塘事件本末》，政协四川省委员会、四川省省志编辑委员会编：《四川文史资料选辑》（第10辑），内部发行，1963年，第25页。
② ［美］戴福士：《四川总督锡良的对藏政策》，高翠莲译，达力扎布主编：《中国边疆民族研究》（第5辑），中央民族大学出版社2011年版，第351—361页。

练新军的情况。作者认为在当时历史条件下，云南新军编练是卓有成效的，与南方以及西南地区一些省份相比居于前列。① 许新民、康春华对锡良督滇时期编练新军、查禁鸦片等举措做了概括性描述，认为锡良是清末云南地方统治集团中"对清王朝竭力效忠，力图振衰起弊，挽救正在动摇的统治"一类的代表。②

云南素为鸦片种植大省，随着新政时期禁烟运动的开展，查禁鸦片成为云南新政的重要内容。秦和平著《云南鸦片问题与禁烟运动》，系统探讨了道光年间至20世纪四五十年代云南的鸦片种植、吸食和查禁情况，对锡良禁烟举措做了概括性描述并给予肯定："经过锡良对禁烟工作的一番整顿，禁烟问题落到了实处，当地社会的禁种、禁运和禁吸工作大见成效。"③《云南近代史》编写组编写的《云南近代史》，也述及清末云南鸦片生产情况以及锡良在云贵开展禁烟活动的举措和成效。④

（三）东三省总督时期

锡良主导的锦瑷铁路借款计划，向来为学界重点关注。康沛竹勾勒了锦瑷铁路借款计划从提出到流产的过程。作者认为，锡良试图通过联美以制日俄，结局反而是更加地受制于日俄，恰恰反映出中国没有实力控制局面。⑤ 高月基于清末时期中国由王朝国家向民族国家演进的视角，探讨了锡良通过借款修筑锦瑷铁路以维护东北主权的举措。作者认为，锡良旨在恢复清政府对东北地区的真正主权，为的是整个国家的存亡和全体人民的福祉，并非仅为了帝王一家一姓的利益，"这反映出中国近代民族国家形成的重要前提——民族共同体和民族认同的形成——

---

① 分别为吴达德《清末云南新军编练与军事教育》，《军事历史研究》2006年第3期；《清末新军的编练与教育——以云南新军为中心的探讨》，《四川师范大学学报》2008年第2期。
② 许新民、康春华：《清末地方统治集团与云南辛亥革命》，《云南社会科学》2012年第2期。
③ 秦和平：《云南鸦片问题与禁烟运动》，四川民族出版社1998年版，第176页。
④ 《云南近代史》编写组：《云南近代史》，云南人民出版社1993年版，第113—122、184—187页。
⑤ 康沛竹：《锡良与锦瑷铁路计划》，《黑河学刊》1989年第3期。

已经在清末封疆大吏的层面得到体现"。① 另有论著也从不同角度论及锦瑷路事。②

徐建平从兴教育以启边民、改革边疆管理体制、移民实边、优先发展农业四个方面探讨了锡良对东北边疆的开发。作者认为,锡良督东期间经济改革与政治改革同步进行,客观上巩固了东北边疆,也加速了东北近代化进程,历史功绩不可磨灭。③ 在另一篇文章中,作者探讨了锡良东北经济改革方略及其成效,包括矿产资源以及水资源的收回和维护、筹设银行、厚积洋债、兴办实业等。④ 连振斌探讨了锡良在奉天推行的旗制改革举措及其成效,认为锡良的努力取得了很好的效果,使奉天成为清末八旗生计改革最好的区域,展示出清末旗族政治人物"革新和干练的一面"。⑤ 此外,学界关于清末东北鼠疫以及东北移民实边的研究亦多涉及锡良。⑥ 有关清末东北史地的论著也普遍对锡良督东作为有程度不等的提及。⑦

二 综合性研究

美国学者戴福士在1973年出版 *Xsi-Liang and the Chinese National Rev-*

---

① 高月:《锡良与锦瑷铁路计划——以主权维护为视角的考察》,《东北史地》2010年第4期。
② 代表性研究诸如[美]韩德《中美特殊关系的形成:1914年前的美国与中国》,项立岭、林勇军译,复旦大学出版社1993年版;马陵合《清末民初铁路外债观研究》,复旦大学出版社2004年版;张守真《清季东三省路权的开放与美国的投资》,王明荪主编:《古代历史文化研究辑刊》(第2编第29册),(台北)花木兰文化出版社2009年版。
③ 徐建平:《总督锡良与东北边疆的开发》,《北方论丛》2001年第6期。
④ 徐建平:《锡良东北经济改革方略述论》,《河北师范大学学报》2000年第3期。
⑤ 连振斌:《锡良与奉天的旗制变通》,《满族研究》2013年第3期。
⑥ 代表性研究包括焦润明《1910—1911年的东北大鼠疫及朝野应对措施》,《近代史研究》2006年第3期;杜丽红《清末东北鼠疫防控与交通遮断》,《历史研究》2014年第2期;王海波《东北移民问题》,上海中华书局1932年版;路遇《清代和民国山东移民东北史略》,上海社会科学出版社1987年版;高强《清末东北边患与移民实边问题研究》,陕西人民出版社2009年版;马平安《近代东北移民研究》,齐鲁书社2009年版。
⑦ 此处不予赘述。可参见高月《三十年来清末东北地区新政改革研究综述》,《东北史地》2009年第1期。

olution（《锡良与中国民族革命》），该著分"升迁之路""华北的抵抗""四川的扩张""云南的激进主义""东三省的倒台"五部分，套用"冲击—回应"范式，从反外主义和保全主义着眼，着重探讨了锡良对外国的抵制，而对锡良的边疆新政举措及其成效的探讨则多有欠缺。此外，因成书年代所限，该书以《锡良遗稿·奏稿》《清实录》等为基本依据，在史料挖掘扩充方面尚有较大拓展空间。① 戴其芳、张瑞萍在《论锡良》一文中，对锡良力禁鸦片、防控鼠疫、普及教育、筹办实业、修筑铁路、改土归流等施政举措做了论述。作者认为锡良是清末少有的干练、廉洁、负责的官员，并且具有明确的主权、利权意识，为维护国家领土主权和巩固边疆做出了积极贡献。② 杜春和主要依据锡良档案撰成《锡良》一文，按其任职履历排列主要政绩，涉及筹设川汉铁路公司、川边改土归流、厉行禁烟、镇压革命党、发展实业、借款筑路等方面内容。③

亦有一些以锡良为研究对象的学位论文。胡秋菊、王光磊按时序探讨了锡良在四川、云贵、东三省的施政构想及其成效，皆肯定了锡良在巩固边防、推进中国近代化等方面做出的积极贡献。④ 冉杰梳理了锡良川督任内整顿吏治、创办川汉铁路公司、编练新军、开办警政、兴学育才、振兴实业、革除陋习以及推行川边改土归流等措。⑤ 连振斌利用锡良档案，对锡良早年政声、铁路思想及实践、教育改革举措及其在官制改革与宪政讨论中的表现等若干问题做了梳理。作者将锡良视为"晚清颇具改革精神的满蒙政治人物"，其改革作为"客观上推动了中国政治和社会

---

① Roger V. des Forges, *Hsi-liang and the Chinese National Revolution*, New Haven And London: Yale University Press, 1973.
② 戴其芳、张瑞萍：《论锡良》，《内蒙古大学学报》1992年第4期。
③ 杜春和：《锡良》，罗明、徐彻主编：《清代人物传稿》（下编第7卷），辽宁人民出版社1992年版，第146—153页。
④ 胡秋菊：《锡良地方施政举措及其得失》，硕士学位论文，东北师范大学，2008年；王光磊：《晚清重臣锡良述评》，硕士学位论文，吉林大学，2009年。
⑤ 冉杰：《清末锡良治川研究》，硕士学位论文，陕西师范大学，2014年。

的近代化进程"。作者在文末附有"锡良家谱""锡良履历表""锡良年谱简编"。① 高月从政体改革、地方自治、财政改革、教育改革等几方面，探讨了东北新政的成效与不足，其中涉及锡良东北施政的若干情况。②

三 其他研究

连振斌梳理了 2011 年前锡良研究的成绩，并认为深入研究锡良在晚清大变局中的所思、所想、所为，"不仅有助于推进锡良研究的深入发展，亦有助于改变学界对旗人的刻板印象，丰富对清末满蒙群体的了解和认识"③。在锡良人物关系方面，赖晨较为详细地梳理了锡良聘请陈宧入幕经过以及二人在四川、云南的合作。④ 有关清末以及历代边疆史地的研究，不仅程度不等地涉及锡良边疆新政的具体内容，也为我们从整体上认识清末边疆史地提供了宏观背景，学术价值很大。⑤ 此外，有关边疆史地研究的学术史著述，为锡良边疆新政研究的开展提供了有关学术背景、研究基础、史料线索以及研究理论方法等方面的指引。⑥

综上，锡良研究开始受到学界关注，并取得一定成绩，但总体看尚

---

① 连振斌：《锡良与清末改革》，博士学位论文，北京师范大学，2011 年。后以此为基础出版专著《锡良与清末新政研究》，中国社会科学出版社 2014 年版。
② 高月：《清末东北新政研究——近代中国民族国家建构视野下的疆域统合》，博士学位论文，中国社会科学院研究生院，2011 年。后以此为基础出版专著《清末东北新政研究》，黑龙江教育出版社 2015 年版。
③ 连振斌：《近四十年锡良研究综述》，《内蒙古民族大学学报》2011 年第 1 期。
④ 赖晨：《关于陈宧与锡良关系的两个问题》，《经济与社会发展》2007 年第 10 期。
⑤ 代表性论著如马汝珩、马大正主编《清代边疆开发研究》，中国社会科学出版社 1990 年版；马汝珩、马大正主编《清代的边疆政策》，中国社会科学出版社 1994 年版；赵云田《中国治边机构史》，中国藏学出版社 2002 年版；赵云田《清末新政研究：20 世纪初的中国边疆》，黑龙江教育出版社 2004 年版。
⑥ 代表性论著如马大正、刘逖主编《二十世纪中国边疆研究：一门发展中的边缘学科的演进历程》，黑龙江教育出版社 1997 年版；赵云田《50 年来的中国近代边疆史研究》，《近代史研究》2000 年第 4 期；厉声、李国强主编《中国边疆史地研究综述》，黑龙江教育出版社 2002 年版。

处于起步阶段,在研究内容、研究视野、史料利用以及整体设计等方面存在若干不足,与锡良推动区域发展建设的历史贡献、锡良在督抚群体中的地位和重要性并不相称,锡良与清末新政研究仍有很大延展空间。具体言之有以下几方面。

首先,从研究内容上看。既往研究大多依据锡良奏章文本,或探讨锡良某一方面、某一时期的改革,或为人物概论式研究,普遍忽视了锡良新政决策的曲折和隐情、落实过程中面临的困境和应对方略,论述尚显粗疏且存在不确切乃至舛误之处。尽管督抚作为省域新政改革主导者,对改革走向和整体布局负有总责,然并非所有改革举措的产生和实施都源自督抚个人谋略和决断,而是很大程度上受幕僚属吏建言献策的影响,更受中枢政令、省际关系以及中外关系形势的种种限制。就中央与省域关系而论,由于诸多因素使然,两者之间并非总是协调一致,反而在很多情况下处于歧异乃至对立的态势,突出反映了清末新政改革的复杂性。

其次,从研究视角上看。边疆地区特殊的自然、人文、国际环境,决定了锡良边疆新政的特殊性和复杂性。锡良边疆新政涉及政治、军事、外交、经济、民族等多个领域,这就需要综合政治史、边疆史、中外关系史、现代化史等多种研究视角,将微观剖析和宏观鸟瞰相结合,既重视对锡良在某一省域的改革内容、面临的困境及其成效进行区域性探究,亦要注意纵向对比不同省域新政改革的延续性和差异性。只有这样,才能对锡良边疆新政予以整体、客观、多元的审视,避免盲人摸象之憾,从而在更大程度上裨益于我们对清末边疆变迁的整体性认知。

最后,从史料利用上看。现有研究多以1959年中华书局出版的《锡良遗稿·奏稿》为主要依据,在史料挖掘利用方面尚存在较大局限。奏稿本身具有明显局限性,体现的是各方协同和博弈的最终结果,且一般有报喜不报忧、报功不报过的倾向,难以尽现史实曲折和隐情。某些地方甚至存在人为剪裁现象,研究者不察则极易蒙惑其中。另外,奏稿仅是锡良档案的一部分,除此之外还包括大量锡良与中央政府、同僚属吏之间的往来电文、函札等,展示出中央与省域关系、督抚关系等方面的诸多历史细节，亟待仔细研读和系统使用。此外，中国第一历史档案馆、台北"中研院"近代史研究所也藏有数量不少的锡良相关档案，然学界几无利用。

第三节　思路内容

清末时期，四川、云贵、东三省的省域特色鲜明，加之清政府治边政策以及国际环境的影响和制约，锡良在上述省份实施的新政改革举措皆有明确指向性，在改革内容、改革方向上与内地省份相比有着显著差异。特别是，锡良边疆新政既有与内地新政共同面临的普遍性难题，同时又经受特殊性的考验，以致新政构想和改革落实之间形成统一和矛盾并存的复杂局面。

本书即立足于内外两方面的省情特点，注意考察锡良秉性作为、中央与边疆关系、中外纠纷、人际关系等因素对省域新政走向的影响，揭示锡良新政决策的曲折和隐情，探析新政落实效果及历史得失，尤其注意还原其面对改革困境时思想理路的具体呈现，力求既能从空间广度视角对其新政规划不同层次和实践不同侧面进行横向审视，亦能从历史脉络视角对其不同阶段的规划和实践进行纵向比较。进而，注意分析锡良边疆新政举措与此前治边政策的异同，从个案角度展示近代边疆治理观念和实践的变迁。此外，注意将与锡良新政密切相关的问题，如督抚格局、清末政情等问题，进行较为深入的分析，以拓展学术视野，增强历史感和学术厚重感。在研究方法上，本书作为一项实证研究，注意文献考据、资料分析排比、比较研究等方法的使用，把相关史实放入当时政治、社会、文化语境中予以考察，以求真求实为第一要义，尽量做到知人论世。同时，参考政治学、社会学等学科的相关理论方法。

关于本书的篇章结构。目前学界有关督抚与清末新政研究的写作布局大致可分为两类。一类是打通督抚任职省份的时空界限，探讨某类改革之始末，优在前后贯通、整体呈现；一类是重在探讨督抚在某省域内的改革全景，优在展现督抚省域改革的整体运思。考虑到锡良研究尚处于起步阶段，其生平履历亦不为人所熟悉，因此本书在谋篇布局上，以锡良职任变迁为经，以其行政作为为纬，将史传性纵向书写方法和以问题为基本导向的专题研究相结合，力图动态展现锡良生平轨迹，凸显施政规划与实践的发展演化，以及其对政局的态度和情感的转移变动。具体结构设置如下。

绪论包括选题缘起、学术前史、研究思路与研究内容、资料概述。

第一章，探讨锡良的早年仕途经历。光绪二年始，锡良相继在山西、山东县府任职。光绪二十六年至二十九年，先后任职山西、湖北、河南巡抚及热河都统，任期皆短，最多不超一年。本章旨在概括锡良早年政声及其对社会变迁的认知，总结锡良的性格秉性及施政特色。总的看，庚子前锡良对州县苛政及列强侵扰、清政府无能深有体认，展露王朝衰败之象和覆亡端倪，有助于认识州县社会矛盾以及新政开启的时代背景。

第二章和第三章，探讨锡良督川时期对四川及川边地区的治理。光绪二十九年七月至三十三年正月，锡良在川督任上长达三年半，其四川施政涉及编练新军、筹办铁路、发展教育、振兴实业诸方面，总体来看成绩与不足并存。在研究视野上，特别注意考察省域间的复杂关系，比如锡良在筹办川汉铁路过程中与鄂督张之洞的矛盾纠葛。尤值得关注的是，锡良督川时期川边藏区恰逢多事之秋，其川边施政在很大程度上开辟了川边历史进程的新纪元。由于川边缺乏专阃大员，锡良坐镇成都遥控指挥有着诸多不便，对川边形势的认知和判断存在迟滞甚或不实之处，在边务策略上也与川边官员存在重大歧异。而派办边务者则普遍怀有畏葸心理，以致推诿卸责乃至龃龉迭生。上述内容，反映出清末边疆治理的典型困境所在。锡良四川新政和川边施政无论在内容和形式上都有着重大差别，因此本部分内容分上篇、下篇分别论述。

第四章，探讨锡良督滇时期对云南的治理。光绪三十三年正月，锡良调任云贵总督，他对云贵西南门户的地位深有认知，任职两年间大刀阔斧地推行了包括厉行禁烟、编练新军、发展教育、改土归流、收回路权在内的多种施政举措，将边疆开发和巩固边防联系起来。整体看，锡良滇督期间，厉禁鸦片和编练新军最具有代表性且产生全国影响。之所以锡良云南施政成效较之前滇督有较大推进甚至走在全国前列，与锡良充分发挥主观能动性有直接关联。就厉禁鸦片而言，中央、督抚、州县有着不同态度，从中央决策、督抚政令、州县执行等多角度着眼，考察锡良如何沟通上下、因地制宜，是本章重要的切入点。再就编练新军而言，云南面临才财两乏的困境，锡良则多方筹维，较好地解决了相关问题，使云南新军编练走在西南各省前列。总之，本章重在从锡良个人主观能动性角度探讨其云南施政，以期进一步说明督抚作为是影响省域新政改革成效之关键因素的这一认识。

第五章，探讨锡良督东时期对东三省新政的推进。继徐世昌之后，宣统元年四月至宣统三年三月间锡良任职东三省总督。东北为满族发祥之地，清末受到日本、俄国的严重侵扰，外交环境恶劣，边防形势严峻。锡良强烈意识到东北地区"一切内政皆成外交"，更加明确地将开发边疆和巩固边防统一起来，将东三省建设与国家命运联系起来，实施移民实边、编练新军、整顿吏治、借款筑路、改革旗务等一系列举措，推动了东三省新政改革进程，但东三省危迫局势并未得到扭转。此一过程坎坷曲折，各种矛盾纠集并扰，以锡良督东后竭力筹维的借款修筑锦瑷铁路为例，不仅遭到来自俄国、日本的直接干预和外交讹诈，清廷各枢部之间在借款修路问题上亦策略不一，严重的内耗同样构成东北路事的重大阻滞因素，此则反映出清末政情实态。

第四节　史料概述

本书以锡良档案为主要史料依据，辅以相关文集、日记、信札、报刊等。

锡良档案颇为详尽地记录了锡良的从政经历，尤其是全面系统地展示了锡良在新政时期的施政举措和改革作为。锡良档案还包含大量锡良与中央、同僚属吏、友朋之间的往来电文、函牍，较为完整全面地反映了清末政坛的关系网络，可在较大程度上深化我们对清末政局的总体认识。但值得注意的是，锡良档案史料可以说明很多问题，但其本质上是历史人物主观性的产物，若不加辨识、不假思索地使用，则难免与历史事实出现偏差。此外，中国第一历史档案馆、台北"中央研究院"近代史研究所收藏的锡良相关档案，以及已经出版的《锡良遗稿·奏稿》《东北边疆档案选辑》《清代吉林档案史料选编》《清末川滇边务档案史料》《清代藏事奏牍》《清季外交史料》《清代官员履历档案全编》《光绪宣统两朝上谕档》等档案与官方文书，也是本书重点依据的史料。

相关文集、日记、信札、报刊等，也是本书重要史料来源。锡良活跃于19世纪末20世纪初的政治舞台，与诸多历史人物发生交集，包括师友、门生、同僚属吏等，他们的文集、日记、信札、回忆等，展示出不少官方档案难以呈现的锡良的侧面。锡良作为清末有作为的蒙古族督抚，其施政受到媒体舆论的广泛关注，诸如《东方杂志》《国风报》《申报》《大公报》《盛京时报》等，对其报道评论颇多，这是我们了解认识锡良的重要依据。

第一章

进退出处：锡良早期仕途

学界研究历史政治人物，往往瞩目其"高光"时刻，而相对忽视"起家"阶段的曲折及重要性。人之成长皆有时序脉络，这一点任何人物皆不能例外。就政治人物而言，其为政风格的养成和施政能力的提升，固然与出身背景、性格秉性有极大关系，但更有赖仕途历练和岁月磨砺，早期仕途经历作为植根立基的关键时期，在很大程度上影响乃至决定了其施政取向和仕途高度。欲探讨锡良新政作为，首先有必要了解其府县仕宦生涯。

锡良出身官宦之家，其子斌循所撰《锡文诚公行述》记道："先君讳（良），字清弼，号梦如，晚号止斋。先世居蒙古拜岳特地方，遂以地为氏。自吾祖众佛保公以都统从龙入关，隶镶蓝蒙古旗，数传而至吾。高王父讳伊林布公，曾王父讳德印公，王父讳锜麟公，本生王父讳锜俊公，均以先君贵，赠光禄大夫。高王母氏奇车，曾王母氏佟佳，王母氏完颜，本生王母氏兆默特，均赠一品夫人。"① 锡良少年时勤于读书，据其子记述："先君以咸丰三年癸丑（1853）正月二十一日生于京都机织卫胡同，先王父讳锜麟公，少卒无子，先君七岁出继为嗣。少年勤学，不事嬉戏，言动如成人。"② 锡良出生的时期，清王朝正处于内忧外患的旋涡之中。

---

① 斌循：《锡文诚公行述》，清抄本，中国科学院图书馆藏。
② 斌循：《锡文诚公行述》，清抄本，中国科学院图书馆藏。

这一年的三月，太平天国攻陷南京。同年九月，刘丽川领导小刀会在上海起义。这一年四月，俄国沙皇尼古拉一世下令侵占中国库页岛。如此时代背景，必然会给少年锡良造成直接的触动和影响。

同治四年，13 岁的锡良应童子试，十三年 22 岁时考中进士。自光绪元年充任山西乡试同考官，锡良在晋鲁府县任职长达二十余年。光绪二十四年八月至光绪二十八年，先后出任山西、湖南按察使、布政使以及山西巡抚、河东河道总督、河南巡抚、热河都统之职。

第一节　有循吏名：山西府县的任职经历

光绪元年，锡良充山西乡试同考官。之后相继在孝义县、高平县、汾西县、平遥县、阳曲县等县任职。光绪十年起，相继充任代州直隶州、平定直隶州、绛州直隶州知州。光绪二十年，山东巡抚李秉衡奏调锡良办理烟台行营营务处。

锡良在山西州县任职近二十年间，关怀民瘼，注意为百姓做实事，于赈灾、蚕桑、赋役、清丈、缉盗、义塾、河工诸事着力甚多，"有循吏名，故晋人以清官呼之"。① 尤其是，锡良养成廉洁朴素的良好作风，前引周询所记即是明证。与此同时，锡良的行政能力和道德品行也得到历任晋抚赏识，并屡得"循良"之保荐。光绪五年，曾国荃奏调锡良任永济县知县，称其"年强才敏，有守有为"。② 光绪六年，护理晋抚、布政使臣葆亨奏锡良调署平遥县，称其"勤干有为"。③ 同年年底，护理晋抚、按察使松椿又奏请锡良调补平遥县，称其"才识明

---

① 沃求仲子：《慈禧传信录》卷下，崇文书局 1918 年版，第 40 页。《近代史资料》第 130、131 号（中国社会科学院近代史研究所《近代史资料》编辑部编，分别于 2014 年、2015 年由中国社会科学出版社出版），刊登锡良任职州县时期的档案史料，披露了锡良早期施政情况。可资参考。

② 《山西巡抚曾国荃奏请准补汾西县知县锡良调补永济县知县事》（光绪五年四月十六日），中国第一历史档案馆藏：03/5138/098。

③ 《光绪六年九月廿一日京报全录》，《申报》光绪六年九月二十九日，第四版。

敏，尽心民事"。① 光绪七年，卫荣光奏调平遥县知县锡良为阳曲县令，称其"持躬谨慤，办事实心"。② 张之洞"目（锡良）为循吏第一"。③ 光绪八年，张之洞保荐循良六名，包括阳曲县知县锡良，评语为"守清识定，自其候补时，抽厘办赈，早著贤声，到阳曲任两月，革除差累，商民咸悦"。④ 光绪九年，张之洞奏请以锡良升补代州直隶州知州，称其"政事清肃"。⑤ 光绪十年，暂署晋抚、布政使奎斌遵旨保荐循良五人，包括代州直隶州知州锡良，评语为"悃愊无华，夙操端谨，为政简惠，得士民心"。⑥ 光绪十三年，刚毅奏调锡良为绛州直隶州知州，称其"洁己爱民，实心任事"。⑦

值得注意的是，尽管锡良为主官赏识并颇得民心，但这并不必然造成仕途的顺畅。从光绪二年的正七品知县到光绪十九年从四品知府，锡良用了近二十年时间，其仕途经历显然不可谓顺畅。其中固然有丁忧因素所致，但更反映了清末时期仕途拥塞、官员考核制度渐失其效的基本状况。⑧

---

① 《护理山西巡抚松椿奏请锡良调补平遥县知县事》（光绪六年十二月二十三日），中国第一历史档案馆藏：03/5154/147。
② 《光绪七年十月二十九日京报全录》，《申报》光绪七年十一月二十一日，第四版。
③ 陈义杰整理：《翁同龢日记》（第4册），中华书局2006年，第1724页。
④ 张之洞：《保奖循良片》（光绪八年四月二十八日），赵德馨主编：《张之洞全集》（第1册），武汉出版社2008年版，第77页。
⑤ 张之洞：《奏请阳曲县知县锡良升补代州直隶州知州事》（光绪九年十一月十七日）中国第一历史档案馆藏：03/5185/097。光绪十年二月间，张之洞就此事再次奏请，称锡良"老成祥和，政事清素，履任繁剧，措置均能裕如"。张之洞：《仍请以锡良升补代州直隶州知州折》（光绪十年二月），赵德馨主编：《张之洞全集》（第1册），武汉出版社2008年版，第224页。
⑥ 《光绪十年十二月初六日京报全录》，《申报》光绪十年十二月二十三日，附张第二版。十一月二十日奉上谕，着交军机处存记。中国第一历史档案馆编：《光绪宣统两朝上谕档》（第10册），第388页。
⑦ 刚毅：《奏请锡良补授绛州直隶州知州事》（光绪十三年十二月四日），中国第一历史档案馆藏：03/5230/037。
⑧ 尽管清代州县官员升迁有严格的制度的约束，但此终为凝固的条文，尚须和现实的具体情景相结合，从而形成影响官员仕途进退的合力。有论者曾这样说道："及至清末，随着整个国家机体急趋庸朽，吏治也更加腐败，京察、大计不过徒具形式。"郭松义等：《清朝典章制度》，吉林文史出版社2001年版，第255页。

第二节 得逢知遇：仕鲁期间交谊李秉衡

锡良仕途转机发生在光绪二十年。这一年，年长锡良23岁的李秉衡就任山东巡抚，他注意到其时任职山西的锡良政声卓著，遂奏调锡良至烟台办理营务处事务。光绪二十一年闰五月，李秉衡又保举锡良，称其"廉政爱民"，请旨军机处存记并予以破格录用。① 同年九月，锡良调任山东沂州府知府，次年四月十二日又补授兖沂曹济道。不到半年时间由知府升为道台，此时锡良仕途之顺畅与此前之坎坷形成鲜明对比，这与李秉衡的信任和提携显然密不可分。

由于史料所限，锡良与李秉衡交往细节不得而知。② 然据现有史料，亦可见两人交往密切，且颇有惺惺相惜之态。光绪二十三年九月二日，内阁奉上谕：四川总督着李秉衡补授，山东巡抚着张汝梅补授。③ 锡良知此消息后，遂致李秉衡长函，既感念其知遇之恩，又对其抚东政绩极为仰羡，对其离职则殊深遗憾："职道久邀青睐，推以赤心，凡献刍荛，悉蒙采纳，俾得事无瞻顾，行所欲为，屈计生平，实为难逢之知遇。……宪台莅东四年，苦心孤诣，力挽官场陋习，振兴营伍积懦，治军械以经武，减浮粮以恤民。百废具举，众志奋兴……乃一旦节钺西指，将恐若辈故智复萌，致使数年之苦志经营弁髦弃之。"④ 李秉衡也对锡良寄予厚望，济南府知府卢昌诒曾致函锡良言及于此："海城以西数府素称难治，谓大人在兖，可无西顾之忧。而又环顾一时，恨不得如大人者，落落散布天下，以佐时理物。故其期望之殷，则冀早晋封圻，其倚重之

---

① 李秉衡：《奏为保举山西候补知府锡良破格录用事》（光绪二十一年闰五月一日），中国第一历史档案馆藏：03/5325/001。
② 《近代史资料》第131号（中国社会科学院近代史研究所《近代史资料》编辑部编，中国社会科学出版社2015年版），披露了两人合作防匪缉盗的一些往来函件，可资参考。
③ 中国第一历史档案馆编：《光绪宣统两朝上谕档》（第23册），第219页。
④ 《禀李秉衡》（光绪二十三年九月七日），《近代史资料》（第131号），第55—56页。

切，又惟恐迁擢以去。海城非于大人有所私也，凡以为国为民，欲得忠诚任事者共济艰难耳。"①

正当李秉衡即将离职山东之际，光绪二十三年十月七日，两名德国传教士在巨野县磨盘张庄教堂被杀，是为巨野教案。德国遂借口其事出兵山东并租占胶州湾，并以地方官保护不力对华交涉。十月十五日，李秉衡派臬司毓贤、兖沂曹济道锡良驰往巨野，彻底查办案事，捉拿凶盗，同时做好准备以抵御德国的武装进攻。总的来看，李秉衡敢于维护民族尊严，保护受害民众权益与国家利益，因此招到德国传教士以及德国政府的强烈不满。② 最终，清政府迫于压力妥协退让，并于十一月十八日着李秉衡开缺四川总督。③ 对于政府此举，参与查办巨野教案的锡良"不胜诧异"，数日内接连致函李秉衡，表达愤懑之气并推心置腹地提出引退劝言。④ 与此同时，锡良亦致函新任鲁抚张汝梅，借口其父坟墓遭雨水冲刷亟须修理陈请开缺。⑤ 后者批复，对锡良政声给予高度评价并规劝勿萌退志："该道器识恢闳，政声洋溢，官民悦服，本部院久所钦佩。……居一日官，办一分事，庶可稍尽臣子之心。尚其远大自期，勿萌退志。"⑥

---

① 《锡良收昌诒来函》（光绪二十三年十二月十四日），虞和平主编：《近代史馆藏清代名人稿本抄本》（第3辑第116册），第136页。海城，指李秉衡，李籍辽宁海城，字鉴堂。
② 参见杨光《"巨野教案"中的山东巡抚李秉衡》，《山东大学学报》1998年第1期。
③ 中国第一历史档案馆编：《光绪宣统两朝上谕档》（第23册），324页。
④ 十一月十九日函："以今日时势而论，不惟我公宪台引退为宜，即职道年力正强，亦亟思罢斥。盖劳苦固所不辞，而挫辱实所不堪，况官愈大辱愈甚，任愈久辱愈多，有何足恋，进不如退，退不如早之为得也！"《禀李秉衡》（光绪二十三年十一月十九日），《近代史资料》（第131号），第59页。二十一日又函："今日大局败坏，已至不可收拾，宪台公忠体国，徒抱忧愤，独力难支，而小人忌嫉，使宪台不竟其用，夫复何言？从此优游林下，尚可稍资颐养，亦足下慰私怀。"《禀李秉衡》（光绪二十三年十一月十九日），《近代史资料》（第131号），第59页。十二月三日再函："时局日益离奇，无人不为愤恨。自读十一月十八日邸钞，益觉心灰意索，浩然长叹。只以在任一日，不得不强作精神，勉力办理。"《禀李秉衡》（光绪二十三年十一月十九日），《近代史资料》（第131号），第60页。
⑤ 《禀张汝梅》（光绪二十三年十二月十日），《近代史资料》（第131号），第61页。
⑥ 《张汝梅批函》（光绪二十三年十二月十六日），《近代史资料》（第131号），第61页。稍后锡良再辞，张汝梅甚至言说："毋再引退为怀，使本部院有孤立之惧。"《张汝梅批函》（光绪二十四年正月八日），《近代史资料》（第131号），第62页。

锡良与李秉衡在山东共事的两年多时间里，李氏不啻为锡良的指路明珠，锡良亦视李氏为"难逢之知遇"，渴望与之交谊以及感怀之情溢于言表。李秉衡恪尽职守、清正廉洁，在晚清颇著政声，《清史稿》赞其"北直廉吏第一"。① 毫无疑问，在崇奉实干的锡良眼中，还有什么比得遇道德品行堪称一流的前辈人物更值得欣喜的呢？锡良与李秉衡在各方面极为相似，时人即将两人相提并论，归为一类人物。王锡彤评价锡良"清风亮节""李鉴老一流也"。② 我们了解了锡良与李秉衡的这一段交谊，有理由说锡良施政风格和道德品行的养成当受到李秉衡的直接影响。另外值得注意的是，在处理巨野教案过程中，锡良作为当事人亲身感受到国势之颓废以及政府之软弱，是以力劝李秉衡引退并自请辞职，此则展示出其人既耿直不阿又不乏躁急冲动的性格秉性。

第三节　人生际遇：北上勤王与调抚山西

　　光绪二十四年正月十一日，上谕李秉衡着降二级调用，不准抵销；兖沂曹济道锡良着革职留任。③ 是年，锡良离开山东再赴山西，调补冀宁道，三月十三日抵山西省城，八月二十二日补授山西按察使。④ 十月间锡良入都陛见，"两宫数召见，褒谕备至"。⑤ 十二月二十六日，奉皇太后懿旨，锡良革职留任处分着加恩开复。⑥

　　光绪二十五年正月十二日，上谕锡良调补湖南按察使；二月四日，

---

　① 赵尔巽等：《清史稿》（第42册），中华书局1977年版，总第12765页。
　② 王锡彤：《抑斋自述》，郑永福、吕美颐点注，河南大学出版社2001年版，第96页。
　③ 《军机处寄山东巡抚张汝梅上谕》（光绪二十四年正月十一日），青岛市博物馆、中国第一历史档案馆、青岛市社会科学研究所编：《德国侵占胶州湾史料选编（1897—1898）》，山东人民出版社1987年版，第203页。
　④ 锡良：《补授晋臬谢恩折》（光绪二十四年九月六日），中国科学院历史研究所第三所主编：《锡良遗稿·奏稿》，中华书局1959年版，第2页。
　⑤ 斌循：《锡文诚公行述》，清抄本，中国科学院图书馆藏。
　⑥ 茹静整理：《锡良戊戌己亥日记》，中国社会科学院近代史研究所《近代史资料》编辑部编：《近代史资料》（第126号），中国社会科学出版社2012年版，第171页。

上谕锡良补授湖南布政使。① 二月八日，着锡良来京陛见。三月四日，"蒙召见，谕：教你来为听几句真话"。② 八月九日，湖南巡抚俞廉三至京陛见，锡良遂护理湘抚。这是锡良承担疆吏职责之始，对此他在日记中写下"殊觉悚惕"四字。八月二十二日，锡良至抚署为俞廉三送行，他在当天日记中写道："自揣病未十分大痊，爵位日高，惧不胜任，拟明年自揣情形，如仍不愈，即当引退。"③ 锡良之所以屡言"引退"，实出于对颓废国势之悲愤与无奈，正如其言："近年两次入都，召见六次，每蒙谕及时势艰难，未尝不痛哭流涕。"④ 与屡言"引退"相对应，锡良在政务上则勤勉有加。据斌循记述："先君任郡县时，又尝围棋饮酒。至任藩、臬后，及无暇及此，酒亦戒止。"⑤

自护理湘抚至十二月十七日交卸抚篆的四个月时间里，锡良于练兵、整顿吏治以及防匪、岳州开关等方面着力甚多。就吏治而言，锡良此一时期开始对吏治给予特别关注，其在光绪二十五年十月二十六日日记中，即全篇照录同治三年（1864）阎敬铭详陈山东吏治的一篇谕旨。⑥ 就练兵而言，锡良在湖南旧有防勇基础上添练数军，包括信字2旗720人、威字5旗1800人、劲字5营2500人。⑦ 同时，锡良对军事操练颇为重视，其日记中亦屡有"阅劲字营操""看威字中前两旗操阵打靶""看威字左、右、后旗操阵打靶"的记录。⑧ 光绪二十五年十一月，锡良则调集湖南官兵举行冬演，"务期精益求精，一兵得一兵之用"。⑨ 锡良练兵经历，为日后率兵北上勤王埋下伏笔。

---

① 中国第一历史档案馆编：《光绪宣统两朝上谕档》（第25册），第21、45页。
② 茹静整理：《锡良戊戌己亥日记》，《近代史资料》（第126号），第173页。
③ 茹静整理：《锡良戊戌己亥日记》，《近代史资料》（第126号），第186—187页。
④ 锡良：《密请早赐回銮折》（光绪二十六年四月十日），《锡良遗稿·奏稿》，第31页。
⑤ 《锡良之子斌循手书稿》"夹页"，《锡良督川时本省来往电报》（第3册），中国历史研究院图书档案馆藏锡良档案（下简称"馆藏"）：甲374/20。
⑥ 茹静整理：《锡良戊戌己亥日记》，《近代史资料》（第126号），第192页。
⑦ 锡良：《筹饷练兵折》（光绪二十五年九月六日），《锡良遗稿·奏稿》，第6页。
⑧ 茹静整理：《锡良戊戌己亥日记》，《近代史资料》（第126号），第191—192页。
⑨ 锡良：《查阅冬操折》（光绪二十五年十一月十二日），《锡良遗稿·奏稿》，第16页。

第一章 进退出处：锡良早期仕途

光绪二十六年五月二十一日，军机大臣字寄各直省督抚北上勤王，"挑选马、步队伍星夜驰赴京师"。① 湖广总督张之洞与鄂抚于荫霖、湘抚俞廉三鉴于锡良曾办理营务且"将士均皆服习"，议决由锡良统兵北上。六月八日，锡良率湖南劲字5营北上。抵鄂后，张之洞将湖北武功5营步队2500人交其统领。② 锡良统兵抵直隶柏乡县后，闻慈禧一行西行，"因即星夜驰赴行在"，③ 同时拣选精锐改道至太原，并派兵驻扎直隶获鹿、井陉一带以固后路。④ 正因锡良北上勤王得慈禧赏识，加之李秉衡保荐以及前任晋抚毓贤大肆杀戮传教士，⑤ 光绪二十六年闰八月三日，内阁奉上谕：山西巡抚着锡良补授。⑥

锡良抚晋半年时间里，重点做了以下工作。一是保护传教。锡良抚晋之始即致文法国政府："仆自到任以来，深恐为人受过，当即飞饬各属，凡有教堂教士之处，嘱令妥为保全，愿回国者，即令护送出境。"⑦ 此外，锡良又在冀宁道署重设教案局，后改为洋务局并扩其职责范围，"中外交涉事宜统归该局分别经理"。⑧ 二积极备防。锡良在行在召对之

---

① 中国第一历史档案馆编：《光绪宣统两朝上谕档》（第26册），第135页。
② 张之洞：《会派藩司统军北上折》（光绪二十六年六月二十五日），赵德馨主编：《张之洞全集》（第3册），第563页。
③ 杜春和、耿来金、张秀清编：《荣禄存札》，齐鲁书社1986年版，第147页。
④ 锡良：《鄂湘两军暂驻晋省以资守御折》（光绪二十六年闰八月十二日），《锡良遗稿·奏稿》，第36页。
⑤ 费行简记道，锡良出任晋抚，"外人谓其荐自李秉衡"。沃求仲子：《慈禧传信录》（卷下），第40页。前文引及济南府知府卢昌诒致锡良函，言及李秉衡对锡良"期望之殷"，"冀早晋封圻"，由此推断费行简此记当属实。关于抚毓贤杀戮传教士，王锡彤曾记："（毓贤）大杀洋人、传教士，几无一免者。……两宫至，备闻此语，因撤毓以锡清弼良易之。"王锡彤：《抑斋自述》，郑永福、吕美颐点注，第80—81页。但无论如何，锡良若无北上勤王之契机，断难得授晋抚。
⑥ 中国第一历史档案馆编：《光绪宣统两朝上谕档》（第26册），第322页。
⑦ 密昌墀：《代锡良致法国书》，张明祥编：《东西湖区专志·艺文志》，武汉出版社2007年版，第323页。
⑧ 锡良：《调蔡乃煌等会办晋省洋务并请改局名片》（光绪二十六年十一月二十八日），《锡良遗稿·奏稿》，第66—67页。早在光绪八年，时任山西巡抚张之洞即奏明在冀宁道署设立教案局，后因事简裁撤。

时,"蒙恩垂念晋省为陕西后路,毗连直境,防守宜严,因留鄂、湘两军仍归调遣,以资布置"。① 锡良遂将劲字五营驻扎于固关。② 锡良积极备防,意在谋求与列强"两不相犯,以维和局"。③ 但正因其备防举措颇资得力,导致外人的不满,遂谋对其仕途强为干预。

第四节　仕途风波:开缺晋抚与抚鄂不果

光绪二十七年正月二十三日,内阁奉上谕:山西巡抚锡良着开缺候简,晋抚着岑春煊调补,陕西巡抚着端方护理。④ 时隔不久,二月十七日,内阁奉上谕,湖北巡抚着锡良补授。⑤

此一时期,锡良心态颇为复杂。得知开缺晋抚后,锡良虽有如释重负之感,但亦忧虑驻防各军由此生动摇之心,其致函各营即言道:"当此敌兵压境,狡焉思逞,扼要防维,不容稍懈。用特专函奉恳,务乞台端垂念时艰,鼎力支持,万不可以区区将去,稍介于怀。"⑥ 在得知补授鄂抚后,锡良则又有重入牢笼之叹,其致函赵尔丰言:"闻命自天,感悚无地,几同出笼之鸟又罹于罗,脱既不能,任恐误事,进退皆咎,如何,如何?"⑦ 然颇称诡异的是,至三月十五日,清廷指令忽变,内阁奉上谕:

---

① 《锡良致荣禄函》,杜春和、耿来金、张秀清编:《荣禄存札》,第147页。《清史稿》亦记:"时和议未定,洋兵阑入晋边。锡良念两宫幸陕,和局固应兼顾,而保晋卫秦亦不容忽。"赵尔巽等:《清史稿》(第41册),总第12531页。
② 锡良:《委记名道张成基驻扎固关片》(光绪二十六年闰八月二十七日),《锡良遗稿·奏稿》,第41页。
③ 《致法国统兵官照会一》,中国社会科学院近代史研究所《近代史资料》编辑部编:《近代史资料》(第133号),中国社会科学出版社2016年版,第30页。
④ 中国第一历史档案馆编:《光绪宣统两朝上谕档》(第27册),第30页。
⑤ 中国第一历史档案馆编:《光绪宣统两朝上谕档》(第27册),第43页。
⑥ 《致各统领及营务处函》(光绪二十七年正月二十五日),中国社会科学院近代史研究所《近代史资料》编辑部编:《近代史资料》(第132号),中国社会科学出版社2015年版,第93页。
⑦ 《复赵尔丰函》,《近代史资料》(第132号),第108页。

锡良着开缺另候简用,湖北巡抚着端方补授,陕西巡抚着升允署理。① 如此一来,锡良又没了职任。清末新政时期督抚人事变动总体看较之前更为频繁,② 但如锡良此种现象亦属罕见,以致"见者咸莫测圣意之高深"。③ 那么,缘何此际锡良人事变动如此频繁呢?

先来看锡良开缺晋抚。随着清政府于八国联军和议局面的形成,列强对锡良固守晋防、力拒洋兵极为不满,法国统兵官即曾照会锡良直言诘责:"庆亲王、李中堂办理和约事宜,札饬华兵自直隶获鹿退往山西,不准久驻固关地方。然贵国统兵官不遵上宪之命,仍逗留不退,以如此勿庸与本帅来往信函。"④ 锡良亦深知,正因其严守晋防,"与彼族结隙特深"。⑤ 为防范列强借机寻衅,清廷遂有开缺锡良晋抚之举。荣禄曾密函锡良点明此义:"为国家用人计,执事决无可退之理;而为一时权宜之策,则山西衅隙已深,彼族方图报复,执事中国之良,而外邦所忌,建牙于彼,不啻树的以为之招,与其彼族有言而曲徇其意,不如预为易置所全者多。"⑥ 综上,锡良开缺晋抚直接诱因于列强干涉,这一点毋庸置疑。而就清政府而言,此次人事调整固有在列强压力之下妥协退让的一面,但亦有主动防范列强的一面。而以岑春煊继任晋抚,则是考虑到岑春煊之忠勇。⑦

---

① 中国第一历史档案馆编:《光绪宣统两朝上谕档》(第27册),第58页。
② 清末新政时期,督抚任职期限呈减少、任职频率呈增加态势。参见李细珠《清末新政时期地方督抚的群体结构与人事变迁》,《中国社会科学院近代史研究所青年学术论坛2005年卷》,社会科学文献出版社2006年版,第166—177页。
③ 《曲徇所请》,《申报》光绪二十七年三月十八日,第二版。
④ 《法国统兵官照会》(光绪二十七年二月八日),《近代史资料》(第133号),第31页。
⑤ 《上李鸿章书》(光绪二十七年正月十七日),《近代史资料》(第133号),第16页。
⑥ 《荣禄致锡良函》,杜春和、耿来金、张秀清编:《荣禄存札》,第412—413页。锡良与荣禄关系密切,其函中称荣禄"中堂世叔大人",自称"世愚侄"。
⑦ 费行简记:"时称洋兵将攻固关、寇行在,后虑碌碌者不足膺锁钥任,时方感岑春煊忠,乃移抚晋。"沃求仲子:《慈禧传信录》(卷下),第40页。时人王锡彤亦言:"洋兵侵逼不已,又以岑观察之三弟云阶名春煊易之。云阶,名父之子,视八旗老辈迥然不同,山西之厄运似亦可过。"王锡彤:《抑斋自述》,郑永福、吕美颐点注,第80—81页。

关于锡良开缺鄂抚，《申报》"武昌访事友来函"，揭露此实为政府"曲循外人之请"的结果："迨（锡良）调抚鄂中，驻汉口各领事疑其素性固执鲜通，深恐日后一切邦交诸多窒碍，因联衔照会湖广督宪张香涛制军，请电达行在政府另行简任贤员。制军以为用舍之权操之自上，原非臣下所敢妄干，但际此时局艰难，睦邻尤为要务，遂据情电奏，请旨遵行，至此遂有是命。盖亦朝廷不得已之苦衷也。"① 是论虽不无捕风捉影之嫌，但亦非毫无凭据。与之相呼应，费行简也曾记道，在外人看来，由于锡良仕途颇得李秉衡推荐，实为"顽固党"代表人物。又记，锡良开缺鄂抚后，"之洞、传霖等交言其清刚公正"，始简任河东河道总督。②

光绪二十七年四月六日，内阁奉上谕：河东河道总督着锡良补授。③ 四月十二日，锡良请训。④ 五月二日，锡良驰抵河南省城接任河督。⑤ 清代河东河道总督是管理山东、河南黄河、运河两河以及附属河流、湖泊、闸座、泉源等水利设施的最高行政长官，品级为正二品，但在清末已沦为"闲曹"。锡良鉴于河督事务无多遂奏请裁撤是职，河工之责由豫抚兼理，以期"事权归一，办理尤觉裕如，非仅为节省廉俸起见也"。⑥ 此举典型展现出锡良"求真务实"的施政作风并得到时论一致称道，如《申报》即刊发专文盛赞锡良此议，进而呼吁事务无多的"闲废大员"如大理寺、太常寺、光禄寺等机构，理应"以锡中丞之心为心，自请裁罢"，如此，"不急之俸可以省，虚糜之饷可以除，于帑藏支绌之时亦未始竟无小补"。⑦

---

① 《曲循所请》，《申报》光绪二十七年三月十八日，第二版。
② 沃求仲子：《慈禧传信录》（卷下），第41页。
③ 中国第一历史档案馆编：《光绪宣统两朝上谕档》（第27册），第75页。
④ 《行在宫门抄》，《申报》光绪二十七年五月十日，第一版。
⑤ 锡良：《奏报到任日期折》（光绪二十七年五月二日），《锡良遗稿·奏稿》，第119页。
⑥ 锡良：《遵旨胪陈河工应行变通事宜折》（光绪二十七年八月二十八日），《锡良遗稿·奏稿》，第131—132页。光绪二十八年正月十七日，内阁奉上谕，河东河道总督一缺着即裁撤。中国第一历史档案馆编：《光绪宣统两朝上谕档》（第28册），第18页。至此，存在近200年的河东河道总督退出历史舞台。
⑦ 《书上谕裁撤河东河道总督后》，《申报》光绪二十八年年正月二十六日，第一版。

第五节　波澜再起：泌阳教案与离豫被阻

光绪二十七年十一月十日，上谕河南巡抚松寿随扈进京，河南巡抚着锡良兼署。① 次年正月二十四日，上谕锡良调补河南巡抚，兼管河工事务。② 锡良对于出任豫抚并不乐从，其致函松寿即言："弟河督奉裁，豫疆竟领，求闲反剧，非意所存。所盼朝廷早简贤能，得以释兹重任耳。"③ 尽管如此，锡良抚豫半年时间里尽职尽责，尤其在发展教育、整顿吏治方面取得显著成效。

就教育而言，锡良主持设立河南大学堂，开河南官办新式高等学堂先河。④ 黄炎培曾这样描述成立初期的河南大学堂："光绪二十八年壬寅，清廷命各省筹设大学，豫抚锡良筹办甚力。就旧参将衙门改建（在西门大街之东，普通称为前营门），名为河南大学堂。工程未竣，即于五月中旬招考，于六月一日开学。不放暑假。时总办胡翔林（候补道胡燏棻之子），监督徐仁禄（徐仁铸之子），总教习孙葆田（荣城人，宋学家）。课程共三门，一中学，二算学，三西文。皆间日授课一次。中文在上午，共四小时。算学在下午，亦四小时。西文则全日八小时。名为西文，实亦授算学、历史、地理，故课程只三门。学生精力多苦不给，年长者皆渐退学。"⑤ 就吏治而言，锡良鉴于"河南吏治疲敝"，"劾去道府以次数十人，政纪肃然"。⑥

---

① 中国第一历史档案馆编：《光绪宣统两朝上谕档》（第 27 册），第 230 页。
② 中国第一历史档案馆编：《光绪宣统两朝上谕档》（第 28 册），第 24 页。
③ 《复松寿函》（光绪二十八年正月二十九日），《近代史资料》（第 133 号），第 55 页。
④ 锡良：《设立大学堂折》（光绪二十八年正月二十八日），《锡良遗稿·奏稿》，第 176—177 页。
⑤ 《黄炎培记河南大学堂》，朱有瓛主编：《中国近代学制史料》（第 1 辑下册），华东师范大学出版社 1986 年版，第 814—815 页。徐仁铸曾任湖南学政，徐仁禄为其堂弟，黄炎培此处所记有误。
⑥ 赵尔巽等：《清史稿》（第 41 册），总第 12532 页。

这一时期，锡良主持处理泌阳教案的经历，则险些影响了其仕途走向。光绪二十八年二月，泌阳县民人张云卿因抗摊教案赔款而被教民"指控差挈"，遂邀集乡民以及会党等反教民众2000余人前往楚注等处焚烧教堂、打杀教民。对于泌阳教案，锡良采取"保教、安民"并重的审慎策略：一方面饬令南阳府县"勒缉首要"，同时起事民众"喻以利害"，"解其仇教之惑而杜其从匪之心"；① 另一方面札饬各府州县"竭力保护教堂、教民"。② 在议赔过程中，锡良多次派官员与主教安西满③协商赔偿金额，后者"知民情未可重拂，不肯敛怨招尤，期于速结"，对此锡良请旨嘉奖。④

早在泌阳教案发生之初，锡良即曾上折力请自免："时艰孔亟，既乏安全之略，更无干济之才，遇事非不黾勉图为，无如才力竭蹶，实属不称疆寄。"⑤ 迨泌阳教案办理基本办结之际，光绪二十八年四月二十一日，上谕热河都统色楞额来京当差，以锡良为热河都统，张人骏调任河南巡抚。⑥ 然而，正因锡良办理泌阳教案时"缉匪、保教不遗余力"，⑦ 当安西满得知锡良调离河南的消息后，遂致电湖广总督张之洞及湖北巡抚端方托其阻止之，对中国内政横加干涉。对于此事，斌循也记道："泌阳教案事起，先君立即派兵驰往，捕获首犯，被扰难民，无分民教，一律抚恤，并分兵南阳保护教堂，总教士安西满始而张皇诘难，继以事平之速也，电张文襄请代奏留先君抚豫。"⑧

---

① 锡良：《拿获泌阳教案要犯讯明惩办折》（光绪二十八年四月十三日），《锡良遗稿·奏稿》，第212页。
② 《札四道九府四直隶州查办教案》，《近代史资料》（第133号），第66页。
③ 安西满，法国人。道光二十四年（1844）来中国，任河南教区（靳岗）主教。
④ 锡良：《议结泌阳教案请奖片》（光绪二十八年六月五日），《锡良遗稿·奏稿》，第228页。最终，议定赔偿教堂受损以及教民损失、抚恤等，共计汴平银二万六千两。锡良：《议结泌阳教案折》（光绪二十八年六月五日），《锡良遗稿·奏稿》，第227页。
⑤ 锡良：《请拣贤能抚豫片》（光绪二十八年二月二十四日），《锡良遗稿·奏稿》，第201页。
⑥ 中国第一历史档案馆编：《光绪宣统两朝上谕档》（第28册），第112、114页。
⑦ 锡良：《密陈自重主权折》（光绪二十八年六月七日），《锡良遗稿·奏稿》，第231页。
⑧ 斌循：《锡文诚公行述》，清抄本，中国科学院图书馆藏。

锡良开缺晋抚、鄂抚皆因列强干预所致，此次则为三度干预。对此锡良再难控抑愤怒情绪，遂举密折痛言外人践踏中国人事主权实乃国之耻辱："我中国为自主之国，实有专一自主之权。乃外人欺我势弱，竟至干预内政，并操纵我行政之人。……堂堂中国，封疆大吏竟为外教所挽留！一身得失荣辱不足惜，特恐狥其所请，则主教可留巡抚，教士即可留司道，下至府厅州县，教民亦可愿去愿留，惟其所欲，势必至竞乞外援，无复廉耻，流弊不可究极。"进而，锡良丝毫不留情面地直诘张、端为"无识者流"，其耿直个性显露无遗："安西满电鄂督抚臣保留奴才在豫，张之洞、端方竟据情转电军机处、外务部。夫督抚为天子股肱之臣，非他人所可轻为毁誉、意为轩轾者也。主教仅僧道主持之类，非司朝纲之柄而操月旦之评者也。无识者流，远者寄电，近者致函，且复密为暗透消息，走相告而行相庆，举国若狂，以为难逢之奇遇。奴才于此不禁为之惭惧！"①

锡良此一密折揭示其时官场之颓败实景，读之令人唏嘘不已。或许正因此一密陈，锡良终得调任热河。从光绪二十八年十一月抵热，至次年三月调任四川总督，锡良任职热河都统虽仅数月，但他"视事以来，目睹官贪民困、盗横兵单，亟思殚竭血诚，力图挽救"，② 热河局面明显好转，"政治自此改观，官吏始知有法守，民蒙亦始知有来苏之望"。③ 锡良本人对热河施政亦颇为自得："热属向无政教，弟莅此后，谋所以更张，奖去其甚，吏惩其贪，数月以来，废疾渐起。"④

结　语

时势造人物，人物命运变迁亦展现出时代风貌的某些侧面。从光绪

---

① 锡良：《密陈自重主权折》（光绪二十八年六月七日），《锡良遗稿·奏稿》，第231页。
② 锡良：《补授闽浙总督谢恩折》（光绪二十九年三月二十二日），《锡良遗稿·奏稿》，第305页。
③ 斌循：《锡文诚公行述》，清抄本，中国科学院图书馆藏。
④ 《复孙佩南》，《锡文诚尺牍》，馆藏：甲250。

二年步入仕途至光绪二十九年离职热河都统,由于才干、秉性、际遇诸因素的综合作用,锡良早期仕途经历呈现复杂而丰富的历史内容,既有风平浪静,又不乏横生枝节;既有个人努力,又不乏偶然机缘。从中,我们不仅能看到一位督抚大员的早期成长史,亦能观觇其时中国官场、政局的若干特征。

锡良长达二十余年的早期仕途历练,使其施政能力得到了充分锻炼,并养成廉洁奉公、务实为民的施政作风,而"起家州县"的经历也成为锡良非常重要的政治资本。尤值称道的是,锡良并未浸染官场陋习,反而愈加"清者自清",养成情绪易于表露的耿直率真的性格秉性,集中表现为遇事敢怒敢言而断不会通过观风觇势决定行止。锡良曾自称"秉性迂滞鲜通",① 此言虽有自嘲意味,亦是对己之秉性的客观认知。锡良这些"特立独行"的个性特征,在其出任总督之后则更加凸显。平心而论,上述品格素养理应为政治人物所必备,但在清末时期则属凤毛麟角,且在大多数情况下实属"劣势"因素,这注定了锡良与时代的格格不入,并埋下了锡良总督一方之后施政颇不顺畅的隐患。

与此同时,锡良对州县苛政、列强侵扰、清政府无能深有体认,展露王朝衰败之象和覆亡端倪,裨益于我们认识新政改革没有取得根本性进展的长远原因。锡良山西州县施政虽颇得好评,然仕进并不顺畅,相反是屡遭阻滞。得遇李秉衡并引为平生知己,则是锡良人生中难得的一大幸事。而李秉衡因事贬斥的遭际和教训,则势必在他的思想中埋下了一些矛盾的种子。虽凭借勤王经历升至封疆之列,然其之后仕途则更加颠簸无常,屡次因不遗余力地拱卫国权而遭列强的强力干预,国内某些官员甚至充当了列强"代言人"的角色。列强对中国的侵扰干预已触至地方大员人事安排层面,清末国权沦丧之严重可见一斑。面对教案迭生以及列强对中国主权的侵蚀,锡良早期仕途中即有请辞之举,其间固有不满于政府的成分,但更是因国权沦丧和施政艰巨带来的愤懑之情、为

---

① 《锡良札》,杜春和、耿来金、张秀清编:《荣禄存札》,第167页。

难情绪的真实表露。可以说,锡良既悲愤国势而不乏退意,既焦虑时局而又恪尽职守,恰恰展示出清末时期部分旗人官僚对于王朝命运的复杂情感。揆诸锡良在之后各总督任上的施政取向,尤对保卫国家主权以及整顿吏治最为注意,显然这与其本人早年仕途经历有着密切的关联。

第二章

锡良与清末四川新政之腹地改革：
从整顿官场到开发建设

光绪二十九年三月八日，内阁奉上谕：闽浙总督着锡良补授，未到任以前着崇善署理。① 对于此一人事任命，列强并未像之前那样予以阻挠。美国驻华公使康格即认为，虽然锡良在义和团时期倾向排外，过去几年在华外国人一直对他表示怀疑，但他在近期谈话中对外国人表现出友好态度并倾向进步，他在河南任上的公正行为得到居住在该省的外国人的好评。② 尽管如此，据舆论披露，锡良"深恐外人执难，有具折请开去闽浙总督一缺之意，电商某相，乞为先容"。③ 时隔不久，三月二十一日，内阁奉上谕：两广总督着岑春煊署理，即赴新任毋庸来京请训；锡良着调署四川总督，未到任以前着陈璚暂行护理。④ 光绪二十九年五月十七日，锡良抵京陛见，同月十八日、十九日，闰五月二日迭蒙召见。⑤ 七

---

① 中国第一历史档案馆编：《光绪宣统两朝上谕档》（第29册），第63页。
② Conger to John Hay, April 13 1903, *Dispatches from U.S Ministers to China, 1843–1906*, Microfilm, Roll No. 123. 转引自崔志海《美国政府对新政伊始清廷朝政的观察和反应》，《近代史研究》2010年第3期，第104页。
③ 《锡良惧外》，《新民丛报》光绪二十九年第三十号，第113页。
④ 中国第一历史档案馆编：《光绪宣统两朝上谕档》（第29册），第69—70页。
⑤ 综合《宫门抄》，《申报》光绪二十九年五月二十九日，第一版；《宫门抄》，《申报》光绪二十九年闰五月一日，第一版；《宫门抄》，《申报》光绪二十九年闰五月四日，第一版。

月十六日，锡良行抵成都，二十日接篆川督。①

巡抚晋豫以及都统热河，是锡良主政一方之始，然任期皆短。出任四川总督是锡良首膺总督之职，且任职时间从光绪二十九年七月至光绪三十三年正月调任滇督，长达三年半之久，因此得以较为充分地施展手脚。锡良督川时期的新政设施，不仅涉及以成都为中心的四川腹地，同时涉及四川西部与西藏连接的川边藏区。为论述清晰起见，爰分上、下两篇分别讨论。

第一节　四川社会状况与施政规划

一　社会问题丛生

首先，匪患严重。马维骐于光绪二十八年十月间出任四川提督，他曾向军机大臣荣禄汇报川地匪患情势："川省幅员辽阔，地杂番夷，民气浮嚣，匪风猖獗，兼之教堂林立，弹压均关紧要。"② 至锡良督川时，四川匪患愈加严重。据锡良奏报，匪众恃其"枪械快利"，"戕官劫帑无恶不为，直已形成叛逆"。而大族及民团为"免害"而"莫不结交匪党"，以致"民匪混成一片"。③ 尤为棘手的是，匪众通过跨省流动方式躲避官军追捕，这也直接导致成都及川黔滇三省交界山区成为"腹地盗薮"。④ 在致承德府建昌县令洪子祁函中，锡良说道："成都内属盗贼之风，仍未敛息。近日泸、叙各属，与滇黔接壤之处，寇贼纵横，视成属为尤甚。

---

① 锡良署理川督一年多后，光绪三十年十一月七日，上谕锡良调补四川总督。中国第一历史档案馆编：《光绪宣统两朝上谕档》（第30册），第204页。
② 《马维骐禀中堂大人（荣禄）文》，虞和平主编：《近代史所藏清代名人稿本抄本》（第1辑第66册），大象出版社2011年版，第302—303页。
③ 锡良：《边匪就歼请旨保奖出力各员折》（光绪三十年九月二十八日），《锡良遗稿·奏稿》，第438、440页。
④ 锡良：《成都府属缉匪情形片》（光绪三十年九月二十八日），《锡良遗稿·奏稿》，第441页。

渠魁屡获，党羽犹繁。"①

其次，苛捐杂税繁多。奎俊督川时代，有盐课、契税、肉厘、茶厘、粪厘等；岑春煊督川后为筹集练兵经费，于1903年开始每年摊派烟酒捐银五十万两。此外尚有五花八门的苛索，诸如纸捐、茶铺捐、官矿公税、邮件包裹税、烟灯捐、钱局捐、官硝公费等，无奇不有、无孔不入，以致民生奇艰。②对此，四川留日学生痛切言道："四川虽以殷富闻，自咸同以后，地丁而外，津捐各款，名目繁多。近年来，兴学、练兵、办警察、筹赔款，竭泽而渔，势已不支。……疮痍满道，乞丐成群。节衣缩食，卖儿鬻女，而不足以图生活供丁赋者，比比然也。"③锡良也深讶四川民间疾苦之深："四川生齿最繁，贫而乞丐者至众，省城每届冬令，裂肤露体者十百载途，号呼哀怜者充衢盈耳，偶遇风雪，死者枕藉，相沿有年，匪伊朝夕，南北各省皆所未见。"④

再次，自然灾害频仍。清末时期，四川灾害接连不断，严重破坏了社会经济秩序。光绪二十八年，四川南充、简州数十厅州县遭遇旱灾，米价暴涨，"三倍平日"，斗米一千五百文、二千文不等。据御史高楠称："川省旱灾已不下七八十州县，每处饥民至少五千计之，已有数十万之多。"⑤光绪二十九年五六月间，四川省十余厅州县遭遇水灾，重庆府属合州被灾尤重，灾民九千余户。⑥光绪三十年，夔州、绥定、重庆、顺庆、保宁、潼川六府以及资州、泸州等地发生严重旱灾，"几有赤地千里

---

① 《拟复承德府建昌县洪令子祁》，《锡良督川时函稿》（丙册），馆藏：甲374/113。
② 参见隗瀛涛《四川保路运动史》，第28页。
③ 《四川留日学生改良川汉铁路公司议》，戴执礼：《四川保路运动史料》，科学出版社1959年版，第44页。
④ 锡良：《奏开办习艺所及各项工厂情形折》（光绪三十三年正月十九日），《锡良遗稿·奏稿》，第646页。
⑤ 《高给谏奏牍·恳请新督岑春煊迅速赴川折》，转引自隗瀛涛、李有明、李润苍等《四川近代史》，四川省社会科学院出版社1985年版，第242页。
⑥ 锡良：《查明被灾各属来春毋庸接济折》（光绪二十九年十一月十五日），《锡良遗稿·奏稿》，第377页。

之伏，乡民奔走数十里以求勺水"，"数十年所未见"。① 同年七月二十日、三十日及八月二日，角洛汛所属将军梁及麻书、孔撒两土寨连续发生三次地震，造成四百多人死亡及大量房屋坍塌。②

最后，外患严重。四川地处西南内陆，列强进入较晚。至19世纪末20世纪初这种情况开始发生变化，列强不仅将四川视为广阔市场，而且意识到其战略地位的重要性，开始将侵略矛头重点指向此地。甲午战争后，日本、法国首先在重庆设立领事馆并划定租界，随后美国、德国相继在重庆设立领事馆。法国派出考察团在四川进行长达八个月之久的调查，目的即是"了解邻近东京的中国诸省和四川省的经济的、商业的资源"，"以便为法国人的普遍利益而开发这些资源"。③ 20世纪初，四川军医学堂法国教习得酿得勒即赤裸裸地将四川视为扩张势力的"第一注意之地"，公开撰述"吞灭四川策"的文章。④ 有人揭露此书之目的在于"扩张越南殖民地，进云南而吞灭四川，其野心更欲吞扬子流域，并吞中国全土"。⑤

此外，生产凋敝、官场混乱、兵事衰败等方面问题也很突出，正如锡良所言："彼都闲民遘踵，流冗为愚，吏治之昏浊，营制之窳败，视热边塞殆不相上下，望影却走，深惧弗胜。"⑥

二 施政初步规划

四川战略地位重要，所谓"川省据西陲之上腴，民殷物阜，上通藏

---

① 锡良：《奏夔绥等府荒旱折》（光绪三十年六月二十四日），《锡良遗稿·奏稿》，第414页。
② 《四川总督锡良奏报打箭炉角洛汛等处地震成灾委员携款前往抚恤片》（光绪三十年九月二十八日），中国地震局、中国第一历史档案馆编：《明清宫藏地震档案》（上），地震出版社2005年版，第1250页。
③ ［英］菲利浦·约瑟夫：《列强对华外交（1894—1900）——对华政治经济关系研究》，胡滨译，商务印书馆1959年版，第218—219页。
④ ［法］得酿得勒：《吞灭四川策》，中国科学院历史研究所第三所编《云南杂志选辑》，科学出版社1958年版，第443页。
⑤ 五华：《〈吞灭四川策〉弁言》"译者识"，《云南杂志选辑》，第438页。
⑥ 《复孙佩南》，《锡文诚尺牍》，馆藏：甲250。

印，下达江海，左抱滇黔，右带陕湘（甘），固四通商战之地，而外人所亟欲驰逐争竞者也"。① 锡良总督西南要地，足见清廷对他的信任和倚重，而锡良本人对于此次调任也是相当满意。为早日启程晋京陛见，锡良在谢恩折中提出可否委派热河道锡恒暂护都统之请。② 在致同为蒙古族的同僚升允的电文中则轻松说道："兄十六抵川，廿接任，年丰地静，堪慰。"③ 字里行间透露出内心之愉悦。

锡良本以为素有天府美誉的蜀地地大物博，"当可有为"，然经过具体了解却发现实际情形远出预料。其致函军机章京曹薇亭即说道："现在各省经营赔款，旰夕不遑，库储空虚，同一艰窘。以弟宦迹所至之地，三晋、中州并忧匮乏方，谓蜀称天府，地大物博，用以应付与作，当可有为。乃莅止此邦，稽核常年出入之数，不敷尚巨，而取之民间者逐渐加增，实已搜括殆尽，设更诛求无艺，以烦苛之政激浮动之民，其后患恐有不堪设想者。练兵处征饷太巨，泽久告竭，渔人束手。阁下通达治体，故敢尽其区区。藏事现无确耗，终属隐忧。川省吏治、营务并极疲敝，虽经云帅竭力整顿，惜为日太浅，未易改观。弟识闇才疏，膺兹巨任，念非察吏无以保民，无整军无以御侮，慎选牧令，惟冀谅其血诚，与民更始。续备军仅供防缉，常备军现始募齐，饷苦不支，兵数尚少。"④ 私人函件较之奏折更能表露心迹，足见四川社会问题丛生的现实和锡良的内心期许存在巨大鸿沟。

在七月二十日所上《恭报到川接篆日期折》中，锡良大致罗列施政初步规划，将吏治、练兵、教育视为施政首要："川省地广民稠，事繁责

---

① 《商部奏候补京堂陈（时利）呈请于川省广兴各项实业折》，《东方杂志》第 2 年第 9 期，光绪三十一年九月二十五日，第 142 页。
② 锡良：《调署四川总督谢恩折》（光绪二十九年四月四日），《锡良遗稿·奏稿》，第 310 页。
③ 《致升抚台电》（光绪二十九年七月二十七日），《锡良督川时外省来往电报》（第 1 册），馆藏：甲 374/5。注：本书所引锡良档案有来文、去文之分，来文所标注时间为锡良收到的时间，去文所标注时间为锡良发出的时间，文中不再一一注明。
④ 《拟复军机章京曹薇亭》，《锡良督川时函稿》（丙册），馆藏：甲 374/113。

重，措施本属不易。况当匪乱初平，灾荒甫转，必以课吏为国治之本，练兵为弭患之方，筹款以裕度支，节用以恤民力，经营善后，尤属维艰。其他要政，不独学堂开办需才，仓庾筹填乏款，即已设之警察、机器、工艺等局，武备学堂等事，皆非综核精密，恐难日起有功。"①锡良致函曾为属吏的开封知府石庚亦言："川中频年蠢动，余孽未平，流冗闲民为患滋大，地方官吏坏法乱纪，视边外殆同一辙。为治蜀计，自以澄叙官方、整顿武备为当务之急。"②周询曾这样概括锡良川政："公除注重学务外，余如开办各郡县警察，并设巡警教练所，又饬各属设劝工局以提倡职业，设习艺所以教养贫民，无不积极进行，躬亲考核。复挑选常备军创改混成协，为新军基础。而尤锐意经营者，厥为川汉铁路及兵工厂两事。"③总的来看，锡良四川施政即主要围绕整顿吏治、筹办川汉铁路、整军经武、兴学育才、发展实业等方面展开。

第二节 "安民必先察吏"

整顿吏治是新政改革的重要内容，同时因其直接关系到其他诸政的推进，因此有着特殊的地位。清末时期，四川官场"习气最重，每好铺张"。④至奎俊督蜀（1898—1902），仰仗其侄荣禄的庇护更是为非作歹，川中贪风达于极点。⑤岑春煊继奎俊之后督川，吏治状况有所改观，时人言："四川吏治疲顽，自二十八年岑春煊督川刷新之，民有生

---

① 锡良：《恭报到川接篆日期折》（光绪二十九年七月二十日），《锡良遗稿·奏稿》，第344页。
② 《复石丽斋太守庚》，《锡文诚尺牍》，馆藏：甲250。锡良抚豫次月即具折举荐贤员8人，当中包括时任安阳县知县的石庚，锡良称其"操履端悫，胆识俱优"。锡良：《举劾属员贤否折》（宣统二十八年二月二十一日），《锡良遗稿·奏稿》，第193页。
③ 周询：《蜀海丛谈》，第504页。
④ 杜春和、耿来金、张秀清编：《荣禄存札》，第185页。
⑤ 详见隗瀛涛、李有明、李润苍等《四川近代史》，第241—242页。

气。"① 锡良也说道："前署督臣岑春煊，竭力振作，劳怨不辞，搜剔爬梳，旌别淑慝，属僚知惧，稍有转机。"然随着岑春煊调署两广而"故态复萌"。②

在锡良看来，四川吏治不修是导致社会秩序混乱的首要原因："激浊乃可扬清，安民必先察吏。川省人稠地广，虽习尚浮动，而尚知驯谨畏官。乃缘吏事不修，纪纲弛懈，官疲民玩，以至盗贼、会匪无所忌惮，恣肆横行，昔年富庶之区，竟成窳败之象。"③ 具体看，锡良整顿四川吏治从设课吏馆、彰瘅互施、整顿胥吏等方面展开。

一 设课吏馆

锡良督川不久即考试候选各官。据周询记载："公受事后，即考试在省之候补府厅州县，凡奉委而未出省者亦一律与考。派臬司冯梦华（冯煦，字梦华）廉访主其事。"对于到省办理公务者，亦必"传至署命题试之"。④

进而，锡良又奏请设立四川课吏馆，择取候补同、通、州、县"年力富强可资启迪者"入馆肄业。在课程设置上，"以经世之学为宗主，以内政外交为分端"，"举凡朝章、掌故、律例、约条、公法以及时务诸书，悉令观摩；山川风土、物产民情以及地方利弊，咸资考镜，钩元以提其要，博览以会其通"。并且严加考核，"每课以公牍实事发为问题，藉文字以瞻才识，考学业以判勤惰，察言行以知贤否，按等第以定去留"。⑤ 据周询记："在省人员无论有差无差，一律入馆充学员。有要差者，每日

---

① 民国《荣县志·事纪》，转引自段渝主编《治蜀要览》，巴蜀书社2007年版，第70页。
② 锡良：《甄别贪劣不职各员折》（光绪二十九年十一月十六日），《锡良遗稿·奏稿》，第383页。
③ 锡良：《甄别贪劣不职各员折》（光绪二十九年十一月十六日），《锡良遗稿·奏稿》，第383页。
④ 周询：《蜀海丛谈》，第503、512页。
⑤ 锡良：《奏设川省课吏馆折》（光绪二十九年九月二十八日），《锡良遗稿·奏稿》，第358页。

亦须到馆肄习两小时。所讲求者，一以现行各种新政及中外时务为旨归，期满后特派学识优长大员分门试验，并命各学员充分发抒意见，毋庸稍涉顾忌。共试六场，分最优等、优等、中等三级。"①

二 彰瘅互施

举贤黜庸、植善倾恶、彰瘅互施是中国传统社会整顿吏治的习惯办法，锡良也不例外，其言："为政首在得人，而用人宜严彰瘅。近来仕习淆杂，苟非激扬克当，吏治将无以澄清。"② 基于四川幅员辽阔的实际情况，锡良尤其强调要充分发挥道府官员的表率作用："政务发端于州县，而尤赖有道府以表率之。道府得人，则州县自不敢怠于职守，实为承上启下至要关键。况川省幅员辽阔，州县繁多，距省远者千数百里，若事事专待省吏考察，展转需时，必多贻误。道府耳目较近，监视督催，易著成效。"③

揆诸锡良整个川督任内，自始至终不遗余力地对道府以至州县的各级官员"彰瘅互施"。④ 揆诸《锡良遗稿·奏稿》《上谕档》，规模较大者有十次之多，见表2-1。

表2-1　　　　　　　　锡良川督任内奖惩官员

序号	奏折	奖惩
1	锡良：《甄别贪劣不职各员折》《奏举贤能各员片》（光绪二十九年十一月十六日），《锡良遗稿·奏稿》，第382—384页	惩戒24人，褒奖16人

---

① 周询：《蜀海丛谈》，第512—513页。
② 锡良：《特参庸劣不职各员折》（光绪三十二年四月一日），《锡良遗稿·奏稿》，第573页。
③ 锡良：《敬举贤能折》（光绪三十一年十二月一日），《锡良遗稿·奏稿》，第552页。
④ 锡良：《奏举贤能各员折》（光绪二十九年十一月十六日），《锡良遗稿·奏稿》，第382页。

续表

序号	奏折	奖惩
2	光绪三十年二月六日,内阁奉上谕,锡良奏特众庸劣不职各员分别惩处一折,着照所议办理。中国第一历史档案馆编:《光绪宣统两朝上谕档》(第30册),第19页	惩戒21人
3	光绪三十年十二月二十八日,内阁奉上谕,锡良奏甄别庸劣各员一折,着照所议办理。中国第一历史档案馆编:《光绪宣统两朝上谕档》(第30册),第258页	惩戒12人
4	光绪三十一年四月三十日,内阁奉上谕,锡良奏参玩视赈务各员请分别惩处一折,着照所议办理。中国第一历史档案馆编:《光绪宣统两朝上谕档》(第31册),第65页	惩戒5人
5	光绪三十一年八月三日,内阁奉上谕,锡良奏保荐贤能卓著各员,并甄别庸劣各员请分别惩折,着照所议办理。中国第一历史档案馆编:《光绪宣统两朝上谕档》(第31册),第113—114页	嘉奖6人,惩戒14人
6	锡良:《敬举贤能折》(光绪三十一年十二月一日),《锡良遗稿·奏稿》,第553—554页	保举6人
7	光绪三十一年十二月二十五日,内阁奉上谕,锡良奏特参庸劣不职文武各员一折,着照所议办理。中国第一历史档案馆编:《光绪宣统两朝上谕档》(第31册),第239页	惩戒21人
8	锡良:《特参庸劣不职各员折》(光绪三十二年四月一日),《锡良遗稿·奏稿》,第573页	惩戒13人
9	光绪三十二年九月二十七日,内阁奉上谕,锡良奏特参庸劣各员一折,着照所议办理。中国第一历史档案馆编:《光绪宣统两朝上谕档》(第32册),第217页	惩戒9人
10	锡良:《特参庸劣不职各员折》(光绪三十二年十二月一日),《锡良遗稿·奏稿》,第625页	惩戒6人

对于他人揭露的渎职官员，锡良同样予以严厉查处。光绪三十年三月，御史王乃徵奏参川省贪蠹州县官员。锡良查明实情后，给予庸暗无能、任丁舞弊的马边厅同知陈再廉与昏聩糊涂、玩视民命的营山县知县翁在玥即行革职处分。① 同年七月二十六日奉上谕，有人奏西充县知县刘鸿烈禁屠滋事，多毙人命并有酷刑收禁情事。② 锡良经过调查，了解到本年五月间西充县亢旱，知县刘鸿烈遂出示禁屠求雨，二十七日逢城隍会期，刘复令开屠祀神。该乡民疑官祖屠，无心求雨，群向刘鸿烈索水救灾，围者愈多，拥挤不散。刘鸿烈令丁役拿人并发生践踏事故，致17人毙命。八月五日，锡良具折：刘鸿烈"玩法殃民，胆大妄为"，即行革职并发配新疆。③

对于不实之弹劾，锡良则对属吏全力维护。光绪三十年四月二十六日奉上谕，有人奏四川隆昌县知县耿葆烜贪劣昏聩、苛罚敛财。④ 锡良经过调查了解到，耿葆烜为筹集学堂经费，邀集绅商劝捐并酌提学田旧产，其被参即因上述举措招致绅商不满。八月五日锡良具折，指出耿葆烜被参各节并不属实："窃维兴学为育才之要政，筹款为兴学之基础，而筹款尤在禁绝苛虐，用恤民艰。至若酌提学田旧产、庙会等项公费，以及不得已而劝捐绅富，各属办法虽间有不同，但当以是否入己、曾否禀准为断。设绳及尺寸，恐适遂疲庸牧令畏难苟安之私，而振作办事之员转至无所措手。隆昌县知县耿葆烜被参苛罚敛财各节，既据查无实据，现在该县小学堂将次竣工，各蒙学已在兴办，应请免予置议。"⑤ 于此可见锡良对实心办理新政官员的支持和保护。

值得称道的是，锡良对藩司、臬司等高级官吏亦一视同仁而不稍迁

---

① 中国第一历史档案馆编：《光绪宣统两朝上谕档》（第30册），第44页。
② 中国第一历史档案馆编：《光绪宣统两朝上谕档》（第30册），第155页。
③ 锡良：《奏参西充县知县刘鸿烈开屠酿命折》（光绪三十年八月五日），《锡良遗稿·奏稿》，第423页。
④ 中国第一历史档案馆编：《光绪宣统两朝上谕档》（第30册），第71页。
⑤ 锡良：《查复隆昌县知县耿葆烜被参各节折》（光绪三十年八月五日），《锡良遗稿·奏稿》，第421页。

就。"只要长官不贪，下属岂敢舞弊"，① 此种认识人人皆知，但问题在于如何防范和惩治。锡良意识到高级官员能否起到表率垂范作用是吏治能否清明的关键，所谓"求治首饬廉隅，行法贵先自近，未有上司政事不能清肃，而能责属吏不染贪污者也"。他督川不久即奏参布政使陈璚、按察使冯煦不职，吹响了整顿四川吏治的号角。② 光绪二十九年九月二十三日，内阁奉上谕：陈璚着以原品休致；陈大诰贪利招摇，干预公事，着即行革职。③ 光绪三十一年九月三日，内阁奉上谕：锡良奏臬司性情偏执，请量予更调一折。冯煦现已升授安徽藩司，该藩司究竟才识如何，着周馥留心察看，据实复奏。④ 对藩、臬的奏参，无疑对官场具有极强的震慑力。

三 整顿胥吏

胥吏泛指官府基层办事人员，其具体职名代有不同，百姓正是通过他们与政府取得联系。清代胥吏社会地位低下、收入微薄，因此收受陋规是他们受到默许的收入来源，然而他们中的不少人为获得更多利益而从事各种各样的非法活动。

书吏权力膨胀、差役泛滥成灾，是清末四川吏治危机的又一表现。锡良曾这样言及其害："川省民情喜讼，故牧令必以理讼为首务，官之福惠在此，民之爱戴亦在此。而吏役之横索，阍仆之壅蔽，绅保之武断，又与讼狱相因。未有三者不治，而讼能理、民能安者也。"为整顿胥吏，锡良严肃处理了永川、江津、綦江、璧山、荣昌五个县的恶吏，同时将任用恶吏的永川等五县知县摘去顶戴。同时要求各属重新厘定书役规费、

---

① 施肇基：《施肇基早年回忆录》，（台北）传记文学出版社1985年版，第65页。光绪三十四年，施肇基就任滨江关道，偕毕光祖同往，此言为毕对施所说。
② 锡良：《藩司年力就衰训子不严请旨分别惩处折》（光绪二十九年九月二日），《锡良遗稿·奏稿》，第352页。
③ 中国第一历史档案馆编：《光绪宣统两朝上谕档》（第29册），第304页；《光绪二十九年九月二十三日上谕》，《锡良督川时电钞》（第1册），馆藏：甲374/56，
④ 中国第一历史档案馆编：《光绪宣统两朝上谕档》（第31册），第135页。

章程,"书差案钱只准照章取给,而贫者犹须减免"。此外,锡良还对"案迹夙著之蠹役"严格查处,立予重办。①

第三节 理想难敌现实:川汉铁路筹办始末

近代以来,掠夺铁路修筑权和控制权是列强侵略中国的一个重要手段,由此衍生的铁路问题从来都不仅仅是一个经济问题,更是关涉中外关系以及国家主权的重大政治问题。《泰晤士报》即言,铁路"是一个通商的工具,也是一个征服的工具"。② 清末铁路问题向来为近代史学界所重,属于"传统型"研究论题。总体看,既往研究侧重从中外对抗、官民对立的视角,讨论列强对中国路权的掠夺以及官民在路事上的冲突。随着历史认识不断深化,尤其是新史料的发掘和新史实的出现,已有认知面临着进一步的学术追问。新政时期四川总督锡良主导下的川汉铁路筹办过程,因涉及多方势力的博弈而呈现丰富驳杂的历史内容,远非中外对抗和官民冲突所能涵盖,较大程度突破了我们对清末铁路问题的既有认识。

由于四川保路运动是辛亥革命时期的重大历史事件,且对全国革命形势高涨起到直接推动作用,因此川汉铁路筹办过程以及四川保路运动研究历来受到学界重视。总体看,与学界研究清末铁路问题惯从中外对抗、官民对立角度着眼的整体状况相一致,加之史料发掘利用不够,既有研究在视角和内容上存在一定局限。就清政府内部而言,外务部和商部在铁路资本策略上存在歧异,川鄂两督亦就先修路段及其路权归属问题展开长时间讨论和纷争,上述内容学界几无着墨。就官民关系而言,川籍留日学生与京官关于路事的评骘与献策及其对四川当局的影响,学

---

① 《重庆府奉川督通饬吏治腐败务必整顿札》,《清代巴县档案选编——关于吏治整顿》,《四川档案史料》1983年第1期。转引自渝主编《治蜀要览》,第75页。
② 宓汝成编:《中国近代铁路史资料(1863—1911)》(第2册),中华书局1963年版,第424页。

界梳理尚不全面。无疑，展现清政府内部的矛盾纠葛以及官民之间形成的既有冲突又不乏协作的多面关系，是川汉铁路史研究的题中应有之义。本节以锡良档案为主体史料，辅以张之洞档案和相关史料集，揭示锡良主持筹办川汉铁路的诸多细节和隐情，以期裨益深入认识清末铁路交通建设的复杂艰巨性以及清末政治与社会状况。

一 外商二部路事策略歧异及列强对路事强力干预

19 世纪末，地处内陆的四川开始遭到列强觊觎和入侵，他们妄图攫掠四川铁路修筑权，从而控制中国广袤的西南地区。① 巴蜀天险成为阻滞列强侵夺路权的自然因素，正如留日学生所言："数年以来，国中数大干路已分入列强之手，惟余巴蜀一隅，天险天府，蚕食未及。"② 但为了防备可以预见的路权危机，光绪二十九年闰五月十四日，新简四川总督锡良赴任旅次正定之际，即基于经济、国防等方面考量提出修建川汉铁路之议，并着重阐发此路对于畅通四川物产以及保固西南边防的重要意义。首先，辟利源。四川物产殷富，然因交通阻隔以致百货不畅，不仅外人垂涎川路，"中人亦多假名集股而暗勾外人"。其次，保主权。四川"西通卫、藏，南接滇、黔，高踞长江上游"，战略位置重要，自办川汉铁路关乎长江流域数省之安危："川省傥路权属之他人，藩篱尽撤，且将建瓴而下，沿江数省顿失险要。"锡良尤其强调，此路"外人久已垂涎，群思揽办"，因此应赶速自办，若息借洋款或许人兴修，"必至喧宾夺主，退处无权，尤恐各国因此稍启争端，转多饶舌"。③ 锡良未及到任即有此奏，固反映出希冀通过铁路建设破解其时四川内忧外患困局的急迫心情，但

---

① 如英国试图攫掠自缅甸和西藏至四川的铁路并进行实地线路踏勘，法国则策划攫掠自越南至四川的铁路。详见戴执礼编《四川保路运动史料汇纂》（上册），台北《"中央研究院"近代史研究所史料丛刊》（23），1994 年，第 205—224 页。

② 《留学东京四川学生为川汉铁路事上川督锡制军书》，《新民丛报》光绪三十年第九号，第 95 页。

③ 锡良：《奏设川汉铁路公司折》（光绪二十九年闰五月十四日），《锡良遗稿·奏稿》，第 339 页。

贸然提请显然失之于轻率，正如有论者言："从现代工程技术的角度来看，锡良没有经过任何可行性论证，就提出了一个工程难度相当高、所需经费非常巨大的工程，已经近于荒唐。"①

更者，川汉铁路涉川鄂两省，其修建理应由锡良与鄂督张之洞联衔奏请。锡良起家州县，政治经验丰富，断不会虑不及此。笔者分析，其单衔具奏大致出于以下原因。首先，锡良秉性清刚，治事锋厉，此亦可解释缘何未及到任即有修路之奏。其次，锡良曾为张之洞抚晋时属吏，两人"气谊本极契合"②，张之洞亦颇赏识锡良。在锡良看来，单衔独奏无伤大雅。最后，此际张之洞恰赴京陛见，锡良曾与之协商路事，然张氏忙于议定商约及修订学堂、矿务章程诸事，实无暇细商。③ 尽管锡良单衔独奏有其理由，然无论如何不啻为冒失之举，不仅导致张之洞不满，更埋下两省合作不畅的隐患。四川机器局总办章世恩曾致电锡良，转述鄂抚端方之言："午帅谈及川汉铁路，奏准自办极好。惟似须两省会衔，通力合作，且免意见。因与午帅至好，饬恩密陈。"④ 锡良僚属周询也记道，张之洞对锡良是举"深致不满"，但涉路事"鄂方每多为难"，对此锡良"亦悔而无及"。⑤

闰五月十七日，外务部在议复折中，肯定了川汉铁路对于盘活四川物产流通的积极作用，但同时指出该路绵亘数千里，需费数千万，"外人度中国目前财力未逮，蓄意觊觎，终难以空言为久拒之计"，由此主张"俟设立商部后，由商部大臣切实招商，专集华股，力除影射蒙混之弊，

---

① 鲜于浩、张雪永：《保路风潮——辛亥革命在四川》，四川人民出版社 2011 年版，第 37 页。

② 周询：《蜀海丛谈》，第 505 页。

③ 张之洞于光绪二十九年四月二十日抵京，十二月二十二日出京。吴剑杰：《张之洞年谱长编》（下），上海交通大学出版社 2009 年版，第 784、814 页。锡良档案中有一封锡良致张之洞电，言及"川汉铁路自办宗旨，上年在都仰蒙指示"。《致湖北张香帅电》（光绪三十年十二月五日），《锡良督川时外省来往电报》（第 8 册），馆藏：甲 374/5。

④ 《章道世恩自汉口来电》（光绪三十年正月二十四日），《锡良督川时本省来往电报》（第 3 册），馆藏：甲 374/20。

⑤ 周询：《蜀海丛谈》，第 504—505 页。

以资抵制而保利权"。① 显见，外务部担虑自办该路不仅难成，反给列强插手提供借口，力主由商部主持专集华股。同年七月十六日商部成立，十月十四日奏定《铁路简明章程》24条。该章程原则上允许中国铁路建设引入洋股，但须由商部批示并经外务部查核，且"集股总以华股获占多数为主，不得已而附搭洋股，则以不逾华股之数为限"。② 显然，此办法和外务部"专集华股"的主张形成矛盾。时人即注意及此，如陶湘密报盛宣怀写道："川督请示，振公云：'何外部如此矛盾？'人告以爷之主意。振云：'且回家再说。'后亦寂然。"③

七月十六日，锡良行抵成都。经数月考察，锡良"深讶川省百物蕃昌，而民间生计之艰，公家权厘之绌，皆因商货不畅所致"，遂又于十二月六日上《开办川汉铁路公司折》。锡良强调，尽管川汉铁路工艰款巨，然其修建刻不容缓，必先设官办铁路公司，"然后人人知事之必成，无虑旁扰豪夺，俾集款助路次第可以措手"。在资本筹集上，锡良提出"先集华商股本，将来推广，或附搭洋股，或添借洋款"的主张。④ 公司人事方面，锡良遴委署理布政使冯煦为督办，成绵龙茂道沈秉堃、候补主事罗度、奏调河南候补道陆钟岱、即补道蔡乃煌为会办。⑤ 四月四日，新任四川布政使许涵度到省，遂任督办之职。由藩司兼任督办，意在统一财权，正如锡良言："公司造端宏大，必资群策而后成，财政隶于藩司，尤应兼综并理。"⑥ 显见，锡良面对外务部、商部指令不一状况，未待清廷允准

---

① 《外务部议复川督奏设川汉铁路公司折》，邮传部编纂：《轨政纪要初次编》，（台北）华文书局1969年版，第189页。
② 宓汝成编：《中国近代铁路史资料（1863—1911）》（第3册），第926页。
③ 陈旭麓、顾廷龙、汪熙主编：《辛亥革命前后——盛宣怀档案资料选辑之一》，上海人民出版社1979年版，第13页。振公，即商部尚书载振；爷，即载振之父庆亲王奕劻，时任外务部总理大臣。
④ 锡良：《开办川汉铁路公司折》（光绪二十九年十二月六日），《锡良遗稿·奏稿》，第389—390页。
⑤ 《咨两湖督部堂文》，《锡良存川汉铁路奏咨录要》（第1册），馆藏：甲374/27。
⑥ 锡良：《委许藩司督办川汉铁路公司片》（光绪三十年四月四日），《锡良遗稿·奏稿》，第400页。

即先设公司,实属先斩后奏。需注意的是,锡良所言"附搭洋股"之语仅为不拂部意而已,揆其本心则坚持自筹资本。一个例证是,十二月间锡良致电外、商二部曾这样言道:"铁路章程内开,无论华洋官商均可按照新章办理,系为推广路轨,裕国便民起见,至为钦佩。川汉一路局外争先恐后,互相猜忌,设非自办,恐中立不易调停。且拳乱甫平,川民浮动,借端便发,保护为难。"①

列强本就对四川路权觊觎已久,在探得中国欲自办川汉铁路消息后,英、美、法等国随即群起干预。美国驻华公使康格照会外务部总理大臣奕劻,要求川汉铁路若借用洋款或允许外人修筑,当先向美国公司磋商。对此,力主专集华股的外务部"深恐外人揽办,自失利权","均经竭力驳阻,议归自办"。②英国提出贷款要求并准备遣派工程师至川鄂测量地段,对此锡良专门电请外务部照会英国驻华公使萨讷理予以制止。③随着《简明铁路章程》的颁布,列强投资川路的欲望愈被激发。十二月间,外务部致电锡良,通告"此路屡经英、美两国请办,法国亦有此意,均告以中国现拟自造",指示"尊处招商承办,切勿掺入洋股,以免纠缠"。④可见,外务部为维护铁路利权和避免外交纠纷,坚决反对洋股掺入。商部则致电锡良,仍强调可招洋股但不得另借洋款:"原奏内称'照商部先集华股,将来或附搭洋股,或添借洋款'等语。查本部奏定铁路章程第六款载:'不准于附搭洋股外另借洋款。'诚以洋股可分招各国散商,事权由我操纵;洋款则或需抵押,流弊滋多。……改正为要。"⑤

---

① 《为遵章筹办川汉路事》(光绪二十九年十二月十八日),中国第一历史档案馆藏:2/04/12/029/0996。

② 《外务部议复》(光绪二十九年闰五月十七日),《锡良存川汉铁路奏咨录要》(第1册),馆藏:甲374/27。

③ 《四川总督锡良致外务部请速照会英使萨讷理制止英人在川测量地段电》(光绪二十九年九月一日),戴执礼编:《四川保路运动史料汇纂》(上册),第240页。

④ 《北京外务部来电》(光绪二十九年十二月二十四日),《锡良督川时外省来往电报》(第3册),馆藏:甲374/5。

⑤ 《商部来电》(光绪二十九年十二月二十五日),《锡良存川汉铁路奏咨录要》(第1册),馆藏:甲374/27。

迨至川汉铁路公司成立，列强则掀起新一轮干预。光绪三十年正月，英国驻成都总领事谢立山致函锡良，又提出由英国负责查勘线路的要求："筑路先须查勘，而查勘一事又非外国工程师不能尽职。川汉铁路如有需延本国工程师查勘之处，本总领事亦无不可代为筹划。"① 同时，各列强重点就资本一项提出要求。四月间，英国驻华公使萨道义照会外务部，声称上年奕劻曾承诺中国若不能筹集全股开办川汉铁路，"所需之外国资本，皆在英、美二国借用"，同时要求成都至叙州、泸州、万县三支路归其承办。② 法国更是"强横无状，威逼不一端"，在资金、工师两方面提出要求。③ 六月间，法国驻成都总领事安迪照会锡良，声言法国华利公司"刻在贵国外务部商定'招股勘路代办合同'，将次就绪"，该公司已集款38亿法郎，由其修建川汉铁路最为适合。④ 德国驻华公使穆默向外务部蛮横要求川汉铁路"各国人民均应一律同沾利益"，自办办法"应不准行"。⑤

对于各国干预，外务部在议驳同时指示锡良"坚持勿允"。⑥ 事实上，锡良料及列强必将群起干预，筹办之初即树立"不肯甘心退让"⑦ 之志。这一点上，中央部门和四川当局达成一致。正月六日，锡良复函谢立山，指出招股、勘路、筹款等一切事宜，"均札饬公司妥慎经理，以专

---

① 《谢领事来函》（光绪三十年正月五日），《锡良存川汉铁路奏咨录要》（第1册），馆藏：甲374/27。
② 《英使致外务部预定川汉铁路借款照会》（光绪三十年四月），戴执礼编：《四川保路运动史料》，科学出版社1959年版，第4页。
③ 《四川留日学生为川汉铁路事敬告全蜀父老书》（光绪三十年十月二十一日），戴执礼编：《四川保路运动史料》，第18页。
④ 《法领事致锡良包揽川汉铁路款、工照会》（光绪三十年六月），戴执礼编：《四川保路运动史料》，第5页。
⑤ 宓汝成编：《中国近代铁路史资料（1863—1911）》（第3册），第1072页。
⑥ 《外务部来电》（光绪三十年四月十二日），《锡良督川时外省来往电报》（第4册），馆藏：甲374/5。
⑦ 锡良曾致函山西巡抚俞廉三言道："川省铁路外省久已垂涎，昨始奏准自办，以杜觊觎。现正创设公司，分途招股，明知智小谋大、力小任重，然此竞争世界，力求进步，日寸则寸，不肯甘心退让也。"《拟致俞廙帅》，《锡良督川时函稿》（乙册），馆藏：甲374/113。

责成"①。四月又照会各国，声明川汉铁路"系奏定川省自办之路"且已派员实地测量。②七月，川汉铁路公司声明川汉铁路"一切均系自办，尚无须借助于人"，"将来万一改议，彼时亦当体察情形，斟酌办理"。进而义正词严地指出："贵领事于本公司创办伊始，动以笔墨相诘辩，不特有碍交谊，将来虽有应商之件，亦不便奉商矣。"③后者则辩称中国政府强调自办的同时"忽云'将来万一改议'"实为"欺藐敝国"，而"动以笔墨相诘辨"一语更是铁路公司与法国政府"绝交之明证"。进而施其恫吓狡谋："不论贵督办升迁何省，本领事亦电知敝国钦使，惟贵督办是问！"④

毫无疑问，外交交涉仅能对列强干预川汉路事做出有限抵制，欲图杜绝外人觊觎之心以及使自办路事落到实处，归根结底需要解决资本难题。

二 时人路事建言及川鄂协商集股办法和先修路段

光绪三十年正月间，铁路公司督办、会办诸人致函锡良，提出"百两为一股，凡三十万股"的集股计划，并汇报官商绅庶"咸知此项路工实自保全蜀利权，刻不容缓"，对集股自办颇表认同。⑤然而，川汉铁路长达四千余里，需费五千万两以上，川省民众态度积极并不能消解资金筹措之难。实则，即便锡良本人，对于四川自筹铁路资本亦无十足把握。早在光绪二十九年十月间，锡良曾致电商部，陈请派员至新加坡等商埠

---

① 《复谢领事函》（光绪三十年正月六日），《锡良存川汉铁路奏咨录要》（第1册），馆藏：甲374/27。

② 《法领事致锡良诘问川汉铁路何人主政照会》（光绪三十年七月），戴执礼编：《四川保路运动史料》，第6页。

③ 《川汉铁路公司复法领事声明铁路自办照会》（光绪三十年七月），戴执礼编：《四川保路运动史料》，第7页。

④ 《法领事复川汉铁路公司路政结局惟督办是问照会》（光绪三十年七月），戴礼编：《四川保路运动史料》，第8页。

⑤ 《督、会办川汉铁路司道为详请事》（光绪三十年正月二十七日），《锡良存川汉铁路奏咨录要》（第1册），馆藏：甲374/27。

招集华股。① 光绪三十年四月间，其致电外务部也坦承："招集华股即不获，而借洋款亦必权自我操。"②

这一时期，川籍留日学生怀抱"中国失一省之路，即失一省之权"的忧患意识，感戴锡良筹建川汉铁路实属"事制机先"，但又对"资本久未鸠集，工程久未兴行"深为不满，直言"有公司而无资本，则等于无公司而已"。光绪三十年九月十四日，川籍留日学生300余人专就川汉铁路事集会，先就力量所及认筹4万余两，并承担募劝30万两之责。会后致书锡良建言。首先，铁路公司改官办为官商合办。他们指出："举此大业，必非徒藉商股之所能成，亦非徒仰官款之所可集，故必出于官商合办。"其次，先修宜昌至重庆段。他们主张将川汉铁路分为汉口至宜昌、宜昌至重庆、重庆至成都三段，并建议先修宜重段，原因在于此段"水道艰阻，不便交通，较汉宜一段为尤急。且路成之后，运转货物较多，获利更速"。③ 事后看，上述建议基本为官方采纳。

与此同时，时人亦要求川汉铁路早日开工。光绪三十年九月二十三日，军机大臣字寄锡良："有人奏四川铁路关系大局，宜及早开工，以工代赈等语，着锡良体察情形。"④ 两个多月后，川鄂方就招股办法及路线勘测等问题展开磋商。十二月五日，锡良致电张之洞，指出四川路款筹集途径拟分集股、按租抽谷两种："现拟集股章程，以五十两为一股，周年四厘给息，路成分红，劝令各省官绅商民出资入股；并仿湖南绅议按租抽谷，百中抽三，填给股票。"同时，征询张氏对川鄂交界路线设置的意见："窃拟从大宁经巴东至宜昌，不知尚有捷径否，

---

① 《锡良致商部请派员赴新加坡等地募集华股电》（光绪二十九年十月二十日），戴执礼编：《四川保路运动史料汇纂》（上册），第266页。

② 《致外务部电》（光绪三十年四月四日），《锡良督川时外省来往电报》（第4册），馆藏：甲374/5。

③ 《留学东京四川学生为川汉铁路事上川督锡制军书》，《新民丛报》光绪三十年第九号，第95—97页。

④ 中国第一历史档案馆编：《光绪宣统两朝上谕档》（第30册），第179页。

并求示遵。"① 张之洞复电，认同集股自办"最为上策"，但同时接连抛出数问："惟路太长、工太巨，此路在川境内取道何处，入楚境后取道何处，已筹定否？全路共长若干里，每里需费若干，已略加估计否？川省谷捐每年能筹款若干，已有约数否？"在路线设置上，张氏则与留日学生一致，主张先修万县至宜昌段，认为如此一方面可收经济之利："从来铁路办法，皆先从有贸易货物处办起，修成一段即可收一段运费。川汉之路必宜先从万县至宜昌一段下手，以避三峡众滩之险，商货人客皆多，获利较易……方有养路之资，以后集股亦易。"另一方面，亦可有效避免外人干预："自万至宜，此中间一段我已兴工，则长江上下外人即无从插手，余路可听我从容布置矣。"②

经与张之洞协商，锡良于十二月十三日具折，再次强调自办原则，即"不招外股不借外债"，"非中国人之股，公司概不承认"。在路线规划上，先修宜昌至万县段，如此"可避峡江覆溺之患"，亦可使"商货顿易流通，轨料均便输运"。③ 折后附《川汉铁路集股章程》六章五十五条，规定铁路股本的四个来源：一是认购之股，"凡官绅商民自愿入股冀获铁路利益者"，五十两为一股；二是抽租之股，"凡按租抽谷入股者，即作为抽租之股"，业田之家无论祖遗、自买、当受、大写、自耕、招佃，收租在十石以上者百分抽三；三是官本之股，即由国家库款拨作股份者；四是公利之股，即铁路公司开办别项利源而作为公司股本者。④ 上述主张得到政府认同。光绪三十一年正月间，军机处将锡良原折及集股章程交商部、户部、外务部议复，三部在议复折中认同其议，仅就章程条文提

---

① 《致湖北张香帅电》（光绪三十年十二月五日），《锡良督川时外省来往电报》（第8册），馆藏：甲374/5。
② 《致成都锡制台》（光绪三十年十二月七日），虞和平主编：《近代史所藏清代名人稿本抄本》（第2辑第23册），大象出版社2014年版，第638—640页。
③ 锡良：《川汉铁路集股章程折》（光绪三十年十二月十三日），《锡良遗稿·奏稿》，第455页。
④ 《川汉铁路总公司集股章程》（光绪三十年十二月），戴执礼编：《四川保路运动史料》，第34、35、35、38页。

出若干意见："原章有抗违不完、提案追究之条，若使办理稍有未善，抑勒强派，在所不免。"同时提请锡良应充分行使督饬之责，以免各州县发生需索情事。① 同时，集股办法也颇得四川绅民认同，且不乏个别人持乐观态度。如溥利煤矿公司总办杨朝杰即认为"四川地大物博，筹款招工皆非所难，煤铁木石亦取之裕如"。就筹款而言，以川省之力当能计日程功："全省百六十二府厅州县，七千九百万丁口，除去妇女一半，余四千万，又除老弱一半，余二千万，又除贫苦一半，实余一千余万。每人年捐一钱，亦可获银百万余。"② 为产生上行下效的示范作用，锡良带头认筹二十股，并呼吁各府厅州县按年认股，"以资集腋，而为民倡"。③ 然事实上，川民认购股票并不积极，"民自行承买之股票殆寥寥焉"。④ 此时，锡良对于筹款愈加缺乏信心。档案中有两封锡良写于光绪三十年十月、十二月间的电文，颇能露其心境。在致川籍京官电中，锡良字里行间流露出自筹资本的不确定性："绅耆妥议，多以分年按租筹款、不借外力为词，果能办到，富强基础，蜀开其先，岂非大幸？"⑤ 在致张之洞电中也直言："川省筹款之法，惟集股、抽谷两层，抽谷岁约可得三百万，集股尚无把握。"⑥ 这就为之后川汉铁路公司改制埋下了伏笔。

更为棘手的是，尽管川鄂两省对于先修宜昌至万县路段并无分歧，

---

① 《商、户、外务等三部会奏议复〈川汉铁路集股章程〉折》（光绪三十一年正月），戴执礼编：《四川保路运动史料》，第31页。
② 《溥利煤矿公司总办候选知县杨朝杰谨禀》（光绪三十年），《锡良存川汉铁路奏咨录要》（第6册），馆藏：甲374/27。
③ 《四川总督部堂锡行知公司通饬各府厅州县派认铁路官股札稿》（光绪三十一正月），谢青、吴红颖、楚正瑜主编：《四川省图书馆馆藏四川保路运动史料书影汇编》，四川大学出版社2014年版，第20页。
④ 《四川留日学生改良川汉铁路公司议》（光绪三十二年），戴执礼编：《四川保路运动史料》，第47页。
⑤ 《致川省京员电》（光绪三十年十月十三日），《锡良督川时外省来往电报》（第7册），馆藏：甲374/5。
⑥ 《复湖北张香帅电》（光绪三十年十二月八日），《锡良督川时外省来往电报》（第8册），馆藏：甲374/5。

第二章　锡良与清末四川新政之腹地改革：从整顿官场到开发建设

然在此路段如何修建的问题上则颇起争执。起初，张之洞鉴于川汉铁路"全路之艰巨"而力主两省合修，① 先修之宜万段亦按此办法。进入光绪三十一年后，张之洞"屡接锡电称及川绅面称"，力主由川代修宜昌以上鄂境铁路。② 锡良致电张之洞，解释"以川款代修鄂路"意在避免两省分修"易致参差"之弊。③ 其时四川绅商虽不乏主张川鄂"各修各境"者，④ 然绝大多数则力主代修，甚至"未经商明，即拟由重庆修至宜昌，以便商贾"。

之所以上至川督下至绅商普遍力持此议，主要出于以下原因。一是，"非从宜昌修起，则川民疑惧"，所谓"鄂境不修，则川路无用，必致认捐者中悔，招股者裹足"；二是，川路运机运料必由宜昌入手，否则"转输不便，川路亦将无可施工"；三是，宜昌至万县约一千里的路段皆系连山大岭，"工作极艰，费用极巨"，而湖北近年财力"已忧枯竭"，且方议修粤汉铁路，"鄂省所应分任续路造路之款已属不资，则接川之路一时断难并举"。然而，对于四川代修鄂境路段之议，"鄂省闻之，众情甚为不惬"。特别是鄂籍留日学生，"断断以省界所在即权利所关，尤力主画境分修之说"。⑤

由于四川集股成效不佳以及川鄂两省在宜昌以上鄂境路段如何修建

---

① 《度支部主事杜德舆为川汉铁路事呈都察院代奏折（三续）》，《申报》光绪三十三年九月八日，第二张第十版。
② 《湖广四川总督部堂张、锡会奏为筹办湖北境内川汉铁路折稿》（光绪三十二年正月），谢青、吴红颖、楚正瑜主编：《四川省图书馆馆藏四川保路运动史料书影汇编》，第47页。
③ 《致湖北张香帅电》（光绪三十一年十月十八日），《锡良督川时外省来往电报》（第12册），馆藏：甲374/6。
④ 如胡峻即主此议，据锡良致电张之洞言："昨经公司绅董集议，据称前因胡雨岚来电各修各境，遂拟先修万渝、成资两段，取其成功稍易，获利较速，人情欢动，集款再修。"参见《致湖北张香帅电》（光绪三十一年十月十八日），《锡良督川时外省来往电报》（第12册），馆藏：甲374/6。
⑤ 上述引文参见《湖广四川总督部堂张、锡会奏为筹办湖北境内川汉铁路折稿》（光绪三十二年正月），谢青、吴红颖、楚正瑜主编：《四川省图书馆馆藏四川保路运动史料书影汇编》，第46—47页。

问题上迟迟不决,致使路事陷入停滞。自光绪三十一年始,四川民众普遍起而要求川汉铁路改归商办。长寿县举人张罗澄等呈请督察院代奏,指出川汉铁路"议办至今已一年有余,其路线所经并未绘图入奏,至工程款项及一切详细章程均未核定",同时在管理上也存在重大缺失。提出川汉铁路以川中商民之款修建,理应正名为民办铁路,如此"既可杜各国之觊觎,亦可享自有权之利"。若仍为官办,"局面万一有事,如赔款磅亏之类,外人指索抵押,其将何以谢之"?进而重提锡良单衔独奏事,将之视为川鄂两督"情势既属暌隔,意见尤多龃龉"之明证。① 川籍京官工部主事王荃善也提出商办要求,其理由有二。一是四川民众意愿所在。川民"恐以频年节省之膏血,一旦委诸虚縻,匪惟将来之股息难期,即现在之捐资无着"。二是可有效抵制外国干预。所谓"民款官办,外人可以藉词干涉;民款民办,则不独抵制于将来,兼可收绅商交劝之益"。同时,他又提出川汉路事川鄂两督兼顾为难,应援芦汉铁路例由清政府简派专员督办。② 另有人则以"川省官权尊重,谷捐激变,官幕盘踞,虚耗巨款"为由弹劾锡良。③ 上述陈请和要求,构成锡良将川汉铁路公司改为官商合办的重要动力。

三 铁路公司改为商办及川鄂争夺代修路段之路权

光绪三十一年六月间,商务部将张、王诸人呈文转至张之洞、锡良,并督责两人"力祛官民隔膜滞碍之弊"。④ 七月间,外务部因外交交涉带来的严重压力,函促张、锡赶速筹办川汉路事:"此路关系綦重,英美法三使争相借款,虽经本部严词驳阻,而此路一日不成,一日不能杜三使

---

① 《照录四川举人张罗澄等呈》,《锡良存川汉铁路奏咨录要》(第12册),馆藏:甲374/28。
② 《照录王荃善呈》,《锡良存川汉铁路奏咨录要》(第13册),馆藏:甲374/28。
③ 张之洞、锡良:《川汉铁路毋庸请派督办折》(光绪三十二年正月二十八日),《锡良遗稿·奏稿》,第559页。
④ 《商务部来函》(光绪三十一年六月),《锡良存川汉铁路奏咨录要》(第12册),馆藏:甲374/28。

第二章　锡良与清末四川新政之腹地改革：从整顿官场到开发建设　/　59

之觊觎。"① 八月六日，上谕张、锡就川汉铁路如何"画一事权"妥议具奏。② 处清政府与社会舆论两方面催促赶办川汉路事之压力下，张、锡做出如下回应。

首先，将川汉铁路公司由官办改为官绅合办。"为调和官绅意见计"，③ 锡良于光绪三十一年六月具折，指出川汉铁路因官民合股，"即应官绅合办"，铁路公司理应"尽除官习"并"多用士绅"。官、绅各派总办一人，官以沈秉堃代理，绅则为刑部河南司郎中乔树楠。④ 其次，回应相关指责言论。锡良复函商务部，指出川鄂矛盾之说实属"茫无风影"，其解释："川、汉道里适均，而建轨则在鄂为缓、在川为急，亦在鄂为易、在蜀为难，故必川省疏陈。"⑤ 针对指责铁路公司"官权尊重"之论，张、锡指出："用官不过数员，绅则倍之。复设研究所，每事集绅讨论。……盖官以董率牧令，绅以导喻商民，川省所设局所，莫不官绅并重。"⑥ 对于由政府简派专员督办的提议，张之洞指其"议论模糊，事理不清"，若果如其议，"势必事权纷歧，动多掣肘"。并且，"筹款、办事两省办法判然不同，即在一省亦有因时变通之处，一派京员便多窒碍，不过徒滋无穷糜费而已"。⑦ 在联衔奏折中，张、锡声称芦汉铁路为借款而修，"故以一人总其全工于事始便"。而川汉铁路为自办，"无论官款必

---

① 《外务部来函》（光绪三十一年七月二十一日），《锡良存川汉铁路奏咨录要》（第13册），馆藏：甲374/28。
② 中国第一历史档案馆编：《光绪宣统两朝上谕档》（第31册），第115页。
③ 宓汝成：《中国近代铁路史资料（1863—1911）》（第3册），第1072页。
④ 锡良：《奏调京员办理铁路折》（光绪三十一年六月五日），《锡良遗稿·奏稿》，第498页。后改派在籍翰林院编修胡峻为绅总办，乔树楠任川汉铁路驻京总办。锡良：《改派川汉铁路公司官绅总办片》（光绪三十一年十一月二十九日），《锡良遗稿·奏稿》，第546页。
⑤ 《复商务部函》（光绪三十一年七月十日），《锡良存川汉铁路奏咨录要》（第13册），馆藏：甲374/28。
⑥ 张之洞、锡良：《川汉铁路毋庸请派督办折》（光绪三十二年正月二十八日），《锡良遗稿·奏稿》，第560页。
⑦ 《致成都锡制台》（光绪三十一年九月十九日），虞和平主编：《近代史所藏清代名人稿本抄本》（第2辑第24册），第381—382页。

须官集,即民款亦须疆吏督察董劝",若另派专员,"恐民情未悉,众信未孚,措置立形扞格"。①

回应各种指斥言论尚属易事。更严峻的问题则是,锡、张二督在代修路段的路权归属问题上再起争执。光绪三十一年八月间,张之洞致电锡良,指出宜昌以上铁路让归川省修造"自当照办",但同时强调"宜昌应设车栈、货栈仍当由鄂修造"的要求,并声明此举"并非争利",意在"完全本省管辖之权","庶各管各境,路权界限得以画清"。②之所以湖北认同四川代修宜昌以上鄂境路段,实由于此时粤汉铁路之争回,正如张之洞致电锡良所言:"粤汉铁路现既向美国争回,三省分境自修势不能缓。然鄂省财力较薄,既修接湘之路,又修接川之路,款分两用,工即不能速成。"然而,四川则坚持路由谁修、权归谁有,要求代修鄂境路段的路权归川所有,在这点上川鄂争执不下。十月间,锡良派胡峻往鄂商谈路事,核心问题即是代修路段的路权问题。其时"管路之权鄂中绅士学生坚不允让","因定各修各境之议"。进而,张之洞又致电锡良,提出湖北自修宜昌以上鄂境路段的两种策略。一是,完全依靠湖北之力。然此策效果不容乐观,正如张氏所言:"宜昌以上至巫山交界处约五百余里,尽系大山,工艰费巨,只能尽力筹办,造成一里是一里,势不能刻期竣工。"二是,湖北"以借洋款之法改借川款"。张氏言道:"宜昌以上路工,鄂若不能刻期告竣,则川无出路。川虽集有巨资,于万宜之间修成车路一段,亦无所用。川路欲早见利,非鄂路及早接通不可。今为川鄂两省计,莫若鄂省即借川款,以修接川之路。"如此,"川自万县修起,鄂自宜昌修起,两端相接,约六年可成"。③很显然,宜昌以上鄂境路段

---

① 张之洞、锡良:《川汉铁路毋庸请派督办折》(光绪三十二年正月二十八日),《锡良遗稿·奏稿》,第559页。
② 《致成都锡制台》(光绪三十一年八月十三日),虞和平主编:《近代史所藏清代名人稿本抄本》(第2辑第24册),第328—329页。
③ 《致成都锡制台》(光绪三十一年十月十三日),虞和平主编:《近代史所藏清代名人稿本抄本》(第2辑第24册),第539—542页。

若由湖北自修，四川所谓代修路段之路权归其所有的要求则无从谈起。此际四川筹集资本亦困难重重，张氏所提"借川款"之策无实行可能。张之洞明知其事不可为而言之，不可谓无故作"刁难"之意，其心中芥蒂亦于此昭然。

正当川鄂协商之际，十一月间鄂湘粤三省签订《鄂、湘、粤三省会议公共条款》，议将粤汉铁路之湘省边界自宜章以下至永兴县路段让归粤省代修，一切权利暂归粤省收管，以路成后二十五年为限，照粤省原用工本由湘备价赎回。这为川鄂解决代修路段路权问题提供了借鉴。十二月三十日，张之洞致电锡良，声称"鄂绅见湘路粤修有例可援，遂亦愿将宜昌以上路工让归川修，一切照湘粤成案办理"。① 此电似乎昭示双方争执已然消解，但不意风波又起。恰在这一时期，锡良未与湖北协商情况下派胡峻出国选聘勘路工师，而此时张之洞已不惜重金聘请日本工师勘测鄂境路段。对此，张氏难掩心中怒气，在光绪三十二年正月间写给锡良的一封长电中言辞激烈地说道："揆川省之意，必谓宜昌以上鄂路既让归川修，全路即可统归川勘，不愿鄂省与闻。不知代修之权为期甚短，赎回之后鄂路仍为鄂管，利害之关于鄂者实为久长，鄂岂能竟不过问？……川既不愿与鄂共聘工师，则鄂所聘者鄂不妨独任其费，但川楚全路必须统勘，将来定线、估费、兴工必须与鄂省商定方可开办。否则，川修鄂路之议仍待熟筹，不能遽作为定论。川省如愿事事与鄂会商，此次复奏折内，务须将鄂境宜昌以上一段暂归川省代修，订期二十五年，由鄂省照原用工费，备价赎回。及川楚路工大纲，皆系两省公同商榷，折衷至当，并非由一省专主各节，切实陈明，庶免鄂绅又有违言。"② 最终，张、锡"电商数四"，于光绪三十二年正月联衔具折，确定干路分两部分：一是宜昌至成都段，分宜昌至万县、万县至重庆、

---

① 《致成都锡制台》（光绪三十一年十二月三十日），虞和平主编：《近代史所藏清代名人稿本抄本》（第2辑第24册），第606页。
② 《致成都锡制台》（光绪三十二年正月六日），虞和平主编：《近代史所藏清代名人稿本抄本》（第2辑第24册），第623、625—626页。

重庆至成都三段；一是宜昌以下干路，取道荆门、襄阳以达应山县属之广水，接通京汉铁路。更重要的是，双方就四川代修鄂境路段的路权问题达成协议："宜昌以上，鄂境之路，让归川省代修，订期二十五年，由鄂省照章备价取回；未赎以前，一切权利暂归川省收管。"①

尽管川鄂两督最终达成协议，然两省路事纷争远未销声匿迹，甚至有愈演愈烈之势，集中表现为四川民众对此一协议普遍不满，当中尤以川籍留日学生表现最为激进。他们指出，湖北赎回川修鄂境路段不啻"坐而收其成"，此路段理应由四川"永有其路权"。原因在于，鄂境路段工险费巨，"将必耗全路资本之大半"。并且，"此段竣工总须七八年之岁月，即开车犹虞赔本，大利可获又当在开车十年以后，届时而赎路之期迫矣。且路而无利，鄂可以迟一日赎路，路而有利，则川不能使之迟一日赎路，是始终皆鄂处于利益之地位，而川处于损失之地位"。进而又说道，"赎路之说，乃外国攘我路权，而当外交之冲者无以拒之，姑为经若干年由中国赎回之约"。在他们看来，本为中外之间的协议，此时则由两省达成，实为"自欺而欺人"之举。②

除此之外，由于省界观念造成铁路资本本省化，就地筹款以及派捐成为常态，对民众生计造成极大侵害。度支部主事杜德舆揭批："州县敢以所纳之正粮硬派为铁路捐，而严科以抗粮之罪，鞭笞棰楚，监禁锁押。……卖妻鬻子、倾家破产者不知凡几。故民之视铁路也，不以为利己之商业，而以为害人之苛政。"③ 这种状况，曾在川汉铁路公司任职、后又出任广西巡抚的沈秉堃也有论及："川省自办铁路，始于光绪三十年由前督锡良奏准办理，所收租股与零星劝集之股，开办较各省为先，收

---

① 张之洞、锡良：《川汉铁路毋庸请派督办折》（光绪三十二年正月二十八日），《锡良遗稿·奏稿》，第560页。
② 《四川留日学生代表向川督岑春煊所提改良川路公司五点建议》（光绪三十三年），戴执礼编：《四川保路运动史料汇纂》（上册），第445页。
③ 《度支部主事杜德舆为川汉铁路事呈都察院代奏折》，《申报》光绪三十三年九月五日，第二张第十一版。

数较各省为巨。无论贫富贵贱、男女老幼，人人皆经投资、人人皆认自办。实与粤省之股出商富、鄂省之集股无多、湘省之先办劝股甫办租股者，情形各别。……（四川）集股既早且久，股数之多、股民之众，复在各省之上，委因经理非人，亏倒巨款，多归无着。用人不当，其罪止于被用之人。而多数小民血本被蚀，则其疾痛而呼父母，亦属恒情。"①

铁路公司原定租股不超过股本总额五分之二，但实际则远超这一比例，"为筹款大宗"。② 光绪三十二年间，要求改为商办的呼声迭起。川籍留日学生蒲殿俊、吴虞等44人联署发文，提出"公司股本全出商民"，应遵照《公司律》将公司正名为"商办"。③ 四川民众在一份公呈中，痛陈铁路公司存在资本滥用、任人不当两大弊端，进而断言"股本永无集足之日"，川汉铁路建设进入死胡同："铁道我不自修，则外人将进步，外人进步，我川必亡；我自修，则同类复自残，同类自残，我川亦必亡。"由此，川人"宜急求救亡之道"，办法即是"破坏野蛮官立之旧公司，建设文明商办之新公司"。④

由于四川民众的强烈要求和全国范围内收回利权运动的开展，川汉铁路改制已然势在必行。光绪三十二年十一月间，舆论披露"鄂督张宫保拟借洋债建造川汉铁路"，对此"川省官绅大为反对"，⑤ 此亦助推锡良改制

---

① 《广西沈幼岚中丞秉堃致内阁请代奏电》（宣统三年七月二十六日），盛宣怀：《愚斋存稿》（第83卷），沈云龙主编：《近代中国史料丛刊续编》（第13辑），（台北）文海出版社1974年影印版，第1750页。

② 《商、户、外务等三部会奏议复〈川汉铁路集股章程〉折》（光绪三十一年正月），戴执礼编：《四川保路运动史料》，第31页。隗瀛涛先生爬梳地方志史料，详细梳理了川汉铁路公司在四川抽收租股的情况。认为，租股实际征收对象不仅包括大中小地主，且及于广大自耕农和佃农，极大地加重了群众负担，对四川大小地主也产生巨大冲击。参见隗瀛涛《四川保路运动史》，第165—169页。

③ 《改良川汉铁路公司议》（光绪三十二年），谢青、吴红颖、楚正瑜主编：《四川省图书馆馆藏四川保路运动史料书影汇编》，第72页。

④ 《四川人民呼吁将川汉铁路公司改为商办公启》（光绪三十二年），戴执礼编：《四川保路运动史料汇纂》（上册），第315—316页。

⑤ 《川省官绅反对鄂督借债筑路》，《申报》光绪三十二年十一月二十日，第四版。

川汉铁路之决心。光绪三十三年正月二十日锡良具折,将铁路公司改为"商办川省川汉铁路有限公司",并仿浙江等省通例,设总理、副理各一人,乔树楠为总理,胡峻为副理,裁撤原设官总办,同时颁定续订章程,规定"本公司专集华股自办"。接纳留学生意见,预算铁路需款总额约计银五千万两以上,募股办法分为股份之股和抽租之股两部分。① 对于上述举措,川籍留学生颇为欢欣并将之视为锡良"爱民如子,爱国如家"② 的表征。具折次日,上谕锡良调补云贵总督,此举也成为他经营川汉铁路之尾声。

小结

锡良督川时期筹办川汉铁路的过程,自始至终交织中外对抗、枢部歧异、省际矛盾、时人评骘等多方势力的博弈,从中不仅可以看到列强对中国路事的干预和阻挠,亦可观察外务部与商部之间的策略差异、川督锡良与鄂督张之洞之间的态度异势,以及官民之间既有矛盾冲突又不乏协同合作等多重历史面向。上述内容,凸显出清末铁路建设的复杂性和艰巨性,也展现出清末政治和社会的某些时代特色。

中外对抗固为影响清末铁路事业的重要因素,这一点在全国范围内亦具有普遍性。就川汉铁路而言,外务部、商部、川督以及四川绅民在抵拒列强方面并无二致。值得注意的是,面对列强要求参与川汉路事尤其是注入资本的要求,外、商二部因立场不同而在应对策略上存在显著差异。前者主要从政治角度出发,出于避免外交交涉的目的而要求"专集华股";后者主要从经济角度出发,考虑到华资不足而在原则上允许"附搭洋股",但同时反对另借洋款。锡良意图通过自办川汉铁路实现"靖边陲而消衅隙"③ 的目的,因而始终坚持自款自办。上述清政府内部

---

① 锡良:《四川铁路举定总副理并续订章程折(单一件)》(光绪三十三年正月二十日),《锡良遗稿·奏稿》,第653—654页。
② 《四川留日学生为川汉铁路事敬告全蜀父老书》(光绪三十年十月二十一日),戴执礼编:《四川保路运动史料》,第23页。
③ 锡良:《开办川汉铁路公司折》(光绪二十九年十二月六日),《锡良遗稿·奏稿》,第390页。

存在的矛盾歧异，凸显出清末时期中国应对列强侵扰的典型自我内耗。

更严重的阻滞因素则是以地域情结为基础的省界观念。19世纪末至20世纪初，随着各省经济结构的变化和新政事业的开展，立足于一定地域经济文化认同和自身利益的"省"意识开始形成，"本省"成为知识分子和一部分封疆大吏乃至部分群众的流行语。① 无论是在地方政权体系、私营经济领域，还是在留学生特别是留日学生群体、革命派当中，省界观念都广泛存在并产生恶劣影响。② 铁路建设则是受省界观念影响的重灾区，表现为"各省所定之路线，往往省界分明，各存畛域"③。就川汉铁路而言，上自川督锡良，下至四川绅民，皆主张由川代修宜昌以上工艰费巨的鄂境路段，固因湖北财力难以同时支撑川汉、粤汉两路之修建，但亦是考虑到本省利益的抉择，诸如消除川民疑惧、便于四川运机运料等。锡良曾向张之洞表白，川省代修鄂境路段，表面助鄂而"实亦利川"④。因此，四川代修之议与其说是对省界观念的消解，毋宁说是省界观念的另一种表现形式。同样，由于省界观念使然，宜昌以上鄂境路段由川代修之议一度遭到湖北民众强烈抵制，而四川民众则对川鄂两督经过长时间争论达成的代修路段在路成二十五年之后由鄂赎回的协议极为不满。在资本筹集方面，省界观念促使川汉铁路资本筹集本省化，川鄂之间不能形成有效合作从而实现有限资金的合理分配和使用，直接导致四川强捐、派捐成为常态，远远超出民众承受能力。上述现象，不仅从个案角度展示出新政时期省域合作之实态，也暴露出新政改革对社会矛盾的激化。

就官民关系来看，锡良对来自朝野的建言献策乃至指斥言论并非全然反驳，而是在斟酌局势前提下有选择性地采纳和让步，诸如调整租股起征

---

① 刘伟：《晚清"省"意识的变化与社会变迁》，《史学月刊》1999年第5期。
② 苏全有：《论清末的省界观念》，《安徽史学》2009年第1期。
③ 《准军机处片交商部奏各省筹筑铁路亟应统筹全局预定路线折》（光绪三十二年四月二十二日），《锡良存各省铁路奏咨录要》（第2册），馆藏：甲374/19。
④ 《致湖北张香帅电》（光绪三十一年十月十八日），《锡良督川时外省来往电报》（第12册），馆藏：甲374/6。

点、改变川汉铁路公司经营模式等。尤其是后者,当筹集股本遭遇困境并演化为扰民之举时,锡良两次改变川汉铁路公司经营模式,最终实现从官办到商办的重大转折。此一转折过程是列强侵凌背景下朝野间讨论乃至争执的产物,这当中尤以川籍留日学生起到至为关键的作用,展示出以保国保省为主要内容和基本指向的民族主义情绪在清末留日学生中间的发展实态和实际效力。对此,日本舆论慨叹"中国人最有血性而能任事者莫如蜀"。①留学生建言献策对当政者决策产生直接影响,终使朝野在川汉铁路问题上形成一定程度的趋同性,不可不谓为清末朝野互动之典型一例,反映出清末官民间不仅有冲突对立的一面,亦有协同合作的一面。

　　进一步言,作为影响省域新政成效和方向的关键因素,督抚行政作为理应受到重点关注。锡良提议修建川汉铁路,展现出他对区域发展的思考和对国家路权的捍卫,也展现出列强威逼态势下督抚作为的具体指向。总的来看,锡良在筹办川汉铁路过程中颇有可圈可点之处,一定程度上展现出超乎阶级桎梏的开通性。追究其因,则在于锡良强烈意识到铁路建设具有政治、经济、军事等方面的多重功效,将其视为"守土之命脉",②这构

---

① 《四川留日学生为川汉铁路事敬告全蜀父老书》(光绪三十年十月二十一日),戴执礼编:《四川保路运动史料》,第18页。

② 此语出自锡良离任川督前至四川铁道学堂的演说辞。锡良在演说辞中说道:"吾未到川,首以自办川汉铁路为请。既在川,又主川滇铁路分任川办之议。夫岂不知山川之险巇、经费之困绌,有百难无一易哉?诚以守土之命脉全在于斯,通汉所以兴利,通滇所以固圉,兹事体大,上为国家,下为疆场,尽吾职耳!谁毁谁誉,固在所不计也,求济事耳,官办、商办亦在所不拘也。"《云贵总督部堂锡留别四川铁道学堂训词》,虞和平主编:《近代史所藏清代名人稿本抄本》(第3辑135册),第200页。宣统元年十月间,锡良为祝贺川汉铁路开工所做的一篇祝辞,也说道:"方今世界大通,觇国者至以轨线长短,为国势强弱之比例。川汉路线自成都迄宜昌三千里,下达武汉,上通滇黔,揽全国输运之中心,据西南交通之形胜。凡军事之利用,政治之刷新,农商工矿教育之发达,罔不于兹是赖。就经济上言之,则蜀中士庶之殷阗,物产之丰富,甲于廿二行省,此路若成,百倍之利可为预券。幸工程伊始,怵他人之我先,九仞之山,基于一篑;百尺之台,成于累土。所愿全蜀人士深知路线所经,为川省谋莫大之福利,其宜集合团力,踊跃投资,以苏杭铁路为前车之导,勿为浮词臆说,阻任事者之心。"《致宜昌桂太守电》(宣统元年十月二十日),《锡良任东三省总督时外省来电》(第4册),馆藏:甲374/17。上述言论,鲜明展示出锡良契合时代诉求的国家主权观念和督抚担当意识。

成他亟亟于铁路事业的动力源泉。当然,不可否认的是,锡良在川汉路事上存在着浓厚的"理想化"倾向,集中体现在由川代修宜昌以上鄂境路段、铁路资本筹集本省化等方面,此则皆可从省界观念上找到根源。光绪三十三年,度支部主事杜德舆请都察院代奏的一篇折稿,即对代修一事予以批驳:"当川汉铁路建议之始,鄂督遂知全路之艰巨,力主两省合修。嗣因川绅不允,鄂督又有各修各境之议,两说俱是正办。殊去年胡峻承川督之命,而求鄂督,将宜昌以上数百里让归四川代修,再四恳求,鄂督不得已据情入奏,划定归还年限,订以廿五年为期,由鄂备价赎回。设当时从鄂督合修、分修两议,兼两省人力财力,彼此通融办理,则合谋三年,谅早有开工之望,而两头并举,亦可决成功之期。不解胡峻果有何把握,而争此食不下咽之物也?"① 很显然,由川代修宜昌以上鄂境之路归根结底是锡良的主意,反映出锡良对筹款之难并没有充分的认识。② 另外颇为严重的是,铁路公司内部亦是问题纠纷不断,诸如思想不统一、所用非人、财务混乱、贪污浪费严重等,以致路工进展迟缓。从宣统二年十月二十八日川汉铁路举行开工典礼,直到辛亥革命爆发时,宜万段仅修成三十余里。③ 理想最终难敌现实,锡良初衷徒成泡影。

第四节　王朝观念与世界意识的重奏:
练兵思想与实践

民族主义是近代中国政治变动、社会变革的主要动力之一。讨论清末新政时期督抚人物的民族主义以及在民族主义意识支配下的改革理念

---

① 《度支部主事杜德舆为川汉铁路事呈都察院代奏折（三续）》,《申报》光绪三十三年九月八日,第二张第十版。

② 张之洞后来认识到靠本国力量无法修成川汉铁路,在准备向德、英、法、美四国银行借款修路时,把这段原来属于川汉铁路公司修建的路算入鄂省境内的路,写入了借款合同,这为之后盛宣怀搞"铁路干线国有化"时与四川人民的纠纷埋下了伏笔。

③ 隗瀛涛:《四川保路运动史》,第185页。

和改革实践，不仅可以更好地认识省域新政的开展落实情况，亦可借以观察其时历史演进趋势。就清末边防危机日益严峻的国家整体局势而言，编练新军在新政改革全局中具有特殊而重要的地位，并且属于优先推进的领域。一个突出现象是，对省域新政改革负总责的督抚大员寄予练兵不同目的：有的勠力为之希冀巩固国本，国家至上观念昭然；有的偶变投隙以期及宾有鱼，假公济私鬼胎毕露。可以说，督抚关于编练新军的思想体认和实践举措，不仅是评判其人政治作为的重要依据，也是窥探其人王朝观念的试金石。

编练新军是清末新政的重要内容，长期以来为学界重点关注并取得丰硕成果。然检视以往研究，明显呈现某些省域研究深入而某些省域研究不充分甚至乏人问津的基本状况，极大影响了清末新军史研究的整体进展。清末四川练兵主要是在以公忠体国著称的川督锡良主导下实施和推进的，然学界对锡良四川练兵过程尚缺乏系统讨论，构成清末新军史研究的薄弱环节。① 本节旨在梳理锡良督川时期的练兵规划和实施过程，重点考察他对清末四川局势的认知、练兵路径和主要举措、取得的成绩和存在的不足等问题，进而呈现锡良民族主义情感支配下王朝观念和世界意识的基本内容和时代特色。区区之意，一方面通过锡良四川练兵的个案揭示督抚作为与省域新政成效的关系，并丰富对省域练兵曲折性和艰巨性的认识；另一方面则将清末时期旗籍人物对王朝政治忠诚的泛论还原为具体的人物研究，从而裨益于观察清末官员民族主义意识的基本趋向。

---

① 关于清末四川练兵的研究，代表性研究如何一民《锡良与晚清四川近代化》，《四川师范大学学报》1993 年第 3 期；马宣伟《清末四川编练新军》，《文史杂志》2003 年第 3 期；贾大泉、陈世松主编《四川通史》（卷 6），四川人民出版社 2010 年版，第 215—216 页；冉杰《清末锡良治川研究》，硕士学位论文，陕西师范大学，2014 年，第 20—24 页。上述研究，普遍依据《锡良遗稿·奏稿》《清末新军编练沿革》等史料，对锡良四川练兵情况做了粗线条描述，诸多细节语焉不详。此外，王秀玉讨论了清末川边战事对四川财政、军事改革的影响。王秀玉：《清末川康战事：川西藏区改土归流的前奏》，《民族学刊》2011 年第 2 期。

一 强国理念下多措并举的练兵路径

除面临直接侵略危险外,四川在西南边防建构中也具有举足轻重的地位。随着清末西藏边防危机凸显,"固川保藏""筹边援藏"等战略思想相继问世。① 因此,四川练兵不仅关乎四川一省防卫,更关乎西南边防整体性安全。四川新军编练起步于岑春煊督川时期,然随其调任粤督又将为数不多的兵力悉数带走。② 四川新军编练成军,则是在锡良督川时期完成的。锡良出任川督后,通过实地考察,对四川"地形险阻,屏蔽西藩,于秦陇为辅车之依,于吴楚有建瓴之势"③ 的重要战略地位有了深切认知。几乎与锡良至川同时,英国发动第二次侵藏战争,使得西南边防形势愈加严峻。此外,清末四川匪患严重,"缉拿匪类无不借资兵力"。④ 因之,锡良督川伊始,即将练兵视为要图:"(四川)内则伏莽未清,远则卫藏多故,幅员辽阔,兵力单薄,若不速行补募常备军数营,缓急殊无凭恃。"⑤ 其致函曾为属吏的开封知府石庚亦言:"治蜀计,自以澄叙官方、整顿武备为当务之急。"⑥ 巩固边防、清除匪患固为锡良属意练兵的直接动因,然他尚有更深层次的目的和追求,那就是基于世界视野意识

---

① 关于清末西南边防战略的演进可参见徐君《从"固川保藏"到"筹边援藏":晚清西南边防意识之形成——以丁宝桢督川十年(1876—1886)为例》,《中国边疆史地研究》2009 年第 2 期。

② 光绪二十八年七月,晋抚岑春煊调任川督,他将从山西带来的两旗常备军和 150 名卫队兵编为四个营,然岑氏很快于次年三月调任粤督。中国社会科学院近代史研究所中华民国史组编:《清末新军编练沿革》,中华书局 1978 年版,第 258 页。

③ 锡良:《遵练新军布置情形折》(光绪三十一年十一月二十九日),《锡良遗稿·奏稿》,第 544 页。

④ 锡良:《奏陈川军情形请俟军务稍定再遵章编练折》(光绪三十一年六月四日),《锡良遗稿·奏稿》,第 496 页。

⑤ 锡良:《派道员程文葆统常备全军片》(光绪二十九年七月二十六日),《锡良遗稿·奏稿》,第 345 页。

⑥ 《复石丽斋太守庚》,《锡文诚尺牍》,馆藏:甲 250。锡良抚豫次月即具折举荐贤员 8 人,当中包括时任安阳县知县的石庚,锡良称其"操履端悫,胆识俱优"。锡良:《举劾属员贤否折》(宣统二十八年二月二十一日),《锡良遗稿·奏稿》,第 193 页。

到加强军备是一个国家摆脱被欺辱命运而走向独立富强的不二途径:"伏维强国之道,首重练兵,盖国无强弱,惟视兵为转移,此东西列邦所以汲汲扩张军备者也。"①

前文述及,锡良就任川督之前,原以为四川财政充盈,正可大展手脚。然事与愿违,四川财政状况实则竭蹶已极。据锡良汇报,"库岁入款近千万"②的四川须筹措京外协饷"岁约七百万",而本省新政用款"踵事而日增",以致库藏空虚,不得已常向票商息贷以济窘乏。③为筹措练兵经费,锡良一方面实施盐斤加价即每斤酌加一二文,一方面拨裁改旧兵之饷,然此实为杯水车薪。④主要囿于经费严重不足,加之其他条件制约,锡良提出的"要非练成劲旅一二镇,不足以供征调而备不虞"⑤的练兵计划,最终则未能达成。

再来看练兵基本路径。清末时期,各省绿营及防、练各军普遍废弛不堪。⑥光绪二十七年七月三十日,清政府鉴于制兵、防勇积弊,要求各省裁汰原有各营,精选若干分为常备、续备、巡警等军,一律操练新式枪炮。⑦四川营务废弛已久,虽经岑春煊力加整顿,"惜为日太浅,未易

---

① 锡良:《遵练新军布置情形折》(光绪三十一年十一月二十九日),《锡良遗稿·奏稿》,第544页。

② 锡良:《炉边军务浩大请劝收捐款准奖实官折》(光绪三十一年五月十五日),《锡良遗稿·奏稿》,第492页。

③ 锡良:《按期解足练兵经费折》(光绪三十一年七月四日),《锡良遗稿·奏稿》,第499页。

④ 锡良:《筹办陆军新饷折》(光绪三十一年十一月二十九日),《锡良遗稿·奏稿》,第540—541页。

⑤ 锡良:《奏陈川军情形请俟军务稍定再遵章编练折》(光绪三十一年六月四日),《锡良遗稿·奏稿》,第497页。

⑥ 清政府镇压太平天国后变湘淮勇营为防军、抽练绿营设练军,过程参见黄细嘉《绿营、勇营的互渗——防军和练军兵制》,《历史教学》1996年第3期。

⑦ 中国第一历史档案馆编:《光绪宣统两朝上谕档》(第27册),第173页。据政务处咨文:"一曰常备军。挑选年少精壮朴勇敢战者,优给饷项,严加训练若干营,按省份大小酌定一二大枝于省会及扼要处所屯驻,不得零星散扎;一曰续备军。分扎训练,饷数差减,亦使足以自给,按省分大小酌定若干营;一曰巡警军。应将旧有各营裁去老弱浮惰,饷或仍旧,或酌增,另定操章。"《政务处咨文》(光绪二十七年八月),《锡良存四川续备军规则》,馆藏:甲374/29。

改观"。① 锡良甚至言"营制之窳败视热（热河，笔者注）边塞殆不相上下"。② 锡良督川后，照练兵章程于督署设立督练公所，分为教练、兵备、粮饷三处，教练处专司训练、调遣、考核，兵备处专司军械、军法、军医，粮饷处专司核发官兵薪饷，三处各设总办、会办，每处之下又分科治事。③ 在具体办法上，基于政府指令并斟酌四川实际情形，实施了一条裁减绿营、改编防练各营为续备军、编练常备军等多措并进的练兵路径。

据光绪二十五年统计，四川屯防绿营兵计 82 营 33000 多人。④ 锡良督川之际，"绿营疲弱，远近一辙，饷干本薄，而操法不讲，军实不精，虽欲振而起之，未易遽转为强"。鉴于此，锡良遂将绿营兵按照腹地、边地两类分别裁减：腹地各营每年减一成，十年裁尽；边地各营因屯防之地广袤穷僻，"一律裁完，空虚无备"，遂按年裁减一成，两年后则留所余各兵。裁减绿营所省饷需，作为各府州开办巡警经费。⑤ 至光绪三十二年闰四月，川兵在川西藏区的用兵已近尾声。⑥ 为强化边地兵力，锡良遂废止驻台藏之兵由各营分拨换防之制，而按原定名额饷数专设藏营。如此不仅可避免换防"大都顶替"且"情形不熟，转难得力"的弊端，亦可省"行装驮马之资"。⑦

就防、练军而言，锡良督川时期计有 37 营，"或一郡而错驻数军，或一军而分隶数将，名目既杂，号令不一"。锡良督川不久即将防、练各

---

① 《拟复军机章京曹薇亭》，《锡良督川时函稿》（丙册），馆藏：甲 374/113。
② 《复孙佩南》，《锡文诚尺牍》，馆藏：甲 250。
③ 周询：《蜀海丛谈》，第 105 页。
④ 贾大泉、陈世松主编：《四川通史》（卷 6），第 216 页。
⑤ 锡良：《请分别按年裁减边腹屯防各绿营折》（光绪三十年二月十二日），《锡良遗稿》，第 393 页。
⑥ 锡良督川时期先后用兵泰凝、巴塘、里塘等地，自光绪三十一年二月二十一日奏派四川提督马维骐赴边，至光绪三十二年闰四月十八日赵尔丰攻克里塘桑披寺，用兵达十五月之久，遭遇输运困难、信息不畅、兵械不力、大员畏葸边务等诸多困境。详见拙文《锡良与清末川边新政》，《民族研究》2018 年第 2 期。
⑦ 锡良：《绿营分别裁留折》（光绪三十二年闰四月二日），《锡良遗稿·奏稿》，第 579 页。

营汰弱募强，整合为30营作为续备军，分中前左右后副六军，划分东南西北中及夷疆之部共六路，路各一军，军各5营。① 据光绪二十九年十二月锡良向练兵处汇报，续备六军共计12300名。② 然续备军存在诸多弊端：一是驻扎混乱，"甚有一哨而分扎数处者"；一是训练松弛，"至欲绳以大队之军操，责以新理之兵学，则其势实有不能"。③ 光绪三十年八月三日，练兵处、兵部会奏各省普练新军，军分常备、续备、后备三等，并对兵源作出新的要求：常备军"选土著之有身家者充之，屯聚操练，发给全饷，三年出伍，退归原籍"；续备军"以常备军三年出伍之兵充之，分期调操，减成给饷，三年递退"；后备军"以续备军三年递退之兵充之，仍分期应操，饷又递减，四年退为平民"。④ 四川续备军"系就各防营编改，与新章常备期满退为续备者不符"，⑤ 加之续备军弊病重重，锡良提出"酌减续备，腾饷力以练常备"⑥的主张。至光绪三十二年闰四月间，基于练兵处"各省续备军一律改为巡防队"的指令并出于与续备军新制"以免混淆"的目的，锡良遂将四川剩余续备军一律改为巡防队。⑦

编练常备军与上述举措同时展开。锡良督川之际四川常备军"兵力尚单"，仅有中、前、左、右四营计兵额1072名。⑧ 为推进常备军编练，锡良督川不久即奏调前在山东从直督袁世凯办理营务的程文葆统领四川

---

① 锡良：《改练川省续备各军折》（光绪二十九年九月三十日），《锡良遗稿·奏稿》，第360页。
② 《复练兵处电》（光绪二十九年十二月四日），《锡良督川时外省来往电报》（第2册），馆藏：甲374/5。
③ 锡良：《奏陈川军情形请俟军务稍定再遵章编练折》（光绪三十一年六月四日），《锡良遗稿·奏稿》，第496页。
④ 中国社会科学院近代史研究所中华民国史组编：《清末新军编练沿革》，第57页。
⑤ 锡良：《改续备军为巡防队片》（光绪三十二年闰四月二日），《锡良遗稿》，第582页。
⑥ 锡良：《奏陈川军情形请俟军务稍定再遵章编练折》（光绪三十一年六月四日），《锡良遗稿·奏稿》，第496页。
⑦ 锡良：《改续备军为巡防队片》（光绪三十二年闰四月二日），《锡良遗稿》，第582页。
⑧ 锡良：《添募常备后营片》（光绪三十年正月二十日），《锡良遗稿·奏稿》，第391页。

常备军,"赶募督操,期成劲旅"。① 但因其时多数常备军被派往宁远、巴塘等地办理边务,"留省训练者亦复无多","自难遽议改编营制"。至光绪三十一年六月,共编步队六营、工程一营,计2583人。② 这一年正月二十二日,直隶总督袁世凯奏请将北洋常备军各镇一律改为陆军各镇,"以符名实,而遵定制",此主张经练兵处具奏,奉旨依议。③ 至同年冬,四川新军增加过山炮队两营、马队一营,另有军乐队一队,成十营规模。尚不足一镇之数,暂编为第一、第二两协,由北洋系将领程文葆、陈宧分任协统,一驻省城、一驻城外凤凰山。④ 光绪三十二年六月间,锡良将十营并作一混成协;⑤ 同年十月七日,陆军部致电锡良:"川省十营改编混成一协,拟照练兵处所定陆军次序,名为暂编第三十三协第六十五标、六十六标。"⑥ 此为陆军部给出的四川新军番号,但并非此时实有足额。据宣统元年第三十三混成协报告表,第65标第一营,612人,光绪三十三年十月建成;第二、三营,各612人,光绪三十四年五月建成;第66标第一营,612人,光绪三十三年十月建成,第二、三营则尚在阙如;马队一队,79人,马63匹;炮队两营,各有186人,炮6尊,马83匹;工程队一队,150人。以上马、炮、工程队皆于光绪三十四年六月建成。⑦

---

① 锡良:《派道员程文葆统常备全军片》(光绪二十九年七月二十六日),《锡良遗稿·奏稿》,第345页。

② 锡良:《奏陈川军情形请俟军务稍定再遵章编练折》(光绪三十一年六月四日),《锡良遗稿·奏稿》,第496—497页。

③ 中国社会科学院近代史研究所中华民国史组编:《清末新军编练沿革》,第68页。

④ 锡良:《遵练新军布置情形折》(光绪三十一年十一月二十九日),《锡良遗稿·奏稿》,第545—546页。

⑤ 中国社会科学院近代史研究所中华民国史组编:《清末新军编练沿革》,第260页。

⑥ 《陆军部致电锡良》(光绪三十二年十月七日),《锡良督川时北京往来电稿》,馆藏:甲374/119。有论者言:"至1909年,陆军部才勉强给了四川新军第三十三混成协的番号。"参见张华腾《清末新军》,第84页。此论或有误。

⑦ 中国社会科学院近代史研究所中华民国史组编:《清末新军编练沿革》,第262—263页。

二　将官问题：借重北洋与自主培养

练兵首先需要相当数量的军事将官，而将官缺乏则是清末各省普遍遇到的棘手问题，四川亦不例外。锡良放眼世界，认识到各国无不将培育将官作为练兵的首要任务。在为官弁学堂所作毕业训词中，锡良即着力强调"兵之不强由于无将""练兵者先练兵官"，同时援引美国人贝梧顿之言："兵官既足，则一旦有事，募新军而成劲旅只一反手间耳。"① 为解决将官缺乏问题，锡良一方面对北洋系将领十分倚重，另一方面则下大力气发展军事教育。

前文述及，暂编为第一、第二两协主官程文葆、陈宧皆来自北洋外。据时人记述，袁世凯为控制四川军权，在锡良出任川督后即推荐亲信陈宧来川。陈宧得锡良信任，仕途平坦，担任第三十三混成协首任协统。② 固然，从军事权势扩张角度审视，陈宧赴川军任职，当有袁氏主动指示。但同时，从锡良一方看，他在四川练兵过程中倚重北洋系将领，又何尝不是主动求之？锡良档案中，亦屡有请调北洋将领的函电。如锡良曾致电直督袁世凯请调"谙悉兵学"的保定武备学堂副教习涂孝烈来川担任营官。袁世凯称"北方多事，学堂吃重"，提出"俟觅有替人，再当遣往"。③ 很快，袁氏又电："涂孝烈事遵饬，并速觅替手。"④ 就陈宧而言，除了锡良在川督任内委以重任外，其离川之后又相继担任云贵总督、东三省总督，皆奏调陈宧随往任职，视其为左膀右臂，陈宧也由此成为清

---

① 《锡良四川官弁学堂毕业训词》，虞和平主编：《近代史所藏清代名人稿本抄本》（第3辑第135册），第190页。
② 参见刘石渠《陈宧随锡良入川治军前后》，政协湖北省安陆市委员会文史资料研究委员会编：《陈宧研究资料》，内部资料，1987年，第26页。
③ 《北洋袁慰帅复电》（光绪三十年三月四日），《锡良督川时外省来往电报》（第4册），馆藏：甲374/5。
④ 《北洋袁宫保复电》（光绪三十年三月八日），《锡良督川时外省来往电报》（第4册），馆藏：甲374/5。

末将随督转的一个典型。① 上述情形,反映出清末练兵之实态。

军事教育方面,锡良也给予高度重视。光绪二十七年七月三十日,清政府鉴于"将才端由教育而成",要求各省广建武备学堂。② 同年十二月,川督奎俊就成都北校场建造学堂一所,"凡讲堂、斋舍、浴室、操场均已粗备"。岑春煊继任川督后继续施工,于光绪二十八年十二月竣工。③ 锡良督川后与总办罗崇龄一道对武备学堂力加整顿:其一,定宗旨,即"以学问培其本原,以忠义激其性情,以赏罚鼓其志气"。其二,定名额。设总办、监督各一员,管堂正委一员,副委二员,内稽查正、副各一员,文案、收支、外稽查、医官、管厩各一员;总教习一员,副教习三员,则延聘日人担任。其三,定课程。分学、术两科,学科包括战术、兵法、地形、物理、化学、测绘、算学、兵器、军粮、军医、外文等课,术科包括体操、步伐、阵法、炮队、马队、步队、工程队、行军队、枪炮演放、测准、骑驭、游泳等课,分别于学堂、操场习之。④ 此外,锡良还选派毕业生赴直隶以及日本继续深造。⑤ 就延聘日本教习而言,实为一把双刃剑,如何趋利避害尤为关键。某些日人颇称其选,如曾任武备学堂总教习的日本陆军少佐松浦宽威即是一列。其人于光绪二十八年冬间至川,时值武备学堂落成开办,该员随同总办马汝骥商定一切,"辛勤恳挚,孜孜不倦","员司学生翕然称服"。锡良督川后,特具折奏请赏三

---

① 可参见第四章、第五章有关云南、东三省练兵部分。
② 中国第一历史档案馆编:《光绪宣统两朝上谕档》(第29册),第172页。
③ 《署理四川总督岑春煊为具陈川省开办武备学堂大概情形事奏折》(光绪二十九年四月十二日),哈恩忠编选:《光绪朝各省设立武备学堂档案(下)》,《历史档案》2013年第3期。
④ 锡良:《武备学堂分班教课各情形折》(光绪二十九年九月三十日),《锡良遗稿·奏稿》,第362—363页。
⑤ 光绪三十二年三月锡良致电袁世凯:"兹选武备学毕业生十名,克日就道,恳请留额收学。"《致袁慰帅电》(光绪三十二年三月三十日),《锡良督川时外省来往电报》(第14册),馆藏:甲374/6。光绪三十年,锡良选派周骏、尹昌衡、刘存厚、丁慕韩、杨廷溥、丁绪余赴日学习,次年又选派文祺、邓翊华、龚廷栋、曾承业、李协中、陈经遒人。张仲雷:《清末民初四川的军事学堂及川军派系》,政协全国委员会文史资料研究委员会编:《辛亥革命回忆录》(第3集),文史资料出版社1962年版,第347页。

等第二宝星。① 然并非所有日人皆能胜任，当锡良欲聘日本陆军少佐生田为武备学堂总教习时，陈宧则予以规劝："若给予总教习之权，恐其无甚学问，遇事要求，任意纷更，辞之不可，留之无益，反于学中多生轇轕。故专与正教习之责任，则权操自我，驾驭较易。"②

光绪三十一年三月十八日，练兵处会同兵部奏定陆军小学堂章程，要求各省设陆军小学堂一所。锡良鉴于武备学堂原有之速成、本课两班均已毕业，尚有次课一班肄业年余，所授功课系参照湖北武普通中学堂及日本士官学校办理，此时若令改习小学堂课程，"不特降格相就，阻精进而弃前功，即巨帑之虚糜、时光之坐废，亦属可惜"。因此，将武备学堂改为陆军中学堂，专备小学堂毕业生升入，已在武备学堂肄业之次课生改为中学堂头班学生，同时于武备学堂附近另建陆军小学堂。③ 此外，锡良还开办官弁学堂、兵备研究所、高等军事研究所、军事讲习所等机构。官弁学堂于光绪三十年春开办，意在"训练绿营武官，以为逐渐裁撤绿营的准备"，入学资格为实任守备、千总、把总及世袭等员。课程以普通科学诸如数、理、化、语文、修身、史、地居多，军事科学则讲授典、范、令诸学，学员毕业后充任下级军官。④ 锡良对创设官弁学堂颇为自得，他在毕业训词中即言："官弁学堂之设，虽未敢骤云练将，然亦始基之矣。"⑤ 光绪三十二年设兵备研究所，"专以研究军政为宗旨"，入学者须研究军制学、列国陆军考、军律、战法学、地势学，以及防守、筑

---

① 《调署四川总督锡良为川省武备学堂日本总教习松浦宽威劳勋尤著请颁宝星事奏片》（光绪三十年六月七日），哈恩忠编选：《光绪朝各省设立武备学堂档案（下）》，《历史档案》2013年第3期。
② 《陈宧致电锡良》，《锡良任四川总督时电稿》（第1册），馆藏：甲374/172。
③ 锡良：《武备学堂改陆军中学堂片》（光绪三十二年闰四月二日），《锡良遗稿·奏稿》，第581页。
④ 张仲雷：《清末民初四川的军事学堂及川军派系》，全国政协文史资料研究委员会编：《辛亥革命回忆录》（第3集），第351页。
⑤ 《锡良四川官弁学堂毕业训词》，虞和平主编：《近代史所藏清代名人稿本抄本》（第3辑第135册），第190页。

城、沟垒等军事学科。① 高等军事研究所和军事讲习所设立时间不详，前者挑选武备学堂学生"研究高等军事"，"以储官佐之材"；后者招收"程度较优校弁"，先后共计六百人之多。②

值得特别提及的是，锡良很注意在将官中灌输忠君保国思想观念，这就与清末某些督抚将新军视为私人势力形成鲜明对比。以锡良所作各类军事训词为例，屡有"知练兵之所以卫国家，则忠爱之忱不可缺也"③"夫军人者，所以发扬皇威、保护国家者也"④"以忠诚植其体，以智勇闳其用"⑤等言。此与其说是锡良对将官的要求，毋宁说展示出一位旗人官吏的王朝观念。

三 军械问题：内外购置与筹谋自造

军械水平直接关乎军队战斗力，四川机器局所造军械质量低劣，以致川兵"枪无新式，兵为虚练"。⑥ 与其他省份一样，锡良督川之初即向湖北订购军械，但问题也很多。

其一是供不应求。其时全国各省皆向鄂订购军械，"鄂以一厂而应各省之取求"，⑦粥少僧多，颇难应付。光绪二十九年八月，湖北巡抚端方

---

① 王笛：《锡良》，任一民主编：《四川近现代人物传》（第2辑），四川省社会科学院出版社1986年版，第132页。
② 《护川督赵奏请陆军两镇展限编练折》，《申报》光绪三十四年正月十六日，第二张第二版。
③ 《锡良武备学堂速成科卒业生训词》，虞和平主编：《近代史所藏清代名人稿本抄本》（第3辑第135册），第142页。
④ 《锡良常备军第二协弁目队入伍训词》，虞和平主编：《近代史所藏清代名人稿本抄本》（第3辑第135册），第188—189页。
⑤ 《锡良四川官弁学堂毕业训词》，《近代史所藏清代名人稿本抄本》（第3辑第135册），第191页。
⑥ 《电请军机处代奏》（光绪三十年三月五日），《锡良督川时外省来往电报》（第4册），馆藏：甲374/5。川督丁宝桢于光绪初年创办四川机器局，最初所造前膛枪较旧式土枪便利，后又造后膛枪、抬枪，然工艺有欠精良。岑春煊督川后进行改良，但效果不理想，所造抬枪异常笨重，毛瑟枪、前膛枪更是"亦同窳废"。锡良：《川省拟办新机新械片》（光绪二十九年十月二十九日），《锡良遗稿·奏稿》，第367页。
⑦ 《致武昌端午帅电》（光绪二十九年九月二十九日），《锡良督川时外省来往电报》（第1册），馆藏：甲374/5。

致电锡良，声称"鄂厂枪弹因各省纷纷订购，存件一空，尊处需用之数，一时尚难应命"。① 九月端方又电："前嘱购快枪一千五百枝、弹一百五十万颗，因一时赶办不及，未敢遽允。并饬该厂购备电灯添做夜工，每日所造多，约计三个月后可以造齐。尊处如准购，请电复遵办。"② 其二是输运为难。川鄂相距四千余里，"逆流数月乃到，盛涨停运，险滩易覆，有警辄虞阻截，终致贻误"。③ 其三是鄂制枪械质量不能高估。宣统二年六月间，锡良曾致电陆军部，言及鄂制军械难于适用情形："前在川省，适值巴塘番众倡乱，赵大臣尔丰督兵剿办，因军中缺乏利器，特将所购鄂制新枪逾越险阻运赴前敌，不意此种枪支种种不能合用，机后尤其泄火，燃眉伤目，以致兵丁不敢瞄准，弃置营中，几同废铁，情愿更换笨重之九响旧枪。"④ 这段话，对于我们了解清末的军工制造业颇为有益。

就国外购置看，锡良曾从日、德两国订购较大数量军械。⑤ 但购诸外洋，"无论大利外溢，尤虑权不我操"。⑥ 同时，四川"代购军火久成积

---

① 《湖北端午帅来电》（光绪二十九年八月三日），《锡良督川时外省来往电报》（第1册），馆藏：甲 374/5。

② 《湖北端午帅来电》（光绪二十九年九月十三日），《锡良督川时外省来往电报》（第1册），馆藏：甲 374/5。

③ 《电请军机处代奏》（光绪三十年三月五日），《锡良督川时外省来往电报》（第4册），馆藏：甲 374/5。

④ 《复陆军部电》（宣统二年六月二十九日），《锡良任东三省总督时京师来电》（第11册），馆藏：甲 374/46。

⑤ 据笔者见，光绪三十年，锡良向德商地亚士洋行购毛瑟枪五千枝、弹二百五十万颗，向义信洋行购弹五十万颗。《致武昌张香帅、南京魏午帅电》（光绪三十年三月二十四日），《锡良督川时外省来往电报》（第4册），馆藏：甲 374/5。光绪二十九年，锡良委托派赴日本阅操的罗崇龄订购步枪两千杆并配足弹药。锡良：《川省拟办新机新械片》（光绪二十九年十月二十九日），《锡良遗稿·奏稿》，第 367 页。光绪三十二年，锡良从日本购置军械九百七十箱、仪籍一百七十五箱、炮四十二尊。《东京来报》（光绪三十二年八月四日），《锡良任川督时与国外往来电》，馆藏：甲 374/134。

⑥ 锡良：《派员出洋购机造械拓充川厂折》（光绪二十九年十二月三日），《锡良遗稿·奏稿》，第 388 页。

第二章　锡良与清末四川新政之腹地改革：从整顿官场到开发建设 / 79

习"，不仅回扣严重且难以购到最新式武器。① 而"川省伏莽尚多"，军械运输途中流入匪手情事也屡有发生。以致锡良不得不通饬各属"无论何项需用，枪支子弹不准擅自迳购""凡未经本督部堂札饬有案者，该关立予扣留查究"。② 锡良还曾致电清政府出使日本大臣杨枢言道："川省伏莽尚多，深虑外洋军火辗转流入匪手，嗣后无论官绅，请由台端给文购械者，非先经弟处咨达有案，祈概勿许。"③

鉴于内外购置之弊，锡良遂又筹划创建兵工厂。在他看来，处于"泰东西利械日出，皆取精灵猛烈以相竞"的时代，创建具有世界先进水平的兵工厂势在必行，所谓"必有新械而后可以练强兵，又必有新机而后可以造新械"，甚至发出"庚子天津之变，覆车已见"的慨叹。他强调"川省多造新械"并非仅为强化四川防务，更出于巩固西南、西北边防全局的战略考量："不惟藏卫可以兼顾，而滇、黔、秦、陇购运较便，裨于西北军实所关綦重。"④ 锡良的良苦用心也引发外论关注和赏识，日本某报即称锡良在川筹建兵工厂意在"可供四川、甘肃、云贵、西藏、新疆五省之用"。⑤ 起初，练兵处鉴于"明知沪、鄂有厂而必艰难自造"，并未认同其请。锡良遂又致电军机处代奏，坦言"非敢意存畛域"，在川设厂"实关系大局"，并称已派员出国订购机器，"势难中止"。⑥ 同时电请鄂督张之洞助力其事："川据江鄂上游，感事忧时，故拟建枪厂为后路接

---

① 《川东张道来电》（光绪三十二年二月十一日），《锡良督川时本省来往电报》（第14册），馆藏：甲374/22。
② 《复川东赵道电》（光绪三十二年二月十日），《锡良督川时本省来往电报》（第14册），馆藏：甲374/22。
③ 《致东京清国杨钦使》（光绪三十二年），《锡良任川督时与国外往来电》，馆藏：甲374/134。
④ 锡良：《川省拟办新机新械片》（光绪二十九年十月二十九日），《锡良遗稿·奏稿》，第367、368页。
⑤ 《四川设立机器局》（译《大阪每日新闻》），《申报》光绪三十三年三月七日，第十一版。
⑥ 《电请军机处代奏》（光绪三十年三月五日），《锡良督川时外省来往电报》（第4册），馆藏：甲374/5。

济，与公拟迁沪厂同一用意。……我公成算在胸，必愿指示。"① 最终，清政府于光绪三十年四月二日允准锡良设厂之请。②

筹建兵工厂面临人才缺乏、经费竭蹶诸难题。锡良致电学部左丞兼川汉铁路公司驻京总办乔树楠即言："制器在得人，洋匠固多流弊，我国又苦乏才。"同时就留日生陈榥来川任职委托乔树楠力为转圜："前悉留日生陈榥尤精兵工之学，订立来川，总办其事，已经商允。顷闻该生经贵部饬调进京，务祈鼎力设法代陈当道，俯念事关大局，仍准借重长才，用兴要工，而经边计。"③ 经费来源则仅有铜币余利及暂设彩票等项，每年不过四五十万两。④ 更为棘手的，则是尚无新式制械机器。锡良致电湖南巡抚俞廉三言："莅署已逾半载，一切劝工、兴学、课吏、整军，虽竭力为之，未能遽睹成效。复念兵事莫先于制械，路权不可以假人，川省旧有机器亦能制枪，而粗笨不适于用。"⑤ 为尽快解决此问题，锡良在请设兵工厂尚未得政府允准情形下，即派机器局总办章世恩、贵州候补道祁祖彝随带人员出洋访购机器。他在《派员出洋购机造械拓充川厂折》说道：

> 窃维强邻横决之际，兵事为立国之本，而诘戎先在于造械，械之利钝视机之新旧，三者最相因也。……伏念成都地处上游，山川修阻，楼船下驶甚便，较之湘省更为深固，又可兼顾藏卫，远接滇、黔、秦、陇之用。若就川局拓办，不独川省教练巡捕需之正殷，日积月累之余，更得分给南北各省。惟川局旧机器不可改用，奴才前

---

① 《复楚督张香帅电》（光绪三十年三月一日），《锡良督川时外省来往电报》（第4册），馆藏：甲374/5。
② 中国第一历史档案馆编：《光绪宣统两朝上谕档》（第30册），第58页。
③ 《致乔丞堂茂萱电》（光绪三十二年八月九日），《锡良督川时外省来往电报》（第17册），馆藏：甲374/6。
④ 《致京都乔丞堂电》（光绪三十三年正月十八日），《锡良督川时外省来往电报》（第20册），馆藏：甲374/6。
⑤ 《拟致俞廙帅》，《锡良督川时函稿》（乙册），馆藏：甲374/113。

第二章 锡良与清末四川新政之腹地改革：从整顿官场到开发建设 / 81

疏已略言之，纵或添补件数，而因陋就简，总无利用之资，自应另购新式机器。

……因思沪上洋行购办机器等件，经手者纵不扣成，而洋行亦必多方冒价。且种种欺蔽，运回之后始觉不甚完备；既完备矣，川匠不谙造用，又复多费周折。奴才有鉴于此，先委派临财不苟之道员章世恩，率同电调来川之贵州候补道通判祁祖彝，并选带委员、学生、工匠等，亲往欧、美等洲，考察德厂、美厂孰为精利易购，在彼议订。全机造竣约须两载，即留委员督率学生、工匠等，切究此事，入厂肄习，机成而学亦略成，接运回川，互相传授，前之诸弊，悉无虑矣。①

与此同时，锡良致电出使美日秘大臣梁诚、出使德国大臣荫昌，请其对章世恩一行"随时照拂"。② 稍后，锡良又添派候补知府李绍德，知县白圻、吴绪彬，盐大使庄荫、莘从九、辜良骏等人随同出洋。③ 据锡良档案，此行随带学生二十余人，进入欧美各厂、校专习机器制造。④ 后锡良续委直隶州知州杨兆龙充当监督。⑤

光绪二十九年十二月十四日，章世恩一行由川起程，先赴汉口、上海等地了解情况，并请湖北巡抚端方选派得力人员随往。光绪三十年正月二十四日，章世恩自汉口致电锡良："抵鄂，谒午帅（端方，字午桥），极关切。蒙谕：大帅此举深敬佩，惟夷皆狡猾，美修粤路已受其亏，购

---

① 锡良：《派员出洋购机械拓充川厂折》（光绪二十九年十二月三日），《锡良遗稿·奏稿》，第388页。
② 《锡良督川时函稿》（戊册），馆藏：甲374/113。
③ 名单综合《收四川总督锡良电为请咨康使添派官员赴美事》（光绪二十九年十二月十五日），中国第一历史档案馆藏：2/04/12/029/0985；《致美国钦差大臣梁电》（光绪三十年正月二十日），《锡良督川时本省来往电报》（第3册），馆藏：甲374/20。
④ 《致美国钦差大臣梁电》（光绪三十年正月二十日），《锡良督川时本省来往电报》（第3册），馆藏：甲374/20。
⑤ 锡良：《请奖派赴比美各员生先行奏请立案片》（光绪三十年四月四日），《锡良遗稿·奏稿》，第403页。

机处切勿预定。"① 同年二月十七日，章世恩从镇江致电锡良，汇报"到沪连日密探，购办机器甚难"。并言"恩于机器既多未谙，文语又皆不通，非有切实可靠之人商办，恐负委任"，请锡良电商端方，于鄂厂选派得力人员同往。②

光绪三十年三月十八日，章世恩一行搭英国毛尔塔轮船由上海放洋，在法国马赛登岸。因德人所造毛瑟枪较精，随即章世恩一行又驰赴柏林，谒见出使德国大臣荫昌，并至各著名机器厂诸如如克虏伯炮厂、毛瑟枪厂、克苏子弹等厂考察。通过比较各厂造枪、造弹、造无烟药最新式机器，唯柏林蜀赫机器厂所开"货、价最为相宜"。经锡良允准，章世恩最终订购以下数种机器，见表2-2。

表2-2　　　　　　　　章世恩订购机器及价格清单

机器	价格	
每日造小口径毛瑟步枪50枝、连刺刀50把最新式机器	1085640马克	合计1841190马克。经再三磋商，让去197850马克；又95扣，计82167马克；实价1561173马克，约合规平银32500两
每日造毛瑟子弹25000颗机器	363100马克	
每日造无烟药150磅机器全副并锂水各件	332500马克	
枪、弹两厂应用引擎锅炉	59950马克	

资料来源：《奏派出洋调川委用河南候补道章世恩谨禀》（光绪三十一年五月十六日），《锡良督川时道员章世恩等禀稿》，馆藏：甲374/57。

光绪三十年十月，章世恩抵沪后又接锡良电示购买铜圆机器，遂又订购以下机器，见表2-3。

---

① 《章道世恩自汉口来电》（光绪三十年正月二十四日），《锡良督川时本省来往电报》（第3册），馆藏：甲374/20。
② 《章道世恩专人由镇江来电》（光绪三十年二月十七日），《锡良督川时本省来往电报》（第4册），馆藏：甲374/20。

表 2-3　　　　　　　　　复购机器及价格清单

机器	价格	
亚士洋行铜圆机器	英金 28000 磅，95 扣，计英金 1400 磅，实款英金 26600 磅	加上其他物料、钢料，共计规平银 24208 两
蜀赫厂铜圆机器	德金 579200 马克，95 扣，计德金 28960 马克，实款德金 550240 马克	

资料来源：《奏派出洋调川委用河南候补道章世恩谨禀》（光绪三十一年五月十六日），《锡良督川时道员章世恩等禀稿》，馆藏：甲 374/57。

据时人记述，对于回扣之款，章世恩并未据为己有，而是"举归公家"，因此得时人"诚笃君子"之美誉。① 正因购械有功，章世恩得锡良保举："调川差遣河南补用道章世恩，前在豫省管带防营，泌阳教案，人情汹汹，派赴南阳府保护教堂，约束严明，从容镇静，一方恃以无恐。且与教主晋接，尤能守正不阿，周旋中礼。奴才于此，知其为远大之器。嗣经奏调热河当差，不惮勤劳，办事俱得要领，历经奴才保奏在案。到川后，派令出洋考察政治、工艺，回川总理铸造枪械、银圆、铜圆等事，殚精竭虑，积弊扫除一空。该员心地光明，廉朴勤干，通达时务，吏事优长。"②

光绪三十二年八月，从国外购置的机器将要至川。③ 至光绪三十三年初锡良离任川督时建成枪、弹二厂，药厂则正在修建，计耗费二十余万两。④ 据周询记，装配新式机器的枪、弹二厂，"于造枪弹外兼制机关枪及彼时之各种新式炮"，虽较汉阳厂制者略逊，"然已开川省之新纪

---

① 吴光耀：《西藏改流本末记》，赵心愚等编：《康区藏族社会珍稀资料辑要》（上册），巴蜀书社 2006 年版，第 58 页。
② 锡良：《敬举贤能折》（光绪三十一年十二月一日），《锡良遗稿·奏稿》，第 553 页。
③ 此际锡良致电乔树楠说道："现在机已将到，厂亦将成。"《致乔丞堂茂萱电》（光绪三十二年八月九日），《锡良督川时外省来往电报》（第 17 册），馆藏：甲 374/6。
④ 锡良：《道员章世恩等订购机器价值等项陈明立案片》（光绪三十三年二月一日），《锡良遗稿·奏稿》，第 660 页。

元"。因两厂出品日多,"除混成协所用悉新式枪炮外,即续备各军所持亦崭然一新,而军械库中所储存者亦较前充裕矣"。[1] 上述成绩,显然应直接归功于锡良基于世界军械发展趋势而遣员远赴重洋访购新式机器的举措。

小结

近代以来中国持续遭受列强欺凌,既是国弱使然,更是时代使然。近代民族主义的关键即是抗御列强侵略,保卫领土和主权完整,建设统一独立的现代民族国家。基于对内忧外患的国家困局、世界发展大势的认识,锡良督川三年间始终怀着强烈危机感和使命感竭心尽力地推进练兵,试图通过军备建设抵御外侮并走上强国之路,表现出鲜明的王朝观念和世界意识。一方面,建立在国家忠诚基础上的王朝观念是锡良练兵的根本动力。在锡良眼中保省与保国是统一的,他自称尽管"供职西陲",但始终心怀时局"而不胜其忧愤",所谓"事机日危日急,恐祸之来更烈于今日也,上念宫廷朝夕焦劳,凡属臣工必应分忧共患"。在练兵实践上,锡良并未拘泥四川一省而是放眼西南、西北防务全局,创设兵工厂即是基于全局视野"强国势而靖严疆"的"远图"之举,其动力显然是发自内心的拱卫王朝统治的国家情感。[2] 另一方面,立足于开放视野的世界意识则是直接影响锡良练兵取向的重要因素。正是基于对现实困境、世界发展大势的观察,锡良练兵多有前所未有的新举措,展露出不甘落伍于世界的勇气和胸襟:光绪三十年创设四川军医学堂即鉴于"泰西东皆精此学"而"川省于此阙焉弗讲";[3] 着力推进军事将官培养也受到西方军事家言论的影响;遣员远赴重洋购置最新式机器更是显示出在

---

[1] 周询:《蜀海丛谈》,第510—511页。
[2] 以上引文参见锡良《派员出洋购机造械拓充川厂折》(光绪二十九年十二月三日),《锡良遗稿·奏稿》,第387、389页。
[3] 锡良:《川省设立军医学堂片》(光绪三十年四月四日),《锡良遗稿·奏稿》,第400页。

军械装备上与西方看齐乃至争胜的意图。

尽管锡良四川整军经武不乏可圈可点之处，但总体看练兵成效则不能过高估计。就练兵数量言，最终仅勉强练成一混成协之陆军，练兵"一二镇"的设想并未实现，而即便是此一协兵力也存在诸多问题。据继任护理川督赵尔丰奏称："前编混成一协，经前督臣锡良竭力拨凑，仅得银六十余万，勉敷每年常款。而开办费尚无着，只得设法腾挪，节常款为开办之用。"与此同时，尽管锡良对于培育将官"不可谓不亟"，然将官数量仍"不足供一混成协之需"。① 更者，锡良离川赴滇之际，鉴于"云南需练陆军，无款无人"，电奏随调协统陈宦及步队标统胡景伊、张毅等人，并在混成协抽调弁兵400余员。同时，拨支饷银15万两，连同装、械等件运滇。② 锡良上述举措无疑给继任者留下了难以收拾的烂摊子。更为严重的是，兵员来源与定章不符。四川陆军改编自常备军，固依循练兵处政策，然亦与锡良个人考量有关，正如赵尔丰言："锡良初意，以常备营改练陆军，转移之间，办理甚易。"问题是，四川常备军多募自客籍，与新章"选土著之有身家者充之"的规定不符，加之"出征之后伤亡假革已属不少"，因此赵尔丰督川后"切实淘汰"，所留不足四营之数，亟待征募补足。③ 尽管四川新军存在上述诸多问题，然陆军部在光绪三十三年七月二十一日仍发文要求四川三年内练成两镇新兵，理由是四川"为长江上游，与滇、藏接壤，且物产富实，较诸他省，款

---

① 《护川督赵奏请陆军两镇展限编练折》，《申报》光绪三十四年正月十六日，第二张第二版。
② 《护理四川总督赵尔丰奏川省陆军编练情形折》，《政治官报》光绪三十三年十一月三日，第413号，第68页。
③ 《护理四川总督赵尔丰奏川省陆军编练情形折》，《政治官报》光绪三十三年十一月三日，第413号，第67—68页。上述所言，反映出四川新军战斗力不能过高估量，实际上这在追求练兵数量的清末具有普遍性。清政府对于各省常备军兵源普遍存在问题并非没有认知，光绪三十年八月三日练兵处、兵部会奏即指出："查近年各省改编常备军，多有徒改营名，仍存旧习，军籍等于虚设，饷糈同于虚掷，其何以上张国威，下申军律？此次更定新制，请旨颁行，各该督抚当能曲体时艰，认真举办，俟其报成军后，每年除由臣等随时派员往查外，仍奏请简派大员抽查校阅。"中国社会科学院近代史研究所中华民国史组编：《清末新军编练沿革》，第56页。

尚易筹"。① 对于此一要求，赵尔丰唯有无奈拒之了。②

综上所述，王朝观念和世界意识构成锡良四川练兵的一体两翼，两者之交互重奏，真切地反映了那个时代官场中尤其是旗人督抚群体中民族主义潮流的基本趋向。而锡良四川练兵成效和构想之间存在巨大差距，则构成新政时期改革理想难敌现实境况的典型一例，尤其具体呈现出财政竭蹶、将官匮乏如何对省域练兵产生影响和制约，这就为我们深入理解清末新政改革的困境做了一个注脚。

第五节　兴学育才

随着清末科举停废，发展新式教育一时间蔚然成风。就新政时期的四川来看，正如有论者所言："川省当局积极兴学的举动，顺应了历史发展要求，于是，在20世纪前10年间，川省出现了一个兴学热潮，官府督促、士绅热心、各界响应。"③ 锡良发展四川教育的努力和实践，正是这一兴学热潮中的重要环节。

---

① 中国社会科学院近代史研究所中华民国史组编：《清末新军编练沿革》，第76页。

② 赵尔丰直陈万难练成。就经费而言，"两镇薪饷及额支杂款岁需银二百七十八万两，即诸从节减，亦需二百四五十万两，而开办时建筑、购置、消耗、活支之费，约又需银二百万两。川省虽夙称繁富，然年来拨款日增，本省新政所需又复多方搜括，凡可提可筹之款，均经悉索无余，官民并困于追呼，司局更穷于罗掘。……今若又骤添三四百万之巨款，势将如渔之竭泽，恐泽竭而尚难必得其鱼"。就将官而言，两镇将佐及官长弁目，共需四千员名，亦属难上加难。《护川督赵奏请陆军两镇展限编练折》，《申报》光绪三十四年正月十六日，第二张第二版。最终，至宣统二年，四川共练成步队二协，炮兵三营，马兵、工兵、辎重各四队，合计士兵8194名。参见贾大泉、陈世松主编《四川通史》（卷6），第215页。陆军部将其列为陆军第十七镇，辖三十三、三十四两协，朱庆澜为该镇统制官，两协统领官分别由施承志、陈德麟试署。中国社会科学院近代史研究所中华民国史组编：《清末新军编练沿革》，第264—265页。

③ 隗瀛涛主编：《四川近代史稿》，四川人民出版社1990年版，第393页。

一 强化教育管理

（一）加强对办学人员的督责

光绪二十九年十月，锡良即通饬各府厅州县，毫不隐讳地指出四川学务有三难："一曰无束，总理不得正绅，检查并无专责，则管理学校无人也；二曰无师，山长可充教习，拿陋不堪，师范则教授学生无法也；三曰无费，经费极不易筹，而膏火一项岁靡甚巨，勉兴一学已为竭力谋及，四乡蒙童则更不逮也。"对此，锡良要求官绅"且勿苟焉开办也，宜求预备有方"，对那些"玩泄固执之辈"，则无论官绅定予严处。①

虽有此督导，然因循敷衍并不能全免。锡良即意识到，四川办理学务之人，固不乏深明体要、布置合宜者，而敷衍者亦不在少数，"甚至文告频烦，漫不加察"。对此，锡良将发展教育成绩作为官员考核的重要指标，按办学成绩高低给予相应奖惩。②

值得称道的是，锡良对于偏远地区的教育普及尤为看重，曾就此专发札文："风气之固闭、人才之消乏，莫甚于偏僻各州县。地处万山，耳目皆塞，人无远识，才智两墟。……然深维所以设学之原则，又最宜于

---

① 《公牍·总督部堂通饬各属照章赶办学堂札》（光绪二十九年十月），《四川学报》（第3册），光绪三十一年三月，第六页。

② 光绪三十一年九月七日锡良具折，分别办学成绩举、劾数人：邛州直隶州知州方旭"学识明通，于郡中设所，综核调查所属学堂，苦心诱掖，洵能不愧表率"；署涪州知州·开县知县邹宪章，"通知学意，选刻经史教科各书最多，所办学堂规制亦甚完密"；庆符县教谕·资阳县官立高等小学堂校长伍銮，"品学端粹，深谙教育之法，兼充本堂教员及查邻属学务，悉能破除常格，实心纠正"。以上三员，请旨嘉奖。署仪陇县知县黄羡钧，"到任将及一年，于地方高等、初等学堂及师范传习所，一校未设，屡奉文檄，亦置不复，实属玩视要政，应请饬部照例议处"；剑州知州茹汉章，"年力就衰，于学务毫无整理，只以向有之义塾十余处改名塞责，应请开缺另补"；阆中县知县赖以治，"才本平庸，办学固未得法，且闻有藉端苛罚、滥禁纷扰之事，应请以府经历·县丞降补"。锡良：《考查川省办学守令分别优劣择尤举劾以示劝惩折》（光绪三十一年九月七日），《锡良遗稿·奏稿》，第530页。对于捐资助学的绅民，则按例给予"乐善好施"牌匾。锡良：《绅民捐助学堂请旨建坊片》（光绪三十一年九月七日），《锡良遗稿·奏稿》，第528页。

此等难开难造之处着手,而其应开应造也,亦最急。"基于此,他要求各道府详察所属州县偏陋之极者,各选一人轮流到省城师范学堂肄习以培养师资。①

(二)成立各类学务机构

锡良督川期间先后设立各类学务机构,包括以下几种。

劝学所。1904年起,陆续在各州县成立,四川140余州县皆设劝学所,各州县又划分为若干学区,每区设劝学员。

省学务调查所。1904年年底成立,考选各种教职人员入所讲习,以备派往各地调查学务。其职责是:"已办者复核之,甫办者督催之,未办者咨请严饬之。"所内分五科:预修科、审定科、收发科、录事科、庶务科。

学务综核所。1905年12月,由学务处令各府厅州县设立,是介于省学务调查所和各州县劝学所之间的机构,凡学务处发与调查所关于学务文件,由综核所转发所属之劝学所。

教育研究所。1905年成立,专门研究有关教育发展问题,成立当年便举行了九次会议,主要研究的问题有教科书审定、该设学堂、派员调查学务、开办速成师范、调整学务处机构等。

四川教育官练习所。1907年成立,宗旨是为教育行政官补充知识力。学务公所人员、学堂监督、教员等皆可入所听讲,主要学习两方面内容:一是教育政令,如兴学谕旨、奏折、章程,以及日本各学校条令及规则、欧美各国教育行政概况等;二是教育概要,如教育学、教育原理、教授法、中外教育史等。②

此外,锡良又于光绪三十一年年初督饬学务处创办四川学报。是年九月,锡良在《创办四川学报片》中详述该报宗旨:"窃维敬教劝学,固

---

① 《公牍·总督部堂通饬道府州厅所属之偏僻者各选一人听候调取肄习札》(光绪二十九年十月),《四川学报》(第3册),光绪三十一年三月,第8页。

② 转引自隗瀛涛主编《四川近代史稿》,第394—395页。

不越政界之范围，欲使画一整齐，仍宜专勒一编，用资激发。因饬学务处详议学报条例，综计分为十门，自钦奉谕旨及奏议通行以至本省公牍，凡于学务有关劝惩并指示办法之件，分别汇登；其次择取各项章程与本省各学堂教科讲录；又次为编译、论说、选报、图表，余事列为附编。均经奴才复核，取其宗旨端正与本省风尚多有密切之关系，庶使因势利导，疏通证明，于教育普及之机，不无补助。每月两册，分发各属转行。现已开办半年，推行尚为利便。所有派员编纂及筹垫工料等费，概归学务处经理。"①

可见，《四川学报》的创办，旨在传达各种规章制度、介绍各种兴学办法，并宣传介绍四川办学成绩、总结交流经验得失，这对新式教育初兴的四川无疑不可或缺。

（三）延揽教育人才

锡良督川时期，四川教育面临着管理人才和师资的双重缺失，其自称："川省学堂办成绝少，念之莫释于怀，然非务名之难，而责实之不易；又非筹款之难，而择师之不易。二者必以学务处得人而后有所责成，其督办、提调二员，最为重任。"② 揆诸锡良档案，各地反映师资缺乏问题的函电颇为多见。如光绪三十一年九月南川来电："督宪、藩宪、学务处宪鉴，亟办师范，教习乏人，恳选派完全卒业师范生一员迅来，岁修不过三百，并请选购全小学紧要各教科书。"③

锡良督川之始即博访周咨，最终选定"博通中外"的甘肃补用道王树楠来川担任学务督办，又选委从日本考察学务归来的方旭提调全川学务。锡良对方旭评价颇高："才优学裕，循誉卓然。前办蓬州学堂，风气开之独早；近往日本考察，益于教育精神之所在、秩序之所宜，讨究极

---

① 锡良：《创办四川学报片》（光绪三十一年九月七日），《锡良遗稿·奏稿》，第529页。
② 锡良：《办理川省学务大概情形折》（光绪二十九年十月二十九日），《锡良遗稿·奏稿》，第371页。
③ 《南川何令来电》（光绪三十一年九月二十三日），《锡良督川时本省来往电报》（第12册），馆藏：甲374/21。

称精审。"① 又言："慈惠有声，留心教养，劝工兴学，风气先开。"②

为解决师资缺乏问题，锡良还主要从日本聘请多位教习。大概在光绪三十一年，锡良曾致电学部，列举了所聘部分英、日教员的名单及其月修数额，参见表2-4。

表2-4　　　　　　　　各学堂国外聘请教习名单

学堂	教师姓名	国别	月修数额
四川高等学堂	史弥德	英国	五百
	吉田义静	日本	三百
	池永太六	日本	三百
	和田喜八郎	日本	二百五十
	山川早水	日本	百二十
通省师范学堂	小西三七	日本	二百五十
	丰冈茂夫	日本	二百
东文及华阳中学	大野憬	日本	二百
	服部操	日本	二百
铁道学堂	橘协	日本	三百
	原清明	日本	二百五十
	百濑国三郎	日本	二百
百夔中学	丰田五郎	日本	二百
	户城传七郎	日本	百三十
眉州中学	后藤美之	日本	一百
嘉定公立中学	马场节藏	日本	二百
泸州师范	樱庭行藏	日本	二百
彭山高小	泷口定治郎	日本	八十

---

① 锡良：《办理川省学务大概情形折》（光绪二十九年十月二十九日），《锡良遗稿·奏稿》，第371页。

② 锡良：《奏举贤能各员片》（光绪二十九年十一月十六日），《锡良遗稿·奏稿》，第382页。

续表

学堂	教师姓名	国别	月修数额
江津高小	相泽平次郎	日本	一千（一年）
彭县高小	秩父固太郎	日本	五十

资料来源：《锡良致电学部》，《锡良督川时北京往来电稿》，馆藏：甲 374/119。

值得一提的是，就高等学堂而言，锡良原欲从英国聘用教员，然久待不至遂多聘日员。锡良致电出使英国大臣张德彝曾言："开办高等学堂不能久待英员，已另有日员充教物化。"①

二 广设各类学堂

（一）开办高等学堂

光绪二十八年五月，前署川督岑春煊奏请由胡峻经理省城高等学堂事，然胡峻恐规模失之狭隘，遂请暂缓开堂，并请带领教习赴日本考察学校，归途又考察了京师大学堂暨沿江新设学堂。胡峻返川后，锡良敦促其主持开办。② 至光绪三十年正月，高等学堂开学，分班讲授。开学之初，各属学生到者三百余人。普通科分为甲乙丙三班，先补习中学，补习一年升入正班，三年毕业；速成师范，三学期毕业，回籍传习，"用以权时济急，此后不再开班"；优级师范，择诸生中经史算有根底者，编为一班，尤其注重理科专门，"盖以中国素乏理科专门，蜀士尤鲜通其学用，是以先其所亟"。③ 光绪三十三年又增设本科。④

---

① 《致英国张钦使电》（光绪三十年七月十九日），《锡良督川时外省来往电报》（第 6 册），馆藏：甲 374/5。

② 锡良：《办理川省学务大概情形折》（光绪二十九年十月二十九日），《锡良遗稿·奏稿》，第 371 页。

③ 锡良：《省城高等学堂现办情形片》（光绪三十一年九月七日），《锡良遗稿·奏稿》，第 523 页。

④ 光绪三十二年，锡良致电清政府驻日公使杨枢："转胡太史，高等明年开本科，应添教习及图书仪器，望酌聘订购。"《致东京清国杨钦使》（光绪三十二年），《锡良任川督时与国外往来电》，馆藏：甲 374/134。

锡良对高等学堂颇为重视，经常亲临察看情形。尤其是，每逢学堂开学以及毕业典礼，锡良往往赴该堂发表演讲训词，从中颇可一窥其对发展高等教育的主张和态度。

在开堂训词中，锡良告诫学生必须实现德育、智育、体育的全方面提升，他说道：

> 诸生诸生思之思之，府厅州县教育国民，念彼幼稚，良苗怀新，诸生品行不如彼，则四川学堂之等卑矣；科举减额，选士于兹，十八行省竞秀争驰，诸生品行不如彼，则四川省之等卑矣；英、美、日本小学繁兴，女子、儿童莫不彬彬，诸生品学不如彼，则我大清国之等卑矣。诸生诸生，所系者大，果自视居何等乎？本督部堂与尔诸生共为大清国之臣子，是以岁筹巨款为尔诸生建此学堂，胡总理（胡峻）与尔诸生共为四川省之人士，是以不恋爵禄，为尔诸生管此学堂，尔诸生岂独无爱大清国、爱四川省之心乎？爱之如何，自爱而已。尊君亲上、敬业乐群，以此受德育，则品行必居高等；好学深思，明体达用，以此受智育，则知识必居高等；清心寡欲，庄敬日强，以自〔此〕受体育，则精神必居高等。能如是，方不愧为高等学生，异日为国家栋梁，为士林师表。本督部堂爱尔诸生，不能不因材而笃栽者培之也，若不改浮嚣之旧习，不戒傲慢之非，轻师侮友，舍业而嬉，则自坏其名誉，本督部堂爱此学堂，不能不去其莠稗以植嘉种也。①

在普通班毕业典礼上，锡良发表演说，对学生加油鼓劲，要有求高、求远之志，而不能浅尝辄止、自我满足：

---

① 《训高等学堂诸生辞》，虞和平主编：《近代史所藏清代名人稿本抄本》（第3辑第135册），第220—221页。

第二章 锡良与清末四川新政之腹地改革:从整顿官场到开发建设 / 93

> 夫学问之道,无止境者也。泰西科哲专门,往往历数十寒暑,始能发覆抉奥,见诸实行。即我国宿学名儒,亦必穷年不辍,乃克成一家言。盖登高者,必自卑;行远者,必自迩。诸生肄业三年,固已历卑迩之阶,而有以自见矣。顾为诸生计,诚宜本其所已学,猛力精进,以更求所谓高者、远者,勿以浅尝一得,辄自画而自足也。根之茂者,其实遂,积之厚者,其流光。诸生果潜心力学,异日成就之结果,必有不可限量者,只视诸生之自励何如耳。①

高等预科甲乙两班八十名学生毕业之际,锡良又亲往颁授毕业证书,在训词中除对学生进行鼓励之外,尤其强调学生进德修业直接关乎国家之进步:

> 诸生辛苦,学于今三年矣,试验皆合格。夫事之不难而获者非真获,今获此荣,幸哉!回忆开学之日,本督部堂与诸生共在此堂,训诫之殷、期望之切,诸生当共喻之。幸赖教授员、管理员不懈厥职,乃有今日始见效果,本督部堂亦喜甚。虽然此预科也,如筑九仞之台,此基址耳;如游万顷之海,此港汊耳。自今以往,诸生进德修业之日方长。……前因而后果,今日之果又将为他日之因,上为国家,则文明之进步也;下为士庶,则诞登之先导也。人必有欿然不自满之量,然后能以虚受益,继长而增高;亦必有毅然不自馁之气,然后能卓立不移,任重而致远。此非可执途人而语之也。②

---

① 《高等学堂普通班第一次毕业生训辞》,虞和平主编:《近代史所藏清代名人稿本抄本》(第3辑第135册),第139—140页。高等学堂于光绪三十年正月开办,祝词中有"诸生肄业三年"之语,可见时为光绪三十三年初之际。

② 《高等预科甲乙两班毕业生训辞》,虞和平主编:《近代史所藏清代名人稿本抄本》(第3辑第135册),第144—145页。

锡良离职四川之际，又至高等学堂发表留别训词，满怀感情地回顾了自己发展川省教育的历程：

> 吾初来川，学界幼稚，开校之礼，首在此堂。闻学生嚣张则忧，闻学生勤修则喜。所属意者，亦惟此堂为最，幸赖诸君子管理教授，各尽心称职，群弟子咸率教。前年速成师范、去年补习中学甲乙班两次授卒业证书，吾辈欣慰，方冀高等本科卒业之日，酌酒相庆，乐视厥成，岂意今日肆筵设席于此堂，饮祖饯之酒哉？诸先生、诸弟子惜别之情深于潭水，吾亦何能忘此堂乎？意之所钟，寤寐系之。滇、蜀接壤，倾耳以听，跂足以望，使吾忧耶，使吾喜耶？欣慰之事其可再耶？观成之乐虽不得与，其可闻耶我不敢知也。去矣、去矣，夫复何言！诸先生、诸弟子长念今日临别之词，其必有以贶我矣。①

（二）发展师范教育

清末，四川教育面临着师资短缺的难题。四川学务处提调方旭等人皆谓"师范不造，中小学终无教习；蒙养不立，诸学科级难以躐等而进"。② 锡良对师范教育颇为重视，将其视为"教育之母"。③ 具体发展举措主要有以下两方面。

一是创办通省师范学堂。

光绪三十一年四月，锡良饬由学务处筹集经费，将成都府试院改建校舍，设立四川通省师范学堂，容纳学生五百人，初级、优级两类同堂

---

① 《光绪三十三年二月十七日留别高等学堂员生训辞》，虞和平主编：《近代史所藏清代名人稿本抄本》（第3辑第135册），第277—278页。

② 锡良：《办理川省学务大概情形折》（光绪二十九年十月二十九日），《锡良遗稿·奏稿》，第371页。该片又见《署四川总督锡奏兴办学堂并附设师范馆缘由片》，《东方杂志》第1年第1期，光绪三十年正月二十五日，第17—18页。

③ 《成都府师范学堂速成班卒业训词》，虞和平主编：《近代史所藏清代名人稿本抄本》（第3辑第135册），第225页。

并设，附设一年半卒业之简易科。由日本留学监督周凤翔订聘日本教员两名，并在日本购置图书、标本、仪器等，约计十月间到川。其余应需华洋各教员则分别延订。①通省师范学堂于光绪三十二年闰四月开堂，锡良在开学典礼上发表训词，着力强调了师范教育的重要性："曰师范，所以造成教育资格而陶铸国民以普及教育者也；曰通省师范，为普及全川教育、造成全川国民之基础也。民智不开，故故民德不进，今欲开民智，非教育不可，欲广教育，非造师不可。模不模，范不范，何以为师？非专立一完全无缺之学堂不可。"②

但锡良也清楚，尽管通省师范学堂可容纳五百人之数，"然非由府直隶州厅各设初级师范一区，亦万不敷用"。③自光绪三十二年闰四月开堂，迄宣统元年五月三年期满，时任四川提学使赵启霖遵章派员会考评定分数以分别等第，计：初级简易科甲班，考列最优等者32名，优等者39名，中等者5名；初级简易科乙班，考列最优等者13名，优等者17名，中等者2名。合计两班毕业学生共108名，应请照章奏请奖励。④

二是大力发展简易师范。

光绪三十年，锡良即通饬州县各设师范传习所，每所定额150人，偏远地方酌减，一律以十个月卒业。⑤光绪三十二年三月，学部通电各省推广师范生名额。接电之后，锡良致电学部言及四川简易师范创办情形：川省简易师范已于三十年秋饬属分设，十个月卒业，现尚陆续接办。去

---

① 锡良：《改设通省师范学堂片》（光绪三十一年九月七日），《锡良遗稿·奏稿》，第524页。该校最初称四川中央师范学堂，旋改四川通省师范学堂。中国第二历史档案馆：《中华民国史档案资料汇编·教育》，江苏古籍出版社1994年版，第258页。

② 《通省师范学堂开校训词》，虞和平主编：《近代史所藏清代名人稿本抄本》（第3辑第135册），第207页。

③ 《川督奏陈学务情形》，《申报》光绪三十一年十月十三日，第三版。

④ 《学部奏四川通省师范学堂简易科学生请奖折》，《申报》宣统二年六月二十七日，第二张后幅第二版。

⑤ 锡良：《改设通省师范学堂片》（光绪三十一年九月七日），《锡良遗稿·奏稿》，第524页。

秋东游师范回里,复就省垣设所,饬成属诸生分门传习,十六州县来学共三百余人,并饬外府照办,刻均分派为初等小学教员。①

有学者梳理了锡良在四川总督任上发展师范教育的举措及成效,认为锡良督川期间"四川师范教育全面兴起"。据统计,四川初级师范学堂数量,光绪二十九年2所,光绪三十年11所,光绪三十一年10所,光绪三十二年7所;四川各地师范讲习所或传习所亦相继开办,据不完全统计,光绪二十九年6处,光绪三十年33处,光绪三十一年一月至九月33处,光绪三十一年九月至光绪三十二年底39处;凡府州县中学或县立高等小学开办之初,亦招收年长士子开办一年制简易师范班,毕业后做高初等小学教员;各县城乡开办小学,如无相当师资,亦遴选文学较优人士暂行充任,以后轮调入县师范讲习班学习。②

(三) 其他方面

客籍公立学堂。四川高等学堂额设客籍学生四十名,但由于在川任官经商者子弟众多,需要专设一堂方能满足就学需要。光绪三十一年正月间,锡良曾向端方索要"鄂办客籍学堂章程",③可见此时已开始筹划开办客籍学堂事宜。至光绪三十一年,客籍公立学堂成立,定额高等学生80名,中学学生100名。同年七月间考定学生两班,由候补直隶州知州丁昌燕充当监督。④但学堂在具体实施中,则存在诸多问题。正如继任护理川督赵尔丰所言:"肄业学生系按照高等学堂暨中学堂章程分班授课,甄录不得不严,是以年龄较幼程度较低者,皆未获与其选。后虽附设有高等小学一班,然终觉容积无多,未能兼收并蓄,且于蒙学尚付缺如,尤无以为基础是赖。"鉴于此,光绪三十三年间,由乡人捐集经费,

---

① 《锡良致电学部》,《锡良督川时北京往来电稿》,馆藏:甲374/119。
② 凌兴珍:《清末新政与教育转型:以清季四川师范教育为中心的研究》,人民出版社2008年版,第127页。
③ 《致湖南端午帅电》(光绪三十一年正月四日),《锡良督川时外省来往电报》(第9册),馆藏:甲374/5。
④ 锡良:《创设客籍公立学堂片》(光绪三十一年九月七日),《锡良遗稿·奏稿》,第525页。

就皖江公所原有房屋酌加修整，创立初高两等小学堂一所，额设学生120名，以为上下江及各省童蒙子弟修业之地。①

英法文官学堂。光绪三十年十月间，四川设立英法文官学堂，目的是推动四川留学教育的发展。锡良指出，四川由于处于内陆，"士民惮于跋涉"，留学之人甚少，能通外洋语言文字者亦少，"遇有交涉事件，译文传语，动苦无人"。锡良强调"近年交涉之事日繁，尤非多得谙悉英、法语言文字之才，不足以联邦交而通款曲"。由此设立英文、法文官学堂一所，归洋务局管理，分英文、法文两班，各以40人为限。② 三年后，锡良离职四川之际，至该堂发表训词，强调诸生不应当仅以能充当"译才"为目标，而应树立为中国外交做出贡献的远大理想：

> 学科以语文为主，学堂隶属于洋务局，则所学之事，其必关于预备外交可知。吾愿诸生之日以预备外交为目的，则为知所向往矣，顾吾尤愿诸生之预备于其大者、远者，而无（勿）仅以译才为限也。外人之入我国也，至一处则必学一处之方音，彼岂好为是，不惮烦哉？诚以国际私交，非通语文无以达无间之情，侦察政要非通语文无以悉不宣之蕴。诸生其必念此为外交之大端，而求所以预备者欤。且诸生异日者语文谙娴，游学异国，苟无忘忠爱之忱而常存于心，则无论学工、学农、学商，又何一不可以增国民之原力而为外交之后盾哉？是又在诸生之自勉矣。③

法政学堂。关于开办法政学堂，锡良自称"吾组织此学之意久矣"，

---

① 赵尔丰：《创设客籍公立学堂片》，《政治官报》光绪三十三年十一月三日，第413号，第70页。
② 锡良：《设立英法文官学堂片》（光绪三十年十月八日），《锡良遗稿·奏稿》，第444页。
③ 《锡良留别英法文官学堂训辞》，虞和平主编：《近代史所藏清代名人稿本抄本》（第3辑第135册），第171—173页。

然由于经费、管理人员之缺乏而迟迟未能开办,而筹足经费后,"又因管理无人迟之"。① 如光绪三十二年,锡良曾致电出使日本大臣杨枢,请调四川官费卒业生江庸、李景圻回川,以备开办法政学堂之需。② 大约至光绪三十二年底,法政学堂最终由课吏馆、仕学馆改办而成,设绅、官两班,"两堂并峙,教科从同",意在激励竞争。③ 光绪三十三年春间,锡良调离四川之际至该校发表训词,言及该校开办缘由:"夫法政者,天下之公理也。秦愚黔首,敝明塞听,几以法政为官物,而绅民不与焉。朝廷下立宪之诏,定预备之期,官绅一体研究兹学,非特造乡官之材也。官班归其乡里,则各省之绅;绅班出而仕宦,则他省之官。"④ 又言:"官恶绅则曰跋扈,绅轻官则曰腐败,二者相持而实因。欲使人不跋扈,必先我不腐败。腐败之官,不特受上司之淘汰,抑且无以自立于绅民之上,可不惧哉?"⑤

此外,为发展童蒙教育,锡良对幼稚园也给予了特别重视。⑥ 为不断补充知识,所谓"念齿长才偏,势难求备,交换知识不择细流",又开设

---

① 《留别四川法政学堂学绅训辞》,虞和平主编:《近代史所藏清代名人稿本抄本》(第3辑第135册),第260页。

② 《致东京清国杨钦使》(光绪三十二年),《锡良任川督时与国外往来电》,馆藏:甲374/134。

③ 《留别四川法政学堂学员训辞》,虞和平主编:《近代史所藏清代名人稿本抄本》(第3辑第135册),第265页。

④ 《留别四川法政学堂学绅训辞》,虞和平主编:《近代史所藏清代名人稿本抄本》(第3辑第135册),第260页。

⑤ 《留别四川法政学堂学员训辞》,虞和平主编:《近代史所藏清代名人稿本抄本》(第3辑第135册),第264—265页。

⑥ 锡良在某幼稚园开学训词中言道:"自强之基础,首在于童蒙。……幼稚园者,所以补家庭教育之不足,而为他日模范小学之先声,国民之标本也。童蒙失教,则始基不固,其种先不强,种不强则体不团,体不团则群不立,群不立则民无国民之气节者,即国为无民之国,国以民为本,国而无民,尚可问乎? 故我论今日强国之起点,首在于教育幼稚,幼稚开通则民智开通,幼稚进步则文明进步。陶养有成,由此而立体育、智育、德育之基础,则他日争存保种以强夫我国者,是所望于诸幼稚,勉之,勉之。"《幼稚园开学训辞》,虞和平主编:《近代史所藏清代名人稿本抄本》(第3辑第135册),第240—241页。

选科、补习两学堂。①

三 推进留学教育

光绪二十七年,时任川督奎俊派出四川首批留日学生22人。光绪二十八年春间,时任四川学政吴郁生商之署理川督岑春煊设立东文学堂,考选举贡生监六十名,当年十月开学,俟卒业选其学行兼优者咨送出洋,"此为郡邑学堂急求师范之计"。②

为培育"明教授之法"的师资力量,光绪三十年三月锡良首先选派百余名学生赴日本学习师范速成科,他在奏折中言其缘由:"现筹兴办学堂,微特教习难得其人,即管理亦罕知其法,一切教育规则,深恐名是实非。"③ 在该批留学生临行前的训词中,锡良更是剀切说道:"此行胡所为者?为国无才,为才无学,为学无师,为师无术。……本督部堂所皇皇于诸生者,在洞烛鉴佩乎教育原理、学校法制、经济大意及他规程,吸其腴而戴之俎,探乃楗而贻我珠也,而殊不乐有乎?"④ 此后,速成师范留学生陆续派出,仅在光绪三十年三月间即派出达160余人之多。⑤ 另有学者统计了清末四川留日学生分年数量,光绪二十七年22名,光绪二十九年57名,光绪三十年322名,光绪三十一年393名,光绪三十二年800名。⑥ 显见,正是在锡良督川时期,四川留学教育开始朝着规模化方

---

① 《云贵总督部堂锡留别师范补习游学预备各学堂训辞》,虞和平主编:《近代史所藏清代名人稿本抄本》(第3辑第135册),第181—183页。

② 《四川学政吴奏设立学堂以备游学而广师范折》,《东方杂志》第1年第1期,光绪三十年正月二十五日,第18页。

③ 锡良:《派周凤翔监督学生赴日学习师范速成科片》(光绪三十年三月六日),《锡良遗稿·奏稿》,第400页。锡良委派"操履端纯,志存忠爱"且曾赴日本考察学校、回国后办理东文学堂的在籍刑部候补主事周凤翔为监督。资料来源同上。

④ 《锡良训就学日本速成师范生辞》,虞和平主编:《近代史所藏清代名人稿本抄本》(第3辑第135册),第222页。

⑤ 锡良:《改设通省师范学堂片》(光绪三十一年九月七日),《锡良遗稿·奏稿》,第524页。

⑥ 隗瀛涛主编:《四川近代史稿》,第409页。

向发展。

随着留学生数量不断增加,锡良加大督导力度,经常致电留学生训以"专精学业"之义。如光绪三十一年十一月间锡良电言:"诸生留学东瀛,所以专精学业,为国致用。彼国文部命令理宜服从,即或有未便之处,尽可奏明钦使,和平转商办理,不应恃众妄为,上损我国之文明,自贻一身之咎戾。顷闻留学生有暴动情事,我蜀生素知自重,务望认明义理,各自静守,勿为符合,勿听鼓惑,以远祸患。"①

当然,清末四川留学派遣也存在诸多问题,尤其是学生出国前根底欠缺。对此,锡良亦不避讳,他在光绪三十一年的一份奏折中即坦言:"官费、自费游学者不下四五百人,然抵东之后,无论入何专门,仍须练习普通。"②《东方杂志》曾报道1904年四川省派往美国的23名留学生中多目不识丁者,其身份实为川中机器局工匠,认为此举实仅"耗财辱国"而已:"以现今筹款之艰,而留美学费约需十万,以有用之财,滥派此等愚鲁之辈,将来收效已可预料。况如此卑劣之学生,送入最高程度之美国,不但造就甚难,亦且大辱国体,诸生到鄂,幸鄂抚端中丞有鉴于此,将不识字数人暂留湖北,令识汉字,方今时事孔亟,莫如及早另派聪颖子弟出洋,庶几可收实效,是所望于蜀中之当道者。"③鉴于留学诸生"普通未习,就学尤艰",④锡良遂于光绪三十一年秋间筹划开办游学预备学堂,该校于次年正月开学招生。⑤

小结

光绪三十一年十月间,《申报》刊登了一篇题为"川督奏陈学务情

---

① 《致日本四川留学生电》(光绪三十一年十一月十六日),《锡良督川时外省来往电报》(第13册),馆藏:甲374/6。

② 《川督奏陈学务情形》,《申报》光绪三十一年十月十三日,第三版。

③ 《四川派赴美国游学学生》,《东方杂志》第1年第4期,光绪三十年四月二十五日,第12页。

④ 《云贵总督部堂锡留别师范补习游学预备各学堂训词》,虞和平主编:《近代史所藏清代名人稿本抄本》(第3辑第135册),第182页。

⑤ 《致学部电》(光绪三十二年正月二十三日),《锡良督川时外省来往电报》(第14册),馆藏:甲374/6。

形"的文章,从中颇能一窥锡良办学成绩:"现在已经开学者,除省城高等学堂外,各府厅州县中计:成都府师范,泸州、川南师范各一;师范传习所一百一十;高等小学堂一百五十二;初等小学堂四千零一十七;两等小学堂三十八,半日学堂三十四,或由官立或由公立及私立。其办而未成,成而未据禀报者不在此数。"① 另据学者统计,光绪二十九年全川开办各类新式学堂 28 所,到光绪三十三年,各类学堂增至 7775 所,居全国第二位,仅次于直隶省(8300 多所);而学生数达到 242782 名,居全国首位,是位居次席的广东省学生数(74000 多人)的三倍多。②

锡良督川以来,"孳孳以开通民智、振兴学务为志",③ 他本人对发展教育的成绩也颇为自得:"川省学务经奴才殚精竭虑,两年以来现已略具规模。"④ 光绪三十二年十二月,锡良撰《贡院废号记》一文,曾简略述及废科举背景下的兴学诸举措:"光绪二十九年,某奉命督蜀,是时天子方崇尚实学,改试策论,又诏天下州县兴建学校,复古庠序之制。某既建立成都高等中学、工艺各学堂,明年复檄州县次第兴办各中、小学,并派遣外国留学专门师范各学生;再明年诏罢科举,停一切会试,某又即贡院及府试空舍,增建师范补习、预备选科诸校。其考试号舍万余间,更因同官之请,拆毁旧甓,移筑武校兵舍及学务公所。昔时角逐文艺之场,易为研究科学之地,亦云盛矣!"⑤ 可以说,新政时期四川新式教育的发展,与锡良的重视与督导是密不可分的。

---

① 《川督奏陈学务情形》,《申报》光绪三十一年十月十三日,第三版。
② 贾大泉、陈世松主编:《四川通史》(卷6),第 221 页。
③ 《调补云贵总督部堂锡留别四川农业学生训词》,虞和平主编:《近代史所藏清代名人稿本抄本》(第 3 辑第 135 册),第 194 页。
④ 锡良:《考查川省办学守令分别优劣择尤举劾以示劝惩折》(光绪三十一年九月七日),《锡良遗稿·奏稿》,第 530 页。
⑤ 《锡良撰〈代拟贡院废号记〉修改稿》,虞和平主编:《近代史所藏清代名人稿本抄本》(第 3 辑第 130 册),第 171—172 页;张勇主编:《赵藩纪念文集》,云南美术出版社 2004 年版,第 52—53 页。

第六节 发展实业

1876 年，英国以马嘉理事件为借口，强迫清政府签订中英《烟台条约》，其中规定"四川重庆府可由英国派员驻寓，查看川省英商事宜"。正如有论者言，从此"四川乃至西南的大门被列强打开了"。据统计，1881 年英国入川洋货总值超过四百万两，输入汉口的三百万匹棉织品和三十万匹毛织品，三分之一以上销入四川。① 与此同时，四川矿产资源丰富，引得列强觊觎，通过各种途径掠夺采矿权。诸如 1896 年法国勾结四川商人欲夺取四川煤油开采权，1898 年美国商人指索真武山吊洞沟一带矿地，1899 年法国公司索取真武以及老君二山煤矿，等等。

锡良督川后，对四川经济凋敝、洋货充斥的严峻形势深以为虑，其言："川省地广人众，三农非不勤，百产非不饶，而常若公私交瘁者：拨解京外饷需岁逾六百万，故财力内竭，上下不周于用；欧、日纺织制造之物，流布于穷僻，故货权外授，虽女红亦为之废夺；生齿甲于寰宇，农末皆不足以养之，故旷土少而游民多。"② 同时，锡良也意识到发展商业是欧风东渐背景下的势所必然之举："迩者欧风东渐，新政骈兴，众说所归，集于商战。"③ 基于此，锡良督川后对工商实业给予了相当的重视。

一 农工商矿并举

光绪二十九年八月二日，锡良委任"明体达用，素著勤能"的成绵龙茂道沈秉堃督办商矿总局暨劝工局。④ 同年十月十九日，锡良应商部要

---

① 隗瀛涛、李有明、李润苍等：《四川近代史》，第 132—133 页。
② 锡良：《现办川省农工商矿诸务大概情形折》（光绪三十年四月四日），《锡良遗稿·奏稿》，第 403 页。
③ 《成都商业劝工会开会训词》（光绪三十二年二月十日），虞和平主编：《近代史所藏清代名人稿本抄本》（第 3 辑第 135 册），第 192 页。
④ 锡良：《委道员沈秉堃总办商矿片》（光绪二十九年八月二日），《锡良遗稿·奏稿》，第 346 页。

求汇报四川商务发展情形，表达了力谋整顿的迫切愿望："川省原设商务局尚未扩充，机器局仅制军械，工艺厂甫经开办，铁路向未筹及，矿务办而未成。到川后体察情形，农商学堂不容缓办，拟附入商局，并推广工艺厂，附设陈列所。已购办机器缫丝织巾，抵制洋货。铁路奏请自办，工程浩大，尚待妥筹。矿务拟招商办，以保利权。各项公司已办者妥为保护，未办者先与提倡。"① 光绪三十年四月，锡良上陈《现办川省农工商矿诸务大概情形折》，② 介绍了任职川督近一年来发展实业的基本思路和取得的成绩。

就农务而言，主要是推行屯垦。锡良认为农务新法应根据实际情况推广应用："泰西农学研求理化，蜀民尚未足语此，但有气候地质之别，新法非可强而能也。"其重点则是开办川边巴塘垦务。③

就工务而言，主要是扩充局厂。岑春煊督川时曾在省城创设劝工局，然由于经费紧张仅办成副厂。迨成绵龙茂道沈秉堃自日本考察回蜀，锡良委其主持扩充局务，成立劝工总局，"增修房舍，多置机张"，取得了积极效果，"其竹木髹刻之工，日有进益，而创织纱绒巾布之属，尤蜀中前所未有"。进而，仿照日本设立缫丝厂，"派员再往购运制造原料器用，并雇募教师来川"。在锡良努力下，四川一时间出现"工艺之兴，正为未艾"的景象。与此同时，时任四川按察使冯煦鉴于幼童之失教，"于署藩司任内筹款生息，增设副厂，俾幼稚赡身有术"。各厅县则遵办工厂，如梁山、德阳、什邡等处规模咸备，"由此递推递广，贫民之生计较充，洋货之漏厄少塞"。

就商务而言，先后在重庆、成都设立商务总会。锡良指出："今日非商货销畅，则无以益农而惠工。"筹商之下，决定重点开发重庆商务：

---

① 《复商部电》（光绪二十九年十月十九日），《锡良督川时外省来往电报》（第2册），馆藏：甲374/5。

② 下引除特殊注明外，皆出自锡良《现办川省农工商矿诸务大概情形折》（光绪三十年四月四日），《锡良遗稿·奏稿》，第403—405页。

③ 关于巴塘垦殖开办情况，可参见第三章第一节。

"重庆乃水陆辐辏之区,为上下游之枢纽,此处能有起色,则全川货殖必多赢利。"同时,基于"货币贵乎流通,利源期于开广,泰西各国以商战雄视环球,莫不有总汇财政之区以为枢纽"的认识,锡良在成都开办银行。在他看来,设立银行为今日迫要之图,不仅能够消除商号承汇的种种弊端,更能"维持财政、扩兴商业"。银行章程规定,银行名为"浚川源",主要职责是维持财政支出,由藩司主政。先在重庆、成都设立银行,稳固后再在内地繁盛之处设立,银行性质为"官商合资有限银行",官商自愿入股。无论官商股本,以一千两为一股,按股取息且股票可以转卖。①

就矿务而言,则兼采金铜。锡良声称:"此际官商多办一处,转瞬失利少一处,不能不日夜思之。"其整体思路是:"大抵川矿情形互殊,因其势则民不惊,总其成而权在上,不必强从画一,不容先议铺张,巨细靡遗,遐迩并举。惟动费官本甚少,所操既约,不能所望邃奢,但为得寸则寸之计,求无后时之悔,亦免覆𫐐之虞,似又保利之要图、开源之稳著也。"

下面,我们就锡良发展工艺制造、推进生产工艺的具体举措做进一步分析。

光绪三十年年初,锡良在成都设立劝工总局,从事各项工艺制造,作为全省推广工艺的总机构。然而,劝工总局成立之初,"既无机械工厂之设,技术人才亦极缺乏,所出品物,大都绣织及木器陈设等具,悉由手工制造,且多为奢侈品"。② 随着劝工总局各厂纷纷设立,成品亦日多一日,锡良遂颁布告示:"无论远近士民人,有愿入厂游观者,派员引导,以扩闻见,亦开通风气之意也。"③ 同时,还积极鼓励新技术的创造

---

① 《四川总督锡奏川省创办银行酌拟章程折》,《东方杂志》第5年第8期,光绪三十四年八月二十五日,第153—158页。光绪三十一年十月十七日,银行正式开办。《杂俎》,《东方杂志》第3年第1期,光绪三十二年正月二十五日,第3页。

② 周询:《蜀海丛谈》,第114页。

③ 《省内近事·准人游观》,《四川官报》(第17册),光绪三十年七月上旬。

发明和新产品的开发,规定"士民如有能仿制洋货,或习成别省工艺及自出心裁造成新颖器物者,均准呈明本籍地方官,申送来局,并将制品携省验视。如果制造精良,愿留局者,即酌予薪赀,派充教习;愿自造者,并许其专利,以便行销"。舆论对此举颇为称道:"蜀工精巧,自昔著称,经此提倡,行见日加进步矣。"①

为改进生产工艺,光绪三十年年底锡良饬令劝工总局延聘日本工匠八名入川教习,每人领学徒三十名,分别学习金属制作、漆绘、制皮等,对工艺水平提升起到了很大帮助。据《广益丛报》报道:"成都劝工局聘来日本工业教习八名,目前颇有进步,所出绣货阴阳浓淡有如写生。锡帅顷往察阅,大加奖励。"② 同时,锡良选派二十名学徒到日本学习实业,据报道:"劝工总局开办正厂以来,续增房厂多处,教科亦加繁密,而洋漆、刺绣诸品直可并驾东瀛。督宪尤欲进求美备,特饬局选聪颖学徒二十辈,以王鲁璠中书监督东渡。现闻已抵日本,分送各实业学堂肄习,将来卒业回川,必可为蜀都开辟无数绝大利源也。"③ 此外,锡良还在藏区推广各种工艺:"锡清帅前以藏番语言不通,声教未暨,往往梗化,特在巴塘聘请藏文翻译二人至省,挑选劝工各局学徒四十名学习藏语,俟卒业后遣赴藏卫,传习各种工业,以开风气而化夷情。"④

总之,四川实业在锡良努力下取得显著进展,但尚难言昌盛。锡良离职四川之际曾至铁路学堂发表训词,即慨叹道:"川省物产饶富,而实业未昌,以生货出,以熟货入,大利所在,太阿倒持。"⑤

---

① 《省城近事·劝奖工艺》,《四川官报》(第5册),光绪三十年三月上旬。
② 《纪事》,《广益丛报》,光绪三十一年第四期。
③ 《本省新闻·力求进境》,《四川官报》(第21册),光绪三十一年八月中旬。
④ 《各省工艺汇志·四川》,《东方杂志》第4年第6期,光绪三十三年六月二十五日,第162页。
⑤ 《云贵总督部堂锡留别四川铁道学堂训辞》,虞和平主编:《近代史所藏清代名人稿本抄本》(第3辑第135册),第201页。

二 开创实业教育

锡良督川时期,四川学务经胡峻往日本、美国考察后回国办理,"年来规模渐具普及可期",但实业教育尚未得到足够重视,"应设实业学堂多未开办"。① 针对此,锡良开办各类实业学堂,对发展四川实业教育具有开创之功。

(一) 工业学堂

大约在光绪三十年,锡良于四川机器局附设工业学堂。他指出,农为国本,商以富民,然而,"农非工艺而耰锄钱镈不能精,商非工艺而交易材物不能备"。就当下而论,"中国而图富强也,莫先于抵制;中国而求抵制也,莫先于以工艺为抵制。以彼之矛,攻彼之盾,便甚也"。②

锡良离任川督之际曾至工业学堂发表训词,对于学生摒弃功名而追求实学的精神大加赞赏:"嗟尔小子,勤苦向学,于兹三年,无秀才举人进士之希望,而惟肫肫然以工业为目的,斯可谓真学生哉。夫国民人人有职业,则国势日跻于富强,此教育之本旨也;职业教育,要其成普通教育开其始,此教育之定序也。吾所望于尔小子者至远至大,望之久矣。列强商战,其竞在工。同一工也,或用手工,或用机器,则机器胜;同一用机器也,或购于人,或制自己,则自制胜。吾欲为国家争胜,嗟尔小子其知之乎?"③

(二) 农业学堂

大约在光绪三十二年,锡良奏设农务学堂,他在折中说道:"东西各

---

① 《川督锡奏请编修胡峻仍派日美两国考证实业学务片》,《申报》光绪三十一年十二月二十三日,第十四版。
② 《总督部堂锡创办机器局工艺学堂开堂训辞》,虞和平主编:《近代史所藏清代名人稿本抄本》(第3辑第135册),第213页。
③ 《云贵总督部堂锡留别四川机器局工业学堂学生训辞》,虞和平主编:《近代史所藏清代名人稿本抄本》(第3辑第135册),第186—187页。又见该书第273—274页。

国有农学会以精研究,有农学堂以资讲求,物产繁兴,工艺发达,故能竞致富强。川省山河阻深,民勤土沃,只因乡(民)墨守旧法,物理未明,绝少进步,即以夙称蚕国之美利,亦复日就衰落,不获与江浙争衡,悯生计之将穷,惜地财之多弃,自非亟兴教育,无由开民智而拓利源。"遂由农政总局开办中等农业学堂,并辟试验场一区。① 该学堂"讲习蚕桑、树艺、农田、牧畜诸业","以兴自然美利,而立富强基础"。② 在农业学堂开学训词中,锡良对四川农学之未来寄予热切希望:"蜀中沃野千里,古称陆海,夙以蚕桑与世相竞,徒以墨守故法,利寖外溢,故不能不提倡农学。……本部堂之所以望于诸生者,在能复蚕国之美利,固不仅谋个人生计上之智识艺能为已足也。"③

(三) 派遣实业留学

鉴于教员、学生均难其人,锡良计划在设立农工商实业学堂前先行选派学生出洋学习。光绪三十一年三月,锡良饬学务处挑选省城高等学堂、成都府师范学堂、华阳小学堂学生共21名,并派游学师范生监督主事周凤翔从留日自费生中挑选8名。此29名学生学习日本高等师范4名,学习铁道4名,学习农业7名,学习工业14名。后又在日本留学生中挑选13人学习铁道。上述学生一律给予官费。④

光绪三十二年,锡良又奏派胡峻往日本、美国考察实业教育情况,其言:"窃维农艺为民生所系,工商尤富强之基,而非从教肄入手,则讲求总属凭虚。非先洞悉源流即办学,亦虞隔膜。亟宜派遣学有根底之员,专考东西洋各项实业学务情形,及其学堂办法,庶几参镜多资,图

---

① 《四川总督锡奏为川省设立农业学堂以重本务折》,《申报》光绪三十三年正月二十四日,第二十版。
② 《调补云贵总督部堂锡留别四川农业学生训辞》,虞和平主编:《近代史所藏清代名人稿本抄本》(第3辑第135册),第194页。
③ 《农业学堂开堂训辞》,虞和平主编:《近代史所藏清代名人稿本抄本》(第3辑第135册),第235—236页。
④ 锡良:《拟设农工商实业学堂先行选派学生出洋片》(光绪三十一年九月七日),《锡良遗稿·奏稿》,第525—526页。

功较易。该编修胡峻识粹思精,深维大局,一切有用实学无不极意研求,兹仍派日、美两国,将实业学务详切考证,必能得其款要,有裨振兴。"①

三 江北矿务交涉

锡良发展四川实业的主张和实践,表现出鲜明的主权观念和抗争意识,这在他主导的与英商立德乐关于江北厅矿务的交涉中有典型体现。

立德乐,英国人,生于1838年,曾加入镇压太平天国"洋枪队",1862年在九江经营茶叶,1880年在上海工部局工作,至1882年开始开辟西部中国的商业贸易。1883年,他以游历为名侦察川江航道,写成《经过扬子江三峡游记》,并着手川江轮船公司的组建等活动,叫嚣发展中英贸易必须对中国施加压力。1885年,他向清政府申请宜渝线轮船行驶的执照,以便取得川江航行的合法权。立德乐经营的"固陵号"轮船准备从宜昌进入四川的消息传出后,引起川江船户、船工和码头工人的强烈抵制,最终未能驶入四川。② 之后,立德乐遂将侵略重点放在四川矿产资源上。

江北厅属各矿"向皆华民集股所办",该地教民假借外势,相与逼处,"人畏波累,纷纷出售"。据调查,大荒窑、李家山等矿由教民王子范购买,干岩洞、单洞、铁矿沟等矿由教民王静轩购买。③ 立德乐经营江北矿务的模式为其暗出资本,表面则由华人经营。光绪二十九年,川东道张铎向锡良禀称:"英商立德乐暗出资本,在江北龙王洞等处开采煤矿业已数年,并有美人出资合办。因明系华人出名,又未准英领照会有案,故亦无从阻止。"④ 是年七月,英国驻成都总领事、管理川省通商交涉事

---

① 《川督锡奏请编修胡峻仍派日美两国考证实业学务片》,《申报》光绪三十一年十二月二十三日,第十四版。
② 隗瀛涛、李有明、李润苍等:《四川近代史》,第135页。
③ 《二品顶戴署理川东道兼重庆关监督江北道吴佐禀》(光绪三十三年),《锡良督川时处理江北厅煤铁公司案等函牍》,馆藏:甲374/49。
④ 《川东道贺元彬禀遵饬查明英商立德乐请办江北厅煤矿一案由》(光绪二十九年),《锡良督川时处理江北厅煤铁公司案等函牍》,馆藏:甲374/49。

宜谢立山照会四川官方，提出由立德乐独占江北厅各矿开发权的无理要求："商人立德乐请准在江北厅所属，遵照矿务定章，行用西法华英合开各矿，除准本商经办之外，不得再为他国所夺。初以六十年为限，如华英原股愿再合办，仍许续以二十五年为限，所准年限届满之后，其所用之机器家伙及运矿之铁路不做价银，一并报效中国政府。"又言立德乐"在重庆经办江北煤炭已历多年，且于江北厅龙王洞一带各煤窑，本商现已有银三万两"。进而声称："（光绪二十九年）五月二十六日在京亲谒贵督部堂（指锡良），言及四川矿务事，经贵督部面云，甚愿洋商自挟资本来川，至立商在川开矿一事，定当竭力相助等语。足见贵督部堂通商保民之至意。"①

锡良在京陛见时确曾与立德乐会见并"语及矿务"，但并无"定当竭力相助"的表态，而是"告以未经到任不能臆度，应俟到川后查明再行核夺"。② 可见，谢立山所言实为讹诈。随后，锡良饬令四川矿务总局以及川东道对江北矿务做出详细调查。四川矿务总局禀复："江北厅属矿务是否入有洋股，向无商人禀陈到局，职局无案可稽。至此次立商请开办该厅矿产，民情是否乐从也，地方有无窒碍，职局更无遥揣，应请宪台饬下川东道查明。……查历年订立华洋合办公司，皆归保富公司购地转租开采，俱在奏案。"③ 川东道贺元彬向锡良汇报，尽管江北厅煤窑开办

---

① 《重庆总领事管理川省通商交涉事宜谢照会》（光绪二十九年七月三日），《锡良督川时处理江北厅煤铁公司案等函牍》，馆藏：甲 374/49。

② 《据英领照会行局议复由》（光绪二十九年），《锡良督川时处理江北厅煤铁公司案等函牍》，馆藏：甲 374/49。

③ 《四川矿务总局为遵查详复事》（光绪二十九年），《锡良督川时处理江北厅煤铁公司案等函牍》，馆藏：甲 374/49。光绪二十五年六月，四川矿务总局与法国驻重庆领事签订《四川矿务章程》，规定四川矿务总局招集华股二百万两设立保富公司，专事购地。该公司实际上是由四川总督奎俊和该省布政使王之春主持设立的专门为法商服务的公司，意在垄断购买矿地，以杜绝洋商与华民私相接受之弊。该章程签订几个月后，法国驻重庆领事代法商向四川矿务总局提出法商愿与华商合集资本一千万两组织福成公司以开采天全、懋功两处五金矿产，即由保富公司备本购地。李玉：《晚清中外合办矿务的"四川模式"》，《西南交通大学学报》（社会科学版）2003 年第 2 期。

已久，然洋商"皆暗出股资，未有洋商主名"，立德乐即是如此，"遍检江北成案，立商并无购地契纸"。进而向锡良汇报，江北厅炭窑"其利甚溥"，然非巨资不能开挖，"本地无赖奸徒垂涎炭矿，往往勾结外人出本开办，意在贩卖他境，获利均分，近来已成痼习"。① 得到上述汇报后，锡良即向清政府转达："大抵各处奸商、劣绅，举中国之地利，以歆动洋人，冀洋人之资本以虚张华股，即借华洋合办之名，怂恿洋人出面，以冀所求之必遂。"②

在锡良看来，与其任由洋商背后操纵，不如明订条款予以约束，所谓"该英商如果依正当办法，招足资本，依限开办，俾国计民生两有裨益"。③ 由是，光绪三十年三月二十二日，四川矿务总局暨保富公司与立德乐订立合同十六条，允许后者组建江北厅煤铁公司即"华英公司"。合同主要内容如下：

> 四川矿务总局暨保富公司，招英商立德乐，议设华英公司，拟在四川江北厅所属地方开办煤铁矿务。……
>
> 一，此次华英合办公司，开办江北厅所属煤铁，于江北厅所属地方制定开采。倘此一处办无成效，将此无用之地为还保富公司，亦准江北厅煤矿公司再行另指别处开采，如办有成效亦可推广别处。……
>
> 二，保富公司允英商立德乐集股银五十万两，其股银以一百两为一股，周年每两以八分行息，设立华英公司，名曰江北厅煤铁公司，华、英商人均可一体入股。……

---

① 《川东道贺元彬禀遵饬查明英商立德乐请办江北厅煤矿一案由》（光绪二十九年），《锡良督川时处理江北厅煤铁公司案等函牍》，馆藏：甲 374/49。

② 锡良：《英商法商办矿各情片》（光绪二十九年十月二十九日），《锡良遗稿·奏稿》，第 373 页。

③ 《川东道详据士绅请销江北厅公司合同由》（光绪三十二年九月十二日），《锡良督川时处理江北厅煤铁公司案等函牍》，馆藏：甲 374/49。

三，保富公司应行聚集足用股本，以为购买煤铁公司所需矿地、矿窑之用，保富公司应按照公道办法给与业主地价，转租与煤铁公司。……

四，此合同自批准之日起，由江北厅煤铁公司延请矿石钻试，以便考查有无煤铁。……

五，江北厅煤铁公司自批准之日起，以三年为限，限满不办，合同作废，永不再请展限。

六，该公司开出煤铁矿产，应按北京外务部章程值百抽五作为出井税。……

七，开采各矿如因无利停办，或有利已取，即将无用之地退为保富公司以作别用。……

八，开采之后，除缴地价、年租费用并利息八分之外，所有赢余即为净利，作十成摊派，准提一成摊还股本，再提一成以为公积，其余八成以百分之十报效中国。

九，该公司如有亏累情事，与中国国家暨川省矿务总局及保富公司无涉。

十，该公司自批定合同之日起，所准在该厅所属地方开采煤、铁，年限以六十年为限，其它洋公司及华洋合办煤铁各公司，不得在江北厅境内查开。……

十一，所有约束华人工匠夫役之权，均由华官主政，洋人不得与闻。……

十二，该公司如欲在矿厂之外修筑道路，应由保富公司转请川省大吏查验，果无窒碍方能准行。……

十三，中国与别国如有战事，该公司不得接济敌国。

十四，公司矿务关系国课，中国国家自应尽力保护，俾收实效。……

十五，此合同各款应以华文为准，如有争执之处，惟须将华英文字详细核对，如仍有文意办法不合，致争执之处，应按西洋调处章程办理,其法系由矿务局、该公司各请公正人断理。……

十六,彼此议明订为合同,缮具华英合同各十份。①

对于华洋联合开办中国矿业,清政府并非全然反对。早在光绪二十四年八月间,清政府谕令各省如有开矿、筑路、借款及一切交涉事件,均须于事前将办法详细奏明,听候朝廷酌夺,毋得擅立合同。但由于各省办理矿务办法未能划一,外务部在光绪二十九年又请旨,饬令各省将军督抚,"嗣后无论华洋商人订立合同,请办矿产,务须遵照前奉谕旨,先行咨明本部暨商部详细核议,俟将合同核定后照案奏明,请旨遵行,毋得遽将所拟合同擅行订定,致多窒碍"。② 对于四川所订华洋合同,外务部提出将第一条"再行另指别处""亦可推广别处"之"别"字改为"一"字等修改意见。③ 光绪三十年十一月二日,外务部批准此合同。④

华洋合同第五条明确规定三年内必须开工兴办,然立德乐"于限内迄未指地,呈请委查亦未呈验股本"。⑤ 与此同时,随着光绪三十一年四川当局筹办川汉铁路,立德乐又"以川办铁路需铁甚多,觊觎铁矿"。⑥ 正如署理川东道吴佐向锡良所禀称,立德乐侵掠江北矿务远非"暗股"一层,而是另有狡谋:"数年以来,该教民等遂将各窑成股矿地购买殆尽,乃由立德乐请办华英合办煤铁公司,订立合同,冀待保富公司购地

---

① 《华洋合同》(光绪三十年三月二十二日),《锡良督川时处理江北厅煤铁公司案等函牍》,馆藏:甲374/49。

② 《外务部咨南洋嗣后矿务须奏明办理不得擅立合同文》(光绪二十九年十一月二十九日),上海商务印书馆编译所编纂:《大清新法令》(第4卷),商务印书馆2011年版,第318页。

③ 《北京外务部来密电》,《锡良督川时处理江北厅煤铁公司案等函牍》,馆藏:甲374/49。

④ 汪敬虞主编:《中国近代工业史资料》(第2辑上册),科学出版社1957年版,第104页。

⑤ 《为江北厅矿合同即应作废以保利权事》(光绪三十二年四月二十六日),中国第一历史档案馆藏:2/04/12/032/0514。

⑥ 《复张道电》(光绪三十一年九月十八日),《锡良督川时本省来往电报》(第12册),馆藏:甲374/21。

转租之时特昂其值,则十余万金可垂手而得,此蓄谋居奇之情形也。"①了解及此后,锡良在光绪三十二年接连致电外务部,揭露立德乐实为无赖洋人。四月间,锡良致电外务部尚书那桐:"立德乐本一无赖洋人,请设公司无非意图标占,藉以包揽招摇,并非实有资本开矿,今既一再限满,自应按照合同即予作废。"② 八月间再电:"立商本系无赖,并非殷实绅民,愤伊违背合同,强索展限,屡在京外呈请废约有案,兼立商先已勾结教民,潜购江北矿地入手。如允任开办,照章须由保富公司购地,转租给彼,届时必有串使教民抬价居奇情事,准驳两难,要求百出,地方积有违言,恐不免别生枝节。"③ 与此同时,吴佐又接连函禀锡良,汇报立德乐本意并非开办江北矿务,而是思逞"自买自卖"之狡谋:"龙王洞各窑皆深入十余里,出煤无多,又销场不旺。该商非直欲开办,不过多年蓄此狭谋,私买矿地,专为今日转售保富公司,以二万余金之窑,需索十余万金。无论股友赚折如何,而立德乐已经先饱私囊矣,洋商、华商皆洞见其隐,是以集股毫无成效。逾限十二个月,又展限六个月,而五十万之数仍未凑足。"④ 十月,吴佐再次禀称该矿获利为难:"龙王洞各煤窑皆深入数里,煤质虽佳,而运出甚难,地租、井口税、出口、正办各税所费亦巨。……为该商计,即有巨本亦必折阅,况该商并无资本,安望余利?"因此,他一针见血地指出该矿"专为骗保富十余万金而设"。⑤

上述汇报为锡良如何应对提供了重要依据。最终,锡良提出给价充

---

① 《二品顶戴署理川东道兼重庆关监督江北道吴佐禀》,《锡良督川时处理江北厅煤铁公司案等函牍》,馆藏:甲 374/49。
② 《为江北厅矿合同即应作废以保利权事》(光绪三十二年四月二十六日),中国第一历史档案馆藏:2/04/12/032/0514。
③ 《为请示江北厅矿一案办法事》(光绪三十二年八月十八日),中国第一历史档案馆藏:2/04/12/032/1178。
④ 《川东道详据士绅请销江北厅公司合同由》(光绪三十二年九月十二日),《锡良督川时处理江北厅煤铁公司案等函牍》,馆藏:甲 374/49。
⑤ 《川东道来禀》(光绪三十二年十月二十日),《锡良督川时处理江北厅煤铁公司案等函牍》,馆藏:甲 374/49。

公之策:"立、王勾串,私买矿地,在外人为违章,在奸民为犯法,均应全罚充公。惟领事屡为乞恩,姑予通融办理,所有立、王合买矿地,统给价一万一千两买回。"① 光绪三十二年十二月三十日,署理川东道、重庆关监督吴佐与英国驻重庆领事订立合同,就收回龙王洞矿地窑厂达成初步意向:"今因华民王静轩于华英合办煤铁公司未经指地之前,私与立德乐在江北龙王洞地方屯买矿地五窑六厂,又所立四十一契只有四契税印,其余三十七均漏税不印,实属违背条约矿章及大清律例,本应收矿地充公,王静轩照例惩办。经领事与道府屡次磋商,和平办理,议定所有龙王洞矿地窑厂按照契约内所载价值,除开应充应提外,余价由保富公司付给领事,转给各卖主。"② 外人觊觎四川矿业,投机讹诈无所不用其极。以锡良为首的四川当局则据理力争,揭露外人侵掠本质,其保卫中国矿产主权的努力和成效值得肯定。

光绪三十四年,江北士绅桂荣昌、杨朝杰、赵城璧、唐赤诚、文光汉等人集资四万,在重庆总商会支持下开办"江合煤矿公司",抢先开采石牛沟煤矿。华英公司指责江合公司无权开采石牛沟煤矿,提出由中方赔偿其损失后方交还矿权。在谈判过程中,英方漫天要价,索银四十万两并百般恫吓。中方代表则根据该公司账簿算细账,只给银十二万六千两。英国驻华公使朱尔典看到坚持下去没有好处,提议除了存煤和可以兑现的财产外,议价银二十万两。1909 年 7 月 6 日,华英公司代表聂克省、魏更生与江合煤矿公司代表杨朝杰、赵资生、文光汉签订《江北厅矿权收回合同》:由保富公司收回龙王洞矿权,转租江合公司开办,赎买费除议价银二十万两外,现存煤炭折价银八千两,体恤立德乐之妻一万二千两,共银二十二万两。③ 江北厅矿务交涉至此画上句号。

---

① 《复吴道电》(光绪三十二年十一月二十六日),《锡良督川时本省来往电报》(第 20 册),馆藏:甲 374/22。

② 《二品顶戴署理川东道兼重庆关监督江北道吴佐禀》(光绪三十三年),《锡良督川时处理江北厅煤铁公司案等函牍》,馆藏:甲 374/49。

③ 参见隗瀛涛、李有明、李润苍等:《四川近代史》,第 351 页。

结　语

锡良四川新政成绩，正如他在光绪三十三年二月离任川督之际向"承询川事"的岑春煊说的那样："三年来，勉步萧规，各新政均有基础。"① 却如其言，锡良四川新政表现出相当的全局视野，举凡吏治、铁路、教育、练兵、实业诸项，相互关联、齐头并进，多方面新政事业取得积极进展。就省域关系而言，锡良并非仅仅立足于谋划川政，而是意识到临近各省之间形成协作互助关系的必要性。诸如，他在筹办川汉铁路时提出由四川代修宜昌以上鄂境路段的建议，固然有多重致因，但借此推进川鄂协作的意图显然值得肯定；另如他在谈到川、滇关系时也曾说道"蜀敝亦非滇甘"。②

锡良四川新政在取得成绩的同时，也面临着诸多难以克服的困境，要者如人才匮乏、经费不足等。光绪三十二年，锡良致电出使日本大臣杨枢，言及铁道、制造、军政、学务等皆面临乏才之困。③ 相较人才匮乏，经费竭蹶问题更难应对，锡良在公私言论中对此屡有提及。其奏称："川省供拨京外协饷等款，岁约七百万，而本省新政备举，防军罗布，用款又踵事而日增，以致库藏空虚，常向票商息贷以济窘乏。"④ 又奏："川库岁入款近千万，取非不多，而用益宏，平时已费腾挪，顷年拨解京外者，更有加焉。况夫新政实繁，无一不须筹费，司局并形竭蹶，州县尤

---

① 《复岑帅电》（光绪三十三年二月八日），《锡良督川时本省来往电报》（第21册），馆藏：甲374/22。
② 《复户部电》（光绪二十九年十月二十日），《锡良督川时外省来往电报》（第2册），馆藏：甲374/5。
③ 《致东京清国杨钦使》（光绪三十二年），《锡良任川督时与国外往来电》，馆藏：甲374/134。
④ 锡良：《按期解足练兵经费折》（光绪三十一年七月四日），《锡良遗稿·奏稿》，第499页。

困催科,上下焦劳,理财乏策。"① 在致时人函中锡良也说道:"揆时度势,尤以筹款为难,亦惟挪东就西,勉强应付耳。"② 又言:"既点金之乏术,偏无米而为炊,竭蹶情形,殆难言喻。"③ 光绪三十三年十二月,继任川督赵尔丰奏称:"川省虽夙称繁富,然年来拨款日增,本省新政所需,又复多方搜括,凡可提可筹之款,均经悉索无余,官民并困于追呼,司局更穷于罗掘。"④ 毫无疑问,经费缺乏影响了四川新政事业的深入发展,构成清末新政的一个缩影。

---

① 锡良:《炉边军务浩大请劝收捐款准奖实官折》(光绪三十一年五月十五日),《锡良遗稿·奏稿》,第492页。
② 《拟复河南候补知州刘增辉》,《锡良督川时函稿》(甲册),馆藏:甲374/113。
③ 《拟复扬州运署幕友张静涵》,《锡良督川时函稿》(甲册),馆藏:甲374/113。
④ 《护川督赵奏请陆军两镇展限编练折》,《申报》光绪三十四年正月十六日,第二张第二版。

第 三 章

锡良与清末四川新政之川边治理：
开发、用兵与改制

清末川边地区，指四川省和西藏邻近的藏族聚居区，大致相当于今天的四川省甘孜地区和西藏自治区昌都地区。川边扼川、藏交通咽喉，战略地位重要，自古经营西藏须先从川边入手。清末民初蒙藏问题专家姚锡光即言，拉萨距成都六千里，距打箭炉五千里，"其间山川阻深，洪荒未辟，孤军远掷，败且无归"，"经营西藏当从川藏之交入手，循序渐进，日展而西，方能脚踏实地"。① 自元代始，川边地区即推行土司制度，明、清两代延续之。清代前期，为加强和巩固川边统治而用兵不断，但效果有限。② 道光之后，历任驻藏大臣多庸碌之辈，罔悉藏情，以致藏人藐视公命。同治四年（1865），达赖喇嘛派藏兵会同清军平定瞻对土司工

---

① 姚锡光：《筹藏刍议》，沈云龙主编：《近代中国资料丛刊正编》（第 39 辑），（台北）文海出版社 1966 年影印版，第 3、69 页。单毓年亦称："西藏为滇蜀之外藩，欲固滇蜀，则必固西藏。……然则谋西藏者，内固滇蜀之形势、外杜英俄之狡谋，此二者缺一而不可也。"参见单毓年《西藏小识》，拉巴平措等主编：《西藏学文献丛书别辑》（第 7 函），中国藏学出版社 1995年版，第 4 页。

② 有论者分析了雍正五年（1727）、雍正九年（1731）两次川边用兵的失败原因："两次用兵，表面上虽令悍番稍为敛迹，暂时慑服，但事实上，既不见多少战阵上的斩获，更欠缺有效的善后办法。"乾隆帝亦指责雍正朝征剿瞻对"草率完结，复留后患"。参见张秋雯《清代雍乾两朝之用兵川边瞻对》，《"中央研究院"近代史研究所集刊》1992 年第21 期。

布郎结起事，清政府遂将瞻对赏给达赖管理。① 然而达赖派往瞻对的藏官治瞻苛虐且横行川边。光绪十四年（1888）第一次抗英战争失败后，西藏僧俗对清廷极度失望，开始产生离心倾向。②

出于固川保藏的目的，清末总督川政之贤能者，无不着力于强化川边控驭。早在新政改革启动之前，鹿传霖即谋划筹瞻川属，拉开川边改土归流序幕。光绪二十二年，瞻对藏官率兵干预朱窝、章谷土司争袭案，鹿传霖檄兵讨之，三月而全瞻尽服，乃议收抚其地，改设汉官、划归川属，"会成都将军恭寿、驻藏办事大臣文海交章言其不便，达赖复疏诉于朝，廷议中变，传霖解职去"。③ 继鹿之后的两任川督奎俊、岑春煊，则在川边并无多少作为，川边改革一度陷于沉寂。④ 至光绪二十九年，英国再次发动侵藏战争，并利用班禅和达赖的矛盾拉拢九世班禅。次年清政府褫夺出走拉萨的十三世达赖喇嘛名号，此举遭到西藏僧俗激烈反对，极大地激化了西藏与清政府间原已有之的裂痕。⑤ 俄国见藏人素嫉英人，施展策反手腕，"暗勾藏番许以有事救护"，"藏番遂恃俄为外援"。⑥ 时任川督锡良面对川边内忧外患的危急局势，在川边地区推行了颇为审慎的渐进性改革举措。然而，随着光绪三十一年泰凝事件、巴

---

① 参见张秋雯《清代嘉道咸同四朝的瞻对之乱——瞻对赏藏的由来》，《"中央研究院"近代史研究所集刊》1993年第22期上。

② 马连龙：《历辈达赖喇嘛与中央政府关系》，青海人民出版社2008年版，第241页。

③ 中国科学院图书馆整理：《续修四库全书总目提要》（第24册），齐鲁书社1996年版，第271—272页。具体过程可参见张秋雯《清季鹿传霖力主收回瞻对始末》，《"中央研究院"近代史研究所集刊》1998年第29期。

④ 奎俊任川督四年有余（光绪二十四年五月二十四日至光绪二十八年七月一日），有记载称其"多行不义，阴济其贪，驯至吏治不修"，并揭露其侵吞赈款。参见老吏《贪官污吏传》，北京古籍出版社1999年版，第14页。岑春煊任川督半年多时间（光绪二十八年七月一日至光绪二十九年三月二十一日），主要精力放在攻剿义和团、哥老会起事上，同时推行创办警察、编练新军等新政举措，对于川边似无多少作为。参见戴琛《岑春煊》，林增平、郭汉民主编：《清代人物传稿》（下编第6卷），辽宁人民出版社1990年版，第244—245页。

⑤ 牙含章：《达赖喇嘛传》，生活·读书·新知三联书店1993年版，第150—151页。

⑥ 鹿传霖：《密陈西藏情形可虑疏》，《筹瞻奏稿》，全国图书馆文献缩微复制中心1992印制，第10页。

塘事件接连发生，锡良一改此前审慎态度，在充满争议的前提下用兵川边，长达十五个月之久的兵事终以川滇边务大臣的设置、川边改土归流的拉启而收场。

清末川边新政历史进程尤其是川边改土归流之曲折，是清末川边史研究的重要内容，也是清末边疆史研究的重要内容，学界给予一定关注。但检视相关研究，大多限于宏观上的笼统概括，缺乏改革细节的分析梳理，对川边历史进程尚未做出实质性探讨。锡良仅仅作为川边新政尤其是赵尔丰研究的"配角"被提及，以致锡良在清末川边历史上的形象和地位是模糊的，川边新政的特色及其整体性、连续性以及新政时期川边藏区的复杂政治格局也难以展示。① 究其原因，除了研究视野局限，史料挖掘利用不充分亦是重要原因。既往研究主要依据《清末川滇边务档案史料》《赵尔丰川边奏牍》《锡良遗稿·奏稿》等，这些史料多录锡良、赵尔丰等人相关奏折，据此仅可展现川边战事、改革的大致脉络，相关

---

① 在清末边疆新政研究领域，尽管川边新政研究相对深入，但也在研究视野、史料挖掘等方面存在诸多不足，呈现宏观概括多，细节梳理少；个别人物研究深入，但又忽视某些关键人物等特点。具体言，相关大体可分以下数类。其一，以人物为中心的研究。学界关于首任川滇边务大臣赵尔丰（光绪三十二年七月至宣统三年三月在任）川边新政的研究最多，代表研究当属陈一石《从清末川滇边务档案看赵尔丰的治康政绩》（载《近代史研究》1985年第2期），该文最早引用川滇边务大臣档案。但学界对赵之前川边新政的研究几近空白，仅个别研究提及锡良川边新政的历史地位。如吴丰培指出川边改土归流首创之功出自锡良。参见马大正等整理《吴丰培边事题跋集》，新疆人民出版社1998年版，第77页。马菁林认为锡良巴塘垦殖、升打箭炉为直隶厅等举措，为赵尔丰推行川边改土归流奠定了基础。参见马菁林《清末川边藏区改土归流考》，巴蜀书社2004年版，第125页。这种认识大体不谬，但尚处于推论阶段，缺乏论证。其二，某类改革为中心的研究。此类研究以探讨教育、屯垦等改革居多。如王笛《清末川边兴学概述》，《西藏研究》1986年第2期；邓前程《论清末川边垦殖》，《思想战线》2007年第3期，等等。其三，事件研究。学界集中探讨了巴塘事件的经过和诱因，但缺乏对政府应对以及由此引发的川边历史进程动向的进一步分析。代表性研究有张秋雯《清末巴塘变乱之探讨》，《"中央研究院"近代史研究所集刊》1981年第10期；任新建《凤全与巴塘事变》，《中国藏学》2009年第2期。其四，概论式研究。学界普遍注意到川滇边务大臣之设置，但对于其设置的来龙去脉则无必要交代。此类研究颇多，内容亦难免重复。要者如李茂郁《试论清末川边改土归流》，《西藏研究》1984年第2期；许茂慈《清末川边土司制度与改土归流》，《民族论丛》（第7辑），内部刊物，1989年，第125—137页。

人物锡良、有泰、凤全、赵尔丰、马维骐、刘廷恕等川边谋划的往来协商乃至矛盾冲突则难以展示。尤其，奏折是事后为之，概括性强且多"报喜不报忧"，甚至存在人为剪裁，片面凭信难免得出与历史实际不符甚至相反的结论。① 锡良档案保存了锡良督川时期与同僚属吏的逐日往来电报，据此可以较详尽地展示锡良川边施政的诸多细节和隐情。本章依托锡良档案，试图从国家治理与川边社会历史变迁的视角，通过史实建构锡良督川时期战事决策讨论及战事基本进程、川边新政的具体内容及改土归流筹划过程、央地关系情况，探讨以锡良为首的地方官员缘何以军事打击应对川边乱局，其整体运思和实践效果如何，从而最大限度还原清末川边社会历史的变迁，揭示川边战事与川边新政的复杂关系，彰显川边新政的艰巨性和特殊性。

第一节　初始经营

一　开办巴塘垦殖及遇挫

前文述及，光绪二十九年七月二十日，锡良在接篆日期折中强调课吏、练兵、筹款、节用为施政重点，次者为学堂、警察、机器、工艺局，并未特别言及川边施政。然而，几乎与锡良至川同时，川边外患陡然加剧。1903 年 7 月间，英国军官荣赫鹏借口两名潜入西藏的间谍被抓获，指挥军队在康巴宗附近抢掠藏民牛羊 200 多头，并无理要求驻扎甲岗、左喇嘛、罗那克等处的藏军撤走。9 月 2 日，荣赫鹏又请求印督添拨 100 名士兵增援，蓄意扩大事态。② 鉴于边防危急，光绪皇帝于七月十五日即锡良抵蜀前一天颁发上谕："有人奏，川、藏危急，请简员督办川边，因垦为屯、因商开矿等语，着锡良查看情形，妥

---

① 比如，锡良在奏折中关于赵尔丰和马维骐在战事策略上的矛盾毫无提及，赵缘何接替马亦无真实记录。

② 参见黄鸿钊《1904 年英国侵略西藏战争》，《中国藏学》1993 年第 1 期。

第三章　锡良与清末四川新政之川边治理：开发、用兵与改制

筹具奏。"①

锡良经过调查，了解到川边大部分地区气候恶劣，以茶叶为大宗的商业活动亦仅运至打箭炉而止，开矿更是受到各土司以"神禁不可犯、祖训不可违"为辞的抵制，权衡之下唯有择地垦殖较为可行，并强调"未便率请简派重臣督办"。之后，锡良派巴塘粮务委员吴锡珍、都司吴以忠赴巴塘开办垦殖，"宣谕土司，教庸番民，结之以恩信，分之以利益"，所谓"恩惠并用"之策略。同时做了兵事准备，"倘土司等反复强梗，现有驻炉续备右军两营随时调往弹压"。锡良的整体思路是，以巴塘垦殖为试点，渐次推广它处及其他门类，"巴塘垦务既办，他处如能耕，推行较易；牧政、矿政又当次第考求，似于边务总有起色"。但同时，锡良亦坦言保藏固川"固非屯垦、商矿所能解其危迫"。②

就川边地区而言，唯以巴塘地处金沙江河谷，气候温和、土地肥沃，是川边主要产粮区，也是列强重点渗透的区域。早在第二次鸦片战争后，法、英、美等国传教士纷至巴塘等地建立教堂、肆掠土地，如美国在巴塘的教会即掠夺了近200亩土地。光绪二十九年，美国传教士又在巴塘以年租170藏洋和39年的期限强夺55亩土地。③ 显见，锡良派员在巴塘垦殖亦有挽回垦权的意图。二吴至巴塘后，责成巴塘正土司罗进宝、副土司郭宗札保以及丁林寺堪布傲拉扎巴将拟开垦之地划出，两土司"乐从其事"，丁林寺则提出所管土地仅有牧场，并无可垦荒地。二吴认为巴塘"三曲宗"已有两土司赞成，"有其二不患无其一，尽可次第办理"，遂于

---

① 中国第一历史档案馆编：《光绪宣统两朝上谕档》（第29册），第218页。有论者指出，该谕旨虽未明言改变川边土司制度，但实际上意味着新政时期清政府谋划推行川边改土归流的开端。参见陈一石《从清末川滇边务档案看赵尔丰的治康政绩》，《近代史研究》1985年第2期。这种论断不无偏颇，事实上，此时清政府并无在川边推行改土归流的意图。

② 锡良：《议复川边屯垦商矿各情形折》（光绪二十九年十月二十九日），《锡良遗稿·奏稿》，第365—366页。

③ 转引自赵云田《清末川边改革新探》，《中国藏学》2002年第3期。

光绪三十年五月拟具垦务章程12条。①并招募垦长垦兵等一百三十八名，于光绪三十一年正月十六日开工。然而，至二月二十一日，"丁林寺喇嘛暗令番匪，竟将茨荔陇、底塘宫垦场，蛮房两所并法国教堂所造该处蛮房一所概行放火烧毁"。吴锡珍等"因路径扼塞，官兵太少，只可近防，万难远剿，是以不能趋救"。②尽管巴塘垦殖以失败收场，但此举拉启清末川边新政的序幕。③

二 升打箭炉厅为直隶厅

在清代的行政建制中，川边为土司辖地。清末新政之前，在这片土司辖地上已经出现过三个"流官"职位，分别是打箭炉厅同知、里塘粮务委员和巴塘粮务委员。康熙四十一年，清代在康区的第一个粮台设置于打箭炉，形成粮员与土司既互有制约又彼此合作的统治模式。雍正初年川藏划界后，撤销打箭炉粮员，设打箭炉厅，置同知，自里塘、巴塘以西直抵西藏的区域皆归其管辖。随后，清政府在康南大道上的四个重要节点即里塘、巴塘以及察木多、拉里正式设立粮台，派驻粮务委员，流官首次深入关外。在里塘、巴塘二处，清廷对之前招抚的土著首领进行正式册封，授予"宣抚司"之职，负责管辖康南大片土地和人民，从而与明正宣慰司、德格宣慰司并称为康区的"四大土司"，形成流官与土司并设格局。④

锡良督川后不久，于光绪二十九年十月二十九日具奏，提请将原雅州府属的打箭炉升为直隶厅。

---

① 《吴锡珍都司吴以忠会禀锡良拟订办垦章程》（光绪三十年五月），四川省民族研究所编：《清末川滇边务档案史料》（上册），中华书局1989年版，第12页。"三曲宗"，指巴塘三股势力集团，正土司为第一曲宗，副土司为第二曲宗，丁林寺为第三曲宗。
② 《巴塘粮员吴令锡珍禀凤大臣委员会办垦务开工情形暨喇嘛番匪抗御官兵烧毁教堂垦房文》（光绪三十一年二月二十二日），《勘定泰凝巴塘桑披案牍》（第1册），馆藏：甲374/8。
③ 赵云田：《清末川边改革新探》，《中国藏学》2002年第3期。
④ 王娟：《流官进入边疆：清初以降川边康区的行政体制建设》，《中南民族大学学报》2014年第1期。

第三章 锡良与清末四川新政之川边治理：开发、用兵与改制

川、藏相距七千余里，川之察缓急于藏，与藏之资馈运于川，二者皆以西炉为枢纽。近年藏务孔棘，所以责任该同知者动关艰巨。且徼外各土司，地势荒阔，族类繁杂，控制本为不易。自瞻对划归藏属，番官侵暴，川边土司弱者慑其威而甘于输纳，强者怙其势而恣为奸横，几若知有藏而不知有川，匪惟蛮触纷争，抑且弁髦王章，轻侮边吏。巴、里塘粮员又以隔川过远，上司耳目难周，非庸懦以求苟安，即猥琐以盈溪壑。打箭炉就近知其得失，然无考核之责，不当论列是非。前者师旅频兴，推原祸衅之端，罔不由此，而堕误于无形者更难备论。

奴才悉心体察，求无增改建置之烦，而深有益于边务，莫若将打箭炉同知升为直隶厅，迳隶建昌道，与雅州府划疆分理。关外土司管辖如故，巴、里塘粮员等官，改归该厅察举优劣，核转案牍。前归府属之沈边、冷边等土司，暨泸定桥巡检，均与厅近而府远，一并归厅转辖。该同知廉俸等项，概循旧数，仍作为冲繁难三项要缺。①

经此变动，打箭炉迳隶建昌道，与雅州府划疆分理，负责考核巴、里两塘粮务委员，管辖范围亦有调整。从地理位置上看，打箭炉、里塘、巴塘东西分列，皆为川藏官道要冲，打箭炉升为直隶厅实为强化川边控驭、加强入藏交通管理之举。

与打箭炉改制相呼应，同日锡良又上《敬举边才以备任使折》，奏请授予刘廷恕道府之任，言语中对刘廷恕充满敬重。

窃维蜀徼本西南夷故壤，建昌道属雅州等府所辖番夷种族繁多，其地荒阔，其人愚犷，争衅时时并作，得健吏治之，慑强梗于无形，塞萌芽于初起，而不然者，酿患亦最大。加以远接印、藏，防卫经

---

① 锡良：《打箭炉升直隶厅折》（光绪二十九年十月二十九日），《锡良遗稿·奏稿》，第369页。

营之策，尤贵得人措理。故今日求边才至急，然非权略足以应变、精力足以任劳、操行足以孚众，三者弗备，未易副其选也。

……（刘廷恕）在边数年，文武协和，番夷悦服。奴才访询其人，盖血性沈挚，而深以趋利避事为耻者。关外土司、喇嘛，往往称兵构乱，屯台员惶遽无措，惟该员叠次请行，往返数十程，履冰雪、历险阻，而不以为苦。廉威素著，既至，则积年仇斗之案莫不销释。奴才于旧牍中，又见该员于二十七年办理冷碛司铎牧守仁之事：奸民祝华山纠匪忽劫司铎而去，将踵大足余蛮子故辙，肆其要挟。该员赴机迅速，亲索于岩谷之间，以计夺还司铎，不数日即与教堂议结。本年五月，里塘堪布品初朗吉撤站抗拒，该员带勇出关，亦未币月，遂已擒渠散党，附近之思蠢者，闻风帖息。观此数事，是该员之谋勇兼优，确有成绩。

窃谓职无崇卑之别，必具忠识者乃能任事。官场习气，但营私计而不顾公家之急，求如该员之老而弥壮，艰巨弗辞，实不敢睹。前欲酬其劳勋，调署泸州。奴才到川，因边事孔殷，饬司仍留本任。第念边才难得，唯该员为能当之，若任久于丞佐之中，仅获其尺寸，甚惜所治者小。现当藏卫事端未已，边陲筹布正难，炉厅权位较轻，无以为国家规摹宏远。倘蒙天恩破格擢用，授以川边道府之任，该员晓畅军事，熟练夷情，必于边务大有起色。①

---

① 锡良：《敬举边才以备任使折》（光绪二十九年十月二十九日），《锡良遗稿·奏稿》，第372页；《奏为保举打箭炉同知刘廷恕晓畅军事请破格擢用事》（光绪二十九年十月二十九日），中国第一历史档案馆藏：03/5426/150。该折中锡良所述"里塘堪布品初朗吉撤站抗拒"事件，指光绪二十九年刘廷恕率兵平息里塘堪布品初朗吉撤站抗拒事件，略述如下：光绪二十八年，里塘所辖里寺堪布喇嘛品初朗吉，与里塘土司四郎占兑争权，"欲废置土司，管辖移民"。次年三月，品初朗吉带领僧众，凭借里寺之险"负隅自固"。时护理川督陈璚饬派"久习边情，夙谙兵事"的打箭炉同知刘廷恕率兵赴里。刘廷恕鉴于里寺袤延三里许，"围之不易，攻之綦难"，遂将兵勇分兵五队，酌处驻扎，既杜其窜逸，又绝其外援，同时射示谕入寺，"解散胁从，以孤其势"。十四日，品初朗吉率众与官兵交战，刘廷恕"忠愤填胸，身临前敌，亲执桴鼓，督队抵御"，遂为喇嘛退回寺内。十五日，清军攻克里寺。《陈璚奏陈平定里塘寺堪布聚众滋事折》（光绪二十九年七月二日），《清末川滇边务档案史料》（上册），第85—86页。

第三章　锡良与清末四川新政之川边治理：开发、用兵与改制 / 125

此为锡良督川之后对刘廷恕的最早评价。显然，在锡良眼中，刘氏老成持重，有勇有谋，不惮边苦，勇于任事，一副忠贞老吏的形象。

锡良所言不虚。刘廷恕，字仁斋，湖南善化人，清末历官松潘、成都、江北、酉阳、石柱等地，"俱有治状"。光绪二十三年十一月十二日，时年61岁的刘廷恕出任打箭炉厅同知。① 刘氏以花甲之年出任是职，固因其治边经验丰富，当然也凸显其时边才之缺乏。著名藏学家任乃强对刘廷恕亦有记述，印证锡良之言："往时康藏官吏，自伤僻远，大都高拱衙里，守印候代而已。刘公独能实心实政，创诸伟绩。使其地位能如赵尔丰者，成就未必逊之。世皆知有赵尔丰而不知有刘廷恕，亦贤宦之屈也。"又记："佛耳崖外，有刘公德政碑，光绪三十年二月立。谓'府尊仁斋刘公……捐资修理岩路四载，捐廉三百千有奇。特恐后贤不继，兴猪厘以休，期于永利行人'。"② 锡良在晚清以为宦清廉、敢作敢为著称，其与刘廷恕显然同属一类官吏，锡良对刘廷恕的褒扬以及刘廷恕的表态，无不凸显出两人惺惺相惜之态。③

刘廷恕对锡良上述举措颇为感念，在复函中表达了唯有恪尽职守以报知遇之恩："辖治草野蛮荒，纵横四、五千余里，幅员极其辽阔，夷部族类难驯，仰蒙宪谟天恩，重以藏卫边徽界兹表率，专以责权。当此中外邦交、汉夷民教事杂，举凡筹垦、筹防、边务，在在均关紧要。驭吏绥边之计，须理繁治剧之才，庶裨时艰，丕变风化。卑职知识谫陋，衰朽弗胜。所自矢者，励公惟勤；所深惧者，鞭长莫及。惟破除积习，殚竭精诚，随事随时认真禀明办理。午夜兢兢，无负厥职，冀报鸿慈于万一耳。"锡良在批复中亦对刘廷恕充满期待："事绪较繁，责任綦重，该

---

① 《锡良督川时各厅州县事实清单（光绪三十年分）》（光绪三十一年三月五日），馆藏：甲374/47。原档不录时间。《锡良遗稿·奏稿》收录《光绪三十年分考察州县事实折》，署时间为光绪三十一年三月五日，但未录清单。见该书第466页。

② 任乃强：《民国川边游踪之〈泸定考察记〉》，中国藏学出版社2009年版，第34—35页。

③ 然而颇为遗憾的是，随着两人川边治理策略矛盾层出，加之凤全被杀事件带来的压力，最终锡良奏革刘廷恕。其事经过详见拙文《清末川边治理之一瞥——以锡良、刘廷恕关系演变为中心》，《西藏研究》2018年第4期。

丞务当激发天良，破除积习，将应办一切事宜，悉心经理，以期裨益吏政，绥靖边圉，是为至要！"①

是年秋，锡良又嘱刘廷恕编订《打箭厅志》，以备川边施政之参考。刘廷恕记述："癸卯秋，锡清弼制府受命治蜀，宏谋远虑，重障边陲，奏升直隶厅，管辖巴、里两台，立事权而资捍卫，檄取厅志以备考察，诚意洞悉边情，此今日纂修之不可缓图者也。"②

第二节　筹瞻川属及其失败

一　筹瞻上谕之颁发

光绪三十年七月二十八日，英国在侵占拉萨后胁迫西藏当局签订《拉萨条约》，进而利用班禅和达赖的矛盾拉拢九世班禅，"怂令班禅回藏，滋生事端"，彼则借口保护进兵，从而实现控制西藏的阴谋。③曾任川督的鹿传霖眼见西藏势危，于八月五日吁请速将瞻对收归川属，否则一经英人清界，"瞻必属英"。④但是，清廷对于鹿传霖之议不置可否，仅在八月二十四日颁布派遣各员经营边地的谕旨："西藏为我朝二百余年藩属，该处地大物博，久为外人垂涎。近日英兵入藏，迫胁番众立约，情形叵测，亟应思患，预防救补。……所有西藏各边，东南至四川、云南界一带，着凤全（驻藏帮办大臣）认真经理，北至青海界一带，着延祉（西宁办事大臣）认真经理，各将所属蒙番设法安抚，并将有利可兴之地切实查勘，举办屯垦、畜牧，寓兵于农，勤加训练，酌量招工，开矿以

---

① 《打箭炉同知刘廷恕禀报锡良遵任直隶厅事》（光绪三十年三月二十三日），四川省民族研究所编：《清末川滇边务档案史料》（上册），第 11 页。

② 刘廷恕：《光绪打箭厅志》"叙"，《中国地方志集成·四川府县志辑（66）》，巴蜀书社1992年版，第 961 页。

③ 《张荫棠驻藏奏稿》，吴丰培编辑：《清代藏事奏牍》（下册），中国藏学出版社 1994 年版，第 1304 页。

④ 《军机大臣鹿传霖致外务部筹办瞻对疏节略》（光绪三十年八月五日），《清末川滇边务档案史料》（上册），第 15 页。

裕饷源。"①

直到九月二十三日，此前反对筹瞻川属的清政府鉴于川边日甚一日的危机形势，加之鹿传霖的奏疏，终于意识到筹瞻川属的重要性，光绪皇帝遂颁布筹瞻上谕："有人奏：西藏情形危急，请经营四川各土司并及时将三瞻收回内属等语，着锡良、有泰、凤全体察情形，妥筹具奏。"② 显见，《拉萨条约》逼签近两个月之后，清政府才接纳此前被搁置的鹿传霖筹瞻川属之议，对于西藏边防危急回应之滞后可见一斑。时论即评："政府于事前置若罔闻，直至草约告成，由驻藏大臣电告政府，始矍然思补救，抑已无及。"③

二 各方态度之分歧

筹瞻川属上谕颁布后，锡良鉴于川边形势复杂，对是否应将瞻对收归川属并未仓促回应，而是经过和驻藏大臣有泰、驻藏帮办大臣凤全以及打箭炉同知刘廷恕、副将陈均山等人长期的往来协商，直到光绪三十一年三月方有明折上奏。

光绪三十年四月七日，清政府任命四川候补道凤全为驻藏帮办大臣。十月二十二日，凤全从打箭炉起程赴藏，由于"山路大雪"，到十一月十八日才行抵巴塘。④ 凤全在途次接到筹瞻谕旨后即致电刘廷恕、陈均山，强调"收瞻固边，事举宜速"，后者将此意转至锡良，同时汇报瞻对头人及川边各土司遵否难料。⑤ 由于收瞻前景不明朗，锡良回电中不无模糊地

---

① 中国第一历史档案馆编：《光绪宣统两朝上谕档》（第30册），第168页。
② 中国第一历史档案馆编：《光绪宣统两朝上谕档》（第30册），第179页。
③ 沧江：《西藏戡乱问题》，《国风报》第1年第4期，宣统二年二月十一日，第30页。
④ 《打箭炉刘承廷恕来电》（光绪三十年十月二十二日），《锡良督川时省来往电报》（第6册），馆藏：甲374/20。
⑤ 《打箭炉陈均山刘廷恕来电》（光绪三十年十一月十三日），《锡良督川时省来往电报》（第6册），馆藏：甲374/20。

表达了"不可延误事机,亦不得孟浪下手"之意。① 在致凤全电中也强调须对瞻对番官"相机利导",由西藏调回瞻对番官"事务方顺"。②

十一月十五日,长期在打箭炉任职的刘廷恕、陈均山基于对瞻对情事的认知,加之收到凤全"事举宜速"之电,遂向锡良提议借达赖出藏、藏中"离心解体"之机筹瞻川属:"凤大臣经画于外,有大臣筹议于内。达赖弃藏远逃,已觌名号,大失人心,收瞻以固藩篱,一势以图善举。藏至瞻四千余里,炉至瞻六百二十里,辅车萦依,见机利导,副将等先谕番官并饬各路土司,务使通国皆知彼各离心解体。"③ 十二月二十六日,鹿传霖亦致电锡良,表达了类似意思:"瞻本川属,赏给达赖,今达赖弃藏逃走,因而收回,义正理长,从前仅达赖一人抗阻,并非全藏不愿,尤与英人无涉。英并非夺我藏地,唐使赴藏系挽回新约,更不干瞻事。"④

所谓达赖出藏,指英军兵临城下之际十三世达赖喇嘛于光绪三十年六月十五日出走拉萨之事,十三世达赖喇嘛亦因此被清政府褫夺封号,其事则源于有泰之奏。有泰屈服英国之兵威,在英军攻占拉萨的当日即前往拜访英军将领荣赫鹏,并以牛羊犒其士卒。荣赫鹏借机利用有泰出面压服藏人,以期订立对英国有利之条约,并借以促成清政府与西藏关系更加恶化。之后有泰则斥令噶厦接受英国要求,同时又思乘机推倒十三世达赖。⑤ 其致电政府即言,十三世达赖"背旨丧师,拂谏违众",英军逼近后不思挽回,"遁迹远扬",是中英战事罪魁,请褫其名号。⑥ 清政

---

① 《复陈均山刘廷恕来电》(光绪三十年十一月十三日),《锡良督川时本省来往电报》(第6册),馆藏:甲374/20。

② 《致凤大臣电》(光绪三十年十一月十四日),《锡良督川时本省来往电报》(第6册),馆藏:甲374/20。

③ 《打箭炉陈副将刘丞来电》(光绪三十年十一月十五日),《锡良督川时本省来往电报》(第6册),馆藏:甲374/20。

④ 《鹿大军机来电》(光绪三十年十二月二十六日),《锡良督川时外省来往电报》(第8册),馆藏:甲374/5。

⑤ 参见牙含章《达赖喇嘛传》,生活·读书·新知三联书店1993年版,第148—150页。

⑥ 有泰:《致外务部电达赖潜逃乞代奏请旨褫革其名号电》《达赖喇嘛兵败潜逃声名狼藉据实纠参折》,吴丰培编辑:《清代藏事奏牍》(下册),第1190、1194页。

府听其言，于光绪三十年七月十六日革去十三世达赖喇嘛名号，由班禅暂摄达赖职权。实际上，有泰作为驻藏大臣，对于拉萨失陷亦难辞其咎，事后他也遭到查办藏事大臣张荫棠的弹劾。有论者亦言："驻藏大臣之无能误国，有泰、裕钢实为最著者。"①

然而，十三世达赖喇嘛出藏并非刘、陈所言"弃藏远逃"，所谓"已觍名号，大失人心"更是言过其实。有论者即指出，十三世达赖喇嘛作为西藏政教领袖，曾组织全藏人力物力坚决抗英，在英军攻入拉萨之际为避免胁迫签订条约而秘密出走，经藏北、青海、甘肃，于十月到达库伦。达赖出走不能简单地以叛国视之，其目的之一是"直接向清政府禀报西藏近况，以求得清政府对他领导的抗英斗争的理解和支持"。② 锡良意识到达赖出走有着复杂背景，非如有泰以及刘、陈所言的临阵脱逃所能概括，因此断然否定了刘、陈所提趁达赖出藏之机出兵收瞻的建议，并严厉批评了二人的急躁冒失，再次强调筹瞻川属"机关不在瞻而在藏"："收瞻之举，诚所至愿，惟其机关不在瞻而在藏，总应俟有大臣妥筹通计，咨复到日再行宣布招徕。盖此事必须通盘筹画，节节疏通，方能善其后。若遽而轻举，或有出而干预，转恐难于收拾。该将、丞既经禀请凤大臣咨藏善办，本部堂亦早咨商两大臣，仰即静候会商示遵，毋得稍涉冒昧，致贪近功而忽远虑，切切！"③

可见，锡良筹瞻川属的策略是通过有泰与藏中协商，进而由西藏将瞻对藏官调回。然此时将至巴塘的凤全为经营川边计力主收瞻，屡电刘廷恕、陈均山"催办瞻事"。④ 但刘、陈由于得到锡良指示，态度亦有变化，在复电中复述锡良意见，提出"由藏下手情势既顺"，建议凤全游说

---

① 丁实存：《驻藏大臣述评》（下），《康导月刊》1943年第6期，第16页。
② 马连龙：《历辈达赖喇嘛与中央政府关系》，第253页。
③ 《复打箭炉陈副将刘丞来电》（光绪三十年十一月十七日），《锡良督川时本省来往电报》（第6册），馆藏：甲374/20。
④ 《打箭炉陈副将刘丞来电》（光绪三十年十一月十七日），《锡良督川时本省来往电报》（第6册），馆藏：甲374/20。

有泰"迅决机宜"。① 而此时有泰忙于与英国侵略军接洽苟安,担心筹瞻川属引发藏中动荡而坚决反对,声称此事"不独于事理之反复",更易"启藏番轻视之心","适以坚趋向外人之意"。②

十二月三日,刘廷恕、陈均山鉴于达赖被褫夺封号,又建言锡良与有泰筹商,饬令商上番僧等遵议瞻对归川、达赖回藏,认为"乘此机势,名正言顺,其时不可失矣"。③ 其意在于,如果能迎请十三世达赖回藏,必然会得到达赖以及西藏僧俗对瞻对还川的支持,这正是他们向有泰提出的"筹瞻三策"之首策:"瞻对归蜀,达赖复元,一策;查酌旧案,给款收瞻,二策;冥顽不灵,设法智取,三策。"④ 显见,三策皆未涉及兵事。十二月五日,刘、陈又向锡良汇报瞻对番官四郎降泽对瞻对收归川属的札谕"颇为恭顺",并转述其言:"如此札谕,好歹总要分清汉夷均是一视,现在小的传头目百姓等商议,愿归何处管理抑或如何体贴随时禀明。"⑤ 由上可见,长期在川边任职的刘、陈对于筹瞻川属颇为焦虑,其提出的首策无疑颇具价值,然遗憾的是锡良对此并无积极回应。

三 筹瞻川属之结局

十二月十九日,凤全抵达巴塘整一个月之际,又致电锡良请会衔上奏,请旨使达赖献还三瞻。⑥ 但锡良仍未答复。在这种情势下,凤全遂单

---

① 《致凤大臣电》(光绪三十年十一月二十日),《锡良督川时本省来往电报》(第6册),馆藏:甲374/20。
② 《驻藏办事大臣有密咨驻藏帮办大臣凤不便收回三瞻文》,卢秀璋主编:《清末民初藏事资料选编(1877—1919)》,中国藏学出版社2005年版,第246页。
③ 《打箭炉陈副将刘丞来电》(光绪三十年十二月三日),《锡良督川时本省来往电报》(第7册),馆藏:甲374/21。
④ 《打箭炉陈副将刘丞来电》(光绪三十年十二月八日),《锡良督川时本省来往电报》(第7册),馆藏:甲374/21。
⑤ 《打箭炉陈副将刘丞来电》(光绪三十年十二月五日),《锡良督川时本省来往电报》(第7册),馆藏:甲374/21。
⑥ 《凤大臣自巴塘来电》(光绪三十年十二月十九日),《锡良督川时本省来往电报》(第7册),馆藏:甲374/21。

衔上奏，一方面继续强调瞻对本川省藩篱，"收还实保固根基"；另一方面则稍改此前筹瞻川属"事举宜速"的态度，其言："达赖去藏，未知定在，商上无主，因而推诿迁延自在意计之中。奴才惟有静以待之，一面选派晓事土人前往瞻地探明道路，且觇番官瞻目向背，以便相机因应。"又言："应请饬下办事大臣有泰设法开导商上，早为定议，迅赴事机。"① 显见，此时凤全与锡良筹瞻川属的态度渐趋一致。

事实上，瞻对番官的态度并非如刘、陈此前汇报的"颇为恭顺"。十二月二十一日，刘廷恕、陈均山又报，声称瞻对番官因"虑藏信延宕"而态度有变，因请锡良速发打箭炉经费二万两以期"智定"，② 这正是此前刘廷恕提出的收瞻第二策，即"给款收瞻"。同时奏报计划亲自带领勇队前往瞻对办理。③ 时隔不久，光绪三十一年正月二日，刘廷恕又奏报锡良，再次强调瞻对番官"虑达赖回藏事后反复"，必俟藏中檄调始肯离瞻，因此"须得有钦差、达赖、商上藏文印信"，并因此打消亲往瞻对办理的计划，认为"去瞻无济"，不如"静听藏信"。④ 锡良对于刘廷恕奏报瞻对番官的态度"前后两歧"甚为不满，在回电中直言诘责："忽称番官须候藏信遵行，该丞去瞻无济，又谓此瞻夷实情。……查该协丞凤称熟悉夷情，又非不明大局，何以前后所禀矛盾至此？"⑤ 正月四日，刘、陈致电锡良，"冒罪直陈"正是由于指令不一致使他们这些执行者无所适从："奉电谕，曷胜惶恐！卑职等能用智谋前往，无非给番官、番兵经费

---

① 《凤全遵旨议复收瞻折》，《清末川滇边务档案史料》（上册），第 39—40 页。商上，指旧西藏政教合一制度中属于主管行政事务方面各机构的总称，普通意义就是指"噶厦"，总揽西藏一切政权。
② 《打箭炉陈副将刘丞来电》（光绪三十年十二月二十一日），《锡良督川时本省来往电报》（第 7 册），馆藏：甲 374/21。
③ 《打箭炉陈副将刘丞来电》（光绪三十年十二月二十三日），《锡良督川时本省来往电报》（第 7 册），馆藏：甲 374/21。
④ 《打箭炉陈副将刘丞来电》（光绪三十一年正月二日），《锡良督川时本省来往电报》（第 7 册），馆藏：甲 374/21。
⑤ 《复打箭炉陈均山刘廷恕电》（光绪三十一年正月二日），《锡良督川时本省来往电报》（第 7 册），馆藏：甲 374/21。

赏需，从善办理。奉凤大臣催饬速办，取结实稳慎而行。迭遵宪饬重顾机局，不用兵又不用款，卑职力不及此。……事至今日，只候有大臣藏议定妥，咨达大帅。"①

二月十五日，刘廷恕、陈均山再次致电锡良直抒胸臆，直言"不同心事难着手，时艰浩叹"。② 事后，刘廷恕更是指责锡良于筹瞻川属"心无主宰""托诸空言"。③ 直到光绪三十一年三月七日，此时距清廷颁发筹瞻川属上谕已近半载，锡良上《复陈筹议收瞻折》，提出"经营边徼自以收瞻为急"，在具体策略上则基本认同了刘廷恕"给款收瞻"之策："敕下有泰宣布圣主绥边经远至意，明白开导，务令商上人等缴回瞻地，调回瞻官，立即赏还从前兵费银二十万两，由川筹解。"④ 四月二十一日，反对筹瞻川属的驻藏大臣有泰认为锡良并未全面论述筹瞻川属的可行性而"为收三瞻请圣裁"，"不论可否，断语不下……滑之至一笑"。⑤

由于各方意见严重分歧，致此一时期的筹瞻川属以无果告终。但锡良通过参与筹瞻讨论，明确意识到筹瞻川属极大地触动了瞻对藏官以及西藏地方的神经："藏中密谕瞻番修备兵戎、严防碉隘，盖恐川师之潜袭。"锡良此时亦因之颇有举兵的冲动：筹瞻川属单纯依靠晓谕番官这一"理喻"之策"徒损威重而已"，终赖军事"力取"，所谓"川省陈师鞠旅，何难一奋戈铤"。⑥ 通过军事途径解决瞻对问题的思路，在很大程度上影响了此后锡良处理川边突发事件的策略选择。

---

① 《打箭炉陈副将刘丞来电》（光绪三十一年正月四日），《锡良督川时本省来往电报》（第7册），馆藏：甲374/21。

② 《打箭炉刘廷恕来电》（光绪三十一年二月十五日），《锡良督川时办理泰里巴塘事宜电稿》（第1册），馆藏：甲374/144。

③ 刘廷恕：《颠末刍言》，西藏自治区社会科学院、四川省社会科学院合编：《近代康藏重大事件资料选编》，西藏古籍出版社2001年版，第195页。

④ 锡良：《复陈筹议收瞻折》（光绪三十一年三月七日），《锡良遗稿·奏稿》，第470—471页。

⑤ 有泰：《有泰驻藏日记》，吴丰培整理，西藏社会科学院西藏学汉文文献编辑室编辑：《西藏学汉文文献汇刻》（第2辑），全国图书馆文献缩微复制中心1992年制，第169页。

⑥ 锡良：《复陈筹议收瞻折》（光绪三十一年三月七日），《锡良遗稿·奏稿》，第471页。

第三节　因矿生衅：泰凝用兵始末

光绪三十一年年初，清政府四川当局因开办泰凝（又称泰宁、乾宁）金矿，与泰凝寺喇嘛发生冲突，最终凭借川兵之力平息之，是为泰凝矿争事件。目前学界对泰凝矿争仅有零星提及，尚无专门研究，史实颇不清晰。① 究其原因，除了史料挖掘使用不充分外，研究者视野拘泥也是重要因素。大致与泰凝矿争同一时期，巴塘发生驻藏帮办大臣凤全被杀的"巴塘事变"，学界几乎将所有注意力集中于此。事实上，泰凝矿争事件同样在清末川边史上具有重要影响。泰凝事发后，四川总督锡良在充满争议的前提下奏派马维骐统兵入边，是为其督川后川兵入边之始，埋下之后川边施政动辄付诸武力的隐患，极大地影响了川边历史进程。因此，系统梳理泰凝矿争始末，对于我们认识清末川边治理状况大有裨益。

时人查骞所著《边藏风土记》有《泰宁寺夷变始末》篇，记述泰凝矿争颇为详尽。查骞，字介庵，安徽怀宁人，生卒年不详，光绪三十一年年初出任里塘粮务同知，他追慕前贤边功，遂就亲身经历及闻见所及撰成是书。② 该书整理者林超评价道："著者对人、事、物评议甚多，议

---

① 任新建在《近代四川藏区的黄金开发》（载氏著《康巴历史与文化》，巴蜀书社2014年版，第208—225页）一文中，宏观梳理了清末至新中国成立后四川藏区的黄金开发情况，对锡良督川时期的泰凝矿争亦有提及，但语焉不详。相关川边史研究论著普遍对泰凝矿争有所提及，唯更加简略。参见格勒《康巴史话》，四川美术出版社2014年版，第214页；四川省甘孜军分区《军事志》编纂委员会编《甘孜藏族自治州军事志》，内部资料，1999年，第168页；甘孜州志编纂委员会《甘孜州志》（上），四川人民出版社1997年版，第106页。

② 查骞在序言中言及撰述缘由："先大夫昔游拉里，有纪程一帙，每就闻见、道里远近、夷俗征考之。丙午（1906），余小子重定发川，承发里塘粮务，两年病归，略有纪述，未尽核也。越十年丙辰，又奉调出关，时改流未久，国变多艰，屯田既逝，塞马哀嘶，洗甲销兵，瞻云黯淡。国防为西南屏障，疏弛亦可悯矣。人生一世，既未能追踪班、傅，垂功名于竹帛，会当立马岗底斯山，探乌斯、天竺之陈迹，访博望、玄奘之故事。然而何易言也！公私退食之余，诠次闻见所及，厘写成篇，署曰《边藏风土记》。"查骞：《边藏风土记》"序"。所言班、傅，指汉代的班固、傅介子。

论精当者有之,评说偏颇者亦有之……读者可批判地阅读。"① 锡良档案是笔者所见记录泰凝矿争最为详细的史料,保存了大量锡良就筹办泰凝金矿以及应对泰凝矿争与打箭炉厅同知刘廷恕、四川提督马维骐等人的往来函电,为我们厘清矿争始末提供了重要依据。然而,制造档案史料的当事人,由于视野、立场所限,难免在事件记述和评论上存在有意或无意的失真情形,其文字不能不加辨别地全然凭信。加之档案多为就事论事,对相关背景则一般没有或很少涉及,这就需要其他资料的补充。因此,本节综合锡良档案与查骞《泰宁寺夷变始末》,通过对比互证,以期去伪存真,最大限度复原泰凝矿争尤其是四川当局泰凝用兵过程的相关史实,并借此展示清末川边治理的曲折性和复杂性。也期说明,对晚清史研究来说,综合档案史料和时人著述,是考辨史实、刻画细节的一个行之有效的途径。

一 筹办泰凝金矿之由来

前文提及,在英国第二次入侵西藏的背景下,清廷谕令锡良揆酌情势,"因垦为屯、因商开矿"。锡良遂派员赴巴塘地区开办垦殖。尽管锡良对开矿顾虑颇多,但并非所有官员皆是如此,驻藏帮办大臣凤全即主开办泰凝金矿。泰凝位于打箭炉北170里,在今天四川道孚县协德乡一带。雍正六年(1728),清廷因西藏不靖,将七世达赖喇嘛移驻于此,建惠远寺并将附近71户划归寺属。雍正十二年达赖返藏后,此寺住持仍由拉萨三大寺委派。查骞记:"今皆呼泰宁大喇嘛寺,不知惠远庙为

---

① 林超:《边藏风土记》"前言"。确实,由于回忆性质及其他因素,该书不乏舛误之处。仅就"序"而论,所言"丙午",为光绪三十二年,实为"乙巳"即光绪三十一年之误。其言"两年病归",则属有意讳言。查,锡良于光绪三十二年十二月一日奏参庸劣各员,当中即有查骞:"前办里塘粮务,试用知县查骞,纵脱要犯,物议繁滋。……以典史降选。"锡良:《特参庸劣不职各员折》(光绪三十二年十二月一日),《锡良遗稿·奏稿》,第625页。查骞曾遭锡良奏参,或成为影响其秉笔直书的重要因素。比如,查骞对锡良的描述颇有不实之处,似掺杂个人情感。尽管查骞笔下难免不实之处,但将其和锡良档案相比照,亦能拾取有价值的部分。

奉敕建。"① 泰凝寺与明正土司连界之上中下三河垭，为雅砻江支流，沿河多金砂，其利向来半属泰凝寺、半属明正土司。② 明正土司驻打箭炉，又称"打箭炉土司"，为清代康区四大土司之一，其地位之高、历史之长、领地之广，为众土司之冠，誉为"土司之领袖"，泰凝即为其辖境。③ 清末泰凝矿砂私挖滥采现象严重，"炉边金夫利之，潜结队出关，阴嘱喇嘛寺税金，私往淘采"④。

光绪三十年四月七日，清廷任命四川候补道凤全为驻藏帮办大臣。凤全于十一月十八日行抵巴塘，遂留驻于此，推行练兵、屯垦、开矿等改革举措。⑤ 据查骞记，凤全对泰凝金矿素有耳闻，曾督促刘廷恕开办："凤威气喜功，夙善刘丞，亦思开拓边地，展其才力。闻泰宁河桠可浚金利，檄刘丞募工开厂，亟往兴办。"⑥ 其在光绪三十年十二月所上折稿中，亦曾提出"试办泰凝金矿"的建议。⑦ 打箭炉厅同知刘廷恕作为边吏老臣，一方面对泰凝局势深有了解，另一方面亦必会观觇锡良和凤全之主张，而锡、凤两人的不同态度势必使其产生心理矛盾：既艳羡泰凝金矿之利，又担心因矿生衅，导致川边乱局，正如查骞所记："刘廷恕官打箭炉厅丞最久，治边有年，曾开办灯盏窝金厂，颇获利益，尽以所入归公，上宪器之。嗣闻泰宁金矿之旺，思推广金厂税入，深虑喇嘛寺人众强横，恐启边衅。……泰宁喇嘛寺素收金税，一旦将见夺于汉官，丧其权利，深恶而痛绝之。"⑧

最终，开发泰凝金矿达成折中方案，即由官方投入工本银，由土司、

---

① 查骞：《泰宁寺夷变始末》，《边藏风土记》（卷1），第23页。锡良档案中，或写作泰凝，或写作泰宁。查骞《边藏风土记》则写作泰宁，笔者引用时不加更动，特此说明。
② 《炉城马军门来电》（光绪三十一年三月二十六日），《锡良督川时本省来往电报》（第9册），馆藏：甲374/21。
③ 任新建：《明正土司考略》，《西南民族学院学报》1985年第3期。
④ 查骞：《泰宁寺夷变始末》，《边藏风土记》（卷1），第23页。
⑤ 具体改革举措及实施情况参见任新建《凤全与巴塘事变》，《中国藏学》2009年第2期。
⑥ 查骞：《泰宁寺夷变始末》，《边藏风土记》（卷1），第23页。
⑦ 杨长虹编：《凤全家书笺证》，民族出版社2012年版，第273页。
⑧ 查骞：《泰宁寺夷变始末》，《边藏风土记》（卷1），第23页。

喇嘛遵照开办。光绪三十年十二月五日，刘廷恕致电锡良即言："军督、藩臬、矿务局，钧鉴，卑职极力设筹勘定，谕饬土司、喇嘛遵照开办泰宁明正交界之上中下河牙金矿，当可操券。请发炉用银元一万两，正领作工本，预先经营。"①此处所言土司、喇嘛，指明正土司、泰凝寺喇嘛。显然，此方案意在化解可能遭到的阻力。

十二月六日，矿局复电刘廷恕："督帅札在茶关借用银元局机器，刻赶造银元，俟明春铸出藏元，再行电知。"②经过准备，自光绪三十一年正月始，泰凝开矿筹备事宜在刘廷恕、陈均山（时任川边防军续备前营阜和协副将，驻打箭炉）主导下逐步展开。是月十二日，刘、陈致电锡良，即有"现筹办泰凝金矿"之语。③尽管泰凝金矿并非全然收归官办，然而在光绪三十一年二月初刘廷恕派员赴泰凝说明政府将对泰凝金矿投入官本时，仍遭泰凝寺喇嘛格桑登朱等"纠众抗阻"。④泰凝矿争由此发轫。

二　刘廷恕用兵泰凝遇挫

刘廷恕本对开发泰凝金矿颇显犹豫，遇阻后更是陷于骑虎难下之境地，如查骞所记："刘丞恐，然已议开厂，难遽歇矣。"⑤不过，他明白，惟此处办成，川边矿务方有大兴的可能，若因阻废事，则它处更难着手，其致电锡良即言道："此处矿务必须办成，以后各处始可接办。"刘廷恕先饬令靖边土弁张锡泰前往泰凝寺开导，然"该喇嘛词甚不逊"。⑥关于

---

① 《打箭炉刘丞廷恕来电》（光绪三十年十二月五日），《锡良督川时本省来往电报》（第7册），馆藏：甲374/21。
② 《矿局复打箭炉刘丞电》（光绪三十年十二月六日），《锡良督川时本省来往电报》（第7册），馆藏：甲374/21。
③ 《打箭炉陈副将刘丞复电》（光绪三十一年正月十二日），《锡良督川时本省来往电报》（第7册），馆藏：甲374/21。
④ 锡良：《汇保攻克巴塘泰凝出力员弁折》（光绪三十二年六月一日），《锡良遗稿·奏稿》，第589页。
⑤ 查骞：《泰宁寺夷变始末》，《边藏风土记》（卷1），第23页。
⑥ 《打箭炉刘丞廷恕来电》（光绪三十一年二月四日），《锡良督川时本省来往电报》（第7册），馆藏：甲374/21。

第三章 锡良与清末四川新政之川边治理：开发、用兵与改制 / 137

张锡泰，档案史料并无描述，查骞对其人描述颇详："张锡泰者，打箭炉无赖子，曾剃度为喇嘛，夷名工布次日，以夺夷人妇，刺杀本夫，为帮办西藏大臣庆善檄捕适逃者。乃易姓名称张锡泰，蓄发充通译。识汉字，平居好说《三国演义》《水浒传》，常曰：如能割据一方，方足展其才智。谄事炉厅刘廷恕，凡所吓诈夷财，尽用接交匪类。凤都统出关，刘丞推荐为通事，提充营弁。"① 清末曾担任秀山、永川、昭化等地知县以及总督衙门发审局官员的吴光耀，在其1923年撰成的《西藏改流本末纪》一书中，对张锡泰亦有与查骞几乎相同的记述。②

鉴于张锡泰受阻，刘廷恕与陈均山又致电锡良，提出借助川边兵勇的威慑，为开办泰凝金矿扫清障碍，所谓"夷务非多兵威难办"，③ 遂复令驻清溪县之川边防军续备右营管带张鸿声带兵迅赴泰凝。川边兵勇解决川边争端，这是历来之惯例，对此锡良在第一时间并无复文。在派遣卢鸣扬之后，则有明确支持出兵的电文。二月十日，张鸿声行至距泰凝20里的角达岭，遭到数百名喇嘛抵制，他们"放炮伤彭哨长、谈通事，毙勇曾得有一名，谢得贵不知存亡"，张鸿声遂被迫率兵退至中板坝。④ 遇挫后，刘廷恕又派年过花甲的都司卢鸣扬前往。

就锡良而言，他督川之后将兵事视为川边施政的重要方式。早在光绪二十九年十月其派员开办巴塘垦殖时即交代："倘土司等反复强梗，现有驻炉续备右军两营，随时调往弹压。"⑤ 迨泰凝事发，他又第一时间复电刘廷恕，将泰凝喇嘛抗阻开矿视为"叛逆"之举，对其先后派张鸿声、

---

① 查骞：《泰宁寺夷变始末》，《边藏风土记》（卷1），第27页。
② 吴光耀：《西藏改流本末纪》，赵心愚等编：《康区藏族社会珍稀资料辑要》（上册），第48页。查，吴光耀系清末四川著名干吏，著有《秀山公牍》《永川公牍》《西藏改流本末纪》等。
③ 《打箭炉刘丞陈副将来电》（光绪三十一年二月二十九日），《锡良督川时本省来往电报》（第8册），馆藏：甲374/21。
④ 《打箭炉刘廷恕来电》（光绪三十一年二月十一日），《锡良督川时办理泰里巴塘事宜电稿》（第1册），馆藏：甲374/144。
⑤ 锡良：《议复川边屯垦商矿各情形折》（光绪二十九年十月二十九日），《锡良遗稿·奏稿》，第366页。

卢鸣扬出兵泰凝极为支持："国家筹款办矿，为边民保利谋生，该喇嘛胆敢纠众截路抗拒，首先开炮伤我弁兵，实已形同叛逆。仰即督会张管带、卢都司迅带队伍，备足军火、糗粮，奋进痛击，丕振军威，用兴要政，毋得稍涉畏缩敷衍，是为至要。"① 该电不啻是锡良对泰凝喇嘛的宣战书，也埋下了之后其遣派川兵赴边之伏笔。与此同时，锡良对泰凝局势颇为乐观，认为在刘廷恕统一调度之下，依靠川边兵勇，当能计日程功，他复电刘氏："该丞前办里寺堪布一案，即系专用汉土官兵，克著成绩。张管带等既已近带队前进，应仍由该丞就地征选勇练，协力剿擒，以期是捷功速。"②

然局势之演变远远超出其预判。据陈均山汇报，张锡泰等人羁困泰凝，同时"瞻番今又蠢动"，助力泰凝为乱。③ 卢鸣扬则于二月十六日殒命距泰凝50里之中板厂。二月二十日，刘廷恕向锡良汇报卢氏遇难经过，着力强调卢鸣扬奋力进剿之忠勇，并将其遇害归因于遭到喇嘛突袭："（二月）十五，都司卢名（鸣）扬商同时帮带等拨队前进，挨黑临中板厂，卢都司扎前，时帮带扎后，十六黎明，该逆喇嘛埋伏突出，前路卢都司督战，击毙该逆十余人，夺获蛮枪蛮刀，催勇奋进，不期后来埋伏，卢名（鸣）扬受伤阵亡，兵勇带伤六名，时帮带等带队奋御，不便深入，仍回新店。"④

但据查骞所记，卢之殒命更多的是因其不务兵事，甚至临近泰凝之际，亦唯有宴乐欢饮，致使军备近乎废弛："卢名（鸣）扬生长炉边，出

---

① 《复炉厅刘丞电》（光绪三十一年二月十一日），《锡良督川时本省来往电报》（第8册），馆藏：甲374/21。

② 《复刘丞电》（光绪三十一年二月十二日），《锡良督川时本省来往电报》（第8册），馆藏：甲374/21。

③ 《打箭炉陈副将来电》（光绪三十一年二月二十一日），《锡良督川时本省来往电报》（第8册），馆藏：甲374/21。关于瞻对藏官插手泰凝事，傅嵩炑亦有类似记载："瞻对藏官亦暗助泰凝寺为乱。"《泰凝改流记》，傅嵩炑：《西康建省记》，（南京）中华印刷公司1932年版，第42页。

④ 《打箭炉刘丞来电》（光绪三十一年二月二十日），《锡良督川时本省来往电报》（第8册），馆藏：甲374/21。

入制营三十年，久谙积习，辞别亲故，颇自矜诩，以为此行富贵逼人矣。历届夷变，办理之人，莫非巧饰抚绥，铺张攻战，既得升迁，又取夷贿，上下同辙，岂区区一卢名（鸣）扬哉！卢既出关，据泰宁寺五十里之中板厂，就林莽支帐幕。板厂险地，夷坝素出没。卢名（鸣）扬略不设备，入夜，大风雪，快饮帐中。内念夷人慑于兵，诘朝必持皮币，来请受抚，神情飞越，以语通事张锡泰，各醉卧，欢甚，斥候皆爇薪卧。夜半，喇嘛潜拥众至，呼哨一声，幕索齐断。帐中人睡正酣，醲耽惊觉，已蒙幕下，不得出。喇嘛睒雪光，视幕下动，环刺以矛，无脱出者，全哨糜，卢名（鸣）扬死尤惨。"①

对比档案史料和查骞所记，基本史实描述大致相同，皆言卢氏驻兵中板厂，遭喇嘛突袭以致殒命。不同之处在于，后者揭露了喇嘛突袭成功之缘由，亦塑造了卢氏的反面形象。

泰凝用兵接连失利，使得锡良惊叹于泰凝局势之复杂，以及川边将领之无能，在向清廷汇报泰凝局面的奏折中其言辞颇为激烈："该喇嘛抗官戕弁，狂妄已极，若不使之詟服，匪惟矿务无从着手，而边事益不堪问。"② 同时严厉指斥刘廷恕，责成迅速集结兵力："该丞素著声威，办事老练，何以连次进兵，均不得力，甚至伤我员弁，实堪骇异！关外民顽，易为谣惑，务须切嘱明正土司，明白晓谕各土司，此次进兵，专办泰宁逆众，与其余土司无干，解散结党，息其谣言。……该丞速即厚集兵力，筹布周妥，以期一鼓扫荡，雪洒前耻，振威绥边，毋再大意，致干重咎！"③ 该电对刘廷恕全然谴责警告，毫无之前的推重和信任，措辞几至无所顾虑，这除因事端紧急外，也与锡良个人秉性和施政风格"卞急无

---

① 查骞：《泰宁寺夷变始末》，《边藏风土记》（卷1），第24页。
② 锡良：《泰凝巴里番匪滋事片》（光绪三十一年三月七日），《锡良遗稿·奏稿》，第472页。
③ 《复打箭炉刘丞电》（光绪三十一年二月二十日），《锡良督川时本省来往电报》（第8册），馆藏：甲374/21。

条理，又好詈骂人"不无关联。①

另据查骞所述，锡良虽以廉洁自律著称，但对兵事却是门外汉："四川总督锡良，字清弼，以山西汾西知县起家，耐劳苦。每延见僚属，恒语曰：咱们作知县，虽小县亦积钱，不贪而谨俸禄也。尔辈出为令，动以地方无款为词，殆不知俭省耳。然实不解兵事，每闻边情警报，骇汗流面，叹息愁烦，毫无主张。喟然曰：他人总督四川安乐无事，锡良何命穷也。闻者哂之。"② 关于锡良之廉洁自律，时人多有记载，足见查骞记载不虚。而关于锡良"不解兵事"、遇警"毫无主张"的记述，则不无偏颇。事实上，早在光绪二十六年，时任湘藩的锡良统两湖兵北上勤王，之所以选定锡良，一个重要原因在于其办理营务处事宜颇著成效，所谓"随时赴营课操，将士均皆服习"。或许，锡良在泰凝事发后不免"叹息愁烦"，但却能迅速应对、未见迟滞。联系锡良曾奏参过查骞，查骞如此言，似不难理解。

刘廷恕在遭斥之下，一方面陈请锡良派大员督办泰凝兵事，以此表达引咎之意："此番夷务，卑职力任其难，请委大员督办。"③ 一方面则辩解败有其因，所谓"泰逆两次狡逞，实出埋伏偷营"。④ 此外，刘廷恕还致电锡良，提出欲调明正土司三百马队"会合进击"，"祈大帅加谕该土司遵速"。⑤ 前述锡良在指斥刘之电文中着意强调"务须切嘱明正土司"，无疑是考虑到泰凝为明正土司辖地，尤需安抚之，而刘廷恕提出调取明正马队显是贯彻锡良指示之举。与此同时，锡良致电刘廷恕请其转告明正土司，声明此次用兵"专为泰凝之事，与他土司及各地方均不相干"，同时告诫"勿得听信谣言，从逆自误"，"倘敢怠慢误事，

---

① 沃丘仲子：《近代名人小传》，第233页。
② 查骞：《泰宁寺夷变始末》，《边藏风土记》（卷1），第26页。
③ 《打箭炉刘廷恕来电》（光绪三十一年二月二十日），《锡良督川时办理泰里巴塘事宜电稿》（第1册），馆藏：甲374/144。
④ 《打箭炉刘丞来电》（光绪三十一年二月二十二日），《锡良督川时本省来往电报》（第8册），馆藏：甲374/21。
⑤ 《打箭炉刘丞来电》（光绪三十一年二月二十一日），《锡良督川时本省来往电报》（第8册），馆藏：甲374/21。

亦不姑宽"。① 可以说，调取明正兵力可收一箭数雕之效：既可借其力平定乱事，亦可昭示泰凝用兵与各土司无关；同时更能在策略上造势，即政府议开泰凝金矿，不仅未遭明正土司反对，相反他们还为政府提供后援，进而凸显泰凝寺喇嘛抗阻开矿之无理与反动。

三 围绕马维骐赴边之争

在指斥刘廷恕办事不力的同时，二月二十一日，锡良会同成都将军绰哈布，奏派四川提督马维骐驰赴打箭炉，"相机攻剿，以靖边圉"。②在锡良看来，唯有对其予以武力镇压，方能对整个川边产生有效威慑："泰逆胆敢抗拒官兵，伤毙将士，若照从前办理寻常夷案敷衍了事，何以儆凶顽而绥边圉？"③而驻扎川边之张锡泰、张鸿声、卢鸣扬各军，不足以平息泰凝事端。并且，明正土司并非如锡良所言"深明大义"，相反，非但不见实心用兵，反而声言卢氏实为夹坝（藏语音译，强盗意）所害，请求政府万勿动兵泰凝，此举使锡良颇为震怒，遣马赴边势在必行。④ 泰凝为明正土司辖境，明正土司袒护之，实属情理之中；马维骐行抵打箭炉后，锡良曾嘱其"不可专委明正土司"，对明正土司显有戒备。

---

① 《致炉厅刘丞电》（光绪三十一年二月二十一日），《锡良督川时本省来往电报》（第8册），馆藏：甲374/21。
② 《奉旨着电知凤全就近详查妥办炉城事》（光绪三十一年二月二十三日），中国第一历史档案馆藏：1-01-12-031-0015。
③ 《复陈副将电》（光绪三十一年二月二十七日），《锡良督川时本省来往电报》（第8册），馆藏：甲374/21。
④ 对此，查骞记曰："锡良饬明正土司甲木龙光率所部土马兵，迅往助剿。龙光狡黠，泰宁又所属夷，左袒之，请援夷例，偿卢名（鸣）扬等命价，赔茶了事，认为被夹坝戕害；此役系因金夫而起，请求永罢金厂，以安住牧；泰宁寺勘布，系唐古忒大昭喇嘛，可保无叛乱；要求刘丞廷恕转报锡制府，勿便加兵。锡良怒，奏请移四川提督马维骐，率所部续备副中军五营，克日出关，剿办泰宁。"查骞：《泰宁寺夷变始末》，《边藏风土记》（卷1），第24页。据《康定县志》，光绪二十八年，甲木参琼望亡故，其弟甲木参琼珀承袭，为最后一位明正土司。1922年，甲木参琼珀被捕入狱，土民劫狱得以逃亡，在逃亡中死于雅拉河。四川省《康定县志》编纂委员会编纂：《康定县志》，四川辞书出版社1995年版，第424页。显见，查骞将甲木参琼珀误为甲木龙光。下文中，再引《边藏风土记》涉甲木龙光之处，笔者径改甲木参琼珀。

事实上，刘廷恕奏"请委大员督办"泰凝一事，更多的是遭斥之下的无奈之举，其并非有援引川兵赴边之意，反而是对锡良遣马赴边之举，刘廷恕以及陈均山均明确表示反对，但最终遭到锡良严厉驳斥。这与锡良对川边局势的判断以及用兵必要的体认有直接关系。

奏请遣马赴边当日，锡良即致电外务部，将此举之目的详细汇报：

> 前奉寄谕，有人陈奏及时将瞻对收回内属，饬令妥筹等因。当以此事先在藏番，并无梗阻，始免中变，迭次咨商驻藏大臣有泰、凤全，妥筹办法。有泰来咨，收瞻宜缓。乃闻藏番密谕，瞻对番官备兵守隘，关外见其举动，不免摇惑造言煽布。近日遂有瞻属穹坝等处调集兵马围攻里塘衙署之说，而里塘堪布土司益无法纪，要挟粮员等，将拿获抢犯释放。
>
> 又，打箭炉属本多矿产，勘得泰凝明正上下牙河各厂金苗可采，炉厅派弁前往开导，讵泰凝喇嘛不服理喻，纠众横阻，施放枪炮，伤毙弁勇。该厅因再派都司卢鸣扬带练前进。该喇嘛等复敢拒敌，竟将卢鸣扬伤毙。查凤全近在巴塘，业已转电请其就近派员赴里查办，并由炉厅拣调明正马队等即日出关，先向泰凝进发，相机攻剿，务歼恶逆，以伸国威。窃维收瞻，洵为要图，藏人闻信，遽令瞻官潜谋抵御，以致摇动关外僧土，并敢藐抗，事端迭起。虽经炉厅厚集土兵，诚恐势益猖獗，道远急难策应。
>
> 现拟咨提督马维骐即率所部，速备军装驰往炉城，到后审度泰凝、里塘之事，曾否平息，瞻官果否出队侵扰里塘？视事机之缓急，以定师行之所指。①

此电文颇为重要。从中可见，锡良遣马赴边实有多重目的，既为平

---

① 《致外务部电》（光绪三十一年二月二十一日），《锡良督川时外省来往电报》（第9册），馆藏：甲374/5。

第三章 锡良与清末四川新政之川边治理：开发、用兵与改制 / 143

息泰凝矿争，亦是为了震慑瞻对藏官、化解里塘衙署被困之危局。同时，锡良或许意识到谴责刘廷恕之不当，于二十四日致电刘氏，颇有安抚之意："该丞练习边情，一切仍资倚赖。"①

即便如此，刘廷恕、陈均山还是对马维骐赴边提出异议。二月二十一日，先是副将陈均山致电锡良先表自责："边衅已开，汉兵两次失利。……副将有守土之责，不敢坐视缄默。"② 同月二十七日，在得知马维骐将赴边的消息后，又力劝锡良"勿操之过急，提宪请暂缓起节"，并提出愿亲赴泰凝寺"宣示国威宪德，妥善开导"，"遵即冀弭边患，不遵再禀核夺"。③ 对于陈均山提出的抚绥之策，锡良则断然拒绝："该副将拟单骑往谕，颇见勇于任事。惟该逆未受惩创，岂肯甘心缚献首要，缴出正凶，事事就我范围？恐欲伸威，转至损威。……此等小丑何难荡平？非恐其勾结为患，实悯其愚蠢无知，误投法网也。"④ 锡良此言足见其用兵态度之坚决，同时也在很大程度上凸显出其应对边务的急躁情绪。遭斥之后，陈均山又联合颇受锡良敬重的刘廷恕，再次恳切进言："居此蛮方，德威并用，仍在昭信和平，……深入夷地，总以从善维持。"⑤ 可见，刘、陈应对泰凝事件的基本策略是，先由川边兵勇对泰凝寺施以兵威，无效则继之以抚绥之策，两举并用、反复进行，然川兵则断不可贸然赴边。但劝言最终仍然无果。

刘、陈之所以对马维骐赴边一再提出异议，原因有以下几方面。一是，川边民众对川兵赴边极为排斥。凤全赴任驻藏帮办大臣之际即言：

---

① 《致炉厅刘丞电》（光绪三十一年二月二十四日），《锡良督川时本省来往电报》（第8册），馆藏：甲374/21。
② 《打箭炉陈副将来电》（光绪三十一年二月二十一日），《锡良督川时本省来往电报》（第8册），馆藏：甲374/21。
③ 《打箭炉陈副将来电》（光绪三十一年二月二十七日），《锡良督川时本省来往电报》（第8册），馆藏：甲374/21。
④ 《复陈副将电》（光绪三十一年二月二十七日），《锡良督川时本省来往电报》（第8册），馆藏：甲374/21。
⑤ 《炉城陈副将刘丞来电》（光绪三十一年三月二日），《锡良督川时本省来往电报》（第8册），馆藏：甲374/21。

"以番情猜嫌，或往返带兵入藏，辄生疑阻，故谓募勇不宜骤多。"① 久在川边任职的刘、陈无疑对此体悟更深，他们担心川兵赴边弄巧成拙，非但于事无补，反而引发更大风潮，以致事态难以收拾，此为根本原因。二是，泰凝事件起于政府与泰凝喇嘛矿利之争，矛盾并非不可调和。三是，据查骞观察，"泰宁寺喇嘛，本非强悍，密迩炉边，虽要挟汉官罢金矿，实不敢轻启衅"。② 尽管刘、陈劝言无果，但对锡良的用兵心态则产生了影响。三月七日，锡良在向清廷汇报筹划将瞻对收归川属的奏折中，明确提出遣马赴边的动因为"炉厅电请添兵"，③ 其依据则是刘廷恕"请委大员督办"的陈请。锡良这一提法，显然将此次调遣视为从刘廷恕之请的顺水推舟之举，与他之前力主用兵泰凝的态度和言论形成鲜明反差，此或是在有意推卸川兵赴边可能产生负面影响之责任。但无论如何，锡良对川边局势的认知和判断，是其做出川兵赴边决策的决定性因素，他理应对此举负总责。

最终，马维骐在充满争议的前提下赴边。马氏行伍出身且颇有军功，《清史稿》载："马维骐，字介堂，云南阿迷人。少从岑毓英军征回寇，积功至都司，捕盗尤有名。越南事亟，又从毓英出关，以偏裨当一路。法越之战，滇军多有功，而以维骐及覃修纲、吴永安为著，……赐号博多欢巴图鲁。光绪十三年，袭攻猓黑，间道济澜沧江。贼惊溃，斩其酋张登发，辟地千里，晋总兵。频年越匪乱，骚扰各州邑，设方略治之，边境以安。二十四年，除广东潮州镇。越四年，擢四川提督。仁寿、彭山土寇起，焚教堂，杀教民，势汹汹。岑春煊谂其娴武略，军事一以属之，用兵数月，以次戡定。"④

锡良在致鹿传霖电中透露四川可派之人惟有马氏："川省将才仅马提

---

① 《驻藏帮办大臣凤奏为奴才酌带弁勇赴察选练成军并报起程日期折》，《申报》光绪三十年九月十四日，附张第六版。
② 查骞：《泰宁寺夷变始末》，《边藏风土记》（卷1），第28页。
③ 锡良：《复陈筹议收瞻折》（光绪三十一年三月七日），《锡良遗稿·奏稿》，第470页。
④ 赵尔巽等：《清史稿》（第42册），总第12700—12701页。

督维骐一人，余实署四镇，疲癃残疾，无一可用。整顿营务，戛戛其难。"① 与之相应，锡良对其评价颇高："马维骐久历戎行，韬钤素裕，有胆有识，卓著声威，现统备军训练巡防，深资得力。"② 然而查骞笔下的马维骐则与之大相径庭："马提督平居养尊处优，文酒娱乐，其才长于酬应，短于武略，无汗马功，十年即履提镇。朝命出关，内颇悁怯。"③ 又记："泰宁夷之甫变也，锡制府商派马提督剿办，马维骐辞。马固中堂王文韶门人，锡良无如之何，继而愠然曰：地方有事，提督不肯出衙门一步，但埋头弄笔，学钱南园书，焉用此提督为。强之乃行。"④ 以川边用兵之艰，马维骐或多或少会有畏难情绪。查骞所言马氏短于武略，或有夸大，然结合锡良所言川中将才乏人，马氏之军事才能似不可高估。而接下来攻打泰凝寺的曲折过程，也印证了这一点。

四 泰凝用兵曲折与隐情

三月六日，马维骐由雅州督队起程。⑤ 次日，锡良片奏，再次强调遣马赴边势所必然："喇嘛抗官戕弁，狂妄已极，若不使之詟服，匪惟矿务无从着手，而边事益不堪问。"⑥ 十二日，四川"邕解军装军饷等件平安到炉"。⑦ 十三日，马维骐抵达打箭炉。⑧ 十四日，锡良致电马维骐指示

---

① 《致军机处鹿大臣电》（光绪三十年四月八日），《锡良督川时外省来往电报》（第4册），馆藏：甲374/5。

② 锡良：《密陈四川文武切实考语折》（光绪三十年十二月十三日），《锡良遗稿·奏稿》，第456页。

③ 查骞：《泰凝寺夷变始末》，《边藏风土记》（卷1），第24页。

④ 查骞：《泰凝寺夷变始末》，《边藏风土记》（卷1），第26页。

⑤ 《雅州冯道来电》（光绪三十一年三月六日），《锡良督川时本省来往电报》（第8册），馆藏：甲374/21。

⑥ 锡良：《泰凝巴里番匪滋事片》（光绪三十一年三月七日），《锡良遗稿·奏稿》，第472—473页。

⑦ 《炉城刘丞来电》（光绪三十一年三月十二日），《锡良督川时本省来往电报》（第8册），馆藏：甲374/21。

⑧ 《炉城局电》（光绪三十一年三月十三日），《锡良督川时本省来往电报》（第8册），馆藏：甲374/21。

机宜:"巴塘番匪胆敢抢劫凤大臣公文,形同叛逆。必须将泰逆大张挞伐,切实惩创,里、巴自不难慑服。此事全仗兵力,不可专委明正土司,又蹈寻常夷案敷衍了结,致以后边事愈形棘手。"① 显然,锡良一方面坚其用兵之志,一方面提醒马维骐戒备明正土司,愈加凸显其调取明正土司马队更多的是出于策略考量。但锡良所言在泰凝用兵威慑下,"里、巴自不难慑服",显然对川边局势的复杂性、艰巨性认识严重不足。②

至三月十日,在刘廷恕、陈均山主导下,汉土兵勇完成进攻泰凝的军事部署:明正马队驻距离泰凝30里之八麦;靖边营监军穆秉文、管带张鸿声,由北路往八麦会合;帮带周恒昌驻扎东谷热水塘隘口;咱里土勇接防新店海子山要隘。③迨三月十三日马维骐抵炉后,又派义子马德为前军帮带,从正北王牧、新店子直逼泰凝寺。④

关于穆秉文、马德其人,档案不见描述。查骞则对两人皆有交代,适可补档案之不足。穆秉文,"字普生,湖南善化人。初知盐源县,因案落职。穆与凤都统全有旧,往投效。凤令募土勇百名,驻炉听调";⑤ 马德,"点苍山下乞儿也。马提督在滇办团练,日经山麓小憩,梦饥虎投怀,逾暮见德,貌魁梧,留为养子。既长,能得诸姬欢,又妻以从女。提督屡欲拔德云霄,此次泰宁役,以德帮带中军,密谋多告之,故饬为前锋"。⑥ 三月

---

① 《复炉厅马军门电》(光绪三十一年三月十四日),《锡良督川时本省来往电报》(第8册),馆藏:甲374/21。

② 巴塘事发后,光绪三十一年三月二十日,锡良与成都将军绰哈布又续派赵尔丰赴边。泰凝用兵结束后,又有巴塘用兵、里塘桑披寺用兵,直到光绪三十二年闰四月十八日清军攻克桑披寺,锡良督川时期的川边用兵方告一段落。从派遣马维骐赴边至攻克桑披寺,锡良主导的川边用兵持续长达十五个月之久。

③ 《炉城陈副将刘丞来电》(光绪三十一年三月十日),《锡良督川时本省来往电报》(第8册),馆藏:甲374/21。

④ 《泰凝寺夷变始末》,查骞:《边藏风土记》(卷1),第25页。锡良在奏折中亦言:"马维骐又派续备副中营马德继之。"锡良:《汇保攻克巴塘泰凝出力员弁折》(光绪三十二年六月一日),《锡良遗稿·奏稿》,第589页。

⑤ 查骞:《泰宁寺夷变始末》,《边藏风土记》(卷1),第27页。

⑥ 查骞:《泰宁寺夷变始末》,《边藏风土记》(卷1),第26页。

第三章　锡良与清末四川新政之川边治理：开发、用兵与改制 / 147

十七日，泰凝寺由穆秉文首先率队攻克。① 五月六日，锡良连递两个折片，一为奏参穆秉文，一为褒奖明正土司。穆秉文有攻克泰凝寺之功，对于明正土司锡良则颇有戒心，然却一参一褒，此事颇违常理，缘何锡良有如此举动？档案史料对此一无揭示。从查骞笔下，则可找到清晰答案，揭露事实真相。

前文述及，马维骐对于赴边颇有畏惧，迨三月十三日行抵打箭炉后，亦复如是。这里有一段不可告人之隐，即明正土司与马维骐私相接洽，双方达成一道密约。查骞记道："（马维骐）师行抵炉，得明正土司兄弟为之密陈，悉泰宁寺已待命受抚，胆始壮。甲氏兄弟极力趋奉，结提督欢，又执贽军门，求习礼仪兵法，凡珊瑚碧犀，宝玉金佛，翠琯雀翎，珍玩奇物，提督所欲，立以敬献。……定谋约马军到寺，不动一草一木，谬为战斗，履进即履退之，然后招安夷庶，则军事沉著，不为敷衍，提督然之。"② 此一密约实为"双赢"：就明正土司而言，泰凝为其辖地，自然会想方设法使其免遭兵祸；对马维骐而言，达成此约则可使攻打泰凝寺"不战而胜"，兵革之苦亦可避免。

查骞记道，依马维骐本意，由其亲信马德先至泰凝寺，然马德因故贻误行军，以致穆秉文先抵泰凝。如此，不仅穆为首功，且马维骐与明正土司之密约亦为穆氏所知。为避免密约被更多人知晓，马维骐遂举报穆秉文纵兵劫掠，并设关检查其辎重，以坐实其事，必欲将其军前正法，以封其口。③

---

① 《炉城马军门来电》（光绪三十一年三月十九日），《锡良督川时本省来往电报》（第9册），馆藏：甲374/21。查骞记，四月十七日，穆秉文攻入泰凝寺。误。查骞：《泰宁寺夷变始末》，《边藏风土记》（卷1），第25页。

② 查骞：《泰宁寺夷变始末》，《边藏风土记》（卷1），第24—25页。

③ 查骞对此记载颇为形象："马德以不惯风霜，沿途淫掳迁延。十七日，穆秉文先抵泰宁寺，喇嘛认为前锋，谬出马队接战，枪不实弹，甫交绥，指天一发，四散逃逸。穆秉文直入寺，以克捷泰宁报功。翌晨，张鸿声军亦会。日暝，马德方至。既羞迟后，愤其全功，怨穆、张先己，怒无可泄，纵兵大掠寺内。穆秉文所部土勇，募自近边，不谙纪律，亦互相搜刮财物。……马提督憾穆、张破己谋，将罪之，檄三弁归，下令炉关盘诘辎重，得贵重物十三驮，乌拉夫先遁，莫得其主名。乃尽以纵兵扰寺罪入穆秉文，电告锡制府，略谓：穆秉文难为泰宁功首，扰乱寺产，攘取财物，非军前正法，难肃军纪。锡督请于朝，以穆秉文功罪相抵入奏，朝命遣戍穆秉文新疆。"查骞：《泰宁寺夷变始末》，《边藏风土记》（卷1），第25—26页。

对于穆秉文纵兵劫掠并遭马维骐揭发举报一事，锡良档案也有类似记载。光绪三十一年五月，锡良致电马维骐："穆秉文前在泰凝纵兵骚扰抢掳，图饱贪囊，幸经麾下查出，将庙内各物封禁，给还该堪布等情。"①五月六日，锡良参奏穆秉文发配新疆："治兵以禁暴为先，制夷以攻心为上。……穆秉文以革员效力行间，宜如何深自愧愤，乃不严申军令，纵兵抢掠，并身自存留赃物，即予立正典刑，亦属罪所应得。惟念该革员于冰天雪地之中，鼓勇先进，攻克悍逆，虽论功未足抵罪，要不无一线可矜，拟请量从末减，请旨将已革知县穆秉文发往新疆充当苦差，以示大公而肃军纪。"②

将查骞关于锡良奏参穆秉文由来的记录，与锡良电文以及参劾穆氏之片奏相比，两者高度吻合，形成遥相呼应之势。锡良在晚清以廉洁奉公著称，对贪污最是憎恶，其奏参穆氏纵兵劫掠当出其本心。但需要考虑的是，清代川边用兵发生劫掠之事实为常态，查骞即记："平心而论，攻城克敌，掠取财务，成为惯例，视主将平日军令疏严耳。"因此，他对穆氏深表同情："知其事者，未尝不哀穆之失计也。"③ 而对于清廷赏马维骐头品顶戴甚不认同："马提督既因夷案贪冒功名，复膺头品顶戴，黄马褂之赐。他日藩司许涵度宴马云：今日马军门当多浮一大白，军门黄马褂好看甚，胜穆秉文红马褂多矣（遣戍人衣红衣）。盖亦以穆秉文实有克泰宁功，为马所忌，不平讥之。"④ 揆诸档案，马维骐抵打箭炉后即滞留于此，身为主将而未亲至泰凝，"贪冒功名"之论似不为过。⑤

---

① 《致炉城马军门电》（光绪三十一年五月一日），《锡良督川时本省来往电报》（第10册），馆藏：甲374/21。关于此事，吴光耀在《西藏改流本末记》中亦有提及："穆秉文坐房掠泰宁寺，马维骐发其赃遣戍。"赵心愚等编：《康区藏族社会珍稀资料辑要》（上册），第43页。

② 锡良：《特参已革知县穆秉文片》（光绪三十一年五月六日），《锡良遗稿·奏稿》，第490页。

③ 查骞：《泰宁寺夷变始末》，《边藏风土记》（卷1），第27页。

④ 查骞：《泰宁寺夷变始末》，《边藏风土记》（卷1），第27页。光绪三十一年八月二十九日，清廷据锡良奏请，著赏马维骐给头品顶戴，并穿戴黄马褂。中国第一历史档案馆编：《光绪宣统两朝上谕档》（第31册），第132页。

⑤ 直到五月十八日，马维骐在锡良一再催促下，方由打箭炉向里塘出发。《炉城马军门来电》（光绪三十一年五月十七日），《锡良督川时本省来往电报》（第10册），馆藏：甲374/21。

而锡良奏奖明正土司实出于马维骐之陈请。本来，明正土司与马维骐定谋，"马军到寺，不动一草一木"，然事实则是穆秉文、张鸿声、马德交相劫掠，明正土司对此颇为不满，以"掠寺、失信、违约进报军门"。① 马维骐或正是出于安抚明正土司并免其泄露密约之目的，遂请于锡良，称其"忠顺效勤，深明大义，闻泰夷变，躬督马队，静候调遣"，建议授予总兵衔，"用贺奋勉"。② 由此，遂有锡良奏奖明正土司的片奏："甲木参琼珀派队前驱，深资得力；且情殷报效，糇粮固皆自备，事竣亦未请领赏需，实属深明大义。拟恳天恩，先予赏给该土司总兵衔，以为土官之用命效忠者劝。"③

毫无疑问，马维骐断然不会向锡良透露他与明正土司之间的密约。极有可能，锡良奏奖明正之际对密约之事仍未知晓。三个月后，锡良在八月五日特意致电刘廷恕、赵尔丰，声称奏赏明正土司之深意在于安抚民众并向其展示政府川边治理并非全然付诸武力："明正土司此次仍予列保，在弟亦别有苦心，良以近时朝政尚宽，戮两土司而又奖其有劳者，庶见吾侪之固非穷兵嗜杀耳。"④ 但问题是，锡良缘何未在奏奖之际，而是时隔数月才说明此意？或许锡良此时已了然泰凝用兵之隐情，此电之目的，倒不如说是他在有意为之前被蒙在鼓里找回些许面子。值得玩味的是，锡良即便知其内情，也只能藏于心中，不便向外人提及，更难向清廷汇报，此正反映出清末川边治理之被动与复杂。

泰凝用兵结束后，"河垭金厂因损失惨重，金夫多逃散难觅"，直至1906年才重新开办，但规模已大大缩小。⑤ 此时，刘廷恕致电锡良，建议

---

① 查骞：《泰宁寺夷变始末》，《边藏风土记》（卷1），第25页。
② 查骞：《泰宁寺夷变始末》，《边藏风土记》（卷1），第25页。
③ 锡良：《请给明正土司总兵衔片》（光绪三十一年五月六日），《锡良遗稿·奏稿》，第491页。
④ 《锡良致电打箭炉刘廷恕》（光绪三十一年八月十五日），《锡良督川时办理泰里巴塘事宜电稿》（第9册），馆藏：甲374/144；《致赵道电》（光绪三十一年八月十五日），《锡良督川时本省往来电报》（第12册），馆藏：甲374/21。
⑤ 任新建：《近代四川藏区的黄金开发》，氏著：《康巴历史与文化》，第212页。赵尔丰出任川滇边务大臣后，则继续经营泰凝金矿。同上，第212—215页。

尽快遣散各路兵勇："泰凝军务善后事竣，就近禀知提宪，将凤大臣卫队、明正土勇，卑职调来鱼通、咱里、孔玉各处土勇，一律遣散，发饷截至四月底止。"① 其不愿战火延续之心可见一斑，但此议未被锡良采纳。不仅如此，锡良在巴塘事发后又毅然决然地续派赵尔丰统兵赴边，川边大有风雨欲来之势。

就泰凝矿争而论，锡良档案保存的锡良、马维骐、刘廷恕、陈均山诸人的往来函电，颇为细致地展示出政府应对方略及其动态演变过程。然而，档案史料确能说明很多问题，但并不能说明所有问题。锡良档案对相关历史背景、人物情况及其复杂关系则几无涉及，甚或人为隐瞒之处亦不乏见。因此，全然依赖锡良档案，难以全面展现真实历史图景。比如，锡良档案中刘廷恕极力称颂卢鸣扬之忠勇，而对其军事才能则无提及，当是有意为之。马维骐和明正土司之间的密约，鲜明展示出清末军事将领对派办边务的畏葸情绪和投机心理，而档案对此重大情节亦无展示。正是借助查骞对泰凝矿争相关人物履历及其矛盾纠葛的记述，并将之与锡良档案对比互证，才能对泰凝矿争的诸多细节和隐情有较为全面的认识，从而裨益于认识清末川边治理的被动与复杂。② 推而言之，就晚清政治史研究而论，借助档案史料和时人著述的对比互证，不啻为使

---

① 《炉厅刘丞来电》（光绪三十一年四月二十五日），《锡良督川时本省来往电报》（第10册），馆藏：甲374/21。
② 事实上，查骞记述泰凝矿争的落脚点，正在于针砭清末川边官员群体之不职，揭露川边政治局面之混乱，其在评论泰凝矿争时即叹曰："守边将吏，老耄昏庸，一旦夷乱猝生，愕怡相顾，手足失措。余于泰宁夷案，身经目击，不禁慨然。如土司执贽，军门密计，穆（秉文）、马（德）、张（鸿声）交哄，闭关搜检诸剧，直是梨园搬演耳。边事至此，夷患可知。后之贤者，宁不笑啼兼并耶！"查骞：《泰宁寺夷变始末》，《边藏风土记》（卷1），第28页。查骞描述的清末川边官场众生相，颇能和今人研究相呼应。著名史家吴丰培在论及清末藏区官吏、驻兵等情况时言道："自道光以降，中朝大吏，膜视边务，所遣藏臣多庸庸之辈，罔悉藏情，只求瓜代有期，博得劳绩保举。威信渐失，魁柄下移。而川兵驻防，又皆绿营疲敝之卒；入藏以后，辄娶藏女为之应塘递而供豢养；每年春秋两汛，虽有操练之名，大率派一参游代职，事异以空文塞责，武备废弛，文教不修，军民两政，均不足以震慑藏人。"吴丰培：《清季达赖喇嘛出亡事迹考》，《藏学研究论丛·吴丰培专辑》，第114页。两论相较，前者就泰凝矿争而发，后者针对清末整个藏区官场，但其核心思想则高度一致，此亦查骞《边藏风土记》史料价值应予肯定之一印证。

人物形象更加鲜明、历史情节更加清晰的一个行之有效的途径。

第四节 巴塘用兵及善后

一 巴塘事发与续派赵尔丰赴边

在泰凝用兵过程中，三月一日巴塘又发生凤全被杀的"巴塘事件"。①事发后，"数百人阻挡出入公文并不许汉人来往"②。由于信息不畅，锡良直到三月十三日仅得到马维骐汇报凤全公文被抢的消息。前文述及，锡良在十四日致马维骐电中，视巴塘僧俗形同叛逆，须予兵事打压且对兵事必收速效深信不疑，其对川边局势的复杂性并无充分估计。

三月十五日，锡良从马维骐处得到凤全被杀的确切消息。③ 同日，锡

---

① 关于巴塘事件，学界侧重探讨其经过和诱因，缺乏对清政府制定用兵决策、用兵过程之曲折以及用兵之后川边历史走向的分析。代表性研究参见张秋雯《清末巴塘变乱之探讨》，《"中央研究院"近代史研究所集刊》1981年第10期；任新建《凤全与巴塘事变》，《中国藏学》2009年第2期。

② 《打箭炉同知刘廷恕阜和协副将陈均山会禀巴匪滋事凤大臣及随员人等被害文》（光绪三十一年三月二十八日到），《勘定泰凝巴塘桑披案牍》（第1册），馆藏：甲374/8。

③ 该日锡良得马维骐电："巴塘番匪因办垦仇教，变起仓促，焚毁教堂，司铎被困三人，二月廿八日接仗，吴以忠同兵勇廿余人阵亡。该番匪预备乌拉，凌逼凤大臣离巴，初一日行至里许之红亭子地方，番匪两头埋伏猛起，凤大臣督卫队迎敌，众寡势殊，力尽殉节，忠骸被解，惨何可言！伊侄孙并随员人等，同以身殉。"《炉城马军门来电》（光绪三十一年三月十五日），《锡良督川时本省来往电报》（第9册），馆藏：甲374/21。迟至七月二十七日，锡良才得到吴锡珍对死难人数的汇报，称包括两名传教士（法国驻巴教堂司铎牧守仁、苏烈）在内，共计被害101人。《巴塘粮务吴锡珍禀大兵进捣巴塘逆匪逃遁并申赉殉难官弁兵民清册文》（光绪三十一年六月二十七日禀，七月二十七日到），《勘定泰凝巴塘桑披案牍》（第4册），馆藏：甲374/9。或许因当时局势混乱，这一数字并不准确。据中国第一历史档案馆藏档案，巴塘事变中被害共计49人（不含传教士），包括驻藏帮办大臣凤全，巴塘都司吴以忠，四川后补知县赵潼，四川另补知县秦宗藩，四川后补知县王宜麟，四川驻防笔帖式维堃，贵州试用巡检陈式钰，五品军功何藻臣，五品军功队管带李胜贵，勇丁蒋训益、唐显耀、黄俊超、杨占魁、彭星武、李振川、伍玉成、许翰屏、周贵廷、张占成、曾海清、郑秋明、唐占春、赵振声、刘镇川、郭炳忠、向占魁、青国治、邱焕章、蒲克胜、欧阳辉、欧阳均、杨辉武、陈义山、钟得云、彭兆荣、冯庆书、钟定国、龚占青、余安华、刘绍武、刘青云、沈定邦、黄永和、胡定国、王火夫、秋火夫，家丁张福、叶贵、杨裁缝。《呈随同已故大臣凤全巴塘殉难各员弁勇丁姓名单》（光绪三十三年八月八日），中国第一历史档案馆藏：03/5576/098。

良致电军机处、外务部，极力渲染凤全忠烈形象，对巴塘僧俗的定位，则从前一日的"形同叛逆"，变为"已成叛逆"，遂制定"速伸天讨"决策："凤全亲督卫队，连日搏战，本月初一日在红亭子地方遇伏力竭捐躯，忠骸被解，至为惨烈，随员人等同以身殉，粮员吴锡珍不知下落等情。查该番匪胆敢戕杀大臣，已成叛逆，自应速伸天讨，以定边乱，而慰忠魂。"① 鉴于泰凝用兵在即，锡良指示马维骐"先平泰逆"，再出兵巴塘。② 尽管锡良在得到凤全被杀的消息后即做出用兵决策，但揆诸锡良当时言论，对于出兵巴塘，扩大兵事范围，实处矛盾之中，其致电友人电中即坦言，泰凝、巴塘"事变迭生"，"因应乏策"。③ 这缘于即便是锡良自己，亦认为凤全之死有其自身原因，对于是否有必要出兵并无十足理由，对于用兵能否计日程功亦无十足把握。

首先，巴塘事发次日，巴塘僧俗即向吴锡珍提交公禀，将事发原因归咎于凤全施政之苛，声称巴塘"只知有大清皇帝"，丝毫没有脱离政府之倾向。同时声言四川若派兵压境，"则众百姓发咒立盟，定将东至里塘、西至南墩十余站差事撤站，公文折报一切阻挡，甘愿先将地方人民尽行诛灭，鸡犬寸草不留"。④ 此论前半部分固可证明川边局面并未完全失控，但誓将与官兵对抗到底的论调则势必对锡良产生压力。其次，丁林寺以及巴塘土司实为巴塘事件主要发动者。正如有论者所言："土司要借助丁林寺的宗教影响来维持统治，而丁林寺则需要土头政治力量的扶持。"巴塘事件可说是

---

① 《致京都军机处外务部电》（光绪三十一年三月十五日），《锡良督川时外省来往电报》（第9册），馆藏：甲374/5。
② 《复马军门电》（光绪三十一年三月十五日），《锡良督川时本省来往电报》（第9册），馆藏：甲374/21。
③ 《致京都乔茂萱电》（光绪三十一年三月十九日），《锡良督川时外省来往电报》（第9册），馆藏：甲374/5。
④ 《巴塘百姓禀打箭炉颇本已将凤全及洋人一并诛戮》（光绪三十一年三月二日），《清末川滇边务档案史料》（上册），第44页。

第三章 锡良与清末四川新政之川边治理：开发、用兵与改制 / 153

双方合力的结果。① 事实上，锡良虽极力维护凤全"忠烈"形象，但也认为凤全巴塘诸政存在严重失误，尤其是限制寺僧人数并暂停披剃招致"喇嘛痛恨"，"遂藉口凤大臣保护教堂，为袒洋教、灭黄教"。② 巴塘寺院众多，尤以黄教喇嘛丁林寺势力最大，为巴塘三曲宗之一。巴塘事发之际，该寺有喇嘛一千五百名之多。③ 这是锡良用兵前必须考量的。

锡良虽颇有顾虑，但最终还是做出续派赵尔丰赴边的决策。一方面是由于清政府在得到凤全被杀消息后，于三月十八日谕令成都将军绰哈布添派得力将领赴边。④ 一方面，也是更重要的，锡良深切意识到清政府川边控制日趋衰微。正如他事后奏称："川、藏号为毗连，相距六千余里，形势之足以控藏而固川者，厥惟巴、里两塘，故其地仍隶川属，等诸郡县。自边员强半阘茸，戍兵几同虚设，坐视凶僧悍匪之鸱张，不一过问。事出则相率弥缝粉饰，于是莠番日益披狂，良番亦日以貌玩。数年以来，里塘寺有堪布品初朗吉之乱，泰凝寺有据矿戕官之事，巴塘堪布、土司竟敢谋害大臣，公然叛逆。其他附近三瞻诸番，只知有藏卫，不知有国家，而藏番亦遂夜郎自大，顽梗于先，专擅于后。"⑤ 巴塘有乱，

---

① 任新建描述，凤全在巴塘的改革举措严重触动了巴塘寺庙和土司的利益，凤全在将行辕移至巴塘土司官寨后，虽遭到喇嘛、群众围攻，但官寨墙高壁厚，又有卫兵持新式快枪把守，正副土司也同住寨中，外面的喇嘛、群众仅仅放枪示威而已，并未进攻。但巴塘正副土司罗进宝、郭宗札保久欲逐凤全，遂恐吓凤全："不驱出巴塘，番众喇嘛必至扼险守隘，焚烧汉民，延及土寨，我辈受殃，大臣愈危矣！"凤全惊惧之中决定返回打箭炉，当一行50余人行至巴塘附近的鹦哥嘴红亭子地方时，被早已埋伏在此的喇嘛和民众冲出袭击，凤全殒命。参见任新建《凤全与巴塘事变》，《中国藏学》2009年第2期。
② 《致两湖张宫保长沙端午帅电》（光绪三十一年四月八日），《锡良督川时外省来往电报》（第10册），馆藏：甲374/5。此外，有泰更是认为凤全"祸由自取，谅必不虚"。有泰：《有泰驻藏日记》，吴丰培整理，第163页。查骞也认为凤全"操之太切，举措未得要领，祸即旋踵"。查骞：《边疆风土记》（卷2），第1页。
③ 《巴塘百姓禀打箭炉颇本已将凤全及洋人一并诛戮》（光绪三十一年三月二日），《清末川滇边务档案史料》（上册），第43页。
④ 《著绰哈布委员查察巴塘番匪作乱情形事》（光绪三十一年三月十八日），中国第一历史档案馆藏：1-01-12-031-0029。
⑤ 锡良：《官军攻克桑披逆番折》（光绪三十二年五月二十八日），《锡良遗稿·奏稿》，第584页。

必将牵动川边连锁反应，所谓"边徼各僧番群且觇此为向背"。① 由此，在他看来，唯有兵事一途方能惩戒凶顽而树国威："夷人未经受惩，岂能悔罪？大抵名曰受降，实则招抚，贻患莫此为甚。……驭夷故称羁縻，暨以抚为归宿。俾罪夷实受创惩，群夷亦知詟栗，庶可弭后患。"② 此言展示出锡良川边施政的基本策略取向。

三月十七日，锡良札委建昌道赵尔丰招募两营并充任统领："马军门刻已抵炉，不日出关，惟悬军深入，亟须添派后劲之师，始足赴戎机，而资策应。现在本省防练各营分扎地面，均关系紧要，未便抽调，自应选派知兵大员赶募劲旅两营，上紧训练，相机进发，预作声援。"③ 这一时期，清政府得到锡良关于巴塘事变的汇报后，也倾向于大举用兵。三月十八日，清政府谕令四川添派兵力驰援巴塘。④ 四月四日，清廷又颁上谕："有人奏，土司叛变，大局攸关，亟宜审察实情，以固边防，而消外患。"⑤ 可见，无论清廷，亦或一般官员，普遍将凤全被杀视为"土司叛变"的标志。

三月二十日，锡良与绰哈布联合札委建昌道、川汉铁路公司督办赵尔丰总理行营营务处。⑥ 已革广西补用道，时在川汉铁路公司当差的钱锡宝会办营务。⑦ 之所以选定赵尔丰，一个重要原因是锡良与之关系密切，

---

① 锡良：《请给明正土司总兵衔片》（光绪三十一年五月六日），《锡良遗稿·奏稿》，第491页。
② 《致宁远河镇高守等电》（光绪三十一年五月二十五日），《锡良督川时本省来往电报》（第10册），馆藏：甲374/21。
③ 《札委建昌道赵尔丰新募续备副中军中前两营即以该道充当统领以备马军后劲文》（光绪三十一年三月十七日），《勘定泰凝巴塘桑披案牍》（第1册），馆藏：甲374/8。
④ 《著绰哈布委员查察巴塘番匪作乱情形事》（光绪三十一年三月十八日），中国第一历史档案馆藏：1-01-12-031-0029。
⑤ 中国第一历史档案馆编：《光绪宣统两朝上谕档》（第三十一册），第51页。
⑥ 《札委建昌道赵尔丰充总理行营营务处文》（光绪三十一年三月二十日），《勘定泰凝巴塘桑披案牍》（第1册），馆藏：甲374/8。
⑦ 锡良：《钱锡宝开复原官翎枝片》（光绪三十二年五月二十八日），《锡良遗稿·奏稿》，第587页。

且赵在义和团时期有统兵经验。① 需注意的是，赵尔丰与马维骐相类，对于赴边亦颇有畏惧，"得总督会剿巴塘札大惧，以为凤全被戕，夷人凶悍不可当，妻孥数日哭"。②

二 赵马龃龉与攻克巴塘丁林寺

锡良续派赵尔丰赴边，本意是增加川边兵力，那么，马维骐、赵尔丰两人是否能全力配合呢？在查骞描述下，马、赵颇为融洽，其记道："（两人）相见极欢，提督实长赵，自减半岁，与赵结金兰契，弟之。提督行止需舆，赵乐驰骑。"③ 然而，档案史料显示，马维骐、赵尔丰矛盾迭出，非但不见协商兵事，反而互相推诿塞责乃至龃龉迭生，从应对巴塘事变的策略差异演化至相互排挤指斥。笔者推测，查骞或为有意杜撰此一情节。退一步讲，即便此描述属实，亦仅为赵、马故意所做"表面文章"而已，不足为凭。

泰凝用兵结束后，马维骐并未迅发巴塘，而是滞留打箭炉，原因有二。一是客观形势使然。马维骐得到消息，瞻对、里塘以及毛丫土司"俱助乱"，麇聚两三千人，"有将巴、里塘汉人洗尽之说"。④ 或因惮于用兵，马于三月二十日提出利用巴塘土司与丁林寺喇嘛矛盾的计谋，"使其自相疏忌，则成功较易"；⑤ 二是马维骐得知赵尔丰续派赴边后，不愿独自承担巴塘用兵之责并有意放慢行程，屡电锡良请其催促赵尔丰速发。

---

① 赵尔丰早年任职山西静乐、永济、洪洞等县，即受到时任山西按察使锡良的赏识。光绪二十六年，时任山西巡抚锡良推荐赵尔丰驻防固关。此后锡良历任河南巡抚、热河都统、四川总督，皆调赵相随并委以重任。

② 吴光耀：《西藏改流本末记》，赵心愚等编：《康区藏族社会珍稀资料辑要》（上册），第50页。

③ 查骞：《赵尔丰轶事》，《边藏风土记》（卷1），第31页。

④ 《马军门咨调续备前军右后两营赴炉文》（光绪三十一年三月二十三日），《勘定泰凝巴塘桑披案牍》（第2册），馆藏：甲374/8。

⑤ 《炉城马军门来电》（光绪三十一年三月二十五日），《锡良督川时本省来往电报》（第9册），馆藏：甲374/21。

此时，锡良一面电示马维骐"不必专候赵道"，①一面电促赵尔丰赴边，声称"巴番外援已失，气馁援绝，事机正顺，天时难得"。② 而尚在雅州建昌道本任的赵尔丰则致电锡良，指责马维骐"调兵太速，耗粮必多"，进而断言马维骐坚持"俟职道到后即可进剿"实为"卸责于职道"③。赵之指责虽有合理性，但亦有遮掩他对赴边畏葸心理、为缓以赴边寻找借口的意图。据时人分析，赵尔丰之所以逡巡不前，除畏惧边事外，一个重要原因是他与锡良"交最深"，"不愿居马下"。④

五月二日，马维骐又向锡良汇报他派把总马瑞麟赴瞻对、里塘等处开导的情形，将瞻对藏官堪布坚参派人呈禀且"词极恭顺"视为瞻对"先服"的标志，进而得出巴塘"援绝势孤"的结论。⑤ 此一汇报，显然与他之前奏报瞻对等地"俱助乱"形成自相矛盾之势。笔者分析，马维骐当是有意做出巴塘"援绝势孤"的结论，以此作为暂缓用兵并以诱捕、抚绥之计替代用兵之依据。同时，亦不无消除赵尔丰对于赴边的畏难情绪，促起赶速赴边的意图。

再看赵尔丰等对巴塘局势的奏报。在锡良催促下，五月九日赵尔丰出雅州，十六日抵打箭炉，马维骐于十八日由打箭炉启程奔赴里塘，赵、钱则计划三五日后出关。⑥ 这一时期，赵、钱汇报巴塘局势远非马维骐所

---

① 《又致炉城马军门电》（光绪三十一年五月六日），《锡良督川时本省来往电报》（第10册），馆藏：甲374/21。

② 《致雅州赵道台电》（光绪三十一年五月一日），《锡良督川时本省来往电报》（第10册），馆藏：甲374/21。

③ 《雅州赵道来电》（光绪三十一年五月四日），《锡良督川时本省来往电报》（第10册），馆藏：甲374/21。

④ 周询：《蜀海丛谈》，第486页。

⑤ 《炉城马军门来电》（光绪三十一年五月二日），《锡良督川时本省来往电报》（第10册），馆藏：甲374/21。

⑥ 五月九日，锡良致电马维骐："赵道今日自雅行。"五月十七日，马维骐致电锡良："赵道十六日到炉，会商一切。骐十八先赴里塘，赵道、钱道约缓三五日同出关。"参见《致炉城马军门电》（光绪三十一年五月九日）、《炉城马军门来电》（光绪三十一年五月十七日），《锡良督川时本省来往电报》（第10册），馆藏：甲374/21。

第三章　锡良与清末四川新政之川边治理：开发、用兵与改制 / 157

言"援绝势孤"，相反是政府用兵引发瞻对、里塘等地普遍危机感以至派兵助援巴塘。据钱锡宝禀称，里塘土司四郎占兑为巴塘土司罗进宝私生子，因"顾惜同类"屡以"不可进兵为言"。① 六月二日，赵尔丰向锡良汇报"瞻兵八百余人前往助逆，里塘喇嘛百姓亦有潜往"。② 综合前后情势，赵、钱所述更符合事实。

与两人对巴塘局势的不同观察相一致，在关于如何用兵的策略选择上，赵、马亦存在重大差异。总体看，马倾向抚绥诱降，赵则力持"一举攻克"。五月十二日，马维骐又提出诱捕之计："骐拟进扎里塘，诱其公举头人随同吴粮务来里塘妥议妥办，土司来则令其捆献喇嘛首逆，喇嘛来则令其捆土司首逆。"③ 五月十八日，马维骐由打箭炉启程，三十日抵里塘，声称此时抚绥巴塘土司、喇嘛"天时人事恰到好处"："所谓天时者，固属趁此天气晴暖；而所谓人事者，则仍据吴锡珍之禀，三曲宗求和。"④ 与之相对，赵尔丰认为此时巴塘"群夷麇聚"，"正可一鼓攻克"，⑤ 若不趁此一伸国威，"不独巴匪不知惩创，外人不能甘心，即其余各番亦将启狎玩窥伺之渐"。⑥ 进而，赵尔丰致电锡良诘责马维骐畏战："马军门本无战意，即炉边文武亦多主抚。叠经宪台谕，知非敷衍可以了事，始翻然变计。"⑦ 事实上，赵尔丰一边借故缓以赴边，一边力主作战，显然不无

---

① 《钱道折禀近日巴塘情形文》（光绪三十一年五月十一日），《勘定泰凝巴塘桑披案牍》（第3册），所藏：374-8。
② 《炉城赵道钱道来电》（光绪三十一年六月二日），《锡良督川时本省来往电报》（第11册），馆藏：甲374/21。
③ 《炉城马军门来电》（光绪三十一年五月十二日），《锡良督川时本省来往电报》（第10册），馆藏：甲374/21。
④ 《炉城赵道钱道来电》（光绪三十一年六月九日），《锡良督川时本省来往电报》（第11册），馆藏：甲374/21。此电为赵尔丰等向锡良转述。
⑤ 《炉城赵道钱道来电》（光绪三十一年六月二日），《锡良督川时本省来往电报》（第11册），馆藏：甲374/21。
⑥ 《钱道折禀近日巴塘情形文》（光绪三十一年五月十一日），《勘定泰凝巴塘桑披案牍》（第3册），馆藏：374-8。
⑦ 《炉城赵道来电》（光绪三十一年五月二十二日），《锡良督川时本省来往电报》（第10册），馆藏：甲374/21。

将用兵之责推到马维骐身上的意图。

虽然边事整体在向前推进,究属可喜;然边务主将一报近如一报,形势分析、策略应对更呈纷争之势,亦复可忧。在得到不同汇报后,锡良显然更信赖赵尔丰,密示赵尔丰"巴事惟随时默为主持"。① 之后,赵尔丰遂对马维骐愈加指摘,六月九日致电锡良,控诉马至里塘后"未遣一骑","意不欲攻已可概见"。② 至此,赵、马矛盾彻底公开化。接电当日,锡良即致电马维骐,促其赶速向巴塘进发,并言之谆谆:"该匪悖逆至此,大兵进讨,中外同瞻,前承电示,慨然以攻敌自任,意主痛剿,钦佩实深。弟所仰望于吾兄者,专在战事,请勿别存顾忌,致稽天讨而中奸谋。"③ 在锡良催促下,六月十五日马维骐抵喇嘛了,二十四日李克昌、马汝贤、张鸿声等营攻克丁林寺并拿获巴塘正、副土司。二十六日马维骐抵巴塘,又相继拿获格桑洛朱、罗戎却本、阿江、泽昌汪学、亡休硬不等喇嘛。④

三 巴塘善后与筹瞻川属之重提

善后过程中,锡良主张将巴塘正、副土司及涉事喇嘛"一一歼除",俾日后经营"亦易措手"。⑤ 马维骐主张暂缓处决土司,"欲不动声色为一网打尽之计"。⑥ 两人策略虽异,但皆以大肆杀戮为指向。最终,两土

---

① 《复炉城赵道电》(光绪三十一年五月二十二日),《锡良督川时本省来往电报》(第10册),馆藏:甲374/21。

② 《炉城赵道钱道来电》(光绪三十一年六月九日),《锡良督川时本省来往电报》(第11册),馆藏:甲374/21。

③ 《致马军门电》(光绪三十一年六月九日),《锡良督川时本省来往电报》(第11册),馆藏:甲374/21。

④ 马之行程参见《马军门来电》(光绪三十一年六月二十六日、七月七日、七月二十日),《锡良督川时本省来往电报》(第11册),馆藏:甲374/21。

⑤ 《致赵道电》(光绪三十一年七月十一日),《锡良督川时本省来往电报》(第11册),馆藏:甲374/21。

⑥ 《马军门又来电》(光绪三十一年八月五日),《锡良督川时本省来往电报》(第12册),馆藏:甲374/21。

第三章　锡良与清末四川新政之川边治理：开发、用兵与改制

司被杀，致使巴塘僧俗"失主惶恐"。① 对于土司家属，锡良指示移置成都，"以示矜全而杜反侧"，马维骐则认为如此难免使外间疑畏，"不惟在逃者愈将远飏，即附者亦不自安"，② 但未得锡良采纳。

有论者将锡良巴塘善后举措解读为"阳剿阴抚"："锡良迎合朝廷，阳主剿；然以夷禀狂悖，皇遽失措，仍阴戒马维骐兵不得鲁莽。"③ 这种认识颇有偏差。如，锡良在巴塘用兵结束后奏赏明正土司总兵衔，正是出于遮掩"穷兵嗜杀"形象的目的，其自称："戮两土司而又奖其有劳者，庶见吾侪之固非穷兵嗜杀耳。"④ 除厉行杀戮外，因锡良纪律不严，善后过程屡生滋扰情事，以致民怨迭生。对此，清廷在八月十日特颁布上谕："着锡良严饬各军将弁，申明纪律，禁止骚扰，以安番众。"⑤

这一时期，锡良还实施了开铸藏元、铺设打箭炉至巴塘电报线路等举措。

关于铸造藏元，锡良鉴于印度卢比逐渐侵入打箭炉及滇省边境，"价值任意居奇"，以致"兵商交困，利权尽失"，陈请铸造藏元势不可缓。⑥ 有研究指出，锡良改进藏元样式，得到清政府认可且受到川边市场欢迎。⑦

关于铺设电报线路。光绪三十一年九月间，锡良已着手购买电线以打通打箭炉与巴塘间的电报线路，至十二月初电线装至里塘，因线料不

---

① 《马军门来电》（光绪三十一年八月六日），《锡良督川时本省来往电报》（第12册），馆藏：甲374/21。
② 《马军门来电》（光绪三十一年八月二十五日），《锡良督川时本省来往电报》（第12册），馆藏：甲374/21。
③ 吴光耀：《西藏改流本末记》，赵心愚等编：《康区藏族社会珍稀资料辑要》（上册），第50页。
④ 《锡良致电打箭炉刘廷恕》（光绪三十一年八月十五日），《锡良督川时办理泰里巴塘事宜电稿》（第9册），馆藏：甲374/144。
⑤ 中国第一历史档案馆编：《光绪宣统两朝上谕档》（第31册），第119页。
⑥ 锡良：《铸藏元以济边用片》（光绪三十一年十一月二十九日），《锡良遗稿·奏稿》，第544页。
⑦ 陈一石：《清末川铸藏元与印度卢比》，《西藏民族学院学报》1983年第4期。

继停工。此外，入冬后夹坝出没频繁，加之电杆举手可及，电线被毁颇多。① 据《申报》披露，至光绪三十二年，锡良致电外部略称："与电政大臣电商允认，川省由打箭炉接修全线直通巴塘现已竣工。复与帮办驻藏大臣联豫商议，再由巴塘接修电线至察木多帮办西藏大臣驻扎地，以便消息灵通，俟察木多电线修竣，再接修达布拉城，现已派员购备材料督饬兴修矣。"② 有研究指出，锡良离川之际电线已铺至巴塘，但问题也很多，如沿路立杆、电线挂于树等，以致线路时常中断。光绪三十四年，黄德润奉赵尔丰之命首次前往西藏勘测，开始铺设巴塘至西藏的电线。③

与此同时，借助攻克巴塘之兵威，锡良与赵尔丰等人重提筹瞻川属。前文述及，光绪三十年的筹瞻川属由于各方意见不一以及川边用兵而搁置。随着清政府巴塘用兵得势被重新提起。巴塘用兵结束之际，锡良一改之前对待筹瞻川属"模棱两可"的态度，认为"收瞻之举诚不可失时"。④ 赵尔丰对此颇为认同，提议借兵事之利"谕藏还瞻"，此策不果再由川声罪致讨。⑤ 八月五日，赵尔丰致电那桐运动其支持收回瞻对，首先言及"与清帅谈论及此，不免浩叹同声，再四思维，总以趁此机会赶紧收回为第一要务"；进而又言，前此瞻对通过控诉于理藩院致使鹿传霖筹瞻功亏一篑，此次政府亟宜防范于此，所谓"特恐藏番狡诈为怀，又蹈前辙，具呈控诉，设政府未悉底蕴，再事赏还，则瞻事从此不能措手矣"。⑥ 九月四日，锡良致电军机处请收回瞻对："徼外连年多事，实缘瞻对番官侵暴川属土司，故议收还，绝其祸本。……徼外措处全视三瞻，

---

① 《赵道来电》（光绪三十一年十二月八日），《锡良督川时本省来往电报》（第13册），馆藏：甲374/21。

② 《筹修蜀藏电线》，《申报》光绪三十二年四月二十八日，第三版。

③ 黄忠恪：《第一个勘测西藏电话线路的人》，《文史杂志》1994年第3期。

④ 《致赵道电》（光绪三十一年八月十五日），《锡良督川时本省来往电报》（第12册），馆藏：甲374/21。

⑤ 《赵道来电》（光绪三十一年八月十六日），《锡良督川时本省来往电报》（第12册），馆藏：甲374/21。

⑥ 《致那中堂》（光绪三十一年八月五日），虞和平主编：《近代史所藏清代名人稿本抄本》（第3辑第135册），第18页。

盖其人雄长于诸番之中，其地错处于川边之内，番情向背，随之转移。而我之沿革损益，莫不因之为重轻，以此计其得失。……失今不治，愈恐难图。"① 九月八日，清廷电寄锡良，支持锡良收瞻之议："应乘此机会将三瞻地方收回内辖，改设官屯，俾资控驭。著有泰、联豫即行剀切开导商上，晓以保固川边必应收回瞻对，令将所派番官撤回，毋稍疑贰。兵费仍照前筹给，以示体恤。"②

尽管此时锡良筹瞻之议得到清政府的认同和支持，这恰恰是鹿传霖督川时期筹瞻川属所不具备的有利条件，但此时军事行动方亟，筹瞻川属只得暂时搁置。后经诸多曲折，终在宣统三年收归川属。③

第五节　设置川滇边务大臣

无论是用兵泰凝还是巴塘，锡良在用兵之初皆缺乏长远战略谋划。殆攻克巴塘，锡良、赵尔丰、马维骐等人不约而同，皆将兵事之利视为推行改土归流的良好时机，并开始往来筹商具体方案，展示出他们因势利导、顺水推舟的策略取向。这就接续了前任川督鹿传霖失败的川边改土归流之筹谋并将之推向深入。

一　巴塘用兵结束后川边改土归流之筹划

巴塘正、副土司讯办后，锡良指出此际实施改土归流"自是长策"，

---

① 《锡良致电军机处》，光绪三十一年九月四日，《锡良督川时办理泰里巴塘事宜电稿》（第10册），馆藏：甲374/144。

② 《奉旨着剀切开导保固川边》（光绪三十一年九月八日），中国第一历史档案馆藏：2/03/12/031/0558。

③ 光绪三十四年，时任川滇边务大臣赵尔丰率军征剿德格，瞻对欲暗调马队支援，赵尔丰派傅嵩炑率兵赴昌泰并电政府"拟逐藏官，收回瞻对"，然清政府因担心另生枝节而议缓收瞻。宣统元年，赵尔丰又致电政府收瞻，清政府"议以十余万金与藏赎"，然藏人不遵，"反藉外人以为恫吓"，清廷恐酿中外交涉而作罢。直到宣统三年六月，此时赵尔丰已出任四川总督，不经奏准而直接率兵进入瞻对，"逐其官、抚其民、收其地，召集百姓公议改良赋税之则，设官治理"。傅嵩炑：《西康建省记》，第77—78页。瞻对问题终以收归川属、改土归流告终。

但亦颇有顾虑,要者如"僧土叛产归公能敷设官留营经费否,审察关外夷情不致别启疑贰否"等。① 基于此,锡良起初主张改土为屯,即保留土司虚名,而由新设屯官掌握实权:"边事败坏至斯,今名曰善后,何异谋始? 鄙意拟移建昌道驻打箭炉,以资控制。昔年平定金川,爰设五屯,拟于巴塘设屯官治之,或仍留土司虚名,以及巴事定后如何经营里塘,一惟裁酌。惟边才兼吏才者殊难其选,兄能就随营各员试功任用之,似较此间暗中摸索为胜。"② 事实上,改土为屯仅为改土归流的过渡办法,正如曾任驻藏大臣的文海所言:"屯员为差,可留可撤,与州县迥乎不同。"③

赵尔丰则认为屯官与粮员无异,恐权位过轻,提议设置改县:"巴塘必须改县,设屯与粮员无异。留巴塘土司更不可。前禀电均详陈,趁此兵力,改弦易辙,其势甚易,失此机会未免可惜。"④ 讨论之际,清政府于九月一日颁布上谕,指出巴、里两塘距省过于辽远,究属鞭长莫及,应在巴塘、里塘酌设镇、道,并将四川提督移驻川西,"庶几消息灵通,声威自壮,地方屯垦工艺诸事亦可次第振兴"。⑤ 九月四日,马维骐致电锡良,提出亟须解决之三事,之后改土归流方能畅通:"赵道到后,骐曾陈管见:一,撤三岩之兵,以释番疑;二,滇军前次失利,宜增盐井之防,以固边圉;三,清丁林庙田,化私为公,然遂再办改土归流之举。庶操纵在我,肘腋无忧。"⑥

或许正是基于清廷对川边改制的支持,加上赵尔丰的建言,以及马维骐的献策,锡良最终坚定了革除巴塘、里塘土司的决心,并否定赵尔

---

① 《炉城刘丞加紧飞递赵道》,《锡良任四川总督时电稿》(第1册),馆藏:甲374/172。
② 《致赵道电》(光绪三十一年八月十五日),《锡良督川时本省来往电报》(第12册),馆藏:甲374/21。
③ 《遵旨查办德格土司献地案办理情形及朱窝章谷瞻对改设屯员折》(光绪二十三年十月十四日),《清末川滇边务档案史料》(上册),第28页。
④ 《赵道来电》(光绪三十一年九月二日),《锡良督川时本省来往电报》(第12册),馆藏:甲374/21。
⑤ 中国第一历史档案馆编:《光绪宣统两朝上谕档》(31册),第134页。
⑥ 《马军门来电》(光绪三十一年九月四日),《锡良督川时本省来往电报》(第12册),馆藏:甲374/21。

丰设县建议，主张设立直隶厅，其致电赵尔丰言道："边事败坏久矣，默察天时人事，改革之便计无逾于今日者。夫以朝廷宽大羁縻，而巴塘两土司天夺其魄，作孽自毙；里塘土司亦复怙恶蹈罪，使我废之有词，此真机不可失！……鄙意设厅不设县，盖从形势体制上着想，厅官亦全畀以事权，其巴、里两处正副土司自应从此永远革去，改土归流，与民更始。"① 由于此时用兵仍在持续，川边改制仅处于讨论阶段。

二 马维骐回省以及赵尔丰继续用兵里塘

前文述及，赵尔丰拟于五月下旬由打箭炉赴里塘，但直到六月底，赵尔丰方行抵大竹卡，距离里塘尚有110里。② 七月一日，赵尔丰呈报锡良，由于马维骐"驾驭失当"，里塘土司四郎占并未来见，且所派通事"亦出言不逊"，其"故意掣肘，阴为助逆之计"昭然若揭。③ 由于军务正紧，赵尔丰暂将四郎占兑扣押。④ 马维骐得知赵尔丰抵大竹卡后，电促其速赴巴塘，后者则以里塘局势"稍稍就范，若遽离此则前功尽弃"为由拒绝。⑤ 此时锡良颇虑两人"迟误兵事"，⑥ 加之马维骐用兵巴塘之际力主抚绥诱降，颇有"欲含糊藏事"之态，⑦ 最终决定撤回马维骐，留赵尔丰继续主导用兵事宜。

关于撤回马维骐一事，笔者未见专折，撤回时间、缘由皆不详。仅见

---

① 《致赵道电》（光绪三十一年十月二十二日），《锡良督川时本省来往电报》（第13册），馆藏：甲374/21。
② 《打箭炉起至察木多止进藏南路程站里数》，《勘定泰凝巴塘桑披案牍》（第1册），馆藏：甲374/8。
③ 《赵道来电》（光绪三十一年七月一日），《锡良督川时本省来往电报》（第11册），馆藏：甲374/21。
④ 《禀川督锡良报进兵情况》，吴丰培：《赵尔丰川边奏牍》，四川民族出版社1984年版，第14页。
⑤ 《赵道又来电》（光绪三十一年七月二十九日），《锡良督川时本省来往电报》（第12册），馆藏：甲374/21。
⑥ 吴光耀：《西藏改流本末记》，赵心愚等编：《康区藏族社会珍稀资料辑要》（上册），第50页。
⑦ 查骞：《赵尔丰轶事》，《边藏风土记》（卷1），第31页。

锡良在光绪三十二年六月所上《汇报攻克巴塘泰凝出力员弁折》，解释撤马回省原因在于"劳苦多病"，寥寥数字，当是有意隐瞒了赵、马矛盾。① 十月二日，马维骐抵达成都。② 光绪三十一年八月二十九日，清廷颁布上谕，马维骐着赏给头品顶戴并穿戴黄马褂。③ 在光绪三十二年的年终密考折中，锡良亦给予马维骐很高评价："智深勇沉，胸饶韬略，治军整肃，有名将风。"④

八月十二日，赵尔丰抵巴塘，⑤ 继续追剿残余。这一时期的战事至次年闰四月十八日攻克桑披寺结束。虽战事艰难且持续时间最长，但由于之前泰凝、巴塘战事之连续得势，此一期之战事实为收尾阶段。

先是用兵七村。七村是巴楚河两岸七个村落，其中党村有居民六七十户，鱼卡通十余户，布须同七八户，易古工八九十户，卯溪四五十户，扎马二三十户，帮喜三四十户。⑥ 早在七月间，马维骐即奏报巴塘事变"实由沟内七村番匪创议主谋"，⑦ 但对七村并无用兵。赵尔丰遂指责马之意图在于"早作凯旋之计"。⑧ 赵尔丰了解到，丁林寺喇嘛多来自七村，"丁林寺以该村为胆，恃其强也；该村等以丁林寺为命，仰其粮也"。⑨ 很快，清军拿获冈卓拖青、低居巴格郎、翁根不札、巴羲卡

---

① 锡良：《汇报攻克巴塘泰凝出力员弁折》（光绪三十二年六月一日），《锡良遗稿·奏稿》，第590页。
② 锡良：《提督凯旋抵省片》（光绪三十一年十一月五日），《锡良遗稿·奏稿》，第535页；《杂俎·光绪三十一年十月中国事纪》，《东方杂志》第4年第1期，光绪三十二年正月二十五日，第1页。
③ 中国第一历史档案馆编：《光绪宣统两朝上谕档》（第31册），第132页。
④ 锡良：《年终密考折》（光绪三十二年十二月十八日），《锡良遗稿·奏稿》，第626页。
⑤ 《马军门来电》（光绪三十一年八月二十一日），《锡良督川时本省来往电报》（第12册），馆藏：甲374/21。
⑥ 刘鼎彝：《赵尔丰经营川边闻见记述》，政协四川省委员会、四川省省志编辑委员会：《四川文史资料选辑》（第6辑·上册），内部发行，1963年，第19页。
⑦ 《马维骐为咨报事》（光绪三十一年七月），《勘定泰凝巴塘桑披案牍》（第4册），馆藏：甲374/9。
⑧ 《赵道来电》（光绪三十一年八月二十二日），《锡良督川时本省来往电报》（第12册），馆藏：甲374/21。
⑨ 《建昌道禀报巴塘肃清请奖各员弁文》（光绪三十一年十一月十日），《勘定泰凝巴塘桑披案牍》（第5册），馆藏：甲374/9。

第三章　锡良与清末四川新政之川边治理：开发、用兵与改制 / 165

江卜、阿独拔卡等人。① 进而，赵尔丰还对一般民众大开杀戒。刘鼎彝记，赵尔丰以赏赐为名诱骗藏民回村，以致四五十名无辜青壮年被杀。② 查骞亦有类似记载：七村之战赵尔丰"骈戮数百人"，"且以此役多倡乱自老夷，获高年夷匪，年过七八十岁者，尽投金沙江中"。③

之后，赵尔丰用兵里塘属之乡城桑披寺。六月二十九日，四郎占兑越狱，联络桑披寺喇嘛普中乍娃欲反攻里塘。普中乍娃颇有恶名，光绪二十三年曾抗差劫台，"人民受其害者不知凡几，以致商旅裹步"。④ 起初，锡良倾向于对乡城实施羁縻之策，但同时指明用兵与否最终取决于赵尔丰的观察，其致函赵尔丰言："乡城地僻而险，似不值用兵，果能镇慑兵威，悔罪就范，自不妨先予羁縻，嗣兵力稍暇再图整顿，弟是以历未催促进兵。来函该夷狂悖如故，若体察情形非用兵不可，即请酌办。"⑤ 锡良之所以一改此前力持用兵而为羁縻之策，一个重要诱因在于兵、米转运为难。⑥

或许正是由于赵尔丰"该夷狂悖如故"的来函，锡良最终亦倾向用

---

① 锡良：《汇保攻克巴塘泰凝出力员弁折》（光绪三十二年六月一日），《锡良遗稿·奏稿》，第590页。
② 刘鼎彝：《赵尔丰经营川边闻见记述》，《四川文史资料选辑》（第6辑·上册），第20页。
③ 查骞：《赵尔丰轶事》，《边藏风土记》（卷1），第31页。
④ 《赵尔丰致电锡良绰哈布陈报里塘土司勾结桑披寺喇嘛叛乱》（光绪三十一年八月二十七日），《清末川滇边务档案史料》（上册），第65页。
⑤ 《锡良复赵尔丰函稿》（光绪三十一年九月十一日），虞和平主编：《近代史所藏清代名人稿本抄本》（第3辑第135册），第383页。
⑥ 兵、粮运输自始至终为川边用兵之一大难题，随着用兵一再延续，此难题则愈加凸显。在赵尔丰向里塘进发之际，锡良曾上奏言及运输之难："巴塘兵事方兴，自打箭炉以外，五谷不生，兵米全由转运，又值雅州属频年荒歉，必赴邛州、嘉定分途采买，其运较远，其贵倍常，优价以雇夫骡，设站以资递送，到炉之费率两三石而致一石，关外千余里，数更过之。……前饬马维骐、赵尔丰各在川滇添募营勇，现在将次成军，早经督促开行，总因转粟犹难踵接，惧军食之不继，未能轻锐以图功，日内将进扎里塘，由此勒兵深入，破负固之势，而履荒险之区，虽粮不得不充，师旅不得不厚，量敌伐谋，不得不审慎，乃期于一举获全。"锡良：《奏为炉边用兵粮运艰难军需浩大川库万分支绌现拟劝收捐款恳恩准敕部奖给实官等项折》，《申报》光绪三十一年十一月四日，第二十一版。这一年，清政府派遣五大臣出洋考察，令各省筹措考察经费。锡良允筹经费每年五万两，然"炉边军事吃紧，度支告匮"，呈请"俟军务平定后"再予认解。详见拙文《清末五大臣出洋经费考》，《历史档案》2010年第3期。

兵乡城，并致电赵尔丰坚其用兵之志：桑披寺为里塘肘腋，若不明张挞伐，"何以经营善后，绥辑边方"？① 然而，用兵面临诸多困境。首先，大雪封山，粮草运输愈加艰难，几致中断绝境，官兵唯有以草根为食，不愿再战，"几激变"。② 其次，桑披寺地形险要，易守难攻，成如虎负隅之势。桑披寺在巴塘之东南、里塘之西南，各距六七站，四百余里，三者成掎角之势。桑披寺坐西向东，寺后为桑披岭，岭前为二郎河，墙厚四五尺、高二三丈，有喇嘛千余。③ 锡良亦指示赵尔丰应当智取："桑披匪悍巢固，况经蓄谋多年，意图顽抗，各营靡所禀承，若一味奋勇猛攻，诚属非计也。"④ 最后，川兵装配鄂制枪机，然性能低劣，不能使用。这一点前文已有述及。清军数月用兵无果，清廷则屡催妥办川边事务，"毋误事机"。⑤ 锡良一时急火攻心，"由郁致痴"⑥。赵尔丰更是"感受瘴疠，牵动肝气，眉目遂成抽掣之疾"。⑦ 实际上，早在交战之初赵尔丰即有切断寺庙水源的想法，但直到光绪三十二年三月底方觅得引水暗道。切断桑披寺水源后，战事形势发生转折，闰四月十八日，普中乍娃率众冲出，旋被击伤后自杀，"匪溃见水牛饮，置生死之不顾也"，赵军旋攻克桑披寺。⑧ 然

---

① 《致赵道电》（光绪三十一年十二月十七日），《锡良督川时本省来往电报》（第 13 册），馆藏：甲 374/21。
② 吴光耀：《西藏改流本末记》，赵心愚等编：《康区藏族社会珍稀资料辑要》（上册），第 53 页。
③ 刘赞廷：《三十年游藏记》（卷 3），北京民族文化宫图书馆 1961 年复制，第 34 页。
④ 《锡良复赵尔丰函稿》（光绪三十二年正月二十一日），虞和平主编：《近代史所藏清代名人稿本抄本》（第 3 辑第 135 册），第 395 页。
⑤ 《发四川总督锡良电奉旨著将川边事宜妥速筹办》（光绪三十一年十二月十日），中国第一历史档案馆藏：2-03-12-031-0803。
⑥ 《赵道来电》（光绪三十一年九月十五日），《锡良督川时本省来往电报》（第 12 册），馆藏：甲 374/21。
⑦ 《赵尔丰致电军机处陈请求去以全大局》（宣统元年二月二十六日），《清末川滇边务档案史料》（中册），第 307 页。
⑧ 《赵尔丰致电锡良绰哈布陈报乡城平定请奖出力员弁》（光绪三十二年闰四月二十二日），《清末川滇边务档案史料》（上册），第 78 页。

而，里塘土司四郎占兑并未拿获，桑披寺攻克后窜赴曲登地界。①

正在桑披寺用兵之际，四月一日锡良奏参刘廷恕"年老糊涂，几误边事"，② 此事颇值一提。前文述及，锡良对老成持重的刘廷恕颇为敬重，之所以前后态度落差巨大，根本原因在于两人治边思路存在重大差异。筹瞻川属问题上，刘廷恕等人提出的三策，皆为平和手段，而锡良则得出终赖军事"力取"的结论，所谓"川省陈师鞠旅，何难一奋戈铤"；泰凝事件发生后，锡良力主派川兵入边平乱，遂有马维骐赴边之举，对此刘廷恕等人则坚决反对，但遭到锡良驳斥；巴塘事发后，锡良又续派赵尔丰赴边，此时刘廷恕虽未明确表示反对，但其极力强调川边用兵之难，则无疑隐含此意。当然，凤全夫人李佳氏指斥刘廷恕不发兵为凤全之死的主要原因，同时又往见锡良，将不发援兵的责任归于锡良督导指挥不力，此则构成锡良参革刘廷恕的直接诱因。关于此一情节，查骞描述颇为形象："（李佳氏）痛哭于庭，诘锡良曰：凤大臣为国捐躯，无所遗恨。此后总督何以维持大局？凤大臣在关外，自春徂冬，羽檄七求救，总督拥兵四十营，逍遥河上，不发一兵救，何也？锡良无以应。夫人闻总督无奏恤意，慨然曰：吾负吾夫。遂绝食，誓以殉。"③

正是为安抚李佳氏，同时也是为了缓解自身压力，锡良于光绪三十一年四月五日陈奏凤全死事情形："（凤全）临难不避，力竭捐躯，从者尽歼，最为惨烈，应如何赐恤之处，出自圣主恩施。"五月十一日奉朱批："着照副都统阵亡例，从优议恤。"④ 十一月六日，锡良又奏请为凤全

---

① 《里塘钱道来电》（光绪三十二年七月二日），《锡良督川时本省来往电报》（第17册），馆藏：甲374/22。而之前锡良等奏报川边战事的奏折中，则称四郎占兑已死，当是有意为之。如光绪三十二年闰四月二十四日《会陈克服乡城请奖折》中称四郎占兑"走死"；在六月《奏设川滇边务大臣折》中称四郎占兑"战死"。《清末川滇边务档案史料》（上册），第79、91页。

② 锡良：《特参庸劣不职各官折》（光绪三十二年四月一日），《锡良遗稿·奏稿》，第573页。

③ 查骞：《凤都统被戕始末》，《边藏风土记》（卷2），第5—6页。

④ 《查明驻藏帮办大臣凤全死事情形折》（光绪三十一年四月五日），《锡良遗稿·奏稿》，第479页。

建立专祠，并将事迹宣付国史馆立传。十二月二十九日奉朱批，"着照所请"。① 显然，对凤全的褒扬，意味着必须处罚刘廷恕，是以有了光绪三十二年四月一日锡良对刘氏的奏参。四月二十三日，内阁奉上谕，刘廷恕"即行革职"。② 随着刘之革职，凤全坟茔亦于同月开始兴修，至光绪三十三年春告成，祠堂则于是年秋告成。九月十八日"奉主成礼之日"，李佳氏投祠堂南隅荷池以死。③

在此，我们有必要对锡良与刘廷恕的关系演变做一回顾。总的来看，两人关系经历了从相遇之初的相互信任敬重至相互抱怨指责的演变过程，根本诱因在于两人川边施政策略屡形抵牾。巴塘事变固然有其必然性，但即便没有凤全之死这一直接诱因，两人关系破裂也只是早晚的事。锡、刘川边施政策略出现分歧，归根结底在于两人阅历和政治地位的不同以及由此导致的对川边局势的判断、认知差异。刘廷恕长期在川边任职，深知川边政治生态复杂微妙，遇有事端一旦解决不慎，极易蔓延扩散，因此倾向以分化瓦解为主的"温和"施政策略，他提出的利用巴塘正副土司矛盾、利用达赖出藏之机谋划筹瞻皆属此类，而对锡良遣派川兵入边则极力反对。相比之下，锡良并无边务经验，坐镇成都又极大地限制了他对川边局势的了解，再加上他失之谨严的为政风格，遂在充满争议的前提下遣派川兵入边，以期借此使川边局面尽快稳定，这是典型的"激进"施政策略。事实上，"温和"取向或者"激进"取向，正是历史上川边治理的两种施政思路。平心论之，这两种施政思路并非截然相对、水火不容，相反若处理得宜，则能协调互补，当然这极大地考验着当政者的政治智慧。但遗憾的是，锡良、刘廷恕两位上下级官员在施政策略的抉择上，非但没有形成良性互动关系，反而互相指责抱怨，以致形成上下相违的不良局面，其影响不仅仅在于致使两人关系终告破裂，且清

---

① 锡良：《凤全建祠请恤折》（光绪三十一年十一月六日），《锡良遗稿·奏稿》，第540页。
② 中国第一历史档案馆编：《光绪宣统两朝上谕档》（第32册），第79页。
③ 贺觉非：《西康纪事诗本事注》，西藏人民出版社1988年版，第18页。

末川边治理的有效性亦因之大打折扣。

至宣统二年十一月十日,已革职数年之久的刘廷恕自成都致电时任东三省总督的锡良,恳其出面为自己奏请开复,所谓解铃还须系铃人:"治边劳绩、革职,均在洞察,废弃五载,在远不遗,伏祈奏恳天恩,赏复录用。"① 寥寥数字,其情切切。此时刘廷恕已七十四岁高龄,年过古稀而有是请,目的显然非在做官,而是索要一个名声。但最终也没有见到下文。在这一点上,锡良似乎少了一些政治家应有的风度。

三 川滇边务大臣之奏准设立与川边改制

早在光绪三十一年年初,锡良即盲目乐观地认为在泰凝用兵威势之下,里、巴"自不难慑服"。然而,川边用兵的艰巨性和长期性,尤其是桑披寺之役的旷日持久,彰显出兵事之发展走向,并不受制于发起者的预期。

正是基于对川边形势极为复杂的切身感受,锡、赵在桑披寺善后过程中,与之前盲目杀戮的思路形成鲜明对比,着力强调"汉番皆吾赤子",除巴塘大土司其余各小土司"来之安之"。② 熊廷权极为认同这一思路,同时建言乘里塘粮贵民饥赈恤边民,"以固结夷心,消弭后患"。③ 前线将领赵尔丰也严格贯彻了抚绥原则,据钱锡宝汇报:"赵道昨来函云,攻破桑披之日所获数十匪,只择其穷凶恶者诛戮三人,余均施放,各给印谕令其各回本村。招抚百姓来投,以安胁从之心,有此宽典乡城附近蛮民自必欣然向化。"④

之后乡城百姓纷纷投诚,"发护照有日不暇给之势",看到此一情景赵尔

---

① 《已革丞刘廷恕自成都来电》(宣统二年十一月十日),《锡良任东三省总督时外省来电》(第10册),馆藏:甲374/18。

② 《致里塘熊令电》(光绪三十二年闰四月十五日),《锡良督川时本省来往电报》(第16册),馆藏:甲374/22。

③ 《里塘熊令来电》(光绪三十二年闰四月二十六日),《锡良督川时本省来往电报》(第16册),馆藏:甲374/22。

④ 《钱道来电》(光绪三十二年五月十日),《锡良督川时本省来往电报》(第16册),馆藏:甲374/22。

丰甚至断言"关外诸事自可迎刃而解矣"。① 对于里塘正副土司家属,锡良指示照巴塘例押令回省。同时锡良仍明正土司先例,奏奖崇喜土司池乃汪堆副将衔。② 桑披寺战事之后,又发生了盐井河西腊翁寺喇嘛因清政府查缉偷运私盐起衅事件。但由于巴塘、里塘乱事皆被平息,此次起衅实为孤立事件,很快被平定下去。③ 于此亦可见马维骐回省前建言加强盐井兵力之前瞻性。

随着桑披寺战事结束,巴塘、里塘土司或正法或战死或逃亡,长达十五个月之久的川边战事终于告一段落,主持前线战事的赵尔丰不禁发出"但愿蛮民从此革新向化,易俗移风"的感慨。④ 世人多言赵尔丰好杀戮,"屠户之名流播天下"。⑤ 事实上,至少在这一时期赵尔丰并未大肆杀戮,相反比较严格地执行了抚绥举措,这是值得肯定的。

之后,锡良、赵尔丰开始谋划以巴塘、里塘为中心大规模的川边改土归流。六月二日,锡良上折密保赵尔丰,称其在川边用兵过程中"坚忍卓绝,忠勇无伦"。⑥ 紧接着,锡良又与绰哈布联衔,奏请设置川滇边务大臣:

> 打箭炉西至巴塘、贡嘎岭,北至霍耳、五家,纵横各数千里,设官分治,事理极繁。……道员分巡,一举一动,均须于数千里外,

---

① 《赵道来电》(光绪三十二年五月二十九日),《锡良督川时本省来往电报》(第16册),馆藏:甲374/22。

② 锡良:《请奖崇喜土司池乃汪堆片》(光绪三十二年九月二十六日),《锡良遗稿·奏稿》,第607页。

③ 腊翁寺喇嘛自光绪三十二年十一月二十一二日屡次滋事,至十二月二十五日赵尔丰率队攻克腊翁寺。参见《巴塘赵道来电》(光绪三十二年十二月二十九日),《锡良督川时本省来往电报》(第20册),馆藏:甲374/22。锡良指示,腊翁寺喇嘛真心投诚者准予还俗归农,"顺则抚之,逆则击之,固无成见也"。于此可见锡良扶绥之倾向。参见《复巴塘赵道电》(光绪三十二年十二月二十九日),《锡良督川时本省来往电报》(第20册),馆藏:甲374/22。

④ 《赵道来电》(光绪三十二年六月二十五日),《锡良督川时本省来往电报》(第17册),馆藏:甲374/22。

⑤ 吴光耀:《西藏改流本末记》,赵心愚等编:《康区藏族社会珍稀资料辑要》(上册),第83页。

⑥ 锡良:《密保建昌道赵尔丰折》(光绪三十二年六月二日),《锡良遗稿·奏稿》,第595页。

第三章 锡良与清末四川新政之川边治理:开发、用兵与改制

> 远承总督命令,深恐贻误边计。边事不理,川藏中梗,关系甚大。征之前事,藏侵瞻对,川不能救;英兵入藏,川不问战。藏危边乱牵制全局者,皆边疆不治、道途中梗之所致也。……乘此改土归流,照宁夏、青海之例,先置川滇边务大臣,驻扎巴塘练兵,以为西藏声援,整理地方为后盾。川、滇、边、藏声气相通,联为一致,一劳永逸,此西南之计也。①

成都距炉边路程遥远,军粮运输为难、往来电文动辄耗费月余,这使得锡良坐镇成都遥控川边事务颇多窒碍,判断亦多失误。②比如,川边战事之初锡良认为如能重惩泰凝喇嘛,川边其他地区自不难慑服,而事实上川边情势远比其预想复杂得多。正如赵尔丰所言,设置川滇边务大臣,目的即在于"综画全边之政治",一方面出于强化川边藏区之管理,另一方面则有更为深远的考虑,那就是稳固西南边疆,所谓"固内地之藩篱,且为经营藏事之根本",使川、藏、边、滇形成互为奥援之势。③

据姚锡光记载,锡良之所以举荐赵尔丰出任该职,则在于赵川边用兵有功,且两人"共事久,无扞格"。姚氏又记,起初清廷意由他自己出任川滇边务大臣,但他以"资浅辞",后清廷又欲命清锐,"亦辞谢"。④揆诸当时情势,此一记录当属实情。赵尔丰对川边用兵颇有畏惧,或许对出任边务大臣亦不情愿,是以在他之前有两个人选。

---

① 《锡良绰哈布奏设川滇边务大臣折》,《清末川滇边务档案史料》(上册),第90页。
② 学界关于川边交通里程说法颇有差异,笔者在阅读锡良档案时发现赵尔丰呈递锡良的川边里程表,兹附于下:自成都至打箭炉,计程970里,11站;自打箭炉至里塘,计程685里,8站;自里塘至巴塘,计程545里,6站;自巴塘至察木多,计程1435里,14站。自察木多至拉里,计程1510里,15站;自拉里至前藏,计程1070里,十站;自前藏至后藏,计程915里。自成都起至后藏,共计路程7130里。《成都府起至后藏止路程》,《勘定泰凝巴塘桑披案牍》(第1册)"夹页",馆藏:甲374/8。事实上,锡良亦意识到"遥控指挥"之弊端,其在巴塘用兵结束后即致电赵尔丰坦言:川边事务"实难遥度,统维主持酌夺"。《炉城刘丞加紧飞递赵道》,《锡良任四川总督时电稿》(第1册),馆藏:甲374/172。
③ 《附录赵大臣尔丰原奏边务大概情形折》,姚锡光:《筹藏刍议》,第60页。
④ 《自序》,姚锡光:《筹藏刍议》,第4页。

前文述及，早在光绪三十一年九月二日清廷即颁布上谕，指出"巴、里两塘距省过于辽远"，"宜有文武大员常川坐镇"，锡良等奏设川滇边务大臣显然与之高度一致。按理说，清廷应很快做出回应，但事实并非如此。直到七月三日，距离锡良奏请近一个月之后，清廷终于颁布上谕，同意设置川滇边务大臣：

> 四川、云南两省毗连西藏，边务至为紧要。若于该两省边疆开办屯垦，广兴地利，选练新军，既足以固川滇之门户，即足以保西藏之藩篱，实为今日必不可缓之举。四川建昌道赵尔丰着开缺赏给侍郎衔，派充督办川滇边务大臣，居中擘画，将一切开垦防练事宜切实筹办。该大臣应驻何处，方为呼应灵通，及所有未尽事宜，并应需经费，着锡良、丁振铎会同赵尔丰通盘筹尽，详细具奏。该督等身任地方，责无旁贷。①

川滇边务大臣的设置，标志着川边政治格局的重大变动，揭开了川边改土归流新篇章。七月二十四日，锡良致电赵尔丰表达恭贺并对川边改革充满期待："朝廷西顾殷怀，荣膺特简，持节筹边，从兹伟略宏施，又岂仅川疆之福，欣忭莫名，专肃恭贺。兄部署大略后，仍盼早日回省一行，商议种切。"② 新任川滇边务大臣赵尔丰亦不负锡良之望，认为战事甫定，推行改土归流实为"天假时机"，很快作出部署：派巴塘粮员吴锡珍承担清查户口、规定粮税、疏通大道之责；贵州候补知县王会同为盐井委员，前往招安兼征盐厘；委令四川候补州判姜孟侯至乡城一带晓谕，以待将来设治。③

---

① 中国第一历史档案馆编：《光绪宣统两朝上谕档》（第32册），第121页。
② 《致赵大臣电》（光绪三十二年七月二十四日），《锡良督川时本省来往电报》（第17册），馆藏：甲374/22。
③ 《川滇边务大臣赵尔丰申报锡良巴里塘改流设官情形》（光绪三十二年八月九日），《清末川滇边务档案史料》（上册），第92页。

第三章 锡良与清末四川新政之川边治理：开发、用兵与改制 / 173

光绪三十三年正月二十一日，锡良调补云贵总督。锡良在离任川督之前，为配合赵尔丰推行川边改土归流，做了以下几方面工作。

首先，筹建藏文学堂。锡良意识到，"经画边疆之要在于洞知番情，而欲洞知其情必自通其语文始"，而川边通汉藏两种语言者至为匮乏，"传达舛错，致误事机"。① 由此，锡良极力强调"翻译之学诚为当今急务"，于光绪三十二年四月饬令打箭炉设立"汉夷合璧学堂"。② 至十二月八日，藏文学堂章程正式颁定，以培养译员与各种实业教习为宗旨，学科以教授藏文、藏语为主，同时教以国文、修身、伦理并兼授英文、历史、地理、算学、体操诸科。③

其次，主持起草《巴塘善后章程》43 条，全面规划了巴塘乃至整个川边地区改土归流的基本规模和基本走向。十二月二十二日，锡良咨请赵尔丰查收转发该章程汉文本。章程规定，巴塘为大皇上土地，无论汉人、蛮人皆为大皇上百姓，永远革除土司之职，改设汉官。此外，还对行政官制、财政赋税、司法诉讼、僧俗礼仪、文教卫生等方面的改革做了详细规定。④

最后，与赵尔丰协同制定川边改革规划。光绪三十二年三月四日，锡、赵两人联衔上折，提出兴学、通商、开矿、屯垦、练兵、设官等改

---

① 锡良：《川省设立藏文学堂片》（光绪三十三年正月二十日），《锡良遗稿·奏稿》，第 651 页。

② 《炉厅武丞来电》（光绪三十二年四月十日），《锡良督川时本省来往电报》（第 15 册），馆藏：甲 374/22。

③ 《署四川提学使方旭四川藏文学堂监督熊承藻会详拟订藏文学堂章程》（光绪三十二年十二月八日），《清末川滇边务档案史料》（上册），第 93—95 页。其办学具体情况参见阴海燕《清末四川藏文学堂兴办述略》，《西藏民族学院学报》2013 年第 6 期。锡良离任川督之际，曾赴藏文学堂演说，其言："比年以来，强邻日偪，藏人愚昧，不能自立，有民不教，有兵不练，有土不耕，有矿不开，门户危矣，守土之责是用慼忧，将以蜀材化彼固陋，此学堂所由开也。"《云贵总督部堂锡留别藏文学生训词》，虞和平主编：《近代史所藏清代名人稿本抄本》（第 3 辑第 135 册），第 202 页。

④ 《锡良咨请赵尔丰查收转发〈巴塘善后章程〉汉文本》（光绪三十二年十二月二十二日），《清末川滇边务档案史料》（上册），第 95—103 页。

革六策。六月十一日，此时锡良已赴云贵总督任，赵尔丰将应办事宜举折上奏，特别强调"系就原奏引申其义，与锡良意见仍复相同"。① 论者多谓川滇边务大臣之设揭开了川边改土归流的新篇章，其着眼点在于首任川滇边务大臣赵尔丰在川边全面推开改土归流，但锡良的前期筹谋以及倡设之功亦应为我们重视。

结　语

清末川边新政发轫较晚，学界一般认为光绪二十九年十月四川总督锡良（光绪二十九年七月至光绪三十三年一月在任）开办巴塘垦殖，拉开了川边新政序幕。② 就内容言，川边新政基本围绕筹边改制与开发图强展开，与其他边疆新政并无二致。③ 但在具体路径上，川边新政则步履维艰。锡良督川时期川边适逢多事之秋，川边施政始终伴随着清政府和川边土司、喇嘛长期军事对抗逐步推开，而英国侵略西藏的行动更是对川边施政产生直接影响。

锡良主导的长达三年之久的川边施政，以推行巴塘垦殖等渐进性改革为开端，以接连派遣马维骐、赵尔丰用兵泰凝、巴塘、里塘为主体部分，以川滇边务大臣的奏设为收场，呈现出兵事与改革交互并进的鲜明特征。毫无疑问，川边地区有着复杂的自然、人文环境，采取何种施政举措应以最大限度保障社会秩序稳定、有利于抵制列强入侵为出发点和落脚点。锡良之所以在屡遭反对、充满争议的前提下毅然用兵川边，很大程度上取决于以下两方面因素。

---

① 《川滇边务事宜均关紧要据实缕陈拟具章程折》（光绪三十三年六月十一日），吴丰培：《赵尔丰川边奏牍》，第50页。
② 参见赵云田《清末川边改革新探》，《中国藏学》2002年第3期。
③ 前者主要举措是改土归流，即废除土司制度，遍设州县、改建行省，实现制度革新；后者则以垦殖边地、设矿办厂、兴学育才等举措为主，推动边疆经济和社会事业的发展。参见马菁林《清末川边藏区改土归流的宏观历史分析》，《西藏研究》2001年第3期。

第三章　锡良与清末四川新政之川边治理：开发、用兵与改制

首先，对前朝先例的遵循借鉴。早在雍正五年、雍正八年，清政府曾先后两次用兵瞻对，然而表面上虽令悍番稍为敛迹，暂时慑服，但实质上既不见多少战阵上的斩获，更欠缺有效的善后办法。① 乾隆帝亦指责雍正朝征剿瞻对"草率完结，复留后患"。② 迨至乾隆十年，清政府再次用兵瞻对，至次年夏间告捷，调兵两万四千，耗饷至百万。与此同时，因大小金川有事，遂又用兵金川。从乾隆十二年事发以至乾隆四十一年，大小金川用兵持续时间长达29年之久。在乾隆十二年用兵金川之初，乾隆皇帝曾谕军机大臣："若荡定之余，仍以属之土目，纵令震慑余威，目前俯首恭顺，而蓄养气势，日后仍必鸱张，国家动众伤财，适为伊等重事权而增气势，殆至兵力稍足，又复环视而起，旋起旋灭，何有已时。在国家全盛之时，视之不啻蚊蚋蜂虿，而糜脂膏于荒箐，屯兵革于蛮烟，曷若熟筹善策之为得也？"③ 平定大小金川后，作为治边总结，《乾隆平定两金川告成太学牌文》这样写道："吾则以为既已受职为土司，则是我臣，而其地近接成都，远连卫藏，则是我土；我土我臣而横生逆志，蚕食邻封，将欲大有所为，弗剿而灭之，则西川将不能安枕。"④ 显然，遇有乱事即兴兵讨伐成为治理川边的原则性指导。很显然，"从例"原则很大程度上保证了锡良川边施政的所谓正确性。当然，做出用兵决策与锡良颇显独断的行政作风亦密不可分。尽管川边距省遥远，锡良对川边形

---

① 张秋雯：《清代雍乾两朝之用兵川边瞻对》，《"中央研究院"近代史研究所集刊》1992年第21期，第270页。
② 《清高宗实录》，乾隆十年五月丙子（五日）。
③ 《清高宗实录》，乾隆十二年六月丙子（十七日）。
④ 《乾隆平定两金川告成太学牌文》，鲁子健：《清代四川财政史料》（上），四川省社会科学院出版社1984年版，第115页。同时，该碑文为所谓"穷兵黩武"之指责开脱："戊辰之役，我师深入屡胜，即不宜赦其罪而受其降，此一误也；甫十年，而郎卡背恩作乱以及逆子踵其迹，皆不及发兵问罪，惟令地方大吏随宜处置，又屡误也。以至尾大不掉，终于兴师。故予不答人之议为穷兵黩武，而转答己之类于姑息养奸，盖中国之制外域，张挞伐则彼畏而敛迹，主和好则彼轻而生心。汉、唐、宋、明之复辙率可鉴也。若谓予穷兵默武，则予赖天恩，平伊犁、定回部，拓疆二万余里，岂其尚不知止足，而欲灭蕞尔之金川以为扬赫濯纪勋烈之图哉？"同上，第116页。

势了解有限，但他迷信兵事打击之效力，对其负面影响则考虑不周，对反对用兵的言论更是严加斥责，不仅凸显其施政之独断专行，也反映出其对川边施政复杂性和艰巨性的认识严重不足。实际情况是，锡良督川时期川边事端呈连锁反应态势，川边用兵亦因之不断扩散蔓延，终成骑虎难下之势，而其深刻诱因则是川边土司之间复杂的利益链条和亲缘关系，这是清末川边藏区不容忽视的政治生态。

其次，新政改革的时代背景是至为关键的推动因素。新政改革在川边地区的辐射力远不比内地，是否将该地区纳入新政范畴，取决于川边内外情势的变化以及当政者对这种变化的认知程度，这涉及当政者改革心理的问题。改革心理学认为，在改革的社会实践中，改革氛围的形成"不同于非改革时期社会心态环境的循序渐进的发展"，其显著特点是"新的改革观念迅速地取代旧的保守观念，社会心态日益朝着新的改革情境变化"。① 清廷颁布的新政上谕，首言"世有万古不易之常经，无一成不变之治法"，改革方向至为明确，对于破除清廷以及地方官员的因循守旧思想至为关键。② 由是，在英国发动第二次侵藏战争后，虽然清政府的基本策略是减少乃至力避中外交涉，如外务部在拉萨条约签订后，曾致电锡良："藏事关系紧要，总以和平速议，免致藉端自办，是为切要。"③ 但随着西南边防危急的加剧，还是做出了一些积极动作。比如清政府明令锡良考察川边垦殖、开矿诸务，又于次年《拉萨条约》签订后接纳鹿传霖之奏请谕令筹瞻川属，尽管此谕令之颁布距离《拉萨条约》签订已近两个月，但清廷治理川边的策略终归还是发生了转变，与之前反对鹿传霖筹瞻川属形成鲜明对比。可以说，新政时期央地之间治边

---

① 王征国等：《改革心理学》，黑龙江人民出版社1989年版，第304页。
② 事实上，"新政"作为清政府标榜的口号，强调的并非改革举措之新，恰恰是时代之新。尽管清末川边改土归流始于新政启动之前，严格说并非"新政"举措，然由于改土归流在新政时期得以延续和深化，亦从属于新政改革范畴。
③ 《外务部来电》（光绪二十九年八月七日），《锡良督川时外省来往电报》（第1册），馆藏：甲374/5。

第三章 锡良与清末四川新政之川边治理:开发、用兵与改制

理念的趋同性,为锡良川边施政的逐步推进提供了良好的时代契机。换言之,如果没有新政改革的时代背景,同样面对川边内忧外患的局势,无论中枢机构抑或是地方官员,断难具备决绝打破川边传统统治秩序的思维和勇气,相反极有可能仍将川边视为蛮夷之地而敷衍因应。

虽然有清一代用兵川边颇不乏见,然军事行动毕竟是极端手段,极易造成社会秩序混乱,这是当政者无论如何不能不考虑的。从清代历史上看,凭借兵事打压,仅能使川边土司、喇嘛暂时认同或屈服政府权威,但暂时的稳定,往往酝酿着下一次的混乱,陷入治、乱交替的循环圈子,正是川边用兵的基本结局。这一结局,不仅展示出军事打击极为有限的效能,也展示出清朝统治阶层边疆治理能力的有限及其偏狭的边疆观、民族观。就锡良川边用兵而言,泰凝事件起因于政府和喇嘛争利,凤全被杀则与其巴塘施政严重侵害巴塘僧俗利益密切相关,针对上述事件有无用兵之必要,本身即值得商榷,事实上川边用兵正是在充满争议的前提下发动的。并且,用兵之前缺乏长远战略谋划,不仅用兵过程存在大肆杀戮倾向,善后过程亦缺乏笼络安抚民心的有效举措。前后两位赴边将领马维骐、赵尔丰更是矛盾迭生。由上,足见此一时期用兵实为冒失之举,亦可见川边用兵之曲折性和复杂性。在巴塘用兵结束后谋划改土归流,尽管不无临时起意的成分,但展示出以锡良为首的四川官员因势利导、顺水推舟的策略趋向,尚有可取之处。

事后,官方极力标榜炫耀川边用兵极大强化了清政府对川边乃至西藏的控制,所谓川边"数千里顽梗不化之侪怀畏同深",藏中"亦渐有悔祸之心"。[①] 但事实远非如此。用兵前,锡良指责巴塘土司、喇嘛横行川边致使川边秩序紊乱,而其主导的川边用兵无疑制造了更大混乱,最终重蹈历朝川边用兵结局之覆辙。锡良调任云贵总督后,曾于光绪三十四年十一月上折,指出川边局势依旧混乱,川、滇两省应"合筹大举,剿

---

① 《附录赵大臣尔丰原奏边务大概情形折》,姚锡光:《筹藏刍议》,第60页。

抚兼施，收其人众，列为郡县，治其地也"。① 1910 年 1 月 26 日，十三世达赖喇嘛也抱怨道："自 1904 年起，驻藏大臣会同四川军事当局不断在藏东行抢、杀戮大批僧侣和居士，焚毁寺庙，胡作非为。"② 上述事实，足征兵事一途实非强化政府统治权威的有效合理途径。所谓败则固败，胜亦非胜，最终势必以全输收场。

尽管锡良川边施政存在诸多不足和缺憾，但从清末川边新政的整体性和连续性审视，其延续和深化了由来已久的"保藏固川"的治边策略，上承鹿传霖失败的川边改革，下启赵尔丰全面推行川边改土归流，是近代清政府川边治理具有承前启后意义的重要环节，其在中国治藏史上的影响和地位值得重视。一方面，直接促成川滇边务大臣的设置。此一设置，是锡良川边用兵的直接结果，也是锡良川边施政的重要举措，不仅反映出以锡良为首的川边官员借兵事打压推行改土归流的施政思路，也反映出新政时期清政府川边治理走向的重大转折。另一方面，打开了川边新政以改土归流为基本方向的改革局面，为川滇边务大臣赵尔丰全面推行川边改土归流奠定了基础。赵尔丰长期为锡良属吏，更是锡良川边施政的重要参与者，他不仅继承了锡良的改土归流事业，同时也深受锡良个性强悍、作风硬朗之施政风格的影响。及至出任川滇边务大臣之后，自然延续了以兵事促改革这一施政思路，这就埋下了赵尔丰主导实施的改革既大刀阔斧、成效显著又充满血腥的伏笔。③ 综上，我们有理由说，锡良、赵尔丰川边施政并非简单的时间上的前后相续，而是有着不可分割的"开创—继承"的紧密关联。

---

① 《川省边夷猖獗宜亟设法筹办折》（光绪三十四年十一月九日），《锡良任云贵总督时有关筹饷等杂电》，馆藏：甲 374/54。

② 陈春华编译：《俄国外交文书选译》，《中国藏学》2013 年第 2 期，第 60 页。

③ 有论者谓："（赵尔丰）明敏廉洁，办事公正，犯法者虽亲近不稍恕，康人多信服之。其后三十年之汉官，未尝非有赖于赵之余威也。"贺觉非：《赵尔丰经边情形及其身世》，西藏自治区社会科学院、四川省社会科学院合编：《近代康藏重大事件资料选编》（第一编上），西藏古籍出版社 2001 年版，第 155 页。

第 四 章

锡良与清末云南新政

光绪三十三年，农历丁未年，这一年为京外大僚更动剧烈之年。《申报》在当年年终刊发《丁未年中国大事论略》一文即写道："京外大僚之数数更调，至今年而益甚，前此任官虽未必专而且久，然尚有三年五年之屹然不动者，今自革新官制，甚有数月即调者矣。徐世昌之出民部而为东督也，赵尔巽之由奉而鄂也，林绍年之军机而抚汴也，恩寿之由晋而陕也，张人骏之由汴而粤也，锡良之由川而滇也，陈夔龙之由苏而川也，张曾敭之由浙而晋也，杨士骧之由鲁而直也，或排之或援之，世已莫解其纷调之故。甚者以岑春煊一人之身，忽而督川、忽而邮尚、忽而督粤，又令人惊疑不定。……忽三忽四，营营扰扰，为人择事欤，为事择人欤？吾不敢知之矣。"① 进而，作者通过回顾一年来中国内政外交情形，预测中国已到生死存亡的关键时刻："窃谓中国存亡问题之能决，少或五年，多不过十年，能于此数年中革新内治，充实国力，或者犹可以救其亡。不然，而蹉跎复蹉跎、荏苒复荏苒，有叹来日之不再焉矣！"② 此论令人惊叹的预见性姑且不论，就其所言"革新内治""充实国力"来说，离不开中央政府的部署规划，但更赖督抚如何因地制宜、对症下药。正是在这样的舆论环境下，锡良由川调滇，开始了新一轮的

---

① 《丁未年中国大事论略》，《申报》光绪三十三年十二月二十三日，第一张第三版。
② 《丁未年中国大事论略（二续）》，《申报》光绪三十三年十二月二十五日，第一张第二版。

总督施政。

第一节　调任滇督与滇政论说

一　调滇曲折与请辞

光绪三十三年正月十九日，内阁奉上谕：岑春煊调补四川总督，云贵总督着四川总督锡良调补，均着迅赴新任，毋庸来京请训。① 此谕颁布数日前，锡良即上陈《奏为病体难膺重寄恳请开缺折》："奴才素有肝气旧疾，抵川以来时常触发。……三十一年秋间，复有吐血之症。……乃自去年以来更添不眠、自汗诸症，稍一构思即觉心气怔忡、精神恍惚。"② 锡良所言病体并非虚言。前文述及，因川边用兵致使锡良一时急火攻心，"由郁致痴"。其时，锡良曾致函友人许仲威言及病体情形："弟禀赋素强，数十年来未尝疾病，今夏因感冒风邪，失于宣导，辗转旬日乃见小愈，调理已近两月，精神仍未复元。"③ 在得到调滇谕旨后，正月二十二日，锡良再以云贵危迫重要，而己材质庸陋、衰病日增为由请辞。④ 对于锡良一再请辞滇督，滇籍留日学生则表达了不满情绪。⑤ 病体虽为实情，但五十五岁即想告老还乡还是早了些，尤其是恰在调滇前夕力陈辞意，极可能此时锡良已探闻调滇消息。

---

① 中国第一历史档案馆编：《光绪宣统两朝上谕档》（第33册），第10页。据时人记述，锡良"以岁贡薄调云贵"。沃丘仲子：《近代名人小传》，第233页。

② 《奏为病体难膺重寄恳请开缺折》（光绪三十三年正月十一日），《锡良调任云贵总督时奏折及电文等件》，馆藏：甲374/185。

③ 《拟复许仲威》（光绪三十一年），《锡良督川时函稿》（甲册），馆藏：甲374/113。

④ 《锡良致军机处电》（光绪三十三年正月二十二日），《锡良调任云贵总督时奏折及电文等件》，馆藏：甲374/185。

⑤ 《申报》报道，留日学生发一公电，写道："成都锡督宪钧鉴，滇危迫甚川万倍，非速赎滇越铁路、筑滇蜀及滇缅铁路、废七府矿产，约练新军四五万，抵御英法，必蹈东三省覆辙。公奉命督滇，即以才力不堪胜任，再三电辞，知难而退，诚光明磊落，胜于优游海上，因循误滇者万万。封疆重寄，系滇省存亡，事关大局安危，祈公自量，往否速决。"《留学生电阻锡良赴滇》，《申报》光绪三十三年三月二十七日，第四版。所言"因循误滇者"，显指岑春煊。

第四章 锡良与清末云南新政

通常督抚迁调，当事人多会以各种理由请辞以示谦恭，而锡良请辞则更因云南施政艰难棘手，因此将仕滇视为畏途，更何况他对于承担此一职任并无丝毫思想准备。地处西南边陲的云贵在清末向称难治，诸如地瘠民贫、环境恶劣、灾害频仍、中外交涉频繁、边防形势严峻等。时人即言："观今日云南官吏之昏谬、外人之强横、军事之废弛、人民之愚弱，视庚子以前之东三省殆有甚焉。"① 自然环境方面，瘴气是令人裹足的重要原因。② 锡良调滇之际，云南正遭遇数十年未见的旱灾，蔓延数十州县，"嗷嗷待哺者计数百万"。③ 革命党也不时"图谋内犯"，而云南"沿边千有余里，兵单地广，防不胜防"。④ 更严峻的是，云南与东南亚越南、老挝、缅甸有数千公里的国境线，是中国西南重要门户，边防、交涉为难。正如锡良致电军机处所言："滇省为西南门户，两强（指英国、法国）逼处，交涉日繁，应付稍有未宜，非坐失利权即动成衅隙，得失之际，实系安危。"⑤ 在致陆宝忠函中，更是写下"艰危情状罄竹难书"⑥ 的字样。

此外一个重要原因，由于岑春煊拒任滇督并和奕劻、袁世凯一派势

---

① 侠少：《云南之将来》，《云南杂志选辑》，第286页。
② 时人曾写道："烟瘴之起，春夏秋皆有……人闻糯米香味，即染瘴气。……大抵深山大泽，素未开辟，虫蛇毒物，伏藏年久，加以水土之恶劣，炎热暑湿之郁蒸，积而为瘴，触之生疾，不易疗治，得治者不过十之一二而已。"贺宗章：《幻影谈》，方国瑜主编《云南史料丛刊》（第12卷），云南大学出版社2001年版，第133页。
③ 锡良：《请将滇省办理赈粜各员绅敕部立案准其择尤覆实汇奖折》（光绪三十三年十二月二十三日），《锡良遗稿·奏稿》，第752页。
④ 《致军机处电》（光绪三十四年四月三日），《锡良任云贵总督时北京来往电》（第2册），馆藏：甲374/10。该电针对河口起义而发。光绪三十四年三月二十九日，同盟会在云南发动河口起义，尽管至四月二十七日河口起义最终以失败告终，但革命党曾一度攻占河口、南溪、坝洒等处，"几成燎原之势"。刘杜英、陈燕平：《光绪三十四年云南河口起义档案》，《历史档案》2011年第4期。
⑤ 《致军机处电》（光绪三十四年七月二十五日），《锡良任云贵总督时北京来往电》（第3册），馆藏：甲374/10。
⑥ 《锡良致陆宝忠》（光绪三十三年十一月二十二日），本书编写组编：《清代名人书札》（第6册），北京师范大学出版社2009年版，第1213页。

力形成对峙，锡良实不愿卷入其中。光绪三十二年七月二十三日，清政府调两广总督岑春煊为云贵总督、闽浙总督周馥为两广总督、云贵总督丁振铎为闽浙总督，但岑避居上海，执意不就。据岑自述，原因在于迁滇"不由两宫本意"，而是奸臣"欲屏吾远去"，"彼得任所欲为"。① 或许正是为了调和矛盾，清政府将岑春煊与锡良对调。岑春煊获命调补四川总督后，不待朝廷允准即乘车北上，向慈禧汇报亲贵弄权等情事，并请求留在京师，遂有邮传部尚书之任命。对于岑春煊的行为时人颇感不齿，胡思敬在《岑春煊鲁莽》一文中即痛斥道："疆臣以去就要君，始自春煊，三百余年所未有。履霜之渐，识微者其知惧矣！"②

二 屡陈滇政之难理

锡良请辞同时也在打听云南实际情形，曾电请贵州布政使兴禄将"外交现状、路政军政实情、通省报部外销财政总数、办事得力人员"等情况先行告知。③ 稍后，兴禄复电，声言云南局面并非如外界所言般艰巨：外交方面，虽事务颇烦，地方各有领事，省城有总领事，尚可随时商酌；铁路方面，"惟症患慢惊，只宜从容投剂"；军事方面，现已设立新军，警察粗有头绪，营务归两司兼摄；财政方面，所有正杂各款、藩粮盐三库共存银二百六七十万，目前敷用。统税迄未办好，而尚待斟酌。铜元机器上年即经购妥，只待运齐即可开铸；学务方面，"学界颇欠慰贴，由陈臬司（陈燦）兼理无方，诸事敷衍，多嚣凌。闻叶提学尚在川中，请促令早来，藉免牵制"；人事方面，藩司（刘春霖）刚直可靠，其余粮、盐及候补道亦各有所长。此外，又言及滇中荒旱已于去腊今春连得透雨。最后，兴禄总结道："伏念滇事，自禄平心论之，本非不可措

---

① 岑春煊：《乐斋漫笔》，荣孟源、章伯峰：《近代稗海》（第1辑），四川人民出版社1985年版，第99页。
② 胡思敬：《国闻备乘》，上海书店出版社1997年版，第15页。
③ 《致贵阳兴藩台电》（光绪三十三年正月二十四日），《锡良督川时本省来往电报》（第21册），馆藏：甲374/22。

手,无如外面谈论十分艰巨。如今时局各省皆有难题,岂独滇省多难耶?"①兴禄的答复或许不无失实夸大,但无疑对缓解锡良的畏难情绪有积极效果。

正月二十二日,即锡良请辞当日,清廷着赵尔丰暂行护理四川总督。二十四日又谕"锡良办事认真,必能不辞劳瘁"。②在清政府接连催促下,锡良于正月二十七日交卸川督督篆,二月二十九日由川起程。在交卸当日,锡良即致电军机处,将岑春煊不就滇督归因于"知难而退":"滇省财力艰窘,人才消乏,政事腐败……以岑春煊任事之勇,心思之锐,魄力之雄,年少锡十岁,才大锡十倍……亦知难而退,不敢轻于一试,非图安逸也。诚见滇省危疆,强邻逼处,断非空举所能支柱。"③军机大臣字寄锡良,一面勉励其力任其难,一面允诺责成各部对云南"协筹接济"。④尚在赴滇途次,锡良即初步规划云南施政要点:"滇之内政,若吏治,若人才,若民政、学务、农、工、商之一切应办事宜,颇闻旧者腐败已久,新者未尽实行。……其关于天下之大计、滇省之根本,而为今日至要至切之图者,莫如练兵、铁路两端。"进而言道:"滇当无事,本系受协省分,若以要政特别之所需,仍责之该省常年之所入,力何以胜?"⑤

四月六日,锡良行抵昆明,四月十日接滇督督篆。锡良在报告云南地方情形折中,极言云南施政之难的同时,强调"非察吏无以安民,非练兵无以固圉","他如路、矿诸大政,在在胥待经营"。⑥六月十三日,

---

① 《兴藩台来电》(光绪三十三年正月二十七日),《锡良督川时本省来往电报》(第21册),馆藏:甲374/22。
② 《清实录》(第59册),中华书局1987年版,第533、534页。
③ 《锡良致军机处电》(光绪三十三年正月二十七日),《锡良调任云贵总督时奏折及电文等件》,馆藏:甲374/185。
④ 《清实录》(第59册),第535页。
⑤ 锡良:《滇省应办事宜大概情形折》(光绪三十三年二月二十八日),《锡良遗稿·奏稿》,第661页。
⑥ 锡良:《报到任日期略陈地方情形谢恩折》(光绪三十三年四月十三日),《锡良遗稿·奏稿》,第664页。

来滇两月的锡良又具折历数云南新政缺失，要者如新军有名无实、吏治混乱、学务落后、财政混乱等。① 并毫不避讳地将原因归结为丁振铎不讲求新政，以致丁氏落得"交部严加议处"。② 同是滇督，锡良和丁振铎面临相同困境，他如此指斥前任，无疑等同于自我加压，这显然需要超凡勇气。

这里需要特别提及的是锡良、岑春煊之间的两封往来电函。光绪三十三年正月间，岑春煊致电锡良，先表明未赴滇任之因在于"病势非旦夕所能复元"，同时指出"滇省外交日棘，财政困难，非政府与疆臣合力，不能有所挽救"。③ 锡良在复电中，一方面表达了力辞不果的无奈，另一方面表达了希冀得到政府更多支持之意："良正具疏引疾乞休，旋拜调补之命，自揣才力，更难胜此巨艰。……顷奉谕旨，策励备至，仍饬遄行，惟有钦遵料理前往。窃念滇事至亟，而滇之财力、兵力万不足以自全，安得不呼吁于君父？昨电奏中，已将大势痛切言之，奉有责部协筹之谕。"④

正如所述，尽管锡良对出任滇督多有不愿，但既来之则安之。而他

---

① 锡良：《沥陈滇省困难亟宜通筹补救折》（光绪三十三年六月十三日），《锡良遗稿·奏稿》，第679页。

② 光绪三十三年七月十六日内阁奉上谕："昨据锡良奏云南地方诸务废弛，所办新政半皆有名无实，总由去任总督丁振铎于练兵、兴学、课吏、理财各要政多不讲求，遂使困难至此，殊属有负委任。前云贵总督丁振铎虽经开缺，仍着交部严加议处，所有该省应办事宜，着锡良次第考求，通筹补救，务使日有起色，边圉渐就乂安。现在时事艰难，各省督抚均宜振刷精神，维持大局，倪或敷衍贻误，定行从重惩办，决不姑宽。其有办事认真者，亦必随时奖励。直隶总督袁世凯、两江总督端方、湖广总督大学士张之洞，于用人、行政均能悉心筹画，力求振作，深堪嘉尚，嗣后益当加勉，毋得始勤终怠，朝廷惩劝兼施，总期上有益于国、下有益于民，痛除因循之习，即以立富强之本尔。诸臣其共勉之。"中国第一历史档案馆编：《光绪宣统两朝上谕档》（第33册），第156页。时人亦言，丁振铎"短于才"，致使云南"漫无整顿，日就阽危"。方树梅：《陈虚斋先生年谱》，《清代云南稿本史料》（上），第311页。亦有人为之辩解，指出丁振铎实为奸邪之署吏所贻误。陈荣昌：《特参司道大员奸邪柔媚贻误疆臣折》，杨觐东辑：《滇事危言初集》，沈云龙主编：《近代中国史料丛刊正编》（第62辑），（台北）文海出版社1966年影印版，第114—118页。

③ 《岑春帅来电》（光绪三十三年正月），《锡良督川时本省来往电报》（第21册），馆藏：甲374/22。

④ 《复岑云帅电》（光绪三十三年二月二日），《锡良督川时本省来往电报》（第21册），馆藏：甲374/22。

屡言滇政之难，固为争取清廷更大支持，亦是向清廷表明施政云南之成效实难预料。鉴于英、法通过攫取铁路修筑权将势力渗入云南，锡良提出练兵理所当然为施政之首："欲顾全局必先救滇，救滇必先赎路，赎路必先筹款，理不诬也。然不练兵，路虽赎回不能保。"①

第二节 "非练兵无以固圉"

清末，历任云贵总督必须面对的一个重大问题，即如何编练一支质、量兼备的新军以稳固西南边防。光绪二十八年云南开始编练新军，但时任云贵总督魏光焘面对诸多困境并无多少作为，光绪三十一年丁振铎继任滇督后，也仅进行了一些改旧军练新军的活动。真正推动云南新军建设的当属锡良，他督滇两年间，最终编练成质量较高的新军一镇即第19镇。学界对新政时期云南新军编练有所关注，其中亦涉及锡良练兵情况。但既往研究基本是以列举云南练兵成绩为主，很少从微观层面关照锡良练兵过程中的所思所为，同时在史料挖掘上也存在局限，对锡良档案尚无利用。本节主要依据锡良档案，从督抚主观能动性与省域新政改革成效关系的视角，梳理锡良对云南边防形势的认知、编练新军的举措及其实施过程，展现云南新军编练的独特模式，并从个案角度丰富我们对央省之间、省域之间的关系。

一 练兵一镇之计划

综合考量云南财政窘迫以及边防危急情势，锡良赴滇前即提出云南至少须练成陆军一镇的方案，其言："若夫练兵一事，盱衡时局，滇省至少非练成陆军一镇，驻扎适中，无以备缓急而资镇慑。地处僻远，既不能如山东江北调驻北洋已练之军，而该省旧有各营，或巡防铁路，或控

---

① 《锡良致电蔡乃煌》（光绪三十四年正月），《锡良任云贵总督时往来电稿》，馆藏：甲374/118。

蛮荒，又不能裁原有之兵以补新练之饷。且既练新军，则办理须一遵定章，万不敢敷衍从事，羼杂成军，以致有名无实。计常年额饷，数固浩繁，其开办应购之枪炮、服装及建筑营房等项，恐较之沿海沿江各省，劳费不止以倍。"①

光绪三十三年七月二十一日，管理陆军部事务庆亲王奕劻等奏全国练兵计划，要求云南在五年内练成两镇之兵："该省控制西南边徼，亟宜厚集兵力，以资防守。现在已编步队一协，炮队二营，应限五年筹饷添练，于限内编练足额。"② 对于清政府规划的云南五年内练成两镇新军的方案锡良并不认同，直陈练兵一镇常年不敷经费已在百万之外，两镇更无论矣；且边防局势危急，五年之期断不能待。因此，锡良仍力主编练一镇。最终陆军部从其议。③

有了基本规划，还要斟酌已有新军的质和量，以便制定具体编练方案。丁振铎督滇时期练成步队一协并成立教练处、参谋处、执法处。④ 锡良经过两个多月的调查，了解到上述新军有名无实，"练兵与不练同，且有兵直与无兵同"，表现为营舍缺乏、军纪散漫、训练荒废、将贪士懦等诸多方面。⑤ 进而，锡良表达了彻底整顿既有新军的决绝之心："滇至今日而言练兵，非彻底改张，固有名而无实；非通盘规画，仍有初而鲜终。"⑥

二 新军编练诸举措

锡良督滇时期编练新军的举措，主要针对以下几个方面展开。

---

① 锡良：《滇省应办事宜大概情形折》（光绪三十三年二月二十八日），《锡良遗稿·奏稿》，第662页。
② 中国社会科学院近代史研究所中华民国史组：《清末新军编练沿革》，第75页。
③ 中国社会科学院近代史研究所中华民国史组：《清末新军编练沿革》，第270页。
④ 佚名：《清末云南兵制概略》，谢本书：《清代云南稿本史料》（上），上海辞书出版社2011年版，第243页。
⑤ 锡良：《沥陈滇省困难亟宜通筹补救折》（光绪三十三年六月十三日），《锡良遗稿·奏稿》，第677页。
⑥ 锡良：《滇省改编陆军筹办大概暨饷需不敷情形折》（光绪三十三年九月十三日），《锡良遗稿·奏稿》，第704页。

(一) 筹措练兵经费：沟通央地与求诸他省协济补经费不足

清末，云南财政向需外省协济维持收支平衡，但到锡良督滇之际两湖皆已停协，四川亦减协饷额度，"以致司库度支极形竭蹶，虽力求撙节而入不敷出"。① 而此时云南常年进款在二百万两左右，财政窘状已然达于极致。宣统元年初，即锡良离滇之际，护理滇督沈秉堃曾言及云南常年进款情况："停收土药厘税，本年锐减四十余万两，拉杂凑集常年进款不过二百万两，以之支销一切不敷尚巨。"② 锡良至滇初期虽土药厘税仍未停收，但考虑到1906年、1907年云南持续大旱以致生灵涂炭、民不聊生，其时进款总数或不及两百万两。

正是由于司库空匮，锡良接任滇督时督署竟无一仆役可用，其致电赵尔丰即懊恼言道："弟初到滇，久旱物昂，人心惶恐，几断生机，奴仆失望……署中竟无一仆，全用官弁，请送关防皆须亲手。"③ 尤为严峻的是，锡良了解到整顿财政惯用的开源节流之法对云南并不可行，云南财政实难短期振作。④ 因此，锡良至滇之初便确立了依靠他省尤其是四川省协饷练兵的基本思路，他致电护理川督赵尔丰即直言："为滇省计，亦非倚蜀为根本无以自存。"⑤ 光绪三十三年六月十三日，锡良具折直陈云南新军开办及常年经费缺额严重，"若仍徒托空言，是为有心欺饰"，恳饬

---

① 锡良：《滇省司道各库及各属仓粮现无存储请缓盘查折》（光绪三十三年五月十六日），《锡良遗稿·奏稿》，第672页。
② 《沈护院致南京督幕沈电》（宣统元年正月二十三日），《锡良任云贵总督时外省来往电》（第6册），馆藏：甲374/11。
③ 《锡良致成都赵季帅电》（光绪三十三年），《锡良任云贵总督时往来电稿》，馆藏：甲374/118。
④ 就节流而言，云南局所本属无多，再难裁并。文武薪水较内地为薄，但日用较内地为昂，断难议减；就开源而言，盐价一加再加，万难再议加价。开矿则须筹措巨额资本。鸦片厘税向为云南财政收入大宗，但1906年清廷颁布10年禁绝之谕，锡良更是要求光绪三十四年内一律禁绝，鸦片厘税将随之停收。锡良：《沥陈滇省困难亟宜通筹补救折》（光绪三十三年六月十三日），《锡良遗稿·奏稿》，第678—679页。
⑤ 《锡良致电成都赵季帅》（光绪三十三年），《锡良任云贵总督时往来电稿》，馆藏：甲374/118。

度支、陆军两部筹给练兵专款。①九月十三日再次具折，强调云南边防安全关乎西南大局，所谓"滇省唇辅桂、藏，屏蔽川、黔，为西南全境门户"，陈请恢复并加强各省对滇之协饷。②而后，锡良将云南编练新军一镇经费缺额通告陆军部：开办经费需160万至170万两，工程、辎重等尚不包括，不敷120万两；常年经费需140余万两，不敷70余万两。③

光绪三十四年六月二十四日，清廷谕令外务、度支、陆军、农工商、邮传各部对云南练兵给予大力支持："云南系西南各省安危，强邻逼处已久，现值地方初靖，若不亟图善后，兴办一切要政，后患何堪设想？……所有开办及常年经费、军装、器械等项，着该部商明云贵总督核实确数，分别筹拨，务须源源接济，毋误要需。"④各部协议，滇省练兵经费由川、鄂、湘、粤4省从应解部款中划拨，常年经费从云南土药统税和应解洋款中拨付，见表3-1。锡良得此信后随即致电相关省份督抚以及统税大臣，促其迅速汇解协济款项，其中尤其强调了四川理应速予汇解以为各省表率之意。⑤

---

① 锡良：《沥陈滇省困难亟宜通筹补救折》（光绪三十三年六月十三日），《锡良遗稿·奏稿》，第679页。
② 锡良：《滇省改编陆军筹办大概暨饷需不敷情形折》（光绪三十三年九月十三日），《锡良遗稿·奏稿》，第706页。
③ 《锡良电复》，《锡良任云贵总督时编练陆军等卷·添练陆军筹饷卷》，馆藏：甲374/51。宣统元年，护理滇督沈秉堃曾举折，详细言及经费预算："滇省毗连缅越，地居上游，为西南紧要门户，经陆军部议准，先练陆军一镇以固边圉。前督臣锡良筹画开办经费，往复电商，计枪炮费、运费，约需银一百六十万两；营舍二十座，约需银七十余万两；骡马费，约需银八九万两。约共需银二百四十万两，除滇省自筹各款外，不敷银一百二十余万两，当准陆军部商由度支部将不敷经费照数筹拨。嗣因前次预算仅止枪炮、营房、骡马三大端，工程、辎重、器具、材料等项，均未计入。"《护滇督奏请添拨陆军经费》，《申报》宣统元年三月一日，第二张第二版。
④ 中国第一历史档案馆编：《光绪宣统两朝上谕档》（第34册），第147页。
⑤ 如致电湖广总督陈夔龙言："贵省拨滇京饷五十一万两，名为拨滇练兵经费，实则以部饷练部兵，事关上授，滇省丝毫不能作主，仍恳遵照部示如数拨解为感。"《复陈筱帅电》（光绪三十四年七月二十四日），《锡良任云贵总督时外省来往电》（第4册），馆藏：甲374/11；致四川总督赵尔巽电言："滇省添募营队、修建兵房、制购器械，在在立需巨款。川滇接壤，程途较近，恳请查照部电迅予赐拨，以济眉急。"《致赵次帅电》（光绪三十四年八月二十六日），《锡良任云贵总督时外省来往电》（第5册），馆藏：甲374/11。注：此时四川总督为赵尔巽。

表 3-1　云南编练新军一镇开办经费、常年经费缺额及来源

缺额	来源	
开办经费缺额（120万两）	四川（20万两）	盐厘津贴京饷银20万两
	湖北（51万两）	地丁京饷银15万两，厘金京饷银7万两，盐厘京饷银4万两，江汉关洋税京饷银4万两，四六成洋税筹备饷银15万两，厘金边防经费银4万两，江汉关洋税边防经费2万两
	湖南（23万两）	地丁京饷银12万两，盐厘京饷银11万两
	广东（26万两）	地丁京饷银5万两，厘金京饷银5万两，盐课京饷银10万两，筹备饷需银6万两
常年经费缺额（70余万两）	土药统税按年拨给银50万两，云南应解洋款20.7万两	

资料来源：《陆军部电文》（光绪三十四年），《锡良任云贵总督时编练陆军等卷·添练陆军筹饷卷》，馆藏：甲 374/51。

与此同时，云南亦将练兵及学务作为本省专项财政开支项目。1908年，云南将善后局改为通省财务处，将收发公帑及各衙署岁入岁出列表预为决算，仅留练兵、学务开支分别由督练公所、提学使专款支销。① 但总的来看，各省协饷仍是锡良督滇时期练兵经费的主要来源。

（二）解决将弁缺乏难题：请求外部支援与内部着力培养相结合

锡良认识到，云南缺乏训练有素的将弁，"各营管带颇少翘楚"，以致新军纪律散漫、训练废弛，"军情尤为困急"。② 鉴于此，锡良一面商请陆军部选派将弁入滇，一面和相关省份联络，咨调军事学堂毕业生赴滇。

---

① 《藩司议改善后局为财政处禀》，《锡良任云贵总督时有关筹饷等杂电》，馆藏：甲 374/54。
② 《致蒙自增道电》（光绪三十四年二月二十日），《锡良任云贵总督时本省来往电》（第 8 册），馆藏：甲 374/60。

光绪三十四年七月，锡良致电陆军部通报新军官佐匮乏情况："滇居偏远，人才素乏，现虽竭力搜罗，亦难敷用。即如排长、司务长两级，一镇应需二百八十余员，滇省现有之人尚不及半。"进而列出急需官佐额数，请求由部选员遣派至滇：统领1员（上等三级缺），步队统带2员，马炮队统带各1员（中等一级缺），步队教练官2员，马队教练1员（中等二级缺），步队管带4员，马炮队管带各1员（中等三级缺），步队督队官及队官10员，马队炮队督队官及队官6员，工队督队官及队官2员（下等一级缺）。① 此外，锡良又致电陆军部请派崔祥奎来滇担任新军统制。崔祥奎曾于光绪三十三年被陆军部派至云南考察新军，滇中将校对其军事素养"极佩服"，锡良亦称其阅历有年，"于外省情事甚属熟悉，检查虽极精核而平正通达"。② 光绪三十三年十二月底，锡良奏请留省人员两名："陆军部一等检察官、分省补用道崔祥奎，专精兵学，历练尤深，此次派查军政来滇，经奴才迭加考察，极能热诚任事，劳瘁弗辞；广西补用道杜庆元，明体达用，治郡有声，于法政之学，尤能洞见本原。"③ 陆军部接受请求，同时允诺将随时遴选遣派其余不敷官佐。④ 据报道，外务部尚书袁世凯对于崔祥奎赴滇任职出力颇多。⑤ 稍后，陆军部拣选调滇官佐二百余名，由崔祥奎带领赴滇。⑥

---

① 《致陆军部电》（光绪三十四年七月），《锡良任云贵总督时北京来往电》（第3册），馆藏：甲374/10。
② 《锡良复电许涵度》（光绪三十三年十一月），《锡良任云贵总督时往来电稿》，馆藏：甲374/118。
③ 锡良：《奏拟请调用留省各员片》（光绪三十三年十二月二十三日），《锡良遗稿·奏稿》，第748页。杜庆元后来担任兵备处总办。
④ 《陆军部来电》（光绪三十四年六月），《锡良任云贵总督时北京来往电》（第3册），馆藏：甲374/10。
⑤ 《申报》报道："袁尚书以滇省外交急迫，谓一旦有事，无从措手，甚为可虑。特请旨谕饬陆军部，转饬崔祥奎速即赴滇，以便赶练新军。"《京师近事》，《申报》光绪三十四年八月四日，第一张第五版。
⑥ 锡良：《札兵备处查照赴滇官佐事宜》，《近代史资料》（第138号），第19页。光绪三十四年十二月二十七日，崔祥奎一行抵达云南。锡良：《崔镇统到省片》（宣统元年正月二十五日），《锡良遗稿·奏稿》，第876页。

第四章 锡良与清末云南新政

锡良曾任职四川总督，离川赴滇之际，"因云南需练陆军，无款无人，电奏由川抽调营队，拨发饷械前往。随调协统陈宧，步队标统胡景伊、张毅，并在混成协抽调弁兵四百余员，各拨支饷银十五万两，连同装械等件赴滇。而另委候补知府钟颖接充川军协统"。① 光绪三十三年八月二十八日，锡良又致电赵尔丰，请调四川武备学堂速成毕业生国安以及军事研究所速成毕业生赵兰森来滇。② 后又调取四川武备学堂毕业生曾鹏程、胡忠亮等21人来滇。③ 此外，锡良曾致电两江总督端方，请调派军事毕业生数人来滇。④

在全国普练新军的时代背景下，各省皆面临将弁不足的问题，单纯从外部征调将弁缓不济急，终究不能从根本上解决问题。锡良出任滇督后，大力整顿、发展军事学堂，以期培养各级各类军事人才。锡良入滇前，云南开办的军事学堂，如新操学堂（1901年开办）、陆军小学堂（1906年开办）、陆军速成学堂（1906年开办）等，然师资力量普遍不强，课程设置不合理，办学规模偏小。⑤ 锡良首先对既有学堂进行了较为彻底的整顿。如陆军小学堂总办、监督、提调皆文职出身，办学松弛、纪律散漫，学生违反校规等事件层见迭出。锡良遂撤换原有管理人员，选任由其随带至滇的日本士官学校毕业生、曾任四川新军第65标标统的胡景伊为总办，同时严格学术教授及学堂纪律，由是"学堂面貌焕然一新"⑥。在整顿旧有学堂的同时，锡良又开办了讲武堂、学兵营及测绘学堂等军事学堂。

---

① 《护理四川总督赵尔丰奏川省陆军编练情形折》，《政治官报》光绪三十三年十一月三日，第413号，第68页。
② 《致成都赵护帅电》（光绪三十三年八月二十八日），《锡良任云贵总督时外省来往电》（第1册），馆藏：甲374/11。
③ 《为札饬事》，《锡良任云贵总督时有关练兵文件》，馆藏：甲374/65。
④ 锡良：《滇省改编陆军筹办大概暨饷需不敷情形折》（光绪三十三年九月十三日），《锡良遗稿·奏稿》，第705页。
⑤ 吴达德：《清末云南新军编练与军事教育》，《军事历史研究》2006年第3期。
⑥ 李树东：《云南陆军小学堂概况》，政协云南省委员会文史资料研究委员会编：《云南文史资料选辑》（第20辑），云南人民出版社1983年版，第2—3页。

其一，讲武堂。《奏定陆军学堂办法》规定，作为正规陆军学堂军事教育的补充，各省应于省垣设立讲武堂。锡良到任云贵总督后不久即创办云南讲武堂，讲武堂总办由陆军小学堂总办胡景伊兼充。难能可贵的是，讲武堂制定了较为完备的学堂章程。第一，教育宗旨。为现任军官及各省陆军学堂毕业合格者研究武学之所，"以期学术之划一"。第二，招生。学员分上级、下级，上级自管带至统领，下级自督队官至司务长，每班以3个月为限。第三，开设科目。分为学科、术科两类，学科包括战术学、军制学、兵器学、地形学、测绘学、筑城学、交通学、军人卫生学、马学、服务提要、军用文书法式；术科包括教练、体操、剑术、马术、射击。第四，编制。总办1员，监督1员，各科教习6员，体操助教4员，执事官1员，军需长1员，军医长1员，二等书记官1员，司书生3名，司事生1名，号兵4名，差弁2名，护兵4名，厨夫10名，杂役16名，刷印匠3名，经费为每月830两6钱。① 然而由于师资缺乏，云南讲武堂开办7个月后就停办了。宣统元年八月，护理滇督沈秉堃重开云南讲武堂，校址设在昆明承华圃。②

其二，学兵营。《奏定陆军学堂办法》规定，各省应考选聪颖识字兵丁作为学兵，授以初级军事知识暨训练新兵各法。云南在1907年成立学兵营，由锡良随带至滇的日本士官学校毕业生、曾任四川新军第66标标统的张毅担任总办。如果说讲武堂是一所轮训在职军官并招收武备毕业生以培养下级军官的新式军事学校，学兵营则旨在提升士兵的军事素养。《学兵营章程》规定：管理上，学兵营督队官及各队队官，以本科陆军毕业生或现任本科最优之队官酌量调充；招生上，由各营正

---

① 《云南讲武堂总办会详遵札会议讲武堂一切事宜课程规则条例案》，《锡良任云贵总督时有关练兵文件·讲武堂章程卷》，馆藏：甲374/65。有论者误认为，沈秉堃重新开办讲武堂后才制定了学堂章程即《云南陆军讲武堂试行章程》。卜保怡：《清代云南陆军讲武堂学员将帅概况》，云南陆军讲武堂百年庆典学术研讨会论文集，未刊稿，2009年。

② 关于云南讲武堂情况，详见林超民《云南讲武百年辉煌——云南陆军讲武堂建校百年纪念文集》，云南大学出版社2012年版。

副兵中考选 212 名，须"志趣坚定、品行端正、技术娴熟、聪颖识字、相貌魁伟、身体强壮"；教学上，以切合战时实用及训练新军等法为主课程，半年卒业。教授、训练不可偏废，以训育为重，无论何项科目必就实地实物教导，各级官长须躬行以为模楷。设置步队学科、步队术科、工程队学科、工程队术科四类学科。① 具体科目参见表 3-2。

表 3-2　　　　　　　　　　学兵营开设科目

步队	学科	步兵操法、射击教范、工作教范、体操教范、野外勤务书、测图学、算数学、军器保存学、卫生学
	术科	单人教练、体操、射击实施、大排教练、一队教练、一营教练、刺枪术、野外演习、目测实施
工程队	学科	工兵操法、架桥教范、筑城教范、体操教范、射击教范、野外勤务书、测图学、卫生学、算数学
	术科	架桥演习、筑城实施、单人教练、体操、射击实施、大排教练、一队教练、一营教练、刺枪术、野外演习、目测实施。

资料来源：《云南兵备处会详遵奉会议试办学兵营章程由》，《锡良任云贵总督时有关练兵文件·学兵营章程卷》，馆藏：甲 374/65。

其三，测绘学堂。锡良到滇之初即着手创建测绘学堂，并电请两江总督端方调派测绘教员来滇。② 测绘学堂于光绪三十三年十一月二十八日开学，其课程规则是仿照南洋测绘学堂，分预备科、专门科两级，前者以 10 个月为期，期满合格者升入专门科，学习三角、地形等专业，以 20 个月为期。③ 然而，测绘学堂同样面临师资紧缺问题。光绪三十四年十二

---

① 《云南兵备处会详遵奉会议试办学兵营章程由》，《锡良任云贵总督时有关练兵文件·学兵营章程卷》，馆藏：甲 374/65。
② 《南京来电》（光绪三十三年），《锡良任云贵总督时外省来往电》（第 1 册），馆藏：甲 374/11。
③ 锡良：《滇省测绘学堂照章变通办理折》（光绪三十四年九月十六日），《锡良遗稿·奏稿》，第 831—832 页。

月,鉴于次年春开始实地测量教学,锡良致电桂抚张鸣岐请调云南官费留日军事毕业生吴广仁回滇,后者以桂滇同属边地、事棘才难为由推辞。锡良遂又致电陆军部,声称"地图为军用要需",仍请调吴回滇任职。① 吴最终是否到滇不得而知,但两省对其争夺足见当时专业人才之匮乏。

有论者据《暂编陆军第十九镇教育方针草案》《陆军第十九镇教育计划》,将云南新军训练特色归纳为因地制宜、严格军纪、计划周密、内容充实、训练与演习相结合等方面。② 这些特色比较符合锡良编练云南新军的实际状况。在创办军事学堂同时,锡良还大力选派学生到外省军事学堂深造。如锡良于宣统元年选派云南陆军小学堂优等毕业生63人至湖北陆军中学堂学习。时论认为上述学生他日归来,必能"群策群力、和衷共济,组织一完全军队,渐次传导使人人有军事思想"。③ 但据笔者所见史料,锡良并未向国外派遣军事留学生,这或许与其"以近年重臣亲贵出洋考察,徒饰观听,见轻外人,疏请停派并慎选亲贵实行留学"的认识和主张有关。④

(三) 发展新军装备和规范后勤保障:以配置军械与修建营舍为中心

云南新军极为缺乏军械,锡良上任之际仅有曼利夏新式步枪3000杆可供使用,而弹盒等零件则均未购备。⑤ 为改变军械落后状况,锡良重点从省外及国外购置新式军械,同时根据云南现有条件自造部分军械及其辅助设备。

就从省外购置军械而言,锡良对四川颇为依赖,至滇之初即电询赵

---

① 《致陆军部电》(光绪三十四年十二月二十二日),《锡良任云贵总督时北京来往电》(第4册),馆藏:甲374/10。
② 吴达德:《清末新军的编练与教育——以云南新军为中心的探讨》,《四川师范大学学报》2008年第2期。
③ 义侠:《云南陆军小学堂毕业咨送湖北陆军中学堂诸君姓名籍贯录》,《云南杂志选辑》,第284页。
④ 斌儁:《锡文诚公行述》。
⑤ 锡良:《滇省改编陆军筹办大概暨饷需不敷情形折》(光绪三十三年九月十三日),《锡良遗稿·奏稿》,第705页。

尔丰四川兵工厂开办情况："滇省新军首需利器，派员远购，款巨运艰，因思川厂果能成立，制造精良，取携甚便，同一出款，耗之外洋何如用之内地？现在该厂机器已否到全，有无损失，厂员洋匠点验安放，考察能否得用，约几时可以开工？"① 由于锡良对从国外购置军械的难度和弊端有着清醒认识，因此他将本国能否制造具有世界先进水平的军械提升到关乎国家命运的高度，表现出强烈的主权意识和国家观念。他在致赵尔丰另一电中即言："世界各国无不以枪炮为性命，独我中国竟无一可用工厂。弟初到川与我哥暨诸同寅均以此事为万不可缓，百计经营，粗具规模，而川既无制造之人才，更乏专办财力。弟思此厂关系西南数省，应为国厂，不仅为省厂。"② 光绪三十四年年初，四川兵工厂仿制日炮试验成功，锡良得此信后颇为兴奋，认为如此即可"既储戎备，又保利权"。③ 此外，锡良还曾向两江购置军械。④

然而，云南由于僻处西南，外省军械输入云南道远运艰，不仅运费更多，且往往"到滇已迟"。⑤ 即便是和同处西南的广西相比，广西向广东订购军械可溯江直达，云南输入军械则"其难百倍"。⑥ 加之全国普练新军，国内兵工厂又极为缺乏，各省皆面临军械短缺难题，因此锡良不得已花重金从国外购置军械。他出任滇督不久，即派员分赴南北洋以及湖北等处调查各国新出枪炮情况预备订购，并致电江督端方请其联络购买德国小口径毛瑟枪、奥国曼利夏步枪、日本卅年式步枪以及德国克虏

---

① 《锡良致电成都赵季帅》（光绪三十三年），《锡良任云贵总督时往来电稿》，馆藏：甲374/118。
② 《锡良致电赵季帅》（光绪三十三年），《锡良任云贵总督时往来电稿》，馆藏：甲374/118。
③ 《致成都丁道电》（光绪三十四年正月三日），《锡良任云贵总督时外省来往电》（第2册），馆藏：甲374/11。
④ 锡良曾致电江督端方言道："接济利器，瘠区得此，受惠无穷，并领多珍，感谢感谢！"《锡良致端方电》（光绪三十四年十一月），《锡良任云贵总督时往来电稿》，馆藏：甲374/118。
⑤ 《端方致锡良电》（光绪三十四年十一月二十四日），《锡良任云贵总督时往来电稿》，馆藏：甲374/118。
⑥ 《复张坚帅电》（光绪三十四年八月二十九日），《锡良任云贵总督时外省来往电》（第5册），馆藏：甲374/11。

伯、格鲁森等厂所出新式枪炮。① 锡良强调，购械合同须写明由精通军械之德国厂员亲到云南交纳，并限到滇后六月内将结合、试验之法及应用学理讲述清楚，但不能雇请外国厂员至滇任职。②

赵尔丰曾致函锡良，提议尽量委托外国驻华领事之可托者代购军械，认为"彼等虽非认真为我，然其自顾名誉，胜于我国无天良、无廉耻之徒万万也"。③ 但从具体购置过程看，从光绪三十三年四月出任滇督至光绪三十四年七月，在一年多的时间里，锡良主要通过洋行从国外购置大批军械。具体种类、数量参见表3-3。

表3-3　　　　　　云南从国外购置军械详目

所订购洋行	枪炮式样	数量
礼和洋行	克厂七生特五过山快炮	36尊
	子弹	1.08万颗
	侣佛厂六米里八步枪	3000支
	马枪	450支
	圆弹	345万颗
	六米里八机关炮	12尊
	尖弹	100万颗
瑞记洋行	侣佛厂六米里步枪	3300支
	子弹	330万颗
维昌洋行	十响毛瑟手枪	680支
	子弹	47.6万颗

资料来源：《致江鄂川三帅电》（光绪三十四年七月二日），《锡良任云贵总督时外省来往电》（第4册），馆藏：甲374/11。

---

① 《发江宁电》（光绪三十三年），《锡良任云贵总督时外省来往电》（第1册），馆藏：甲374/11。

② 《致上海委员申令等电》（光绪三十三年十二月二十九日），《锡良任云贵总督时外省来往电》（第2册），馆藏：甲374/11。

③ 《赵尔丰来函》（光绪三十四年九月），虞和平主编：《近代史所藏清代名人稿本抄本》（第3辑第138册），第381—382页。

为节省经费，一方面，锡良指示，诸如工程队架桥材料以及土工器具、辎重车辆等耗资大且难于运输的装备，只准从国外购置样本而由滇仿造；① 另一方面，鉴于"事事购之外洋，利权未免外溢"，锡良指示根据云南实际条件自造某些附属设备。如云南夙产皮革，锡良上任之初即筹设制革厂，并请四川制革公司挑选能够制造背包、子弹盒、军用皮件各项之上等工匠五六人来滇教导。光绪三十四年八月二十六日，锡良又致电四川总督赵尔巽，商调工师沈克刚、季纪勋酌带学徒来滇。② 同时，锡良对云南机器局进行了整顿。云南机器局机械化水平很低，仅有少量车床，其余均用手工制作，费时费工且质量低劣。锡良意识到，兵工制造至为精微且事又极繁，非专精研究而又不恤巨帑、不计近功难以取得实效。鉴于机器局一时难以改观，他提出暂停枪支生产，重点仿造外洋子弹、军刀等件，"庶造成一项有用之物品，藉省一分外溢之利权"。③

云南新军向无正规营舍，而是随处分扎、零星散处，"不特学、术两科未经讲求，即军人应受规则亦尚茫然无知"。④ 锡良出任滇督之始，即饬令先于省城北关外校场建造步兵一标营舍，限期年内竣工；又于南关外酌购民地，建造步队一标暨炮、工、辎各标营舍；其余步马各标，拟就蒙自附近择地建造营舍。至于营舍规制，则须地势宽阔、房屋高明。⑤ 至宣统元年年初，驻省之步队、炮队5营，均已建成营舍；其余步、炮、马队、工程营以及临安、大理步队营舍，则竣工在即；辎重、交通等营

---

① 锡良：《滇省改编陆军筹办大概暨饷需不敷情形折》（光绪三十三年九月十三日），《锡良遗稿·奏稿》，第705页。

② 《致赵次帅电》（光绪三十四年八月二十六日），《锡良任云贵总督时外省来往电》（第5册），馆藏：甲374/11。

③ 锡良：《云南机器局制造情形片》（光绪三十三年九月十三日），《锡良遗稿·奏稿》，第706—707页。

④ 《云南陆军全协统领官陈中书详勘建陆军营地请派员估修由》，《锡良任云贵总督时编练陆军等卷·陆军修建营舍卷》，馆藏：甲374/51。

⑤ 锡良：《滇省改编陆军筹办大概暨饷需不敷情形折》（光绪三十三年九月十三日），《锡良遗稿·奏稿》，第705页。

亦开始择地修建营舍。①

此外，云南陆军各营遵章均配有军医官、医生、医兵以及患病室等。② 然其实际效果并不乐观，锡良遂酌裁医生、医兵，腾出饷项充作军医学堂经费，其言："兵学之优劣关于训练，兵力之强弱关于卫生。……滇省陆军各标营，照章设有医生、医兵名目。刻值人材缺乏，此项员役于疗治看护之道素未讲求，应予酌量裁减，腾出薪饷，恭招学生，研习医理，将来学成毕业，仍发还该标营分别派充，庶于军队卫生裨益匪浅。"规定，步队各营每营裁去医生一名，医兵二名；炮队各营每营裁去医生一名，医兵一名。③ 为整肃军容，锡良饬令远赴上海购置布料，按照陆军部厘定的礼服样式制作陆军官佐服饰。④

（四）强化军事管理：以设置督练公所与整顿军纪为抓手

一位曾游历云南的日本人描述云南人生活习性："日平方起床，夕阳未下即已闭户，市街非九十时决不经商，早餐必十二时。"作为一种日常习惯尚可理解，但新军官兵亦必八九时起床则"尤足使吾人长叹"⑤。为改变新军管理废弛局面，锡良采取多种举措。

首先，设立督练公所。

陆军章制规定，各省新军练及一协以上者应于省垣设立督练公所，以统筹练兵事宜。光绪三十四年，锡良将丁振铎督滇时期设置的督练处改为督练公所，下设三处。一是兵备处。掌管全省陆军军政事宜，设总办、帮办、提调、文案，设筹备股、赏罚股、军需股、军械股、医务股。

---

① 锡良：《滇省新练陆军一镇逐款核实报销情形折》（宣统元年正月二十四日），《锡良遗稿·奏稿》，第 873 页。
② 《卫队管带晁培荧禀请添设医官医兵及药费由》，《锡良任云贵总督时编练陆军等卷·筹办陆军卷》，馆藏：甲 374/51。
③ 《札布政司善后局筹画军医学堂经费》，中国社会科学院近代史研究所《近代史资料》编辑部编：《近代史资料》（第 138 号），中国社会科学出版社 2018 年版，第 14 页。
④ 《致陆军部电》（光绪三十四年七月十一日），《锡良任云贵总督时北京来往电》（第 3 册），馆藏：甲 374/10。
⑤ 《日本人之云南观》，《申报》宣统二年十一月二十八日，第一张后幅第四版。

二是参谋处。掌管全省防守及用兵方略事宜,设总办、帮办、提调、文案,设运筹股、检阅股、测绘股。三是教练处。掌管全省各军训练及陆军学堂教育事宜,设总办、帮办、提调、文案,设教育股、编译股、校兵股。① 主要官佐见表3-4。

表3-4　　　　　　　云南督练公所主要官佐名单

参议官	候补道杨福璋,日本士官毕业生胡景伊、张毅	
兵备处	总办:补用道杜庆元	
	帮办:候补道张俊生	
参谋处	总办:候选内阁中书刘濬	
教练处	帮办:补用道赵金鉴	

资料来源:《致陆军部电》(光绪三十四年七月二十八日),《锡良任云贵总督时北京来往电》(第3册),馆藏:甲374/10。

其次,严格整顿军纪。

锡良意识到,若再不认真整顿云南新军,"边场偶有缓急,直难收一兵之用"。② 而整顿新军将弁是整顿新军的关键,所谓"欲起疲弱之兵,必先惩贪弱之将",强调各营当随时考核,将整顿军纪作为一项常态工作。③ 就当时而言,"各营将领,积习太深,不惟旧军视缺额侵饷为固然,即新军亦视冈利营私为得计,营垒未建,腐败已形,实为各省所少见"。④ 经锡良派员点验,明目张胆缺额侵饷者以铁路巡防队第9营管带田庆杰、

---

① 《督练公所办事章程》,《锡良任云贵总督时编练陆军等卷·筹办陆军卷》,馆藏:甲374/51。
② 锡良:《滇省营务废弛查明贪庸不职将领请旨分别惩处折》(光绪三十三年六月二十二日),《锡良遗稿·奏稿》,第681页。
③ 锡良:《拟请惩处缺额营员缘由片》(光绪三十三年四月二十六日),《锡良遗稿·奏稿》,第669页。
④ 锡良:《滇省营务废弛查明贪庸不职将领请旨分别惩处折》(光绪三十三年六月二十二日),《锡良遗稿·奏稿》,第681页。

第 10 营管带孙殿魁为尤甚，当饬将二人提省正法。① 稍后，锡良又将多名不称职将弁处以降职、发配、监禁以至正法处置。② 与惩处相呼应，锡良对于卓有功绩者则大力保举，做到赏罚分明。如署云南提督、临元镇总兵刘锐恒与士卒同甘共苦且治军严谨，开化镇总兵白金柱沉毅多谋，皆得到锡良保举。③

锡良对士兵的管理也异常严格。云南旧军吸食鸦片成风，以致几无战斗力，锡良对此严厉整顿。时人回忆，炮兵营某士兵因烟瘾发作而越墙逃走，将其拿获后立即处以枪决，"从此烟赌不禁而自禁"。④ 后人亦称云南新军革除旧军恶习以"荡绝烟毒为最难得"。⑤ 此外，锡良还完善了士兵休假制度和打靶法令。之前每当新军各营假期休息时，除风纪卫兵⑥留营外，往往将全营兵丁悉行放出。锡良指出此种休假方式有颇多弊端，

---

① 《致军机处请代奏电》（光绪三十三年六月十七日），《锡良任云贵总督时北京来往电》（第1册），馆藏：甲374/10。

② 锡良：《滇省营务废弛查明贪庸不职将领请旨分别惩处折》（光绪三十三年六月二十二日），《锡良遗稿·奏稿》，第681—682页。锡良在该折中，奏参多名将官：新军第一标第二营管带·候补游击邓廷忠、第二标第二营管带·候选州判王绍谟，"恣为弊混，法纪荡然"，请旨革职发往新疆充当苦差；队官·廪生李有菘"侵蚀截旷"，请旨即斥革职发回原籍，监禁二十年；统领新军·候补道柳旭"因循玩愒，于属营缺额侵饷毫无见闻，实属形同聋瞶"，请旨以同知降选。资料来源同上。光绪三十三年七月二十七日，清廷谕准。中国第一历史档案馆编：《光绪宣统两朝上谕档》（第33册），第176页。同年十一月，锡良又具折，奏参数名将官：裁撤驻蒙炮队管带·补用都司许瀛洲，侵蚀薪饷，恣为弊混，拟请旨革职，发交原籍监禁二十年；裁撤精练左营管带·记名提督李章，任意抽拨，显有弊混；管带铁路巡防队第五营补用游击速国相，识浅才疏，擅离职守，拟着即革职。《特参庸劣营员请予分别惩处折》（光绪三十三年十一月二日），《锡良遗稿·奏稿》，第722页。又片奏：卸署顺云协副将·永昌协副将志鹏，纵容兵役，约束不严；提标左营游击杨凤岐，夙有心疾，行止不检，拟请一并革职。此片奏不见奏稿，见于中国第一历史档案馆编《光绪宣统两朝上谕档》（第33册），第310页。光绪三十三年十二月四日，内阁奉上谕，着照所请。资料来源同上。

③ 锡良：《奏保滇省将才折》（光绪三十三年十一月二日），《锡良遗稿·奏稿》，第721页。

④ 陈天贵：《回忆辛亥革命前后》，政协全国委员会文史资料研究委员会编：《辛亥革命回忆录》（第6集），中华书局1963年版，第155页。

⑤ 文公直：《最近三十年中国军事史》，沈云龙：《近代中国史料丛刊正编》（第64辑），（台北）文海出版社1966年影印版，第372页。

⑥ 风纪卫兵，即维持军中风纪并负责军营内外警戒的士兵。

"人多既易滋事,空营亦复可虞",提出新的士兵休假之法,将全营兵丁分为两班,分上下午外出,且须上午外出者悉数回营方准下午计划外出者外出。① 云南新军向无士兵打靶法令,领发子弹亦未按月登记清楚。锡良认为,"军队教练射击为重,平时演习既精,临战始确有把握",遂制订"暂行陆军各标营打靶规则及弹药存领消耗表",饬教练处统一印发。②

此外,锡良还对云南巡防队进行了整顿。光绪三十三年四月,云南防营一律改为巡防队。然而,当其改编之际,"就兵就饷,简陋相仍。有以勇营改为巡防者,有以团营改为巡防者,有以防营改为新军而仍事巡防者,庞杂纠纷,漫无秩序。其巡防铁路者,因人类之杂、兵格之低、服装之垢敝、纪律之废弛,久已贻讥中外,军政之坏几至无可措手"。③ 时人亦称,云南巡防队编制混乱、训练松弛,"兵官类皆目不识丁的武丁,兵丁多是好吃懒做、抽大烟和从事赌博之徒,平日绝少操练",不仅不能担负起防卫地方的职责,甚至会扰乱社会秩序。④ 如南防巡防队第12营管带李琼林操防敷衍了事,兵勇亦多疲弱,甚至"当兵数月而不知操枪者,且有瞽目一人亦入伍充数"。⑤ 鉴于此,锡良认为:"非选员统率无以祛积弊而专责成,非厚给饷糈无以恤兵艰而作士气,至其入手之方则以划一营制为要。"划定巡防队每营以250人为定额,按照南防(共17营)、西防(共10营)、普防(共3营)、江防(共4营)、铁路防(共13营)分为五路,将正勇月饷一律加为三两六钱,员弁、什长、伙夫等

---

① 《札兵备处陈统领拟定各营星期放假时刻由》,《锡良任云贵总督时编练陆军等卷》,馆藏:甲 374/51。
② 《暂行陆军各标营打靶规则及弹药存领消耗表式》,《锡良任云贵总督时编练陆军等卷》,馆藏:甲 374/51。
③ 锡良:《奏为改编滇省防营厘定章制拟请迅拨的款事》(光绪三十三年十二月十三日),中国第一历史档案馆藏:03/5095/060。
④ 陈天贵:《回忆辛亥革命前后》,政协全国委员会文史资料研究委员会编:《辛亥革命回忆录》(第6集),第155页。
⑤ 《广南府桂守来电》(光绪三十三年十一月十八日),《锡良任云贵总督时本省来往电》(第6册),馆藏:甲 374/60。

亦可稍有增加，因请敕部按年专拨的款二三十万两解滇。① 同时，选取极少数巡防营严加训练，以备改练新军。如腾越"逼近强邻，兵力尤单"，锡良遂对驻腾越巡防两营进行大力整顿。② 而对于实难议改者则裁旧募新，如驻蒙自巡防营声名甚劣，锡良遂将其老弱不堪及沾染恶习者悉数淘汰，选募年力精壮之人充补。③ 至于云南绿营兵，由于积弊陋习太深，自光绪二十九年开始每年递裁一成，以十年裁尽，至光绪三十三年还剩各级军官125名，步战、守兵2890名。锡良认为，对于这些绿营兵，"饷薄则存活尚艰，散处则训练匪易"，而编练新军、扩充警察均为当务之急，"与其留此多数疲惫之兵而虚糜款项，何如节存有用之饷以凑供要需"，遂议决在光绪三十四年正月底一律将其裁撤，同时在省城兵备处附设兵事研究所，挑选绿营武职员弁入所肄业，"以资造就而备任使"。④

三 练兵成效与不足

在财才两乏的条件下，锡良克服诸多困难，终于在宣统元年（1909）年初练成新军一镇，按全国陆军序列定为暂编陆军第19镇，"滇省盖自是始有陆军"，⑤ 并且"较之南方及西南各省为早且多"。⑥ 直到民国年间云南革命军起，有舆论亦称："滇省行政之特色，即为练兵一事，锡良创之于前，李经羲继之于后，盖已十年于兹矣。"⑦

---

① 锡良：《奏为改编滇省防营厘定章制拟请迅拨的款事》（光绪三十三年十二月十三日），中国第一历史档案馆藏：03-5095-060。
② 《致陆军部电》（光绪三十四年六月十六日），《锡良任云贵总督时北京来往电》（第3册），馆藏：甲374/10。
③ 《致增道电》（光绪三十四年三月），《锡良任云贵总督时本省来往电》（第9册），馆藏：甲374/61。
④ 综合《奏滇省绿营官兵分别酌拟裁留并腾出饷需作为添练新军扩充警察之用》《札饬各属将各标镇协营官兵限正月底一律裁撤由》《牌示滇省裁缺各武员饬令入兵事研究所及遣资安置》《锡良任云贵总督时编练陆军等卷·裁撤绿营官兵卷》，馆藏：甲374/51。
⑤ 斌循：《锡文诚公行述》。
⑥ 文公直：《最近三十年中国军事史》，第370页。
⑦ 《字林报论云南今日之地位》，《申报》1916年1月12日，第三版。

第19镇设37、38两协,每协设步兵两标,即第73、74、75、76标;另有炮兵1标,马兵1标,工程兵1营,辎重兵1营,机关枪1营,宪兵1营,军乐1部。① 上述兵种不少为锡良所创建,反映了他因地制宜、实事求是的施政作风。如锡良鉴于云南新军素缺军乐,早在由川赴滇之际即随带乐兵20名,"藉状军容而新士气"。后又鉴于所带乐兵均系青年,日后难保他们无请假省亲等事,遂从本地挑选8名乐兵按谱教演。② 又如,锡良考虑到云南多山且本地所产骡马弱小不堪重负,③ 遂专门成立交通队一营,由电信、铁路、气球、信号各队组合而成。④

经过锡良的努力,云南新军中将弁庸劣、训练废弛等问题得到有效遏制,训练走向正规,士气得到提振。时人将云南新军放到全国范围衡量,认为"滇军之精锐雄武,则为当时之第一流军队"⑤。具体言,有以下两方面尤值称道。

云南新军武器装备齐整。据日本士官学校云南籍留学生赵钟奇回忆,云南新军装备都是当时极新式的东西,"大概除了北洋军之外,全国的军队都是没有的"。⑥ 辛亥重九起义胜利后,民军清点云南军械局所藏枪支弹药,就发现存有锡良从德国克虏伯厂购置的五子步枪弹数百万发,日

---

① 佚名:《清末云南兵制概略》,《清代云南稿本史料》(上),第243页。
② 《陆军全协陈统领详请添设军乐队学习乐兵八名》,《锡良任云贵总督时编练陆军等卷·筹办陆军卷》,馆藏:甲374/51。
③ 锡良曾言:"滇省多山,本地虽产骡马,躯干弱小,即壮健之骡,载重不过一百五十斤,马则仅载百二十斤,且道路崎岖,必使稍有余力,方免竭蹶。他省所产骡马,土地异宜,恐难适用。"锡良:《札善后局筹备编练新军事宜》,《近代史资料》(第138号),第15页。
④ 《陆军部来电》(光绪三十四年七月十九日),《锡良任云贵总督时北京来往电》(第3册),馆藏:甲374/10。1910年,云南制定《教育方针草案》,明确提出"输兵"概念:"我国营制无输兵名目,查滇中道路崎岖,辎重不能用车,用骡马输送。然一营骡马平时是不能负担全镇辎重,势不得不临战征发。苟不筹备输兵则将来之运送殊困难也。"《暂编陆军第十九镇教育方针草案》,云南省图书馆藏。转引自吴达德《清末新军的编练与教育——以云南新军为中心的探讨》,《四川师范大学学报》2008年第2期。
⑤ 文公直:《最近三十年中国军事史》,第371页。
⑥ 赵钟奇:《护国运动的回忆》,中国社会科学院民族研究所等:《回族史论集(1949—1979)》,宁夏人民出版社1984年版,第528页。

本明治 30 年式步枪 1000 支，双筒无烟 2000 支，九子枪、单响毛瑟 5000 支，以及炮弹数十万发。① 后来领导重九起义的蔡锷也曾说："在京调查一年，始知全国军队中军械之充足，无出云南右者。"②

云南新军的军事素质有所提高。1909 年年初锡良调任东北后，1910 年的《申报》还评论说："前督锡良莅任，大加改良而军队始稍活动，至今未废，近来每朝日出前必有喇叭声，此锡督之赐也。"③ 加之云南新军士兵以土著占绝大多数，这些土著士兵"体格伟壮，性情勇猛，为滇兵之特色"，新军的战斗力因而得到很大提升。④ 锡良还通过外部引入、派遣学生赴国内外军事学堂学习、自办军事学堂等途径，使云南新军将领多由文官担任的现象得到极大改观，形成"上级将校多由日本士官学校出身，中下级将校多由滇讲武堂出身"的局面。⑤ 在锡良档案中，存有一份光绪三十四年七月锡良致陆军部电，该电文开列当时新军主要官佐名单，见表 3-5，其中绝大多数具有军事学堂教育背景，体现了新军建设的正规化和专业化。⑥

表 3-5　云南陆军混成协官佐名单（光绪三十四年七月二十八日）

统领	陈宧（曾就学湖北武备学堂，分发陆军部补用员外郎）
参军官	董成顺（记名协参领补授正军校）

---

① 李鸿祥：《增补云南辛亥革命回忆录》，政协全国委员会文史资料研究委员会编：《辛亥革命回忆录》（第 6 集），第 146 页。
② 云南省志编纂委员会办公室：《续云南通志长编》（上），内部发行，1985 年，第 1223 页。
③ 《日本人之云南观》，《申报》宣统二年十一月二十八日，第一张后幅第四版。
④ 云南省志编纂委员会办公室：《续云南通志长编》（上），第 1222—1223 页。
⑤ 云南省志编纂委员会办公室：《续云南通志长编》（上），第 1223 页。
⑥ 当然，正是由于云南新军中有相当数量的接受新式知识的将官，致使云南新军发生急剧分化，思想控制严重失效，最终走向清朝对立面。这当然是锡良始料不及的。

续表

步队第1标	统带	张毅（日本士官毕业生）
	教练官	刘成勋（四川武备毕业生）
	副军需官	陈礼门（四川武备毕业生）
	第1营管带	胡忠亮（四川武备毕业生）
	第2营管带	曾鹏程（四川武备毕业生）
	第3营管带	李元成（北洋武备毕业生）
步队第2标	统带	周国祥（候选知府振勇巴图鲁）
	教练官	沈秉忠（记名协参领补授正军校）
	副军需官	熊鸿钧（协参领衔补授正军校）
	第1营管带	伍祥桢（补授协参领）
	第2营管带	孔繁锦（记名协参领补授正军校）
	第3营管带	赵瑞寿（记名协参领补授正军校）
炮队	教练官	朱寿同（江南炮兵科毕业生）
	第1营管带	彭毓崇（补授协参领）
	第2营管带	韩尚文（江南炮兵科毕业生）
	工程营管带	李连元（北洋武备毕业生）

资料来源：《致陆军部电》（光绪三十四年七月二十八日），《锡良任云贵总督时北京来往电》（第3册），馆藏：甲374/10。

当然，锡良督滇时期云南新军编练也受到种种因素制约，主要有以下三点。

首先，军官数量不足。据宣统二年七月云南省呈报的《陆军第十九镇报告表》统计，第19镇官佐缺编60名，约占军官总数的8%。[1] 事实上，在职军官尤其是中下级军官从学堂毕业者实居少数，学庸品卑现象严重。致因主要有以下几点。一是，上层军官数量较少尚能由外省咨调，

---

[1] 《陆军部档案》，中国第一历史档案馆藏：15/2/912。转引自谢本书、李成森《民国元老李根源》，云南教育出版社1999年版，第70页。原书注明"档案抄件由茅海建提供"。

而中下层军官需员尤多则须本省培养,但云南自办军事学堂又普遍匮乏师资。或许是考虑到外国军事教习的双重影响以及云南作为西南边防要区的重要地位,锡良对引进外国教习慎之又慎,并未像直隶、湖北那样大量聘请。① 二是,云南自然环境恶劣,"地处极边,著名瘴苦,才俊之士类皆裹足不前"。② 更甚者,"滇边二千余里尽系瘴区",③ 外省任职者因不习水土动辄得疾且苦无医药,以致"闻名奏调亦多不愿前来"。④ 锡良在奏折中亦言道:"云南地方僻远,瘴苦艰难甲于各省,贤者且多裹足,安论中下?但使所在人员,苟有片长可取,方罗致之不暇,何忍屏除废弃。"⑤ 光绪三十三年,锡良奏调南洋陆军毕业生七名来滇差委,他们于是年七月由宁起程,由于"时值瘴疠正盛",以致前充江南炮标第一营督队官李华、前充江南测绘学堂班长刘春霖"染瘴深重",不幸在途次蒙自、通海先后病故。⑥

其次,兵源极为缺乏。尽管"滇民颇不乏朴实刚劲之材,堪备兵格",⑦ 但云南兵源整体并不充足。之所以如此,在于滇民在观念上对于参军颇为抵制,时人这样描述当时招兵情形:"奉饬就地募兵,委员四出,迄鲜应,或始应而旋逃。标统顾性泉四端,再三托余代为劝募,余

---

① 如湖北曾聘请大量外国军事教习,一方面提升了新军训练水平,但同时也产生诸多弊端,如专横跋扈,桀骜揽权等。参见李细珠《张之洞与晚清湖北新军建设——兼与北洋新军比较》,《军事历史研究》2002 年第 1 期。

② 锡良:《为举贡挚签知县请增添滇签二十支事》(光绪三十三年六月七日),中国第一历史档案馆藏:2/04/12/033/0630。

③ 《致陆军部电》(光绪三十四年十二月二十二日),《锡良任云贵总督时北京来往电》(第 4 册),馆藏:甲 374/10。

④ 《致江宁端午帅电》(光绪三十三年十二月),《锡良任云贵总督时外省来往电》(第 2 册),馆藏:甲 374/11。

⑤ 锡良:《甄别属员贤否请旨劝惩折》(光绪三十三年七月二十四日),《锡良遗稿·奏稿》,第 691 页。

⑥ 锡良:《江南毕业生李华等在途瘴故请从优议恤片》(光绪三十四年二月十八日),《锡良遗稿·奏稿》,第 775 页。

⑦ 锡良:《滇省营务废弛查明贪庸不职将领请旨分别惩处折》(光绪三十三年六月二十二日),《锡良遗稿·奏稿》,第 681 页。

委阿迷绅士邹小山招至百四十名,沿途照料,先到府署,款以酒食,反复开导,煞费苦心,始送入标部,分编补充各营空额,未及两月,而又私逃净尽,至有穿去军衣,仍须由余追回。岂风气未开耶?抑气类不合耶?"① 另据汇报,招募新军成军后,各营均有潜逃,甚至有"拐饷、拐穿军衣逃走者"。②

最后,经费严重短缺。前文述及,锡良列出编练新军一镇的开办经费和常年经费分别为160万至170万两(工程、辎重等不包括在内)、140余万两,此皆概数,事实花费远超此数。宣统元年,护理滇督沈秉堃详细奏报了云南新军开办及常年经费严重缺乏情况:

> 北洋开办一镇需用经费三百余万,滇虽力求撙节,而运费为数不訾,恐亦不能大减。……查新购枪炮现正陆续运滇,营房局所或已渐次告竣,或经勘估动工,军用骡马及工程辎重、器具材料业经分头购买订造,新募兵丁亦经派员选募,适奉派全镇统制崔祥奎率同所调各级官佐先后到滇,全镇规模业已大定,惟是开办经费通盘筹画,实需银三百七十万两,除原筹之二百四十万两外,计尚不敷银一百三十万两。盖因滇居僻远,不便交通,运费之巨,倍于他省,核计购办枪抱及军装价值已用银一百七十万两零,运费约银三十万两,已建营房二十座,用银七十余万两,骡马约银八九万两,工程辎重器具材料并医院器具药品约估银三十余万两,添建各公所局所医院及应用器具约估银六十余万两,综计实需银三百七十万两,此开办经费不敷之实情也。
>
> ……
>
> 至于常年经费,经度支部筹拨银七十万七千两,滇省自筹银六

---

① 贺宗章:《幻景谈》,方国瑜:《云南史料丛刊》(第12卷),第132页。
② 《锡良收省张镇台(张嘉钰)电稿》(光绪三十三年五月二十三日),虞和平主编:《近代史所藏清代名人稿本抄本》(第3辑第136册),第316页。

十五万两,加入交通队饷需,共不敷银十一万余两,亦经前督臣电部筹商,接准复电,应俟编练成镇时查明确数,由部筹拨等因。现在细为核计……实不敷银二十六万余两,此常年经费不敷之实情也。

……

滇省本著名瘠区,常年入不敷出,前此筹备各经费,业已悉索无余,实无处再可罗掘。思维再四,惟有仰恳敕部再行加拨开办的款银一百三十万两,常年的款银二十六万两,分别解滇,以资接济。①

经费不足直接导致云南新军硬件设施建设乏力,更重要的是仅练成新军一镇尚不足以拱卫云南边防,如云南新军统制崔祥奎即指出云南"非赶于二三年内至少练成两镇新兵,难资镇慑",但他亦坦言编练一镇"不敷之饷如此艰涩",遑论编练两镇。② 显然,经费成为制约云南新军持续发展的瓶颈问题。

小结

从锡良编练新军的实践来看,他能够直陈云南困境,坚持新军一镇的编练计划,并未附和清廷提出的有悖云南实际的两镇方案,在面对困境时亦未退缩,而是在依靠滇力多方筹维的同时争取到中央以及各省的支持,基本保证了云南练兵的顺利开展,鲜明展示出督抚作为与新政成效的密切关联。③

---

① 《护滇督奏请添拨陆军经费》,《申报》宣统元年三月一日,第二张第二版。
② 《崔统制来电》(光绪三十四年九月四日),《锡良任云贵总督时北京来往电》(第3册),馆藏:甲374/10。
③ 有论者将清末编练新军取得最著成效的湖广总督张之洞与直隶总督袁世凯的差异视为"儒臣与枭雄的歧异":前者练兵不仅为了维护清王朝统治,还有对其所赖以安身立命的儒家文化关怀的意义,所谓保国、保种、保教;后者则是从办军事起家而出任封疆大吏的,练兵是他的政治资本。参见李细珠《张之洞与晚清湖北新军建设——兼与北洋新军比较》,《军事历史研究》2002年第1期。横向比较看,锡良在云南竭尽全力编练新军,主要基于对云南边防严峻形势的认识,这显然与张、袁练兵有着重大差异,凸显出边疆新政的特殊性。

由于清末新政改革过于铺张，辐射各个领域，涉及方方面面，以致用款浩繁，财政困顿成为制约新政改革成效的瓶颈问题，此一状况在偏处西南边徼的云南尤其突出。随着新政全面推行，云南财政濒临崩溃，所谓"挪东补西，各库皆一空而洗"。① 因此，在编练新军时锡良竭力谋求他省给予经费、军械以及人才等各方面援助，尤其是川、滇省际合作尤为密切，这固然是因为两省同处西南、具有区域战略关系，同时亦是锡良、赵尔丰两督私人关系使然。但新政时期各省财政普遍紧张，如川、粤等省至光绪三十三年九月"尚且只能各练混成一协"，"盖亦限于饷力所致"。② 锡良意识到依仗他省协饷练兵仅能济一时之需，终非长远之道，而靠人情维系的合作关系极易产生变数，往往随督抚人事调动而中止。清廷之所以将相关省份应解部款项部分划拨云南练兵之用，当然要归功于锡良沟通央地与求诸各省的努力，但根本上还是考虑到云南边防特殊形势及其重要地位，正如锡良所言："中央近似略知滇局之艰危，用人悉如所请，饷项亦稍稍接济。"③ 云南新军尽管是一支地方部队，但能依靠清政府协调而获得各省财政援助，这就和清末时期作为中央军的北洋新军享有了同等待遇。④ 从这个角度看，云南新军编练模式是新政时期全

---

① 《发北京武昌电》（光绪三十三年），《锡良任云贵总督时外省来往电》（第1册），馆藏：甲374/11。

② 锡良：《滇省改编陆军筹办大概暨饷需不敷情形折》（光绪三十三年九月十三日），《锡良遗稿·奏稿》，第706页。

③ 《锡良致电成都赵季帅、许涵度》（光绪三十四年正月），《锡良任云贵总督时往来电稿》，馆藏：甲374/118。

④ 清末时论，普遍抱怨清政府置云南于不顾，视云南为"不足轻重"。署名"侠少"者指出："政府之视云南，久已置诸不足重轻之列，因而官吏盗卖云南，不之罪；外人侵略云南，不之问。且因俄、德、法三国之干涉日本逼还辽东，而竟割云南猛乌、乌德地，送让法国，并许法国延长东京铁道得达于云南府，又于铁道沿路诸矿山开掘之权，归为法国所独占，更誓约云南不割让于他国。"侠少：《云南之将来》，《云南杂志选辑》，第286页。署名"介于石"者亦指出："（云南）地瘠民穷，尽人皆知。兼之政府视云南为不足轻重，可有可无。"介于石：《余之云南观》，《云南杂志选辑》，第290—291页。上述言论真实反映出滇人对清末云南内政外交的不满情绪，但实为意气之言，所言并不副实。清政府协调各省支援云南练兵经费，无疑即是清政府注重滇政之一例。

国新军编练大潮中的特殊典型，对全国而言并不具有普遍性和借鉴意义。

第三节 厉禁鸦片：基于多方矛盾视角的考察

近代以来，清政府在鸦片问题上长期纠结于"义利之辨"。进入20世纪，中华民族的民族意识和危机意识日渐勃兴，先进的中国人普遍将禁绝鸦片和强国强种联系起来，视鸦片为"公贼公譬"，[①]并且这种舆论氛围"像传播西方教育、发展尚武精神和大量创办地方报纸一样引人注目"。[②]在这种时代背景下，光绪三十二年八月三日，清政府终于颁布以十年为期禁绝鸦片的谕旨："自鸦片弛禁以来，流毒几遍于中国，吸食之人废时失业，病身败家，数十年来日形贫弱实由于此，言之可为痛恨。今朝廷锐意图强，亟应申儆国人，咸知振拔，俾祛沉痼而蹈康和。着定限十年以内，将洋土药之害一律革除净尽。"[③]禁烟谕旨的颁布使得禁烟正式成为新政改革重要内容，同时由于鸦片税收缩减导致财政紧缺，禁烟又与新政诸项改革的推行产生复杂关联。学界对新政时期禁烟运动的研究取得长足进展，[④]但关于督抚禁烟的个案研究仍显薄弱，目前专论研

---

① 《禁烟刍议》，《云南杂志选辑》，第100页。
② ［澳］骆惠敏编：《清末民初政情内幕——〈泰晤士报〉驻北京记者袁世凯顾问乔·厄·莫理循书信集》（上卷），刘桂梁等译，知识出版社1986年版，第498页。
③ 《清实录》（第59册），第448页。
④ 主要体现在以下方面。其一，禁烟运动的发起。学界一般认为，新政时期禁烟运动的开展，既得益于中国国内改革主义和民族主义的普遍觉醒，也得益于出现了有利于中国禁烟的国际环境。代表性研究参见崔志海《美国政府与清末禁烟运动》，《近代史研究》2012年第6期。其二，禁烟运动宏观研究。如王宏斌《清末新政时期的禁烟运动》，《历史研究》1990年第4期；蒋秋明、朱庆葆《中国禁毒历程》，天津教育出版社1996年版；苏智良《中国毒品史》，上海人民出版社1997年版；齐磊、胡金野《中国禁毒史》，甘肃人民出版社2004年版；刘增合《鸦片税收与清末新政》，生活·读书·新知三联书店2005年版。其三，省域禁烟研究。学界对云南、四川禁烟运动关注较多，如秦和平《云南鸦片问题与禁烟运动》，四川民族出版社1998年版；秦和平《四川鸦片问题与禁烟运动》，四川民族出版社2000年版。

究仅涉及少数几位督抚,① 在研究视角上,普遍注意政府与烟农禁烟、反禁烟之间单线关系的博弈,忽视了州县官员层面对督抚禁烟政令的回应,极大地遮蔽了清末禁烟的复杂性。

新政时期各省禁烟成效不一,这既与烟毒程度以及风土民情存在差异有关,更与地方当政者禁烟举措是否合宜、推行是否得力有关。这当中,地处西南边陲的云南由于鸦片产销大省的地位关乎全国视听,同时也因禁烟力度大、成效显著成为全国禁烟典型,而这与滇督锡良的督导密不可分。光绪二十九年至宣统三年,锡良接连出任四川、云贵、东三省总督,他在各任上皆重视禁烟,尤以督滇时期着力最多,其自称:"督滇两载裨益毫无,时用疚责,惟禁烟一事坚持到底。"② 具体看,滇督锡良推行的禁烟运动既立足云南又放眼全国,一面重治云南烟毒,一面筹划全国范围统一缩期禁烟,不仅反映了锡良禁烟视野,也凸显了云南禁烟在全国禁烟进程中的示范地位。

既往研究对滇督锡良在云南推行禁烟的举措与成效有所探讨。③ 然由于种种原因尤其是州县相关史料的缺乏,对锡良督抚禁烟政令在州县实施过程中的曲折,锡良既立足云南又放眼全国的禁烟视野,以及云南禁烟的不足和缺失,尚有待进一步讨论。锡良档案包含大量锡良和州县属吏之间就禁烟问题的往来函件、电文,这为我们探讨锡良禁烟过程中的心路历程、禁烟政令在州县执行的复杂情况提供了条件。本节试图就锡良对烟毒的认识和规划、锡良的为政风格,以及锡良禁烟主张遭遇到的

---

① 参见王克强《从赵尔巽档案看清末四川禁烟》,《清史研究》2003 年第 2 期;肖红松《清末直隶禁烟运动述论》,《河北大学学报》2005 年第 6 期;李细珠《在社会问题与经济问题之间——从张之洞禁烟思想与实践的内在矛盾看晚清禁烟问题的两难困境》,《张之洞与清末新政研究》"附录",中国社会科学出版社 2015 年版。

② 《复云南顺宁府知府琦璘》(宣统元年五月五日),《锡良任东三省总督时信稿》(第 1 册),馆藏:甲 374/75。

③ 秦和平探讨了近代以来百年间云南鸦片问题及其治理,其中也涉及锡良云南禁烟的举措和成效,作者总结道:"经过锡良对禁烟工作的一番整顿,禁烟问题落到了实处,当地社会的禁种、禁运和禁吸工作大见成效。"秦和平:《云南鸦片问题与禁烟运动》,第 176 页。

来自云南烟农、州县官员以及中央度支部、其他省份的诸多抵制做一探讨，以期深化我们对清末禁烟复杂性和艰巨性的认识。

一 云南禁烟举措的实施及其曲折

早在19世纪80年代，时任阳曲县知县的锡良即积极禁烟，受到山西巡抚张之洞"办理得法、著有成效"的褒扬。① 禁烟谕旨颁布后，时任川督的锡良积极回应，痛陈烟毒为阻滞中国国富民强的祸根："数十年以来国势之所以日弱，外侮之所以日烈者，实由民气不振、民力不竞之故。民气民力之所以颓坏若此者，则鸦片为之也。小民不去其毒，则农、工、商业何由而进？官士不去其毒，则吏治、军材、学堂教育之绩何由而进？……戒烟者，实中国求富求强之基。"进而，锡良参考政务处禁烟办法，秉持"禁烟之令不嫌其过严"的原则，拟订四川禁烟主要举措。其一，设立戒烟总局，沈秉堃、林怡游、周善培任总办，专任"筹划戒烟、次第禁革医治之责"。其二，调查文武官吏吸食鸦片者，列册勒限减瘾，吸烟兵弁则一律革换。同时购买戒烟丸药，在省城及各州县设立戒烟病院。其三，饬令所有烟馆以及贩卖烟具者，在光绪三十三年六月底前一律歇业。② 上述举措未及铺开，锡良即调任云贵总督。

云南为鸦片产销大省，锡良督滇之际云南烟毒问题颇为严重。首先，鸦片吸食之风甚炽。云南不少本地人"每谓烟能却瘴"，"嗜者尤多"。③ 清末官方统计云南人口为717万，约36万人吸食鸦片，占到近5%。④ 其次，鸦片是云南农业经济和政府财政的重要组成部分。云南鸦片种植始于康熙朝中叶，至嘉庆、道光朝已相当广泛，新政时期成泛滥之势，用

---

① 张之洞：《陈明禁种罂粟情形折》（光绪九年十二月十二日），赵德馨主编：《张之洞全集》（第1册），第214页。
② 以上引文参见锡良《川省设立戒烟总局并拟办法折》（光绪三十三年正月二十日），《锡良遗稿·奏稿》，第650—651页。
③ 锡良：《速请一律改缩禁烟期限折》（光绪三十四年七月二十一日），《锡良遗稿·奏稿》，第814页。
④ 秦和平：《云南鸦片问题与禁烟运动》，第102页。

于种植鸦片的耕地约40万亩。① 据统计,光绪三十年云南鸦片厘金收入计银21.6万余两,占全部厘金收入的2/3。② 至光绪三十四年则达到50万两左右。③

锡良在云南实施的禁烟举措,主要体现在重治鸦片吸食之风、厉行禁种两方面。尤值称道的是,锡良在1908年年初上奏,提出十年禁期过宽、全国范围应于1908年年底一律禁绝鸦片的主张,视野开始由云南一省转而投向全国。

(一) 重治吸食

首先,在省城昆明设立禁烟总局,各府、厅、州、县设立分局,负责查核鸦片吸食人数、鸦片种植亩数、鸦片买卖情况并督导禁烟事宜,"即有体弱瘾深,或因禁烟而受亏损,亦无所其顾惜"。④ 随即,由云南藩、学、臬三司以及善后局、农工商局联合拟订禁烟总局章程,共九章,分别为宗旨、职司、经费、购备、调查、管戒、限制、禁令、奖罚。如第一章"宗旨"规定:"一、本局为遵旨实行禁烟而设,而以保种自强为要义。二、本局为通省总局,将以为各州县之模范。凡在局人员,均须振刷精神,不得稍染嗜好,致贻观听之口实。三、本局为官绅通力合作,应各尽义务,除医师、书手、杂役略议薪工,及茶水、纸笔零用外,一切人员概不开支薪水。四、本章程所定规则,即为本局规则,凡在局中人员,均宜遵守。"⑤ 值得提出的是,各属在设局过程中多无款可筹。如普洱为迤南首邑,应率先设局以为各属倡导,"惟地瘠民贫,无款可筹",

---

① 云南近代史编写组:《云南近代史》,第186页。另据秦和平统计,1899—1908年间,包括耕地及其他用地,云南鸦片种植面积约在70万亩,外销7000余担。《云南鸦片问题与禁烟运动》,第25页。

② 罗玉东:《中国厘金史》(下册),(香港)大东图书公司1977年版,第428页。

③ 锡良:《停收土药厘税片》(光绪三十四年十月二十一日),《锡良遗稿·奏稿》,第840页。

④ 锡良:《为实行禁烟拟请改缩期限力图进步折》(光绪三十四年二月一日),《锡良遗稿·奏稿》,第770页。

⑤ 《拟设禁烟总局章程》,中国社会科学院近代史研究所《近代史资料》编辑部编《近代史资料》(第137号),中国社会科学出版社2018年版,第50页。

最后不得已从缴获三点会匪款中拨支筹设。①

其次，调查吸烟人数并造册给牌，要求烟民限期赴禁烟局领用官府配制的戒烟药丸，"清其源而遏其流"。②同时指令各属刊印禁烟白话告示并派员绅到处演说。如告示中说道："烟是天生毒物，吸烟的人毒气入五脏，成了烟瘾，每逢瘾发的时候，任你有天大的事，必要先过烟瘾。若是没有烟吸，眼鼻流涕，浑身出汗，甚至口吐白沫，昏迷不醒，烟瘾重的更加厉害。这不是将钱买罪受么？三更半夜，别人都已安眠，独有吸烟的要熬夜。日高三丈，别人都已起来做事，独有吸烟的辰巳午时，尚在睡梦之中。你说误事不误事？读书的人吸了烟，荒了学业，坏了声名，就难发迹。做生意的人吸烟，则都嫌他懒惰，就不肯要他。耕田、做工、挑力的人吸烟，一天做不得半天的事，该走一百里的路，只走得五十里，该有一百斤的力气，只挑得起五十斤，赚钱的事都比别人不如，别人能赚一百钱，他只能赚得五十文。每日又要吸烟多花了钱，别人两日度用不够他一天的花销。所以吸烟的人，富者变为贫，贫者贫上加贫。父兄责骂，妻孥憎厌，亲友背地批评，说他不成材料。你说值得不值得？更有那穷极的人，食烟灰，或将烟和水、和酒冲服，毒气更重，不知不觉枉作短命的人。你说可怜不可怜？这都是吸烟的苦楚。"③为保证清查质量，各禁烟局往往"夜出密查"。④在清查过程中，锡良要求"不准张扬声势，并藉端需索扰累"，如有违犯则予以重惩州县官吏。⑤

---

① 《普洱张道来电》（光绪三十四年三月），《锡良任云贵总督时本省来往电》（第9册），馆藏：甲374/61。

② 锡良：《为实行禁烟拟请酌改期限力图进步折》（光绪三十四年二月一日），《锡良遗稿·奏稿》，第768页。

③ 《白话告示稿》，《近代史资料》（第137号），第62页。

④ 《丽江府来电》（光绪三十四年三月二十八日），《锡良任云贵总督时本省来往电》（第9册），馆藏：甲374/61。

⑤ 《致大理等府电》（光绪三十四年二月二十八日），《锡良任云贵总督时本省来往电》（第8册），馆藏：甲374/60。

最后，由藩司、营务处及提学司管理，重点监控各官吏、将卒兵丁、举贡生监等群体，限期半年内一律戒绝烟瘾，做民众的表率，否则予以重惩。① 然而四个月后，"吸食鸦片之员并无一人呈报，亦未据该司道等造册申送"，锡良对此特发札文："各该员既视为具文，该管上司亦奉行故事，煌煌禁令，弃若弁髦。岂其晏安鸩毒之习溺已深，终无自拔之一日，而该管上司或自染嗜好，或碍于情面，故相与徇隐而置之不理耶？言之实堪痛恨！夫予限六月，为日已宽，果能痛改前非，早可戒除宿舍瘾，倘至今仍未戒断，则其自甘暴弃可知。应即以本年（光绪三十四年）六月底截止，无论省内、省外，概以六个月为限满之期。……倘本员欺蒙，验员徇隐，以及该管上司失于觉察，一经查出，定予一并严参，决不宽贷。"② 另外，责成提学使查报学堂教员、学生吸食鸦片者，监督其予限禁戒，否则勒令退教、退学。③

（二）严格禁种

较之禁吸、禁卖，禁种为禁烟釜底抽薪之策，所谓"拔本塞源，尤在禁种"，④ "戒烟为自强唯一方针，禁种又为戒烟积极的主义"，⑤ 但禁种的难度较之禁吸也更大。

锡良在发给各属的札文中，态度坚决地声明禁种势在必行："本年（光绪三十四年）秋收以后，无论水田、山地，均责令民间播种豆麦杂粮，不准再种鸦片。所属吸烟之人，无论男女老幼，均限至本年年底止，一概勒令戒断。其膏商、土栈各存土，亦勒限年前运销出境，不准存留

---

① 锡良：《为实行禁烟拟请酌改期限力图进步折》（光绪三十四年二月一日），《锡良遗稿·奏稿》，第769页。
② 锡良：《札各属禁烟》，《近代史资料》（第137号），第46页。
③ 《永昌谢守来电》（光绪三十三年十月五日），《锡良任云贵总督时本省来往电》（第5册），馆藏：甲374/60。
④ 锡良：《为实行禁烟拟请酌改期限力图进步折》（光绪三十四年二月一日），《锡良遗稿·奏稿》，第768页。
⑤ 《永昌府谢守来电》（光绪三十四年二月二十九日），《锡良任云贵总督时本省来往电》（第8册），馆藏：甲374/60。

丝毫。光绪三十五年正月初一日起，倘再有私擅种烟者，立予铲除；并查明所种田地，无论亩数多少，或系己业，或系租种他人之业，立即充公，并治该种户应得之罪。存留沿途不早贩运出境者，亦即全数充公。"①

同时，锡良札饬云南各属颁发缩期禁烟告示，每句六言，读来朗朗上口："照得滇省鸦片，业经奏明严禁。定限本年年底，一律革除净尽。向来有瘾之人，务于年前戒断。田地概种豆麦，不准再种鸦片。店栈所存膏土，从速贩运出境。明年新正日起，不准再犯禁令。吸者提案严惩，种者铲除必净；仍将所种田地，全数罚充公用。无论膏店土栈，禁止再行闹市。若敢私存膏土，一体充公究治。凛遵言出法随，万勿轻于尝试！"②

在具体实施上，锡良对烟农开导、强制并用。一方面广购棉、桑、红花等种分配各属改种，弥补禁种鸦片后农户收入缺失。③ 锡良还张贴白话告示劝诫百姓兴农："本部堂既幸烟害渐去，又愁百姓们骤失利源，日夜焦思，总想办点别项利益，抵制抵制。……大约课农桑、讲森林、蕃畜牧、开矿产、动工商数要事，你们能够各顾身家，各尽心力，好好去做，做得到时，自然有许多好处在内呢！"④ 另一方面对少数拒绝铲除鸦片者则采取强制举措。厉禁政策冲击烟农生计，以致"众口沸腾"，"多有归咎于知州劝禁过严者"。⑤ 加之各省禁烟指令宽严不一，尤其是滇督兼辖的贵州禁烟松弛，烟农往往"藉口黔未禁烟，意图聚众阻抗"。⑥ 对此，锡良甚至不惜"发兵剿抚"不遵禁种者，在楚雄所属镇南三乡即酿

---

① 锡良：《札各属限期禁烟》，《近代史资料》（第137号），第57—58页。
② 《告示》，《近代史资料》（第137号），第66页。
③ 茶圃：《各省禁烟成绩调查记》，《国风报》第1年第18期，宣统二年七月一日，第61页。
④ 《劝民兴利抵制洋烟告示》，《近代史资料》（第137号），第67页。
⑤ 《清末云南为禁种大烟而劝办桑棉档案史料之一》，《云南档案史料》1991年第4期，内部发行，第59—60页。
⑥ 《致庞渠帅电》（光绪三十四年七月三十日），《锡良任云贵总督时外省来往电》（第5册），馆藏：甲374/11。

成致死 118 人的惨剧。①

某些地方顺应号召劝民兴农。如顺宁府成立官办禁种罂粟督种桑茶公司，督导烟农改种他物并奖励积极响应者。② 然而，多数州县官吏鉴于鸦片税收为财政重要来源，普遍对锡良厉禁指令暗中抵制，所谓"上宪之董戒不啻秃颖而谕焦，下僚之奉行只有禀复与告示，殊少实效"。③ 如楚雄县两任县令雷葆初、崔荣达禁烟不力，以致烟馆屡禁不止，直到光绪三十四年崇谦出任楚雄知府后方一扫拖沓之弊。④ 另如早在光绪三十三年六月间，锡良即饬令各地汇报鸦片种植情况，但多数州县"任意延搁、置若罔闻"，以致半年后仍未呈报。鉴于此，锡良对各属发出通电，要求在二月二十日前将鸦片种植亩数呈报督辕，"若再泄延，定即撤参，决不宽贷"。⑤

二 第一次奏请全国统一缩期禁烟

云南州县官员对待禁烟的虚与委蛇，必然使锡良厉行禁烟的督抚政令流于失败，这是除烟农抵制之外推动锡良奏请缩期禁烟的又一重要而直接的因素。锡良认识到，唯有全国统一禁烟步调，才能防范外省鸦片倒灌云南，并杜绝云南州县官员对待禁烟的观望态度。基于此，锡良于光绪三十四年二月一日具折，建言清政府将禁绝期限提前至 1908 年年底："各省禁令张弛不一，即使本省烟苗尽绝，而外省土药输入行销，致烟商

---

① （清）崇谦等修：《楚雄县志》（卷6），第 106 页。有论者指出，从抵抗官府的方式上，烟农主要诉诸武力，各村联合、数万人反抗铲烟的行动亦不少见，地方官府出动军队镇压的情形亦比比皆是。刘增合：《鸦片税收与清末新政》，第 351 页。但无论如何，军事镇压有待商榷，尤其是施诸民族地区。

② 《顺宁府来电》（光绪三十四年三月），《锡良任云贵总督时本省来往电》（第 8 册），馆藏：甲 374/60。

③ 《永昌谢守来电》（光绪三十三年十月五日），《锡良任云贵总督时本省来往电》（第 5 册），馆藏：甲 374/60。

④ 《楚雄府来电》（光绪三十四年二月二十四日），《锡良任云贵总督时本省来往电》（第 8 册），馆藏：甲 374/60。

⑤ 《致各厅州县电》（光绪三十四年正月二十九日），《锡良任云贵总督时本省来往电》（第 8 册），馆藏：甲 374/60。

种户以坐失其利而无济于事为言，民心转滋疑惑，地方官虽仍勒限，不足以服其心，故办理殊多窒碍。现象如是，若任展转迁延，互相牵制，窃恐勇者退而勤者怠，则终无禁绝之时矣。"① 该折是锡良既立足云南又放眼全国关于缩期禁烟的首次上奏，也是他在云南推行厉禁政策的必然要求和自然发展。此折产生广泛辐射，之后黑龙江、山西、山东、贵州、四川、直隶、江苏等省也提出类似要求。② 相较之下，舆论对锡良缩期禁烟主张最为欢迎，《政论》即言："比来内外大臣有疏请改缩期限者，就中滇督锡良之疏最中肯綮。"③ 然而，锡良此议遭到清廷以及云南州县官员的双重抵制。

首先，清廷持反对态度。会议政务处奉旨议覆是折，指出不少省份对于产烟亩数、减种实数尚未清查，详察土性及所宜改种粮食等工作更是远未铺开，搞禁烟期限一刀切并不现实，因此锡良提出的缩期方案应仅限云南一省推行："大抵立法之仁在朝廷，而行法之责在疆吏。……滇省既称踊跃禁烟，自不必拘定十年之限，且禁种、禁吸渐次净绝，则外省土药之输入亦自无地销售。"同时主张禁烟"要在劝、惩互用，非专恃禁令之严也"。④ 度支部追逐鸦片税收，极力强调禁吸优于禁种，且土药禁而洋药仍来，缩期禁烟徒使财政利权添一绝大漏卮，时任度支部尚书载泽即称："立法贵乎能行，为期过近恐徒减税厘，与事毫无实际。"⑤

其次，云南州县官员普遍援引上层制度也即清廷十年禁烟方案，以之作为"盾牌"或明或暗地抵制锡良缩期禁烟方案。这也是既往研究所

---

① 锡良：《为实行禁烟拟请改缩期限力图进步折》（光绪三十四年二月一日），《锡良遗稿·奏稿》，第769页。
② 参见刘增合《度支部与清末鸦片禁政》，《中国社会经济史研究》2004年第1期。
③ 《禁烟问题》，《政论》，第一年第五期，光绪三十四年六月十日，第3页。
④ 《为议复云贵总督锡良奏实行禁烟改缩期限事札文》（光绪三十四年五月十一日），中国第一历史档案馆藏：001/34/2930；《政务处议复云贵总督奏禁烟改缩期限折》，《申报》光绪三十四年五月一日，第二张第二版。
⑤ 《商议缩短禁烟期限情形》，《盛京时报》宣统三十四年九月十五日，第三版。度支部的回应，可详见刘增合《度支部与清末鸦片禁政》，《中国社会经济史研究》2004年第1期。

忽视的一点。从这一时期锡良和州县官员的往来函电可以看出，后者"囿于十年之说"纷纷表示异议，理由大致有三：一是经济作物断非短期所能获利；二是当年已种鸦片万难割除；三是选派得力调查人员尚费时日，而调查亩数亦需数月。① 正是基于"所虑欲速不达，因拟剔弊以渐"②的基本认识，各州县为寻求厉禁鸦片与广开利源的平衡，多主张逐年递减鸦片种植亩数，如顺宁府建言："今冬（1908）烟苗出土时，按数划除三分之一，次年除半，三年除尽。一面先就公地多种桑茶，以为之倡，迫令绅民效法，酌发桑茶禾种钱，三年后桑茶告成，罂粟除竣。"③ 平心而论，逐年递减方案有其合理性。然而，锡良认为"以有司之习于虚伪，小民之溺于宴安"，递年减数报告难期真实，④ 此一方案"必滋流弊且非除恶务尽之意"，徒使"官民互相观望"而已。⑤ 进而申斥提出此议之人"故作此审慎之词"，"无非藉遂其推延之计，不谓油滑积习中人乃如是其深"。⑥ 同时，锡良致电各属，声明并非对已种鸦片"概行划刈"，各地应于本年收割后再行禁绝。⑦

三　第二次奏请全国统一缩期禁烟

由于第一次奏请缩期禁烟遭到清廷、州县官员双重反对，锡良也开

---

① 《永昌府谢守来电》（光绪三十四年二月二十九日）、《顺宁府来电》（光绪三十四年三月），《锡良任云贵总督时本省来往电》（第8册），馆藏：甲374/60。

② 《永昌府谢守来电》（光绪三十三年十月五日），《锡良任云贵总督时本省来往电》（第5册），馆藏：甲374/60。

③ 《顺宁府来电》（光绪三十四年三月），《锡良任云贵总督时本省来往电》（第8册），馆藏：甲374/60。

④ 锡良：《速请一律改缩禁烟期限折》（光绪三十四年七月二十一日），《锡良遗稿·奏稿》，第815页。

⑤ 《致顺宁府电》（光绪三十四年三月），《锡良任云贵总督时本省来往电》（第8册），馆藏：甲374/60。

⑥ 《致永昌府谢守电》（光绪三十四年二月），《锡良任云贵总督时本省来往电》（第8册），馆藏：甲374/60。

⑦ 《致各道电》（光绪三十四年二月），《锡良任云贵总督时本省来往电》（第8册），馆藏：甲374/60。

始反思1908年年底全国一律禁绝鸦片的期限是否失之于促,其致电川督赵尔巽即坦言:"念及瞬届十年,限满若不禁绝,外来责言又成莫大交涉,是以本年遂奏明不准再种。其吸者、卖者并以年底为限,急起直追,俾免观望。至仅此一年,能否做到则殊未敢自信也。"①

正是基于上述考虑,锡良于光绪三十四年七月二十一日再次上奏,对禁烟期限作出适当调整,主张全国范围最迟于1909年年底禁绝鸦片。该折重点阐释了"减种"和"禁种"的本质区别,督促清廷惟有放弃"减种"方案而确立"禁种"规划,方能杜绝官民观望。其言:"盖减种与禁种异,其事本曲折繁杂,当谋始而其难已然,恐积久而其玩愈甚。即谓递年皆有减数报告,以有司之习于虚伪,小民之溺于宴安,殊未敢信其所报皆实。……数十年沉痼欲一单扫而空之,诚非易事。即就滇省论,何敢自信一年之后遂能悉净根诛?然要必急起直追,在上者先有除恶务尽之心,确不可拔,而后小民胥绝其观望,有司亦易于奉行。"进而,锡良强调禁烟能否取得实效关乎国家的信誉和国家形象的重建:"倘届满十年之限,事仍未尽实行,下何以示民信,外何以谢友邦?矧外人调查最确,既有试行三年之说,窃恐不俟十年而责言固已洊至矣。"② 锡良如此言,源于光绪三十二年十月清政府与英国政府的协定,即以印土出口中国洋药五万一千箱为定额,按年递减十分之一,按期十年减尽。但英国同时声明试行三年,三年后是否继续递减,则要看清政府能否切实推行禁烟。稍后,锡良又上《停收土药厘税片》,呈报云南鸦片厘税自光绪三十五年正月一日起一律停收。③ 时论对锡良此举颇为赏识,认为他省亦万不能因循:"滇省风气顽固为各省冠,今滇而能此,则各省自无不

---

① 《复赵次帅电》(光绪三十四年七月十七),《锡良任云贵总督时外省来往电》(第4册),馆藏:甲374/11。
② 锡良:《速请一律改缩禁烟期限折》(光绪三十四年七月二十一日),《锡良遗稿·奏稿》,第814—815页。
③ 锡良:《停收土药厘税片》(光绪三十四年十月二十一日),《锡良遗稿·奏稿》,第840页。

能之理。"①

与此同时，为阻止外省鸦片流入云南，锡良还曾筹划建立区域禁烟共同体。据档案史料显示，锡良至少曾与四川、贵州联络其事。光绪三十四年七月间，锡良致电贵州巡抚庞鸿书："自非黔省认真禁烟，不足以服滇民之心而杜其口。"② 又言："若非两省通力合作，认真饬禁，不第滇省难收净尽之功，更恐黔省因有滇地可销，转多种植之户。"③ 同时，锡良致电四川总督赵尔巽言道："明年本境既禁贩卖，外省运来者自应一体禁止入境，正拟咨商台端玉成其事。"④ 又致文："川、黔皆产烟之区，距滇尤近，输灌甚易。除已咨明贵州抚部院并饬该省藩司遵照严禁外，拟请贵部堂通饬各地方官及各局卡，晓谕商民，现在滇中存土正在赶销，勿将川土再运入滇。若至明年，则查出一律惩罚，尤不可自贻后悔。"⑤ 但贵州、四川两省对此并不能给予有力配合，如庞鸿书复电声言贵州鸦片万难禁止，所谓"夷民嗜利贪种，势所不免"。⑥ 前文述及，川、黔也有缩期禁烟的陈请，但透过上述电文可以看出一定程度上仅为跟风附和而已。

就云南州县官员而言，或许因为锡良之前的申斥，他们对锡良此次奏请未敢提出异议。就清廷而言，早在光绪三十三年九月五日即饬度支部遴派司员赴各地考察"洋药进口、土药出产及行销数目"，限期一年内完成。⑦ 经过调查，光绪三十四年九月十日，度支部提出"分省分期禁种"方案：山西省随时察看情形；苏、皖、豫、滇、闽、黑6省，限自1908年下半年起全行禁种；奉、吉、直、鲁、赣、浙、鄂、湘、新、粤、

---

① 《滇督禁烟之严厉》，《盛京时报》宣统元年正月二十六日，第三版。
② 《致庞渠帅电》（光绪三十四年七月三十日），《锡良任云贵总督时外省来往电》（第5册），馆藏：甲374/11。
③ 《咨贵州巡抚协力禁烟》，《近代史资料》（第137号），第60页。
④ 《复赵次帅电》（光绪三十四年七月十七日），《锡良任云贵总督时外省来往电》（第4册），馆藏：甲374/11。
⑤ 《咨四川总督协力禁烟》，《近代史资料》（第137号），第59页。
⑥ 《庞渠帅来电》（光绪三十四年八月一日），《锡良任云贵总督时外省来往电》（第5册），馆藏：甲374/11。
⑦ 中国第一历史档案馆编：《光绪宣统两朝上谕档》（第33册），第210页。

桂11省，限自1909年下半年起全行禁种；陕、甘、川、黔4省，逐年减种2/10，至第5年即1913年全行禁种。① 度支部此一方案产生于锡良第二次奏请缩期禁烟之后，显然亦有回应锡良的意图。总的来看，度支部对于锡良主张既未全然反对又未全然采纳，而是斟酌清廷既定方案以及锡良提出的方案作出适中调整。

尽管度支部修订后的禁烟方案与锡良第二次奏请缩期禁烟的方案非常接近，但远未得到锡良以及继任护理滇督沈秉堃的认同。宣统元年六月十九日，沈秉堃致电此时已调任东三省总督的锡良，表达了对度支部宽限四省禁烟期限的强烈不满："阅竟不胜愤叹！夫同属中国地方，同受朝廷命令，同是力除毒害，显分年限，心志难齐，况各行省产烟之多、禁烟之难无逾于滇，滇能缩限，他省有何不能？"提出自己将具折陈请四省亦应于本年年底一律禁种，并建议锡良具折配合。② 锡良复电认同："部定年限鄙意颇不谓然，竟与尊旨不谋而合，快慰无似。"③ 六月二十二日，锡良第三次上折，直接对度支部提出质疑，明确将禁烟能否取得实效视为宪政改革能否顺利推进的先决条件："中国若不严禁鸦片，虽日日言立宪，人人言自强，终无救于危亡之祸！……今则奉天等十八行省，已能于宣统元年下半年起全行禁绝，独于陕西、甘肃、四川、贵州迟至宣统五年，在部臣之意，自以此四省种烟较多，骤禁不易，分别先后，统计限期仍不出十年之外。不知一宽一严，实即一弛一禁，绵历岁月，不特四省烟害未能遽绝，即已禁种之省分难保不迟疑观望。……恳乞乾断主持，明降谕旨，无论已未禁种省份，统限宣统元年下半年一律禁绝，以祛积害而重宪政。"④ 改行宪政是清政府既定政治方针，锡良将禁烟成

---

① 朱寿朋编：《光绪朝东华录》（第5册），中华书局1958年版，总第6003页。
② 《沈护帅来电》（宣统元年六月十九日），《锡良任东三省总督时外省来电》（第3册），馆藏：甲374/17。
③ 《致云南沈护院电》（宣统元年六月三十日），《锡良任东三省总督时外省来电》（第3册），馆藏：甲374/17。
④ 锡良：《部议禁烟年限太宽恳请缩期禁烟折》（宣统元年六月二十二日），《锡良遗稿·奏稿》，第930—931页。

效和宪政推行结合起来，意在将缩期禁烟置于无可辩驳的高度。然而，度支部在议复沈、锡两折时，仍认为缩期禁烟有害财政，"非探本穷源之论"，禁烟的重点在于禁吸："各省于禁种一层既已不遗余力，期限必不致延长。但恐种者虽净而吸者未断，土药虽经绝迹，洋药更可居奇，十年期限为日方长，沉痼不除，漏卮转巨。"① 刘锦藻曾批驳这一复奏之乖谬："观此复奏，可知政府之对于烟禁殆无诚意也。禁吸、禁种原属相辅而行，讵可以吸者未清，使种者仍然继续？况直隶等十八行省业已勒限禁绝，独于陕、甘、黔、蜀展至宣统五年，岂四省之土地人民视同化外耶？向来行政外省不免观望，必待中枢督责始行，从未有疆臣趣之，部臣反以为可缓者！"② 显见，刘之所言正是锡良折中所论。锡良在致沈秉堃电中更是愤懑言道："禁烟一事彼此先后抗议，乃部中另有意见，仍不免藕断丝连，殊为可慨！"③ 四省延期禁烟问题，除沈、锡反对外，四省之督抚贵州巡抚庞鸿书、陕西巡抚恩寿、四川总督赵尔巽、陕甘总督长庚等也纷纷上奏，以期实现通国一律禁种，但终因度支部反对而无果。④

小结

综观锡良督滇时期推行的禁烟运动，既立足云南又放眼全国，所谓"为滇计并不能不为全局计者也"，⑤ 这是锡良在云南推行厉禁政策的必然要求和自然发展，抓住了禁烟不能拘泥一隅而必须全盘筹谋这一关键所在，展示出其自我加压的决心和勇于担当的责任意识。锡良禁烟的最大

---

① 《度支部会奏并案议复滇督东督奏请将鸦片烟缩期禁烟折》，《政治官报》（第665号），宣统元年七月十九日，第317页。
② 刘锦藻：《清朝续文献通考》（卷55·征榷27），王云五编：《万有文库》（第2集），商务印书馆1955年版，第8098页。
③ 《复护理云贵总督沈》（宣统元年八月十八日），《锡良任东三省总督时信稿》（第3册），馆藏：甲374/75。
④ 各督抚的奏请以及度支部议复，参见马维熙《走向激进：清末禁烟运动之缩期禁烟政策研究》，硕士学位论文，中央民族大学，2013年，第69—70页。
⑤ 锡良：《速请一律改缩禁烟期限折》（光绪三十四年七月二十一日），《锡良遗稿·奏稿》，第815页。

特色是"严"字当头：在云南禁烟，不惜牺牲烟农经济利益、政府财政收入，甚至不惜激化官民矛盾、影响民族地区稳定；就全国而言，将全国禁烟视为一盘棋，为避免各省分别禁烟期限以及禁期过长不可避免导致各省相互观望的后果，连续三次奏请全国范围统一缩期禁烟。上述禁烟方略，凸显出锡良雷厉风行、除恶务尽但又独断专行的为政作风，以致时论公认"各省烟禁之严，唯滇为最"。①

锡良之所以采取厉禁政策，有以下几方面促动因素。其一，锡良深切意识到烟毒是阻滞中国国富民强、社会发展进步的祸根，也是破坏中国国家形象的重要因素，禁烟完全是"趋利避害"的明智抉择。其二，云南为鸦片产销大省，禁烟能否取得实效关乎全国视听，锡良致函云南提学使叶尔恺即言："滇省禁烟实为中外视线所共集，诚能到底不懈，大局之幸，岂徒造福边氓？"② 因此，锡良力求云南禁烟早见成效并产生全国辐射力。其三，为杜绝烟农乃至州县官吏因贪利而存观望之心，采取猛药治重症策略，所谓"苟非雷厉风行，时机一失，积久必愈生玩"。③ 其四，省域禁烟成效不仅体现着督抚才能高下，更因舆论所指关乎政声优劣，锡良关注民瘼、洁身自好的为政作风以及竭力维护个人形象的主观愿望也是重要原因。

从舆论对锡良厉禁政策的反响来看，普遍嘉其除恶务尽的坚决态度，而对其做法则持保留态度。《盛京时报》称："锡督施行禁令，勇往直前，不稍顾忌，其刚毅果决，大可令人钦佩。"④《顺天时报》报道："云贵锡督在滇禁烟颇严，而商民戒除，各安业务，并无怨仇。故日前戒烟大臣鹿中堂召见时，奏称滇督锡良办理得法。两宫颇为嘉奖。"⑤ 民国元年以

---

① 赵尔巽等：《清史稿》（第41册），总第12533页。
② 《复署云南提学使叶》（宣统元年十二月二十日），《锡良任东三省总督时信稿》（第4册），馆藏：甲374/75。
③ 《复山西巡抚宝香帅》（宣统元年五月六日），《锡良任东三省总督时信稿》（第1册），馆藏：甲374/75。
④ 《滇督禁烟之严厉》，《盛京时报》宣统元年正月二十六日，第三版。
⑤ 《锡良之善禁烟》，《顺天时报》光绪三十四年六月十日，第七版。

后《申报》仍对锡良禁烟津津乐道:"云南出产,以栽种鸦片为大宗,每年各省来滇购运者,不知凡几,滇民赖此为生活。清督锡良鉴于烟害,禁种禁吸禁售,期以一年断绝,雷厉风行,果见成效。去年民军起义,一般愚民以为满清既亡,烟禁必弛,于是乘间私种者甚多。"①《国风报》则指出厉禁政策负面影响也很明显,一方面烟农丧失经济来源,必以"失业为辞多方抵制",一方面政府亦"骤失岁入之一大宗",由此认为禁烟理应"宽假时日","以筹弥补之法"。② 揆诸事实,锡良禁烟成效与不足并存,这正是厉禁举措这一"双刃剑"的直接结果。

先来看锡良云南禁烟的成效。首先,云南吸食鸦片人数得到有效控制。以思茅为例,据1908年3月统计,城中有嗜烟者700余人,周围乡村有750余人,经过短短几个月时间,嗜烟者下降13%。③ 据《国风报》报道云南禁烟成绩,至宣统二年七月,仅在戒烟局戒除毒瘾者即有6万余人。④ 其次,云南鸦片种植亩数、鸦片产量有了明显降低。1908年8月锡良致电赵尔巽言"各属匀计已不及往年所种之半"。⑤ 前引《云南近代史》估计1907年云南用于种植鸦片的耕地约40万亩,至1908年已降至20万亩左右。鸦片销售数量上,1907年在51万斤上下,比较上年减少约28万斤。鸦片种植上,到1908年年底,私种现象"不过百分之一二"。⑥ 为宣扬云南禁烟成绩,亦是为振奋全国禁烟热情,锡良对于云南禁烟效果颇为自得,其在离任滇督后致电山西巡抚宝棻言:"官绅踊跃,铲除不

---

① 《云南近政纪要》,《申报》1912年10月25日,第六版。
② 茶圃:《各省禁烟成绩调查记》,《国风报》第1年第18期,宣统二年七月一日,第55—56页。
③ 《中国海关十年报告(1902—1911)选译》,中国社会科学院近代史研究所《近代史资料》编辑部编:《近代史资料》(第111号),中国社会科学出版社2005年版,第138页。
④ 茶圃:《各省禁烟成绩调查记》,《国风报》第1年第18期,宣统二年七月一日,第61页。
⑤ 《复赵次帅电》(光绪三十四年七月十七日),《锡良任云贵总督时外省来往电》(第4册),馆藏:甲374/11。
⑥ 《致端午帅电》(光绪三十四年十二月十三日),《锡良任云贵总督时外省来往电》(第6册),馆藏:甲374/11。

遗余力，民间自行呈缴烟枪者亦不下数万枝。弟归途经过之区，细察已一律改种后推广树艺，此害当不复萌。"① 在接受《盛京时报》采访时也声称："自信此次禁烟大功已遂，无复虑有阻力之发生。"②

但揆诸事实，云南禁烟成效并非完全像锡良说的那样乐观，同时也有诸多不足以及负面影响，主要表现在以下几个方面。首先，锡良不仅严厉申饬州县官吏逐年递减建言，甚至发生出动军队致死烟农的惨剧，使禁烟历程充满血雨腥风，不仅激化了官民矛盾，也极大影响到民族地区稳定，以此为代价禁烟显然得不偿失。③ 其次，云南财政更为艰窘。从云南全省范围看，锡良督滇期间因停收鸦片厘税致使财政缺口进一步扩大。如宣统元年年初时任护理滇督沈秉堃致电锡良言道："停收土药厘税，本年锐减四十余万两，拉杂凑集常年进款不过二百万两，以之支销一切，不敷尚巨。"④ 毫无疑问，财政收入缩减势必影响云南新政的推行。最后，私种现象仍然较为严重。据宣统二年度支部所派监理官调查，云南省虽报禁绝，而私种仍多："滇省罗平州知州万荣龄以合境烟苗长发，始行禀报，派员铲除。并闻永北厅及东川府属亦有将烟苗铲除之事。罗

---

① 《复山西巡抚宝香帅》（宣统元年五月六日），《锡良任东三省总督时信稿》（第1册），馆藏：甲 374/75。

② 《滇督禁烟之严厉》，《盛京时报》宣统元年正月二十六日，第三版。

③ 锡良禁烟过程中发生的流血事件，被民国云南政府引为教训。如 20 世纪 30 年代云南省在解释禁烟办法时指出："西南边地，民俗强悍，文化低落，清末民初尚有抗铲之事，演成流血之惨。"云南省志编纂委员会：《续云南通志长编》（中），内部发行，第 467 页。

④ 《沈护院致南京督幕沈电》（宣统元年正月二十三日），《锡良任云贵总督时外省来往电》（第6册），馆藏：甲 374/11。同年，沈秉堃奏报滇省禁烟情形折，并提出开办矿业以增加财政收入："滇本边瘠，少此大宗土税，以入计出，不敷甚巨。臣思今日筹款，或议创办印花税，或议加抽烟酒税，或议加增盐价，甚或如各省之亩捐津贴等项，无一非取之于商与民，剜肉医疮，本非善策。民穷且困，通国皆然，而以边地为尤甚，取之商即无富商巨贾，取之民尤觉民困难堪。因思滇省为著名产矿之区，五金俱备，加以滇越铁路年内可达省城，路与矿息息相关，尤不宜稍涉迟误。……及今不图，不仅弃利于地，兼恐将来有碍主权，可否仰恳陛下农工商部及度支部先行选派外洋卒业精通矿学之人来滇勘办，一面提拨巨资，俟得佳矿，即行购买机器，迅速开采。但经理得人，所获之利，臣敢言其确能抵补。"《滇督抵补土税之计画》，《申报》宣统元年三月十九日，第一张第四版。

平州地当往来冲衢，尚复如是，其偏僻地方偷种均所难免。至距省较远兼多土司之地，当更益甚。"①

以上尚就云南一省而言。更为严重的是，缩期禁种方案不仅没有得到清廷认可，甚至不能辐射到云贵总督兼辖的贵州省。直到宣统元年锡良离任云贵，此时与贵州接壤曲靖府属之平彝、宣威、罗平，"见邻省之年限独宽，邻民皆安然独利"，聚众抗议之行动仍然屡有发生。② 据宣统三年贵州巡抚庞鸿书奏称，贵州鸦片种植依然十分广泛："黔省地处苗疆，山多田少，凡属汉夷者，皆以种烟为生命财产。惟下游土地稍腴，间有森林矿产之利，故种者略少。若上游则通衢大路以至穷乡僻壤，恃种烟为恒产者，几于比户皆然。是以每届收获之时，常有东南商贩集合巨资来黔购运，挑载络绎不绝于途，民间岁获厚利，通省动以数百万计。"③ 于此可见各省在禁烟问题上的各自为政。

总之，锡良厉行禁烟的理想和各方纷起反对的矛盾现实，反映了清末禁烟的复杂性和艰巨性，而这一矛盾的解决尤其考验督抚的能力和智慧。平心而论，禁烟关乎国家命脉存续，虽系必须推行之善政，但在短期内禁绝鸦片预示着烟农反抗势所必然，因此在具体步骤上应循序渐进，只有真正做到广辟利源应与禁种鸦片并行不悖，才能有效弥补禁烟带来的政府税收缺口以及烟农无术谋生的问题，否则必然引发严重社会震荡。前文述及云南州县官员提出的"逐年递减"方案，显然不失为禁烟良策，但这一主张因与锡良厉行禁烟的理想相违背而遭到后者严厉申斥，这无疑是锡良禁烟的重大失误。揆诸此后民国时期云南开展的禁烟运动，采

---

① 《度支部奏查明各省禁种土药情形清单（续）》，《申报》宣统二年九月七日，第二张后幅第二版。
② 《沈护帅来电》（宣统元年六月十九日），《锡良任东三省总督时外省来电》（第3册），馆藏：甲374/17。
③ 《贵州巡抚庞鸿书奏禁种罂粟办理情形折》，《政治官报》（第1320号），宣统三年六月九日，第6页。

用的正是积极又不失稳妥的"逐年递减"方案。①

进一步言,讨论锡良云南禁烟可为推进清末新政研究提供某些启示。禁烟作为国策为清廷、督抚以及州县官员所认同,但各方因居不同地位而有不同诉求,以致对禁烟的认知存在差异,结果是不仅未能形成合力,甚乎相互掣肘现象屡见不鲜。事实上,类似问题并非仅存在于禁烟当中,而是在诸多改革领域都有或多或少的呈现。这提醒我们,在进行清末新政史研究时,要特别注意中央决策、督抚政令以及州县执行之间的复杂关系,唯有如此,才能更好地认识省域新政改革实施的曲折和隐情。

第四节 "以滇之财修滇之路":失败的路权维护

19世纪中期以来,英国和法国分别对云南进行了数次重要的探路及觊觎活动。法国的计划就是夺取越南和将云南变为其殖民地,把云南资源丰富的优势同越南临海利于航运的优势结合起来,从而在亚洲东南部建立强大的经济势力。这样,夺取云南就成为法国在亚洲的殖民主义战略计划的一个重要组成部分,而修筑滇越铁路则是执行这个计划的关键。②中法战争结束后签署《中法天津条约》十款,云南被迫对外开埠通商,关税自主权也遭到严重侵害。关于路权,条约第七款规定:"日后若中国酌拟创造铁路时,中国自向法国业此之人商办。其招募工人,法国无不尽力襄助。"这就为法国以后取得滇越铁路修筑权埋下了伏笔。1898年,法国驻华公使吕班照会清政府,要求由法国修筑越南至昆明的滇越铁路,中国负责提供土地,清政府被迫应允。1901年9月,法国滇越铁路公司在巴黎成立,计划起自越南海防,经河内、老街入云南河口,最

---

① 云南在1935年制定《云南全省实行禁种鸦片章程》,确立分区分期禁烟方案:"三年为禁绝期限,每一年为一期,由近及远,递次推进,至第三期止,除特许区外,完全禁绝。"云南省志编纂委员会:《续云南通志长编》(中),第430页。

② 李珪主编:《云南近代经济史》,云南民族出版社1995年版,第26页。

终达于昆明，全长 850 公里。越南境内的海防至老街段于 1901 年动工，长 389 公里。1903 年，法国和清政府签订《滇越铁路章程》34 款，河口至昆明段的施工被提上日程。①

英国为获得与法国相等的入侵云南的机会和条件，发动第三次侵略缅甸的战争。1886 年，英国宣布将缅甸并入英属印度，同年强迫清政府签订《中英缅甸条约》，承认缅甸为英国的殖民地，隔断了中国与缅甸历史上形成的藩属关系。1897 年，中英又签订《续议缅甸条约附款》，"中国答允，将来审量在云南修建铁路与贸易有无裨益，如果修建，即允与缅甸铁路相接"。② 1901 年，英国以"既允法修路不能阻英"③ 为由，开始筹谋修建从缅甸至云南的铁路。次年不经中国同意，宣布派出工程师勘探腾越、大理、楚雄一带线路。1905 年 4 月，英国印度殖民当局派遣工程师理勃率勘测队，对腾越以南至中缅边界古里卡一段约 200 公里的线路进行测勘。但英国的这一计划存在工程艰巨、费用巨大等多方面困难，更遭到云南人民激烈抗议："法人享有滇越路权，为我云南腹心之大患，设此路异日终为法有，深根固蒂，其祸固不待言。……倘再以此路（滇缅铁路）畀英人，则是置两虎于胁下，异日虽如何之整顿经营，恐已万劫不复矣。"④

英、法在攫取云南路权的同时，又把云南丰富的矿产资源作为掠夺目标。1901 年，英法合办隆兴公司总办弥乐石（法国驻滇总领事），与云

---

① 《滇越铁路章程》规定：中国准允法国国家或所指法国公司，自越南边界至云南省城修造铁路，中国提供该路所经过之地与路旁应用地段；筑路监工由外国人担任，劳工则在中国招募；中方要设立路警以保护铁路；滇越铁路的所有权、使用权和管理权均属法国；中国国家于八十年期限将满，可与法国国家商议收回地段铁路及铁路一切产业，但前提是中国必须偿还法国所付出的一切费用。参见云南省档案馆、红河学院编《滇越铁路史料汇编》（上），云南人民出版社 2014 年版，第 5—9 页。
② 王铁崖：《中外旧约章汇编》（第 1 册），生活·读书·新知三联书店 1957 年版，第 689 页。
③ 《外务部致云贵总督卅电》（光绪二十七年十月三十日），《滇越铁路史料汇编》（上），第 41 页。
④ 《留日同人全体上滇督岑禀稿》，《云南杂志选辑》，第 471 页。

南地方当局订立细则，强迫中国同意隆兴公司开采云南全省矿产。次年3月，外务部审议矿务章程时，指定七个区域为开采范围，6月签订《云南隆兴公司承办七属矿务章程》，规定隆兴公司可以开采云南、澄江、临安、开化、楚雄府、元江州和永北厅七处矿产，时称七府矿产。英、法侵夺云南路、矿的行径，激起云南人民的反帝爱国斗争。1903年，周云祥在个旧发动以矿工为主体并有大量农民参加的武装起义，起义队伍扩大到一万余人，其口号就是"抗官仇洋""拒洋修路、阻洋占厂"。① 在全国收回路矿主权运动鼓舞下，云南各界提出两种抗争思路：一是以革命党人杨振鸿、吕志伊为代表，主张举全省之力"废约赎路"；一是以士绅陈荣昌为代表，提出自集股本兴修滇蜀、腾越铁路的主张。② 锡良图维云南铁路路权正是顺着这两条思路展开的。

一 自办滇蜀腾越铁路的失败

1905年，翰林院编修陈荣昌，庶吉士罗瑞图、李坤，主事倪惟诚、张忠、胡寿荣，道员解秉和、李光翰、王鸿图、马启祥、汤曜，联合提出自办滇蜀铁路的主张。时任云贵总督丁振铎应滇绅之请上折，呈请由滇省自办滇蜀铁路，得清政府批准。同年拟定《滇蜀铁路总公司集股章程》，成立以陈荣昌为总办的滇蜀铁路公司，计划自修四川宜宾至云南昆明的铁路。③ 丁振铎在将该章程恭呈御览的奏折中说道："伏思筑路之难，首在筹款，名曰自办，则不集外股、不借外债，当毅然独任其难。滇处边隅，民物凋敝，与筹办川汉铁路素称繁庶之川省奚啻天渊？骤欲集股千数百万金之多，殊非易易。臣与诸绅士筹商再四，凡集股、付息总纲

---

① 《云南近代史》编写组：《云南近代史》，第119页。
② 卜保怡：《记忆滇越铁路》，政协昆明市委员会文史委员会编：《昆明文史资料选辑》（第44辑），内部资料，2006年，第199页。
③ 成立过程可参见赵蕊《论云南绅士与清末收回铁路利权运动》，《学术探索》2006年第4期。

及认购官本各股份，悉照川汉章程稍加变通。"① 章程第一条即规定："不招外股，不借外债，专集中国人股份，其非中国人股份，一概不准入股，并不准将股份售与非中国人。由中国创设公司合办，以保利权。"②

关于自办滇蜀铁路的目的，丁振铎在奏折并未明言。揆诸事实，其经济方面的目的在于连通川滇，从而推动西南地区商务发展。更重要的，则是防范英国、法国对云南路权的霸占，巩固中国西南边防。关于这一点，正如锡良致函丁振铎所言："滇蜀造轨，前经执事建议集款自修，握全局于几先，杜觊觎于未著，披读大疏，极佩荩猷。顷奉贻笺，益见推诚，相与之衷甚盛。查此项路线，由滇达蜀，或叙或泸，约计衺长约各千余里，若不及早维图，一旦滇越告竣，接轸联辙，将有洞穿堂闼之忧。是此路不特为利权所关，抑且为封守所系。"③ 云南自修滇蜀铁路之举，赢得时论广泛赞誉。《云南杂志》即指出在英法竞相争夺云南路权的局势下，滇蜀铁路的修筑关乎云南的生死存亡，揭示此路在国防上的重要意义："列强之对于中国，无日不扩张航路，争设铁路，骎骎逐逐以增拓其经济的殖民地，使我国偶一拂之，则即以武力以盾其后。……滇越铁路已归于法人之手，滇缅铁路近英人又与我争敷设权，而惟滇蜀铁路现归

---

① 《云贵总督丁奏自办滇蜀铁路议定集股章程折片》，《东方杂志》第3年第3期，光绪三十二年三月二十五日，第56页。关于该章程内容的评析，参见荆德新《评滇蜀腾越铁路公司的集股章程》，《云南学术探索》1993年第3期。

② 《云贵总督丁奏自办滇蜀铁路议定集股章程折片》，《东方杂志》第3年第3期，光绪三十二年三月二十五日，第57页。

③ 《复云贵总督丁函》，《锡良存各省铁路奏咨录要》（第1册），馆藏：甲374/19。光绪三十二年六月间，丁振铎致函锡良，言及云南欲图自修滇蜀铁路之难，并提请四川予以支持："滇省僻处穷边，诸叨惠济，枨晖远荫，纫感曷胜。前虽奏请接轨川滇，聊占先着，藉杜觊觎，屡经官绅集议，款巨难筹，盐捐粮捐，岁不过三十余万两，多方设措，终苦地瘠民贫。现准此间英领照请，会修腾缅铁路，滇境路线约三百数十里，非四五百万金不可，力难分应，又未便诿之外人，计无复之，拟派员赴南洋各埠劝集华商入股，未知能否有成。将来川滇路线勘定时，仍当派员秉商尊处，路入川境，或迳归川办，抑令滇会办，届时再请裁示。滇省毗连缅、越，彼族叵测为怀，护路防边，练兵尤不可缓，亦苦响械难筹。"《云贵总督丁来函》（光绪三十二年六月二十九日到），《锡良存各省铁路奏咨录要》（第1册），馆藏：甲374/19。上引锡良函件，即是对该电的回复。

自办，是滇蜀铁路之成否，即吾滇生死问题之所关系也，安可以因循迁就之手段出之，而启外人之觊觎。"①

1906年4月间，陈荣昌等人又呈请自办英国人正在勘测的腾越铁路："本省商务，西南并重，而货物之往来，腾越实较多于蒙自，一旦南路通行，法货畅销，英人必援利益均沾之例，起而筑腾缅之铁道，此一定之势也。然大利所在，不可不先事预筹，与其让人办而利尽属人，何若谋自办而利仍归己。"他们指出，滇蜀铁路长一千余里，修路之费须一千二三百万金，而由缅甸边界至腾越仅三百余里，需费不过滇蜀铁路十分之二，乐观地认为路款筹集并非难事："只须于原定章程所收盐捐、粮捐、公利各项发入之数，拨一二年所得的款先为提倡，余则劝集。迤西富商尚多，财产土地所关，自应竭尽心力。程途既短，收效甚速，商贾惟利是趋，见铁路果有大益，以后集滇蜀一路之股，必能踊跃争先，不至怀疑观望"。基于此，他们提出公司改名为"滇蜀腾越铁路公司"，并在腾越设立一局曰"腾越铁路公司"，以便就近开办。② 腾越铁路计划由腾越起，修至中缅边境我方一侧的古里卡。

然而，滇蜀腾越铁路公司成立后，英国仍继续筹谋勘测线路。光绪三十二年九月，英国驻昆明领事务谨顺致函时任云贵总督丁振铎，提出派工程师赴腾越一带勘测腾越、大理道路的要求，中国政府应照旧予以保护。③ 对此，外务部不置可否，并未给予正面回答，而是强调勘路事理应与滇蜀腾越铁路公司商洽："至工程师勘路，自应知照公司，由绅董酌议，公司系屑奏办，又曾经贵总领事诣商，是该绅董等实为滇蜀腾越铁路之代表人，所有关涉腾越铁路权限之事，不能不交该绅董公议。"④

---

① 知一：《滇蜀铁路公司集股章程私议》，《云南杂志选辑》，第488页。
② 《陈荣昌等士绅请兴办腾越铁路并确定滇省铁路范围以保利权而固疆圉公呈》，《滇越铁路史料汇编》（上），第47—48页。
③ 《英务领事欲强过界勘路函》（光绪三十二年八月二十四日），《滇越铁路史料汇编》（上），第62页。
④ 《外务部复英领事函》，《滇越铁路史料汇编》（上），第62页。

滇蜀腾越铁路公司闻知英国勘路要求后则予以坚决反对。先是公司呈文丁振铎，声称"国权所关，滇人决不退让，应请照案坚持阻止，勿令过界"。① 在致外务部电中，更是言辞激烈地说道："英人前次过界略勘，系在未设公司自办之先，今昔情形迥然不同，屡次照约阻止，务领见阻之甚力，则易为游历，不允，又欲过界测勘。既经测勘，则以后愈无词可拒。滇人以生命财产之故，为滇人一日必力争一日，决不稍为退让，且滇虽边鄙而尺地寸土莫非国家所有，断不忍坐视丧失。"②

光绪三十二年十二月间，外务部力照会英国驻华公使朱尔典（John Newell Jordan）力拒其英国的勘路要求："光绪二十三年《中缅条约》（即《续议缅甸条约附款》）附款第十二条载明，中国答允，将来审量在云南修建铁路与贸易有无裨益，如果修建，即允与缅甸铁路相接。是该处中国境内铁路，应由中国自行审量。"又言："迨光绪二十七年九月十九、十月二十六等日，本部先后复萨前大臣（萨道义）照会，均一再守定此旨，并声明法国铁路由越南边界修至云南，本为条约所准，与滇缅约意不同，缘两国交涉各有约章可据，固不能相提并论也。"③ 这一照会，展示出清政府保护云南路权的努力，这就顺应了舆论以及滇蜀腾越铁路公司自办云南铁路的要求。

锡良接任滇督后，积极支持自办滇蜀、腾越铁路。滇蜀、腾越两段铁路估费在2000万至4000万两白银之间，相当于当时云南全省8年的财政收入，或40年的田赋总额。④ 基于此，锡良在接任滇督之前所上的《滇省应办事宜大概情形折》中，着重谈到修筑滇蜀铁路的必要性及其经费困境，提出由清政府筹给筑路经费的请求：

---

① 《滇蜀腾越铁路为力阻英员过界略勘复云贵总督呈》，《滇越铁路史料汇编》（上），第64—65页。
② 《腾越铁路公司为力争路权给外务部电》，《滇越铁路史料汇编》（上），第65页。
③ 《外务部复英使照会》（光绪三十二年十二月十一日），《滇越铁路史料汇编》（上），第71页。
④ 《云南近代史》编写组：《云南近代史》，第120页。

滇省铁路，论形势已成补牢，论事机则甫谋始。前准丁振铎商筹滇蜀铁路办法，奴才已认由川合力通筹。旋准来咨，腾越一路亦已设立公司。惟修路之难，莫难于集款。忆自奴才衔命来川，即奏请创办川汉铁路，督同官绅等苦心擘画，三年于兹，筹款勘工各事宜，始克渐有端绪。兹滇路之重要，该省士绅既已确知利害，亟亟谋自办，筹集股本，必能激发热忱。

……

惟是民力久匮，矧在边瘠之区，办事固赖官为主持，筹款亦应官为辅导。合无仰恳天恩，俯念滇路关系安危全局，不仅有裨交通，饬下邮传部，统筹熟计，酌济巨款，以为之倡。抑或在于津榆、芦汉两路所获盈余项下，按年酌拨若干，俾得早日兴办。将来滇路告成，即为津、芦之子路，亦使外人知我，众志坚结，畛域无分，津榆、芦汉专其利，滇、蜀、藏、卫蒙其安，滇疆幸甚，大局幸甚！①

可以说，锡良基于民间资本不足以及政府掌控滇蜀铁路修筑权的意图，提出由政府筹集筑路经费。但对于锡良的请求，清政府并不能给予支持。

光绪三十三年七月二十九日，在滇蜀腾越铁路公司绅董的陈请下，锡良以总督名义颁发劝股告示，并表达了对滇人认股颇不积极的失望和不解："本部堂莅任以来，以为筹滇莫要于修路，修路莫先于集股。查总公司所集之股，仅在省绅商所认者，并未普劝普集，其余各属士民及滇人之在外省者，闻有认股之人，实居最少之数，似此因循，全不踊跃，款项既难骤集，路工何日能兴？本部堂为滇筹思，不禁为滇焦灼，将谓滇之人不知此路之修，其利于滇者甚巨耶？何以禀请自办也？抑不知此路不修，其害于滇者亦甚巨耶？又何以禀请自办也？……以滇之财修滇

---

① 锡良：《滇省应办事宜大概情形折》（光绪三十三年二月二十八日），《锡良遗稿·奏稿》，第663页。

之路，图滇之利，救滇之害，滇之人当如拯溺救焚以赴之矣，何待本部堂悬赏以相劝，执法以相从？"进而，锡良提出全民认股的号召："富户力认巨股，中户力认中股，下户力认小股，即责成各分董担任，分区分乡查明上中下户。邀集公所，力为劝导，分别认定，以数千万人之众，认数千万两之股。"最后呼吁："合群腋以成裘，牵众丝而续命，安危系乎全局，成败在兹一举。"①

英国对此一劝股告示激烈反对。八月九日，英国驻昆明领事务谨顺照会云南当局，指出光绪二十四年三月间，清政府允许法国政府或法国政府指定公司修造越南边界至云南之铁路；光绪二十八年三月七日曾经外务部照复，允许凡在滇省允给法国之利益应一体允给英国。他认为正是凭借光绪二十八年的照复，英国得到承造缅甸边界至腾越铁路之权，同时认为"承办此段较短之铁路，本政府不能视为足抵光绪二十四年三月间法政府修造老街至云南省城较长铁路之利益"。②八月十四日，锡良照复务谨顺，援引中缅条约附款第十二条"中国答允将来审量在云南修建铁路与贸易有无裨益，如果修建，即与缅甸铁路相接"等语，强调其意是"滇界内之铁路应由滇人自行审量修造，特修到滇缅交接之时，允与缅路相接，并未奉准中国政府及外务部允许贵国承造缅甸边界至腾越铁路之明文"。③八月二十一日，务谨顺再次照会锡良，"请将示内腾越二字删除"。④九月五日，锡良再次照复，声称"某国铁路为某国自有之主权，非特中国为然，亦属各国通行公法"；认为英领事"请将示内腾越二字删除"实为无理要求："中国并无允许贵国修造此路之明文，本部堂只

---

① 《出示劝集铁路股款遍贴晓谕由》（光绪三十三年七月二十九日），《锡良任云贵总督时办理滇蜀腾越铁路卷·腾越铁路卷》，馆藏：甲374/50。
② 《英领事照会》（光绪三十三年八月九日），《锡良任云贵总督时办理滇蜀腾越铁路卷·腾越铁路卷》，馆藏：甲374/50。
③ 《照复》（光绪三十三年八月十四日），《锡良任云贵总督时办理滇蜀腾越铁路卷·腾越铁路卷》，馆藏：甲374/50。
④ 《云贵总督锡良为与英务总领事往来照会饬滇蜀腾越铁路总公司札》（光绪三十三年九月七日），《滇越铁路史料汇编》（上），第76页。

知查照《条约》(即《续议缅甸条约附款》)旧案办理,示内腾越二字未便删除。"①

这一时期,英国驻滇领事的往来交涉实为无理辩三分,正如锡良向外务部汇报所言:"查缅界至腾越路权,中国并无允许英国明文,……且经大部于三十二年十二月间照复朱使,详晰辩驳,乃仍复援引为据,殊属有意刁索。"进而建言外务部顺应民意,在外交上对英国给予强硬回击:"滇民对于此路,极图保守,实有合群力争之观念,万难因其牵引附会,甘心退让。除一面据理驳复,并抄录告示,易文咨呈外相,应电达恳祈大部,鼎力主持。"②九月,锡良再次致电外务部,通告"该领狡执前说,迭经据理辩驳,仍复纷晓不已,文牍往还至再至三",强调"此事关系主权得失",请鼎力与英使交涉。③最终,在中国政府的努力下,英国勘测活动被迫停止。

然而,滇蜀、腾越铁路集股效果并不乐观。光绪三十四年六月十三日,锡良向邮传部汇报了滇蜀、腾越铁路集股情况:

> 滇省铁路股款约计:各官认股五十万两;绅商认股六十万两;个旧锡股一百万两;盐捐股二百余十万两;彩票股四五十万两。以上五项以十年分交,皆系酌款。此外随粮认股以通省计之,年约得银一百万两,十年约得银一千万两。上年由昆明试办,已著成效,半年推行各属,业经奏咨在案。若无水旱灾偏灾而办理得宜,亦可恃为的款。计兹六项,十年约共得银一千四五百万两,现已收银九十余万两。

至腾越小铁路,因英领执利益均沾之说,外部与滇省正在极力

---

① 《云贵总督复英务总领事照会》(光绪三十三年九月五日),《滇越铁路史料汇编》(上),第77—78页。
② 《致外务部电》(光绪三十三年八月十三日),《锡良任云贵总督时北京来往电》(第1册),馆藏:甲374/10。
③ 《致外务部电》(光绪三十三年九月十三日),《锡良任云贵总督时北京来往电》(第1册),馆藏:甲374/10。

拒驳，尚未勘路定线，等语。查滇蜀铁路非五千万金不办，腾越之路尚不在内。公司现所筹款仅只此数，不敷甚多，况线长费巨，非有实银千余万金不能开工。及开工后，非年得数百万金，不足以资接济。边瘠之区，屡集绅商竭蹶图维，万难筹足。①

之所以集股效果不佳，除云南民间财力不足等原因外，与滇蜀腾越铁路总公司管理上的不完善也有直接关系，时人曾尖锐指出该公司之弊端有四：公司之性质不定；公司之权限不清；股东之权利义务不明；股份之办法不善。②另有人记道："滇省铁路公司未开有股东总会，公司股东干涉一切，公司俨然一衙门。……是以创办五六年来，除盐粮捐及地方公款及二三商绅数百股外，并无民股。公司亦未有招股之举动。公司则成立数年，至今股票尚未印出，可笑。"③但云南当局对公司并无实质整顿，仅见锡良在光绪三十四年六月四日具折，提出酌改滇蜀、腾越铁路随粮认股办法的建议。④至宣统元年正月间，锡良离开云南，调任东三省总督。

宣统二年时任云贵总督李经羲具折，言集股成效极不乐观："滇蜀一路，自光绪三十一年经前督臣丁振铎奏准，由滇省绅民设立公司集股自办，该公司预计股本全数以二千万两为额，拟集之股以随粮认股为大宗，顾自开办以来迄今五载，所收仅及百万，不过全额二十分之一。而粮股一事，适承禁烟之际，民力凋敝，窒碍尤多，近年请缓、请减、请免者

---

① 《致邮传部电》（光绪三十四年六月十三日），《锡良任云贵总督时北京来往电》（第2册），馆藏：甲374/10。
② 知一：《滇蜀铁路公司集股章程私议》，《云南杂志选辑》，第488页。
③ 华生：《云南留日同乡会为滇省铁路主张自办意见书》，《云南杂志选辑》，第603页。
④ 锡良指出："滇省自办滇蜀、腾越各铁路，拟定随粮认股章程，每粮一升收钱二文，曾经奏准开办在案。嗣因滇居边瘠，巨室无多，又乏财雄力厚之商贾，平日讲求实业者，大抵皆农业一流，虽风气渐开，亦复热心公益，而心余力绌，终苦筹措为艰。"由此，锡良据公司绅董陈请，将随粮认股章程酌改为每粮一升收钱五分，"以全省纳粮约二十万石计，年可集银一百万两，十年可集银一千万两"。锡良：《滇蜀腾越铁路工巨费艰公议酌改随粮认股章程折》（光绪三十四年六月四日），《锡良遗稿·奏稿》，第796—797页。

纷至沓来，言之惨痛，民力之微若此，路款之巨若彼，即再严行催收，恐竭泽而渔，仍无裨路政于万一。"① 由于集股成效甚微，滇蜀铁路限于中辍境地。同年二月二十五日，李经羲奏请清政府将滇蜀铁路收归国有："滇省铁路关系重要，匪特为整顿交通之至计，并且为防制法人之要图。拟请饬部迅将滇蜀铁路收归国有，赶速测勘。"②

对此，云南留日学生颇为愤慨，他们认为滇蜀铁路"收归国有"，定将背弃"不招外股不借外债"的原章，以路权作抵借用外债。他们致书政府，要求交回商办，保路救滇。云南留日学生的上书被置之不理。列强闻讯后，莫不争先恐后以低息或无息为诱饵独得贷权，英取七厘，法索六厘，美国则诡称已有工程师助滇办路，颇愿无息贷给，以期染指云南，排斥英法。③ 与此同时，揽办云南七府矿产的隆兴公司代表高林士向云南当局提出，欲图以取得铁路投资权换取废除七府矿约，但要索取大量废约补偿。李经羲等人立即响应，拟为滇桂、滇蜀两路向英、法、德、美四国银行团贷款 2000 万元，以云南盐税收入作保，这是在收回矿权的名义下出卖路权。后来四国银行团在"粤汉、川汉铁路借款合同"受到中国保路运动的冲击后，终止了对滇桂、滇蜀两路的借款。清政府和英、法政府几经交涉，最后确定以赔款 150 万两白银作代价，赎回了云南七府矿产，废除《云南隆兴公司承办七属矿务章程》。④

辛亥革命后，蔡锷、唐继尧等人在云南发动重九起义，这引起一些人的幻想，认为滇蜀、腾越铁路新生有望。至 1924 年，路股经过多次清理，

---

① 《云贵总督李经羲请将滇路收归国有折》（宣统二年二月二十五日），中国第一历史档案馆藏：04/01/01/1115/029。转引自王巨新《清代中缅关系》，社会科学文献出版社 2015 年版，第 253 页。据 1915 年三迤总会调查和《新纂云南通志》的统计，仅集资 300 万两左右。参见《云南近代史》编写组《云南近代史》，第 120 页。

② 《云贵总督李经羲奏为密陈测勘筹筑滇省铁路事》（宣统二年正月二十四日），宓汝成：《中国近代铁路史资料》（下册），第 1162 页。

③ 《云南日报》宣统三年二月一日。转引自荆德新《滇蜀腾越铁路公司的兴废》，《昆明师范学院学报》1981 年第 2 期。

④ 《云南近代史》编写组：《云南近代史》，第 122 页。

发现挪借、盗用、路股散失严重，滇蜀、腾越铁路自办计划最终破产。①

二 收回滇越铁路路权的失败

在筹划自办滇蜀、腾越铁路同时，更为棘手的问题则是如何应对法国修筑滇越铁路。

光绪二十九年，滇越铁路云南段动工，此段全长460余公里。在此之前，河内至老街的越段已建成通车。法国最初拟定的路线是由河口经新街、蒙自、玉溪、呈贡到达昆明，这些地方都是比较富饶之区。沿线各族人民出于爱乡爱国之情而激烈反对，蒙自、建水就曾经多次发生民众拔桩毁线、围打和驱赶法国勘线人员的斗争，迫使法方不得不改线，由河口城边溯南溪河北上，经碧色寨、开远、宜良、呈贡而至昆明。法国在勘测和修筑滇越铁路北段的过程中，任意欺凌侮辱云南人民。如法国勘测队在蒙自等地随意搭棚，测绘、钉桩、树标，在呈贡果园乱砍果树，"甚至藉端讹诈，需索供应，窥看妇女，棒打行人，凶恶情形，难以尽述"。②

随着滇越铁路云南段的修筑，云南边防安全受到严重威胁。至光绪三十三年，"法人对于路工形同无赖，蛮而且狡，交涉极难"，时怀"派兵越境"之谋。③ 更为严重的是，法国对于"侵损铁路、盗窃货物等事"，"不惟责我保护不周，且将以须用法兵保护挟我"。④ 作为应对，云

---

① 参见荆德新《滇蜀腾越铁路公司的兴废》，《昆明师范学院学报》1981年第2期。
② 宓汝成：《中国近代铁路史资料》（第2册），中华书局1963年版，第492页。据河口瑶族自治县城关1962年尚在世的81岁黄炳南老人讲述："修滇越铁路，法国人利用官府和工头去招收工人，大部分是客人（指操粤语的两广人）和彝族、壮族，将他们编队管理，每百人设一大总介（大工头），每十人设一小介（小工头）。由于不重视安全防护，每天都有工伤事故发生。有一次在离河口县城37公里的工地上，因炸石火药爆炸，炸死一百多人。再就是天津人，因蚊子咬后害疟疾，病了又无药医，单在河口大桥头工地就病死了二百多人。"蛮夫：《法帝国主义对路权的掠夺》，政协云南省红河哈尼族彝族自治州委员会学习文史委员会：《红河州文史资料选辑》（第13辑），内部发行，2001年印制，第18页。
③ 《锡良致赵尔丰电》（光绪三十三年），《锡良任云贵总督时往来电稿》，馆藏：甲374/118。
④ 《藩臬致蒙自魏关道电》（光绪三十三年十月二十六日），《锡良任云贵总督时本省来往电》（第5册），馆藏：甲374/60。

南当局主要采取增加兵力驻防铁路沿线的办法。早在滇越铁路开办之初，鉴于"路工、洋员往来如织，而民间意见未泯，匪徒复乘间煽惑，危险之象叠露端倪"，云南当局拨驻拟裁之防营十营逐段扼扎，以期弹压保护。后因地段太长，原营不敷分布，故续于十营之外添拨一营。光绪三十三年六月，锡良又提出无论经费如何竭蹶，亦应增派兵力，"预伏自设警察之深意"，万不能由法国自募巡丁，否则"大碍主权，贻患甚巨"。① 但此举并不能对法国的侵略行径作出有效防范，正如同年十月间云南藩、臬所言："铁路开通后，河口冲要庞杂，略加一二营稍修营垒，藉资震慑，尚虑照顾不周，恐法以开衅诘我，试问此区区之兵数，可以一战乎？"②

与此同时，法国修筑滇越铁路遭遇诸多困难。光绪三十三年十月底，魏景桐向锡良汇报法国修筑滇越铁路情形："查自滇越铁路开办以来，在稍有心计者，皆知滇省出入商货无多，此路之通不惟将不偿失，抑且常年养路之费久必难支。英人疑忌，窥伺更深，讥诮尤切。……近年以来，滇越铁路工程，彼之困难已极。"③ 时人对此亦有清晰观察："滇境自筑路以来，因全属山境，开凿不易。法公司资本已大受亏折。复因虐待华工，

---

① 锡良：《铁路营数难减饷项无出仍请饬部指拨的款折》（光绪三十三年六月六日），《锡良遗稿·奏稿》，第675页。对此，锡良曾致电山东巡抚杨士骧，咨询沿路警察办理经验："此间滇越铁路与胶济铁路情形相似，尊处沿路警察系如何办理，所有命盗词讼案件关于交涉者，其裁判权是否即行归警察抑归地方官，或另派交涉专员，诸乞指教。"《致济南东抚杨电》（光绪三十三年六月二十日），《锡良任云贵总督时外省来往电》（第1册），馆藏：甲374/11。同时，锡良还曾致电直隶总督袁世凯请调交涉人才："滇省铁路固不久告成，省城且须开为商埠，交涉日形繁重，裁判案件之员，非得明于中外法律而又曾经历练者，无以保主权而弭衅。故边荒实乏此材，我公全局殷怀，久叨爱助，固念尊处人才荟萃，况又备荷陶成，拟恳并为物色谙习交涉、裁判人员，饬调来滇。"《致天津直督袁电》（光绪三十三年六月二十二日），《锡良任云贵总督时外省来往电》（第1册），馆藏：甲374/11。

② 《藩臬致蒙自魏关道电》（光绪三十三年十月二十六日），《锡良任云贵总督时本省来往电》（第5册），馆藏：甲374/60。

③ 《蒙自魏关道来电》（光绪三十三年十月二十六日），《锡良任云贵总督时本省来往电》（第5册），馆藏：甲374/60。

散亡殆尽，招募不易，坐耗又多，路工已大有难成之势。"①

基于上述情势，国人要求收回滇越铁路的呼声与日高涨。一时间，"越路短，滇祸缓；越路长，滇速亡"②之论弥漫于国人中间。正如时人所言，"赎回滇越铁路，废弃七府矿产之陈约"是"吾中国同胞其当注意、吾云南父老尤当挽救不可稍缓之事实"，唯如此，"则云南安全，中国无恙"。③云南某些士绅呼吁由滇民筹集赎路款项，如宋嘉珍在《敬告全滇父老缴款赎路意见书》一文中痛切言道："吾滇僻处边徼，为内地屏障。只以路途遥远，交通不便，以致声援隔绝，一任英窥法占，而内地各省若无闻焉。政府则向以英法互忌为得计，今英法协约已成，英筑滇缅，法筑滇越，近更加工赶筑。嗟嗟，路成而滇亡矣。夫内地各省，以形势论，与吾滇有密切关系，滇亡则黔蜀首当其祸，两湖江皖亦难安枕，阴受屏藩之福而不知，则无怪其熟睹无闻，则大可怪也。"作者认为目前当务之急是呼吁滇民广集款项赎回滇越铁路，"能赎此路，则滇缅一路英必让之"。④宣统元年四月，云南留日学生上书外务部，也明确提出赎回滇越铁路的主张："如谓废约必办不到，无宁援原约第十五条，倘有民情不平之点，照会法使撤回已来之兵队，饬滇中大吏选派兵士为严重之保护，尚为与之以易从。若必废约，恐终难遂意。然天下事未办而遂以办不到为虑，则天下事将永无可办到之事。此际只有不计难易，不问胜负，决心鼓力，以期必达而已。且既欲据第十五条之点，亦当以废约为先声，期收直接收回之善果，迨不得而乃以此议盾其后，庶可冀保护实力之就我范围。"⑤

就云南当局而言，对法国修建滇越铁路的危害性当然有清醒认识，但

---

① 《沈祖燕查复云南参案禀稿》（光绪三十三年），宓汝成：《中国近代铁路史资料》（中册），第667页。
② 陈荣昌：《特参司道大员奸邪柔媚贻误疆臣折》，杨觐东辑：《滇事危言初集》，第116页。
③ 赵端：《赎滇越铁路万不能再缓之警言》，《云南杂志选辑》，第572页。
④ 宋嘉珍：《敬告全滇父老缴款赎路意见书》，《云南杂志选辑》，第556—557页。
⑤ 《云南留日学生为废滇越路约上外务部书》，宓汝成：《中国近代铁路史资料》（中册），第671页。

限于滇越铁路章程规定中国80年后方能收回滇越铁路且必须补偿法国付出的一切费用，起初并未属意于赎回此路。但基于法国修建滇越铁路的困难形势以及国人赎路的呼吁，加之滇蜀腾越铁路公司的陈请，以锡良为首的云南当局也意识到赎路的可能性并付诸实施。锡良致电赵尔丰、许涵度言道："法兵虽并无越界，其所造铁路究为莫大隐忧，但近亦许我赎路，果以能者，处此滇事未必遂无可为。"① 其致电籍贯云南华宁县的吉林巡抚朱家宝，即言道唯有赎回滇越铁路才能避免西南主权的沦丧："越路抵省，滇亡立待，西南有失，大局不支。据滇蜀腾越铁路公司呈称，誓先力集巨（款）赎回此路等情。弟自待罪是邦，殚竭筹思，舍此实乏救亡之策，业经一再上陈，现公司就地筹款，自绅富以及力农之家，亦已无力不尽。"② 其致电邮传部左参议蔡乃煌亦言："滇越铁路外部允让法修，席卷鲸吞，祸在大局，不仅一省屡电请赎，保滇即保全国。"③ 锡良意图收回滇越铁路之举也得到普遍好评。重庆商务总会总理李耀庭（云南恩安县人）致电陈荣昌即言："铁路公司陈小圃先生鉴，滇路已失，蒙锡帅热诚为国为民，力争赎回，凡属滇民永世感激。昨据舍侄临阳函称，认款三万两，实不足以体锡帅美意，对父母之邦，愿毁家添足十万两，用效涓埃。"④

为筹措赎路资金，滇蜀腾越铁路公司曾致函官仕各省之云南同乡，劝其认筹股份，然态度颇不积极，所谓"视同秦越，迄无回音"。光绪三十三年十一月，锡良又致电各省督抚，请其督促滇籍官员缴费认股："滇

---

① 《锡良致电成都赵季帅、许涵度》（光绪三十四年正月），《锡良任云贵总督时往来电稿》，馆藏：甲 374/118。

② 《致吉林朱经帅电》，《锡良任云贵总督时外省来往电》（第 2 册），馆藏：甲 374/11。

③ 《锡良致邮传部蔡伯浩电》（光绪三十三年十月二十五日），《锡良任云贵总督时电报》，馆藏：甲 374/106。蔡乃煌曾为锡良属吏，且多次得到锡良奏保，两人关系颇为密切，是以锡良对其能直抒胸臆。早在光绪二十六年，蔡乃煌即得时任山西巡抚锡良的奏保交军机处存记。光绪二十九年，时任四川总督锡良奏调蔡乃煌赴川补用，总办督辕文案，并会办川汉铁路总公司。光绪三十二年，锡良奏调蔡乃煌出任建昌道。秦国经：《清代官员履历档案全编》（第 8 册），华东师范大学出版社 1997 年版，第 135—136 页。

④ 《重庆致陈小圃电》（光绪三十四年），《锡良任云贵总督时外省来往电》（第 2 册），馆藏：甲 374/11。

越铁路瞬抵省垣，主权既失，危殆恐及全局。绅民业经组织公司，势将滇蜀、腾越铁路赓续自修。惟据该公司呈称，非先赎回此路，必无以救急救亡，非先筹有现款一千万两，更无从议修议续，款巨时迫，急望众擎。……此项路款，在籍者既各毁家纾难，亦望出仕者好义急公，若概委诸在籍之人，凡宦他乡者，竟置父母之邦于度外，揆之事理，亦太不公平。恳请电咨各省，饬查督催，分别实缺、候补从速认缴等情。滇事危急，比于救焚拯溺，非得大众齐心，不能相与有成。"①

此电得到各省积极回应。如两江总督端方来电："绅民组织公司，建议筹款赎回，继续自修，洵足保守主权，维持公益。"② 吉抚朱家宝致电锡良言道："滇越铁路为全省命脉所关，备款、赎回，岂仅于乡之人不惜孤注一掷，以求背城之捷。众志坚定，事当可成。然非我公提倡于上，不易图功。"③ 在致滇蜀腾越铁路公司电文中，朱家宝则更加言辞激烈地说道："悉各乡台拟集巨款赎回滇越铁路，亟乐赞成。……顷接来电，复以认股招股相嘱，并请全滇士绅连日集议，众志如此坚定，事可必成。宝于夏间即开乡人结死绝会，以图抵制，声势所至，强邻气阻。窃谓吾乡民气益开，团体益坚，非诸公竭力提倡，罕以及此。……滇路存亡在此一举，无论如何设法，自当力任其难。宝现任一百股，此后每年认五十股。吉省各同寅现已认约六百余股。"④

对于集款方式，这一时期亦有人提出仅靠同乡集资缓不济急，应请度支部酌拨款项。如籍贯云南临安府的四川提督马维骐致电锡良即言："滇据各省上游，最为外人垂涎，若专恃乡人集资研办，恐时缓而款不

---

① 《致各省督抚电》（光绪三十三年十一月），《锡良任云贵总督时外省来往电》（第2册），馆藏：甲374/11。

② 《南京端午帅来电》（光绪三十三年十二月三日），《锡良任云贵总督时外省来往电》（第2册），馆藏：甲374/11。

③ 《吉林朱经帅来电》，（光绪三十三年十二月十一日），《锡良任云贵总督时外省来往电》（第2册），馆藏：甲374/11。

④ 《吉林朱经帅致铁路公司电》，《锡良任云贵总督时外省来往电》（第2册），馆藏：甲374/11。

多。鄙意如筹巨款，宜请命清帅电度支部告急请款，更于三迤中奉数人以专责任。"① 事实上，无论是自修滇蜀、腾越铁路，还是赎回滇越铁路，最关键的都是得到清政府支持。锡良对此显然心知肚明，他曾于光绪三十三年十一月间两电蔡乃煌，言及滇越铁路能否收回关乎云南主权安危，请求邮传部予以支持。其中一电言："滇越一路系法人已办将成之路；滇缅一路，系英人屡谋兴办，现正极力驳拒，彼此相持未下。是以弟意总在赎回法路，庶英路亦易拒绝。"② 显见，与前引宋嘉珍言论一致，锡良也认为唯有赎回滇越铁路，英国修筑滇缅铁路的筹谋方易于拒绝。③

在另一电中，锡良则重点言及筹款之难："滇自创议自修滇蜀、腾越铁路以来，募股外省及南洋侨商，迄无应者。本地百计经营，并拟略如川例劝集租股，每岁约计共可得百二十万两金，积之十年，乃得千二百万。以滇边瘠，赎款实难另筹。"进而，锡良提出拟将修路费移作赎路费，但仍恐"缓不济急，且未知需款共若干"，因此希冀"中央全力俾底于成"，"以赎路者存滇，以存滇者保全局"。④ 但总的来看，锡良对于赎路并无十足把握，其致电蔡乃煌即坦言"赎路谈何容易"，忧虑"终恐无成"。⑤

---

① 《成都马军门来电》（光绪三十三年十二月二日），《锡良任云贵总督时外省来往电》（第2册），馆藏：甲374/11。

② 《锡良致邮传部蔡伯浩电》（光绪三十三年十一月），《锡良任云贵总督时电报》，馆藏：甲374/106。

③ 事实上，这一时期亦有人对赎路策略提出批评，认为应当集中精力修建滇蜀铁路："或谓滇越铁路在法人得之，则一气贯注操纵裕如；在我得之，则仍属被动，难操胜算。与其虚糜巨款，赎此不完全之一线，何若赶筑滇蜀铁路，藉资抵制，且获利较丰，设有军事亦较灵便。"但国人基于对法国修筑滇越铁路之危害性的认识，普遍倾向赎路，对这种论调给予批驳："不知滇蜀铁路之克底于成否尚难逆料，即使一面测勘一面动工，告成亦在十余年后。而时局纷纭，外谋奇幻，彼时又成何变相，必致此路终无收回之期。况英争滇缅晓晓不休，我果赎回，自闭其口，且于滇蜀铁路转运机器、车轨等件不无小补耳。"《滇省京官陈时铨奏请赎回滇越铁路折》，《云南杂志选辑》，第561页。

④ 《发邮传部蔡丞堂伯浩》（光绪三十三年十一月十九日），《锡良任云贵总督时电报》，馆藏：甲374/106。

⑤ 《锡良致邮传部蔡伯浩电》（光绪三十三年十一月），《锡良任云贵总督时电报》，馆藏：甲374/106。

令锡良失望的是，蔡乃煌在答复锡良的电文中，明言"中央实无赎路巨款"。① 与此同时，法国在得知云南欲图赎回滇越铁路的筹划后，则是极力予以阻挠，声言"全路造成方能议赎"，同时提出若干附加条件：赎回后雇用法国工程师权，"为我所雇，进退由我"；筑路材料从法国购进；轨道宽窄应与川汉铁路一律，"将来方能有利"。② 这也给清政府带来了莫大压力。中央既无款可助，集款效果又不佳，剩下的办法似乎唯有息借外债。然而，滇蜀腾越铁路公司绅董集议，仍坚持自筹款项，据锡良致电蔡乃煌所描述："连日公司绅董集议，均不愿借外款，一面已竭力自行筹集，并请弟电告滇人之官各省者合力以图，群情奋激异常，颇有破釜沉舟之势。"事实上，就锡良本人而言，对于自筹赎路款项并不乐观，倾向赎路有待清政府以及各省的支持和援助："款项如是其巨，以滇省著名贫瘠，即人人有毁家之思，终恐集款无多，于事无济。窃维此路之关系全局安危，已为我国内外上下所共知，惟有合内外上下，以共图补救。故苦思熟计，非向各省大举集股，款项断不能敷，非得度支部为公司担任若干之利息，集股亦难踊跃，更非得国家银行为之通其有无、济其缓急，则需款速而集款迟。"③

然而，财力竭蹶的清政府则断难提供资金支持。事实上，这一时期有人则主张息借外债。光绪三十三年十二月，蔡乃煌致电锡良，转述出使法国大臣刘式训的主张："刘使来电，大意谓借款赎路尚可商量等因。"蔡氏进而规劝锡良不能过于依赖政府之力："若照庚电（指十二月八日之电）所示，则恐终成画饼。中央及各省穷困异常，滇人商仕于各处者亦寥寥无几，虽作秦庭之哭不能集事。不主借债，川汉持之尤坚，然川汉不借是提呼失足，滇越主借系唤醒回头，既可收已去之滇越，又可救未

---

① 《北京来电》（光绪三十三年十二月一日），《锡良任云贵总督时电报》，馆藏：甲374/106。
② 《北京来电》（光绪三十三年十一月二十三日），《锡良任云贵总督时电报》，馆藏：甲374/106。
③ 《锡良致电蔡伯浩》（光绪三十三年十二月八日），《锡良任云贵总督时电报》，馆藏：甲374/106。

去之滇缅。近时合同比往时为忧，不愈于空言无补乎。"① 进而又电锡良，将政府倾向借款的态度予以转告："本日再商政府，皆云借款性质不同，如所订合同一切权自我操，则不妨借，否则切不可借。"蔡氏也认为此议"似亦不为无见"。② 于此，锡良求助政府的希望落空。

光绪三十四年年底，中法之间发生巴龙交涉事件。光绪三十四年，革命党在河口起事，清军在巴龙对讯过界，误毙法官及越兵事件，由此引发中法之间的巴龙交涉。事发后，锡良指示"此案关系甚巨，应速了结，免生枝节"。③ 最终，赔偿恤款二十五万法郎，合库平银八万二千五百两零九钱。④ 进而，法国又以滇越铁路受损为由，向清政府索赔至二百余万佛之多，外务部声言法国公司"绝无绝大损失"，经过交涉，最终减至七十五万佛。⑤ 然据锡良致外务部电文，法国要求赔偿铁路公司实为无理："此次匪乱，幸蒙钧部于河口出事之日即照法使，如有纵庇情事，滇省损失应由法政府担任，是以法人虽强不承认纵庇，而气为之夺。现伊为公司索赔，当时匪乱方炽，公司火车出入匪中，任匪往来，固中外人所共见，万难掩饰。滇即不向索赔，安有反赔公司之理？此公理所在，断难赔偿者也。探闻河口洋商颇欲藉口损失索偿，俟公司就议即来续请，且各省伏莽，难保必无，设外人所办路矿遇有事故，援案索赔，将有赔不胜赔之势。"⑥ 或许正是由于锡良据理力争，法国甚至提出罢黜其滇督

---

① 《北京蔡丞堂来电》（光绪三十三年十二月十四日），《锡良任云贵总督时北京来往电》（第1册），馆藏：甲374/10。

② 《北京蔡丞堂来电》（光绪三十三年十二月十七），《锡良任云贵总督时北京来往电》（第1册），馆藏：甲374/10。

③ 《致高道电》（光绪三十四年五月九日），《锡良任云贵总督时本省来往电》（第13册），馆藏：甲374/62。

④ 《外务部来电》（光绪三十四年七月二十三日），《锡良任云贵总督时办理巴龙交涉电》（第2册），馆藏：甲374/52。

⑤ 《外务部来电》（光绪三十四年十一月二十五日），《锡良任云贵总督时北京来往电》（第4册），馆藏：甲374/10。

⑥ 《致外部电》（光绪三十四年十一月二十六日），《锡良任云贵总督时北京来往电》（第4册），馆藏：甲374/10。

职务的要求。《申报》报道:"驻京法公使为云南交涉一案,曾要求将锡良撤任,早经外务部驳复,近日某公使又催询此案,措词颇严厉,锡良亦早有乞休之电,前经降谕赏假毋庸开缺,现又电请开缺。"① 云贵两省人民严词电抗法人请黜滇督一事,略谓:"法政府纵能强迫外部餍其欲望,断不能强迫中国四万万人民承认彼无理之要求。"②

最终,锡良收回滇越路权的努力以失败收场。至宣统元年三月,法国将滇越铁路修至蒙自碧色寨,次年四月一日滇段全线修筑工程结束,滇越铁路云南段与越南段通车。

小结

滇蜀铁路公司成立之际,集股办法即悉照川汉章程稍加变通,确立"专集中国人股份"的自办政策。锡良督滇后虽支持自办滇蜀、腾越铁路,但他鉴于云南边瘠之区的现实,加之前在四川号召民众集股的成效并不明显,提出由清政府筹给筑路经费的请求。对于赎回滇越铁路,锡良同样对于自筹赎路款项并不乐观,倾向赎路经费有待清政府以及各省的支持和援助。然而,此时清政府财力竭蹶,断难给予经费支持。因此,最终又不得不求助民力。结局则是,继任滇督李经羲鉴于集股收效甚微而陈请将滇蜀铁路收归国有,赎回滇越铁路也流于失败。锡良筹维云南铁路的举措及失败,从个案角度呈现了清末铁路建设的曲折性和艰巨性以及清政府实施铁路国有政策的必然性。

第五节 土司地区治理

土司制度是封建王朝对少数民族地区进行统治的一种政权形式,是中央政府笼络和使用地方民族上层的重要措施。土司属国家正式官吏且

---

① 《滇督去留之纷议》,《申报》光绪三十四年七月二十三日,第一张第五版。
② 《中国官民对付法国要求问题》,《申报》光绪三十四年六月十七日,第一张第五版。

可世袭，被纳入国家行政系统管理，职责主要包括在辖地清查户口、收取赋税、统领土军、判决纠纷、维持治安与定期朝贡等。土司可统率属于国家军队的土军，主要用于维持地方治安，但亦接受朝廷的调遣赴外地出征。① 土司若履职不善或相互兼并，朝廷当免其职、降职或予治罪。有些地区在罢免土司以后，由清政府改派流官管辖其地，史称"改土归流"。

土司制度本权宜之制，迨至清季其弊日现。时人言："当边荒初启之始，水土不服，人民裹足，势不得不因沿旧制，设土司以控御之。"然开拓既久，"天时人情几于全变，而土司坐凭世业，则又威福积渐，均养成一种骄暴不法、有天无日之恶习"。② 就清末云南而言，此种情形尤为严重。一方面，土司势力膨胀，诸如办理田赋、禁种罂粟、推行蚕桑以及兴办学堂等要政，地方政府皆须仰赖土司方能推行。③ 另一方面，土司飞扬跋扈。京师大学堂学生李曰垓在禀陈云南土司情形时说："云南西南两边大小土司以数十计，分隶于沿边各府厅州县，各为统属，不相关涉。然各土司族类同、语言通、风俗同，犬牙交错，世联姻娅，则情谊亦同；严疆坐拥，凭藉深厚，则地位亦同；乃至凶暴淫佚，征敛无艺，金钱泥沙，人命草菅，其行为罪状亦无乎不同。"④ 可见，至清末时期云南土司制度已然成为影响社会安定、阻滞社会发展的落后因素。

一 改革土司地区行政建制

锡良督川时期，曾对川边藏区的巴塘丁林寺、里塘桑披寺等地长期用兵，并最终奏请设置川滇边务大臣。可以说，锡良对于土司制度有着较为充分的认知，对于改革土司制度亦有先前经验，对其难度更是深有

---

① 方铁：《论羁縻治策向土官土司制度的演变》，《中国边疆史地研究》2011年第2期。
② 《京师大学堂学生李曰垓禀陈边地土司各情形由》，《锡良任云贵总督时有关筹饷等杂电》，馆藏：甲374/54。
③ 吴强：《辛亥时期的云南土司》，云南省历史学会等编：《云南辛亥革命史》，云南大学出版社1991年版，第381页。
④ 《京师大学堂学生李曰垓禀陈边地土司各情形由》，《锡良任云贵总督时有关筹饷等杂电》，馆藏：甲374/54。

认知。锡良出任滇督后,意识到云南土司势力触及社会各个领域,已经处于不得不整顿治理的边缘,其言:"滇境汉夷杂处,动相残贼,反复无常,向称难治,揭竿暴动之事几于无岁无之,劳师糜饷几于无岁无之。此肘腋之患,诚不可稍事因循。"①

一方面,锡良基于"缓急操纵,亦必以兵力相辅而行"的认识,在土司地区增加兵力以防范生事,调派昭通镇总兵张嘉钰署理腾越镇,又拟在大理府添练步队一标。②另一方面,也是更重要的,推行土司地区行政建制改革,以期强化管理。光绪三十三年十二月七日,锡良具折奏改镇雄州、永善县以及北胜土知州建制。其言:"滇省地处边徼,荒服无垠,境接川、黔,犬牙相错,而民夷纷互,回汉杂糅,更有土司掺入其中,风俗多所异同,政教亦有隔阂,非有以整齐画一之,殊失内外相制之宜,亦非大小相维之义。"其举措主要有三。

一是,镇雄州升为直隶州并增设知县。镇雄州夙号芒布部,隶于昭通府,距府五百四十余里,与四川、贵州接壤。一方面,该州辖境纵三百四十里,横六百四十里,"山深路僻,汉少夷多,仅设知州一员实不足以资控驭"。另一方面,"以道途险远,凡地方输纳钱粮、控诉词讼以及缉捕盗贼等事,不便于民,亦不便于官"。再者,教堂林立,交涉日多,夷性难驯,民情嗜利,从教者每以威怵利诱,致启嫌疑。地方官精神稍有不周,办事即行竭蹶。基于上述情状,锡良奏请将该州升为直隶州,仍隶迤东道属,增设一县即隶该州,"画开分疆,各自为治"。

二是,裁撤永善县县丞,改设知县。永善县界连川边,沿江一带绵亘几八百里,"其地水路交通,商民辐辏,五方杂处,词讼纠纷"。锡良认为"地广而荒,官卑易狎",仅设县丞一员,"权轻位卑,难期镇摄"。加之当此新政创始,如学堂、警察诸事庶务孔亟,百废待兴。遂改设知

---

① 《复总办云南团访兵备处请补迤南道方宏纶》(宣统二年五月十五日),《锡良任东三省总督时信稿》(第7册),馆藏:甲374/75。

② 锡良:《筹复滇省土司改土归流情形折》(光绪三十四年九月二日),《锡良遗稿·奏稿》,第829页。

县，选拔"才优望重之员莅而治之"。

三是，将永北直隶厅所属北胜土司改土归流，并入华容庄分防之地，改设知县一名，隶于永北直隶厅。永北直隶厅属旧设北胜土知州一员，土州同一员，土州同辖地前因叛乱，已改为华荣庄经历，而土知州则因仍未改，所辖虽仅有四十八村，然幅员太廓，且与四川之乌喇毗连，"山径崎岖，民俗犷悍"。更者，"属在内地，尚仍以土司之法制治之，声教不通，言语各异"。锡良遂提出改土归流主张："该土牧委靡因循，毫无振作，况又习惯苛虐，夷民几不聊生。及是时改为流官，则联合各土夷，振兴实业，廓清贼匪，保固边防，似易为力。……若不及早图维，后更难以整饬。"①

对于上述举措，吏部在议复折中言道："各督抚身任地方，于形胜控制之劳、善后经久之图，见闻较切。故近年凡有移驻、改设郡县之案，臣部多照原议题覆，俾得竟其设施。"但同时指出："查土司袭职及增改员缺，事隶臣部。至清划界址、拨收钱粮以及兴筑城署等事，则各有司存究。其图说章程是否尽善，有无他项窒碍之处，臣等实无从悬断。"②由此可见，土司地区改革实际上主要由督抚斟酌情势实施。

二 整顿腾越厅所辖七土司

云南迤西道永昌府腾越厅领七土司，即南甸、干崖、盏达、陇川、勐卯、户撒、腊撒。光绪三十四年，南甸余文琛、杨永安、寸耀宗、王国保、周大用、赵盛之、寸桂清、尹立业、余万林等人入京，控告南甸土司刀定国残酷暴虐，公呈说道："云南沿边各府，以汉夷杂处之故，皆设有土司。永昌一府龙陵厅属之土司三，隶于腾越厅属者七，承袭既久，专横益甚，苛敛无度，滥杀自由，名为土司，实则土王。"当中尤以南甸

---

① 以上引文参见《为请升知州为直隶州暨添设知县并将土州改设流管以资治理》，《锡良任云贵总督时有关筹饷等杂电》，馆藏：甲374/54。

② 《吏部奏复滇督请升镇雄州为直隶州暨添设知县等折》，《申报》光绪三十四年十一月七日，第四张第二版。

土司刀定国为最：除正供外，土民每年摊派夫马银一千三百两，余如婚嫁、丧祭、修造、游宴等摊派名目，大派逾万金，小派亦在数千金；女子自十二岁以上，但有姿色即供其淫荒；对于反对言论或揭露行径者，则发兵焚烧房屋、杀戮无度。同时揭露"该土司自知不免于罪，有附英以求保护之说"。因不堪其苦，当地居民出逃与南甸毗邻的缅境以入英籍者已达两千余家。他们提出改土归流之请："南甸户口，汉民约七千余家，夷民约三千家，各蒙改土归流，阖司人民愿年纳地丁钱粮银八千两，供朝廷经营设置之需。"①

光绪三十四年八月十三日，军机大臣字寄锡良："七月初八日奉上谕：督察院代递云南耆民等呈称，土司暴虐，惨无人理，请改土归流，以救民生等语。着锡良按照所呈各节，体察边情，妥筹办理。"②锡良通过调查了解公呈所言确为实情，其向清廷奏言：干崖土司刀安仁曾赴日游历，归国后"擅自订延各项教习"，经署云南提学使叶尔恺、前迤西道秦树声严行驳斥约束，"仍不免阳奉阴违"，近则传闻"其心存叵测"；南甸等六土司，"或昏庸相继，民厌诛求；或承袭久悬，政操豪猾；又以彼此之壤地相接，世为婚姻，遇事辄阴相狼狈"。针对上述情况，锡良认为"欲期边境长治久安，自非将土司改土归流不可"。但他也意识到，若办理不善则适得其反："改流利在土民，雅非各土司所愿，若枝枝节节以图，转恐徒以趣其向外之谋，甚或速其发难之举。"③

在锡良看来，尽改土司之制需要三方面的必要条件。一是兵力，"第

---

① 《云南永昌府腾越厅属南甸阖甸耆民余文琛等为土司暴虐惨无人理公呈》，《锡良任云贵总督时有关筹饷等杂电》，馆藏：甲374/54。

② 《军机大臣字寄》（光绪三十四年七月八日），《锡良任云贵总督时有关筹饷等杂电》，馆藏：甲374/54。

③ 锡良：《筹复滇省土司改土归流情形折》（光绪三十四年九月二日），《锡良遗稿·奏稿》，第828页。锡良此论，推测受到云南腾冲籍京师大学堂学生李曰垓禀文的影响。李曾专就南甸民众之呈请禀文锡良，意在劝谏锡良要谨慎处理土司事务。其言：若在南甸推行土司改制，必将牵动云南各地土司之视听，所谓"南甸一案果办到归宿之地，则各土司必且摇动。……使彼人人有自危之心，则相率通款结外援以自固，徒足为斯受之外人供驱"。《京师大学堂学生李曰垓禀陈边地土司各情形由》，《锡良任云贵总督时有关筹饷等杂电》，馆藏：甲374/54。

改流之始,断难期帖然服从,非得大枝精兵屯扎边界,不足以资镇慑";二是财力,"第当甫经改革,则一切建置之费与夫教养之图,不能不需巨款";三是人力,改土归流后,"必得贤有司与民更始,尽除苛虐,力跻康和","俾土民咸知汉官之远胜土官,心悦诚服,而后愚梗无虞反侧,边陲永庆乂安"。然就云南当时而论则实不具备:"以滇省现时情形,安得有此兵力、财力?⋯⋯滇省吏治之颓,人才之乏,历经奏陈宸鉴,又安得如许循良之吏,以分置诸边瘴之乡?"基于上述认识,锡良最终并未依从南甸土民的呈请,而是斟情酌势采取了三方面举措。一是"将汉官向取于土司之一切规禁革除净尽,俾该土司无从藉口虐取";二是"于补署各边缺时加意遴才,以清其源而正其本";三是将未办承袭的土司,"赶紧查明应袭之人为之请袭,一洗从前需索留难之风,以安其心而涣其势",避免因土司争袭致乱。① 光绪三十四年年底,刀定国因案革职,他十八岁的儿子刀樾椿顺利袭职,为刀定国正妻罕氏亲生长子,"族中并无违例争袭之人"。②

三 处理镇康土司争袭事件

居住镇康、永德地区的佤族,元明以来就和傣族、汉族形成交错杂居的局面。明末清初,镇康佤族已从刀耕火种过渡到犁耕农业,政治制度也逐渐纳入封建领主制范畴。镇康土知州隶永昌府管辖,"界连缅甸,夷汉杂居"。③ 历任土知州"生杀在手,赋敛随心,土民莫敢谁何,逃之英界实繁有徒,其存者日在黑暗地狱,视汉官如雷电鬼神"。④

---

① 锡良:《筹复滇省土司改土归流情形折》(光绪三十四年九月二日),《锡良遗稿·奏稿》,第828—829页。
② 锡良:《请袭云南腾越厅属南甸宣抚司土职折》(光绪三十四年十二月七日),《锡良遗稿·奏稿》,第860页。
③ 锡良:《土司员缺久悬异族图袭拟请改流以弭边衅折》(光绪三十四年三月十二日),《锡良遗稿·奏稿》,第784页。
④ 《永昌府来电》(光绪三十三年四月二十四日),《锡良存镇康改土归流卷》,馆藏:甲374/89。

光绪十六年，镇康州土族刀老五得罪出奔，勾结外匪伺便作乱。适镇康土知州刀闷锦图出巡边境，驻于镇康东北之哑口寨，刀老五遂出其不意将刀闷锦图戕毙，进而率其党众直趋镇康土署，团总马玉堂将刀闷锦图家属星夜送往湾甸土州景玉堂处。① 经永昌府知府邹鑫兰督同官绅调集团勇驰往剿办，擒获贼首刀老五，正法枭示，并阵斩匪党多名。② 刀闷锦图有两子，即刀闷纯祖和刀闷纯兴。刀闷锦图死后，刀闷纯祖承袭土知州职，因其年幼，由刀闷锦图之嫡妻刀闷线氏护印抚孤。③ 光绪十七年，刀闷纯祖病故，永昌府报请由其弟刀闷纯兴承袭，获准。④ 而此时，则发生刀上达争袭土司的事件。

刀上达又名刀闷纯煆，其母为刀闷锦图之女兄，称为刀刀氏，其父刀闷济曾任镇康土知州，刀闷锦图之嫡堂兄。⑤ 据报，刀老五"纠匪滋事"之际，刀上达母子"均隐与其谋"，并有其母族南甸土司阴为之主。⑥ 光绪十八年（1892），刀上达勾结耿马、果敢等地游勇流寇陈小黑、字朵熙、鲁有才、郭玉才等聚众盘踞南京里，经马玉堂派杨蔚英、张明星、鲁效周、尹学富、杨兆文、蒋应贵、段伏龙等率民团前往围剿。刀上达营盘被攻破，余部退出果敢。次年十一月间，刀上达兵分三路围攻镇康，烧掠阮家寨、桂花树、白泥塘、蛮平四寨，杀死农民72人。土司府派鲁效周、尹学富、张世泽等率民团剿办，将其驱逐出境。⑦ 刀上达争袭未遂，遂投奔与其有姻亲关系的南甸土司刀定国。光绪二十年

---

① 尤中：《云南地方沿革史》，云南人民出版社1990年版，第374页。
② 中国第一历史档案馆编：《光绪帝起居注》（8），广西师范大学出版社2007年版，第404页。
③ 锡良：《土司员缺久悬异族图袭拟请改流以弭边衅折》（光绪三十四年三月十二日），《锡良遗稿·奏稿》，第784页。
④ 政协镇康县委员会文史资料委员会：《镇康文史资料选辑》（第1辑），内部发行，1991年，第11—12页。
⑤ 《永昌来电》（光绪三十三年五月一日），《锡良存镇康改土归流卷》，馆藏：甲374/89。
⑥ 锡良：《土司员缺久悬异族图袭拟请改流以弭边衅折》（光绪三十四年三月十二日），《锡良遗稿·奏稿》，第784页。
⑦ 政协镇康县委员会文史资料委员会：《镇康文史资料选辑》（第1辑），第11—12页。

（1894），时任云贵总督崧蕃派委通判叶如相调查镇康扰乱情形，了解到根本原因在于争袭土职，遂饬南甸土司刀定国将刀上达交出解省，按法永远监禁。刀闷纯兴承袭土职。镇康之乱暂定。①

光绪三十二年（1906），刀闷纯兴病故，刀闷线氏亦故，应袭刀闷绳位潜居缅甸而久不归来。刀闷锦图赘婿罕荣邦欲图争袭，此时尚在监禁的刀上达更是"谋益急"。② 一时间镇康局势混乱，正如锡良所言："镇康土司承袭无人，各党乘机构衅，糜烂地方，贻误边局。"③ 永昌府知府谢宇俊禀请锡良，指出刀上达固非土司人选，若遽以罕荣邦承袭，则是贻刀上达口实而启其党之"戎心也"，④ 并且罕荣邦"童呆无知"，才能不足。⑤ 针对上述情势，谢宇俊在四月间提出趁此机会将镇康土司改土归流的建议："（该土州）生杀在手，赋敛随心，土司仅为守府，土民莫敢谁何，逃之英界实繁有徒，其存者日在黑暗地狱，视汉官如雷电鬼神。……与其因仍苟且，置斯民于水深火热之中，勿宁循序更张，予斯民以改土归流之便，拟请委一参守，可信明白，耐劳之员，前往该处弹压浮收大业之权，查明烟户田亩，能否升科，土司私庄能否自给，妥议办法，改置州县，禀请奏明定夺。然后释回刀闷纯嘏，酌给私庄，俾瞻

---

① 尤中：《云南地方沿革史》，第374页。另一说言，刀上达逃至耿马，由耿马土司罕华基解至府辖。罕华基（1863—1929），字绍堂，傣族，耿马宣抚司21世土司官。罕华基体格魁梧，精通傣文、汉文，能赋诗作对联，性情刚正不阿，待人和气亲善。清朝末年镇康改土归流，内兄刀上达携印札匿避耿马，联络土绅名流谋叛。顺宁知府张汉臬饬令顺云协副将李学诗到耿马缉拿刀上达，罕华基大义灭亲，将刀上达擒解永昌行辕。耿马傣族佤族自治县地方志编纂委员会编纂：《耿马傣族佤族自治县志》，云南民族出版社1995年版，第866—867页。

② 锡良：《土司员缺久悬异族图袭拟请改流以弭边衅折》（光绪三十四年三月十二日），《锡良遗稿·奏稿》，第784页。

③ 《致永昌府电》（光绪三十四年三月十六日），《锡良任云贵总督时本省来往电》（第8册），馆藏：甲374/60。

④ 《永昌来电》（光绪三十三年五月一日），《锡良存镇康改土归流卷》，馆藏：甲374/89。

⑤ 《永昌府来电》（光绪三十三年四月二十四日），《锡良存镇康改土归流卷》，馆藏：甲374/89。

衣食，有官管束，无能为矣。"①

光绪三十三年五月，谢宇俊再致电锡良，通报刀上达之母刀刀氏以罕荣邦承袭"刀氏基业将有不祀"为由，遂招集土人来府，"邀释（刀上达）请袭"②。十月下旬，谢宇俊至小猛统，召集合镇头目，晓以大义，与民约法三章：除国家钱粮正供外，毫不苛派分文；大丛为总团，经猛、圈猛改为团长、伙头，郎目改为甲长；缅寺、穑神悉仍其旧。民众大悦，欢声如雷。③ 十二月底，谢宇俊再次致电锡良，提出镇康改土归流的十条建议，包括清丈量、免税金、轻税课、继绝世等。其中"继绝世"一条，"刀阀先代有功于国，数穷故绝，争袭必召兵祸，以改土归流解决之……为之立嗣"，即以罕荣邦为其子，更名为刀阀罕。④ 锡良对其提出的改土归流方案颇为认同，认为此举"意在拯土民之困厄，并非利其土地，核其所陈，办法亦尚妥善"。⑤

光绪三十四年正月，谢宇俊率保山绅山数十人来镇康丈量田亩，委赵瑞、张元甲等丈量镇康、猛底、猛黑三坝田亩，同时调查户口，清理界务，绘图帖说，造册呈报。锡良对谢宇俊改土归流之举坚决支持，于三月十二日具奏土司异族图袭拟请改土归流之折："该土司等互谋吞噬，构乱有年，微特此时无应袭之人，即勉强迁就，为之抚立，而亲离众叛，亦决难一日相安，势非改土归流认真整顿不足以杜反侧。该处土目土民困于土司苛虐，亦以承袭久虚，深愿迳隶汉官治理，共表同情。奴才督饬司道公同酌议，拟即改土归流，暂设委员一员，驻扎弹压，畀以权责，任以抚绥，一俟改办就绪，应否添设流官，再行酌夺办理。……至该土

---

① 《永昌府来电》（光绪三十三年四月二十四日），《锡良存镇康改土归流卷》，馆藏：甲374/89。
② 《永昌来电》（光绪三十三年五月一日），《锡良存镇康改土归流卷》，馆藏：甲374/89。
③ 尤中：《云南地方沿革史》，第375页。
④ 《署永昌府谢守谨禀》（光绪三十三年十二月二十九日），《锡良存镇康改土归流卷》，馆藏：甲374/89。
⑤ 《致腾越秦护道电》（光绪三十四年三月），《锡良任云贵总督时本省来往电》（第8册），馆藏：甲374/60。

州授官分土相沿已数百年，应请仍留原衔作为承祀官，择其稍近之支族准予世袭，不理民事，仍酌量拨给田庄，俾资养赡。似此一变易间，边事可资整顿，汉夷得以乂安，其裨益实非浅鲜。"① 吏部在议覆折中予以支持："兹镇康土知州员缺久悬，异族图袭，既经该督饬员查明，非改土归流不足以杜反侧，自系为预弭边患整饬地方起见，应请准将镇康土知州改土归流，以资整顿，并请留知州原衔作为承祀官，由该督拣择合例人员，照例具疏请袭。"② 与此同时，锡良指示谢宇俊："土民苦苛政久矣，然汉官果胜土官否？其先自不能无疑，惟在我之示以恩信。"③ 至八月间，匪众刘凤志、刘老八等人暗唆刀上达之母刀刀氏由南甸入镇康并造谣煽惑。后彭继志署理永昌府，派兵将刘凤志缉获正法，其余从党分别惩责，并出示慰抚人民，"于是人心称快，民情大定"，改流已成铁案，"各土司虽心存破坏，然无所用其伎俩"。④

之所以镇康改土归流反复曲折，正如彭继志向锡良汇报所言："改流之举，对于土民前途固有种种幸福，若就土司一方面而论则未见其便利也。故各土司对于此举，因有同患相关之势，莫不动存疑畏，暗生阻力。"但云南当局采取了较为适当的策略，即分化瓦解背后主导其事者："若南甸土司，则因素有亲谊，关系密切，暗中尤极力运动，以期达其目的。知府睹此状况，明知若不先行解散各土司团体，则改流事业断难期成。惟念此次反对之来，以南甸、干崖二司为其主动，更宜由此着手，始易就绪，遂派妥实员绅前往，推诚开导，幸几费经营，始得二司各派亲信来府，听候遣用。撰就白话告示，将土州印信作废，庶免土民受其

---

① 锡良：《土司员缺久悬异族图袭拟请改流以弭边衅折》（光绪三十四年三月十二日），《锡良遗稿·奏稿》，第784页。
② 《吏部议复云贵总督奏将镇康土知州改土归流折》，《申报》光绪三十四年七月二十日，第三张第二版。
③ 《复永昌谢守电》（光绪三十四年四月十二日），《锡良任云贵总督时本省来往电》（第8册），馆藏：甲374/60。
④ 《署云南永昌府知府彭继志谨禀》（光绪三十四年），《锡良存镇康改土归流卷》，馆藏：甲374/89。

愚惑，致生他故。"①

宣统二年三月，覃善详莅任永康州，正式设为州牧，镇康改为永康。② 镇康改土归流后，刀上达于1910年冬获释，返回南甸土司刀定国之家。③ 至宣统三年九月，刀上达又起兵，提出"安夷灭汉"的口号，肆行杀戮，次年兵败被正法。动乱中镇康境内傣、佤等民族恐遭株连，大批迁往耿马、沧源。④

小结

锡良督川时期治理川边的经历，使他对土司地区的复杂性有了深刻认知。与川边施政的大刀阔斧不同，锡良对云南土司地区的治理大体上做到分别具体情势而采取不同的举措，呈现出更为灵活的特征，整体看以求稳为基本取向。这缘于锡良意识到土司改制是一项复杂的系统工程，对尽改土司须先具备兵力、财力、人力三项条件的认识即是典型体现。值得称道的是，锡良尽量考虑到了土民的利益，与属吏函电中屡有"意在拯土民之困厄""土民苦苛政久矣"等言，尤其强调改土归流之后的汉官能否胜任，这就比督川时期的土司政策有了明显改观。⑤

第六节 公共事业

一 振兴学务

云南"民风朴陋，好习骑射，不尚文学"。⑥ 至清末时期，云南教育

---

① 《署云南永昌府知府彭继志谨禀》（光绪三十四年），《锡良存镇康改土归流卷》，馆藏：甲374/89。

② 尤中：《云南地方沿革史》，第375页。

③ 政协镇康县委员会文史资料委员会：《镇康文史资料选辑》（第1辑），第11—12页。

④ 《镇康县民族志》编委会：《镇康县民族志》，云南民族出版社1994年版，第9页。

⑤ 进入民国后，新政权虽欲取消云南的土司制度，但因其仍有适合存在的土壤而不果，仅仅作了一些表面工作。吴强：《辛亥时期的云南土司》，云南省历史学会等编：《云南辛亥革命史》，第387—388页。

⑥ 贺宗章：《幻影谈》，方国瑜主编：《云南史料丛刊》（第12卷），第128页。

事业虽有发展，但在全国仍处于相对落后的位置。锡良上任之初汇报云南情势的奏折中这样言及云南教育现状："僻远如滇，非学何以开民智？贫瘠如滇，非学又何以植民业、厚民生？省城官立者如高等学堂、小学堂以及实业学堂等，盖已十数，名目不为不备，而一经考察，教科固未完全，阶级尤多紊躐，定章且未符合，成效于何取资？至省外各属，则或茫无建置，或空标名称，求其因陋就简，粗具形式者，且所罕觏。即各城乡应设初等小学堂，亦多未切实举办。此固迫于经费之艰难，抑亦囿于官绅之固陋。而学绅攻讦之风，学生嚣凌之习，则视腹地各省殆有过之。循是以往，学界从何发达，人材从何造就？矧农工商务实业，又复毫无进步。"正是基于"僻远如滇，非学何以开民智""贫瘠如滇，非学又何以植民业、厚民生"的认识，锡良对云南学务给予了相当重视。①

锡良出任滇督数月后，对云南教育发展状况有了更为具体深入的了解，在他看来云南新式教育实属有名无实："滇省学务开办已逾四年，一切编制、设备、管理、教授，仍多不能如法。就程度而论，较之腹地各省，相去奚啻倍蓰。而士习之嚣张浮躁，动辄纠众扛讼，结党横行，则为各省所仅见。"② 其言并非危言耸听。另据《申报》报道："云南提学使叶尔恺前奏云南学界腐败一折内有与匪无异一语，两宫览奏，深咎丁振铎之畏葸无能，欲再降旨申斥，不令来京陛见，经枢堂力求，始免置议。当日廷寄总督锡良督同叶尔恺将学务切实整顿，倘再无起色，定即严惩不贷云。"③

锡良意识到："自强之本，教育为先。东西各国，每以学校之兴衰，定国势之强弱。故兴学敷教，实为现今颇要之图"。④ 对于僻处西南边陲的云

---

① 上述引文参见锡良《沥陈滇省困难亟宜通筹补救折》（光绪三十三年六月十三日），《锡良遗稿·奏稿》，第678页。
② 锡良：《筹办滇省学务大概情形折》（光绪三十三年十一月三日），《锡良遗稿·奏稿》，第724页。
③ 《廷寄滇督整顿云南学务》，《申报》光绪三十三年九月二十二日，第四版。
④ 锡良：《筹办滇省学务大概情形折》（光绪三十三年十一月三日），《锡良遗稿·奏稿》，第724页。

南而言，教育发展尤其重要："僻远如滇，非学何以开民智？贫瘠如滇，非学又何以植民业、厚民生？"① 基于上述认识，锡良督滇后雷厉风行，与署提学使叶尔恺一道，调查通省学务，设立学务公所，编印《教育官报》，又在法政学堂内附设教育官练习所，通饬各属设立劝学所，酌派省视学，并刊发简明办法以及详细规则。经过半年的努力，至光绪三十三年十一月，云南学务有了较大改观。主要体现在以下方面。

其一，鉴于原办省城高等学堂程度不足，酌情改设优级师范选科、初级简易科，使其成一纯粹之两级师范学堂。光绪三十三年六月，开办优级师范选科，就高等学堂现有三百名学生选定两百人，定为预科一年毕业，本科二年毕业，以派充中学堂、初级师范学堂等正、副教习；又开办师范简易科，定额一百人，以未选入优级师范选科的一百人以及东文学堂现有学生从宽录取，两年半毕业，派充小学堂等正、副教习。计划通饬各厅州县遴选举贡生员之品行端方者参加考试，选取四百人，定为一年毕业，充任小学堂教员。

其二，省城师范传习所改为附属中学堂，为优级师范选科实地练习之用。定于光绪三十四年正月开办，先收中学生两班，每班50人，编为第一年级。每年正月新收两班，各按年级递收递升，至满五年级，共十班计500人，使之成为完全中学堂，并为全省模范。省城各小学堂改为优级师范学堂、初级师范学堂附属小学堂。此外，各府厅州县官立师范传习所，改为初级师范学堂。

其三，将省城原办之蚕桑学堂、议办之森林学堂、裁撤之体操学堂，合并改为中等农业学堂，先办农业、蚕业、林业三科，每科收学生一班，每班60人，三年毕业；并附设农业教员讲习所，亦分农、蚕、林三科，每科收讲习生一班，每班60人，定为预科一年、本科二年，毕业后派充各府厅州县初等农业学堂教员。

---

① 锡良：《沥陈滇省困难亟宜通筹补救折》（光绪三十三年六月十三日），《锡良遗稿·奏稿》，第678页。

农业学堂开学之际,锡良曾发表训词。他指出,中国农业不发达之因即在于"农学之不讲"。云南处热带温带相交之地,"夏无溽暑,冬无祁寒,重以土壤腴厚,水泉流通,万有植物,无不相宜",然而,"特以教化之不兴,故亦无由发达耳",进而鼓励学生立志向农:

> 诸生亦知今日之滇为何如乎?西南逼英,东南界法,欲图自立,先在教育。人徒谓其兵之当练,路之当筑,而不知饷于何出,款于何筹。处经济困难、财政恐慌时代,其所以最宜措注者,固莫如提倡实业之为先也。况比年旱涝成灾,叠烦朝廷西顾,颁帑发赈,若诸生能致力于农,将来出其所学倡率社会,民力既厚,民生既裕,将何事之不可为?则滇之所以屹然西南,不为列强所侵欺者,正在此也。况森林既多,则疏地脉、通天气,可无旱涝之虞,而放养吸炭亦利卫生,尤可共享健康之幸福。禾黍丰穰,则百室盈止而不忧饥馑,民咸康乐。且以三熟之蚕可夺意法之利,千里之马可成战阵之功,富强之兆,实基于此。①

其四,省城半日学堂改为艺徒学堂。原办半日学堂专收贫民子弟,半日在外营业,半日入堂补习普通之学,然入堂肄习者不肯在外营业,在外营业者又不肯入堂肄习,遂致历年办理与小学堂毫无区别,应即停办。原半日学堂学生并入附属小学堂,就原有屋场、器具改办艺徒学堂五所,区分金工、木工、纸工、织工、缝工各项,每所收贫民子弟两班,每班50人,半日在讲堂习普通学,半日在场习粗浅工艺。并附设实业补习普通学堂,招收曾营实业者入堂补习。

此外,还裁撤半日学堂后之一部分公屋,改为女学堂,定名为女子师范学堂,先设预备科,并附设两等女子小学堂,以资实地练习;省城东文

---

① 《恭拟省会中等农业学堂开学训词》,虞和平主编:《近代史所藏清代名人稿本抄本》(第3辑第135册),第166—167页。

学堂改为方言学堂，开办法文、英文、日文三科，每科收学生两班，每班50人；云南连年荒歉，农事素未讲求，由此农学堂之设尤亟，各府、直隶州中学堂附设中等农业预科，各小学堂应将手工、农业设为必修科。①

综上，锡良督滇时期，云南省建立起以普通教育（包括师范学堂、中学堂、小学堂、女学堂）、实业教育（农业学堂、实业补习普通学堂、艺徒学堂）、专门教育（方言学堂）为主体的教育体系。

在学务经费筹措上，锡良鉴于云南财政困难，因此"各项用款概须一面统计，一面预算，互为比较，力求撙节"。② 以云南省会学务为例，光绪三十四年学务共计收款341447.99两，支出362617.49两，不敷银21169.5两。③ 考虑到"滇省库款奇绌，凡百新政不得不缩小规模，诸从节俭"，锡良所做宣统元年云南省会学务经费支出预算时，总体规模有较大幅度减少，经费支出预算为286062.03两，较光绪三十四年支出减少76555.46两。具体参见表3-6。

表3-6　　　光绪三十四年、宣统元年云南教育经费预算支出　　（单位：两）

支出项目	光绪三十四年	宣统元年
学务公所	22440	24040
官报局铅印处	9224	13048.88
留学汇款额支银	21884.5	23041.5
留学汇款活支银	7841	7841
两级师范学堂	172000	64960
省会中学堂	3850	7800
模范两等小学堂	12700	16680
女子师范学堂	4300	4800

---

① 锡良：《筹办滇省学务大概情形折》，《锡良遗稿·奏稿》，第724—727页。
② 锡良：《云南省会学务经费统计比较均摊大概情形折》（宣统元年正月二十四日），《锡良遗稿·奏稿》，第869页。
③ 锡良：《云南省会学务经费统计比较均摊大概情形折》（宣统元年正月二十四日），《锡良遗稿·奏稿》，第870页。

续表

支出项目	光绪三十四年	宣统元年
农业学堂	51768	62384
艺徒学堂	2680	1560
方言学堂	22810	26360
政法学堂	31119.99	33546.65
合计	362617.49	286062.03

资料来源：锡良：《云南省会学务经费统计比较均摊大概情形折》（宣统元年正月二十四日），《锡良遗稿·奏稿》，第871页。

尽管在锡良努力下，云南建立了较为完备的教育体系，但各类学堂多为因陋就简而设，翻新改建校舍的任务颇为紧迫，这是硬件方面的不足。而更大的困境，则在于学务人才缺乏，锡良即坦言："滇省僻处边陲，风气固陋，筹办事务每苦乏才。"① 又言："滇省僻处边隅，人才缺乏。如现设之学务公所、法政学堂、宪政调查局、自治局，均赖有学行纯粹、才识通达之员，相助为理。"② 为解决此一问题，锡良主要采取调选京员的途径。③ 同时，对于留滇办理学务之员，锡良给予优厚待遇。鉴于提学使事务极繁，每年养廉银3000余两实属不敷，因此对时任云南提

---

① 《奏留赵鲸襄办学务片》（光绪三十四年三月二日），《锡良任云贵总督时奏稿》，馆藏：甲374/100。

② 锡良：《调京员来滇襄办新政学务片》（光绪三十四年三月二十九日），《锡良遗稿·奏稿》，第786页。

③ 光绪三十三年八月，锡良奏调京师大学堂师范馆毕业生、签分陆军部武库司司务卢时立，充任云南两级师范学堂监督兼学务公所课长。锡良：《奏调陆军部司务卢时立来滇充监督课长片》，《锡良遗稿·奏稿》，第701页。光绪三十四年三月间，锡良奏调数员来滇办理学务，包括滇籍度支部七品京官赵鲸，以及"学识优长，性行端谨"的翰林院编修吴琨、"器识宏达，热心公益"的翰林院编修顾视高、"诚笃渊雅，学有根柢"的农工部主事姚华、"才华茂美、潜心法律"的法部主事王耒。参见《奏留赵鲸襄办学务片》（光绪三十四年三月二日），《锡良任云贵总督时奏稿》，馆藏：甲374/100；锡良：《调京员来滇襄办新政学务片》（光绪三十四年三月二十九日），《锡良遗稿·奏稿》，第786页。

学使叶尔恺优给经费，除养廉银外，另由善后局支给公费银 8000 两。① 然而，新政时期各省普遍面临人才缺乏的难题，单纯靠奏调实属缓不济急。各省为培养学务人才，普遍发展留学教育，锡良督川期间亦是如此。然而，云南留学教育则发展迟缓，"少且迟"②，这固然与经费缺乏有关，但风气闭塞无疑也是重要诱因。

二 革新狱政

锡良致力于革新云南狱政，主要出于以下两方面目的。一是滇省监狱"率皆卑污湫隘，拥挤不堪"，以致疾疫传染严重。锡良认为，囚犯"受幽囚之苦，复多凌虐之端，惨酷情形，言之心恻"。③ 一是出于便于教养囚犯尤其是授以技艺的考虑。

锡良督滇后不久，即饬令省城司府县三监一律改建，"以为通省模范"，省外各监狱不下数十处之多，也要做相应改造，"万不能仅议省监而置他处于不论"。④ 在省城监狱规制方面，锡良要求应以"狱室宽敞整洁、多受空气、适于卫生，并使典狱者便于视查教导为宗旨"。就省城监狱而言，分特别监、寻常监、女犯监、留置场等数类。特别监居重囚，寻常监居监候缓决以下罪囚，女犯监居女犯，留置场居军流以下各安置人犯。监狱中间建一楼，为典狱住宿之所，俾便四周察视。旁设工业厂，为寻常以下各犯习艺之所。其他如裁判室、望楼、书记室、看守长及各员住室、藏器室、会客室、稽查所、搜检室、巡警交换室、教诲感化各师住息室、医师住宿及验病室、收藏囚人衣履并验量身体室、厨房、洗濯所、运动场、厕所、浴室、病室、传染病室、执行场、尸室等项，均应相度地势，分别创建。与此同时，锡良饬令提学使在法政学堂内开办速成典狱专科，

---

① 锡良：《筹给提学使公费片》（光绪三十四年十一月二十三日），《锡良遗稿·奏稿》，第 844 页。
② 文公直：《最近三十年中国军事史》，371 页。
③ 《为通饬遵办事》，《锡良任云贵总督时有关筹饷等杂电》，馆藏：甲 374/54。
④ 《为通饬遵办事》，《锡良任云贵总督时有关筹饷等杂电》，馆藏：甲 374/54。

拨本省实缺、候补各员中之年力精壮、志趣纯正者入科肄习。① 据时任云南按察使沈秉堃所述，云南省城监狱改建始于光绪三十三年十月，"参考西法，重新建筑"，世增接任按察使后继续督修，最终于宣统元年三月建成，拟定试办章程，遴派典狱各员，于四月一日开办。②

清末各省在改良监狱过程中普遍经费紧张，云南亦不例外。如临安府曾致电锡良言及该府改良监狱情形："拟先于郡城内仿省城新修监狱，略减规模，创修一所，拨收八属情轻罪犯习艺，其管理法均照省章。至各属监狱，暂就现有者量加修葺，俟修养稍裕，渐次扩充，且事不迫切，而亦渐有改良之观。惟改狱须预筹的款不行，临属连年荒歉，公私困竭，巨款刻实难筹。……查变卖营田项下除办巢外，现尚存银二万零三十余两。拟请准于此款内提拨一万两，作监狱经费，不敷之数，仍由卑府筹补。可否？祈示。"③ 锡良复电准其所请，但提出"既有两万余金，应以

---

① 锡良：《改建省城监狱以恤罪囚而资通省模范折》（光绪三十三年八月十二日），《锡良遗稿·奏稿》，第702页。

② 《护滇督沈秉堃奏模范监狱竣工拟章开办折》，《申报》宣统元年八月十八日，第四张第二版。据其介绍建筑规制："四围环以高厚之墙，墙角各设一瞭望楼，藉资防范。围墙以内，依旧有之河道复界围墙，分为内外二区。外区之中设狱官事务各室。……内区设二门，门之左右建屋凡四，一为囚人衣食存储所，一为工业原料存储所，一为囚人被服存储所，一为囚人携物存储所。二门直入屋，凡四重：第一重：为各科狱官住室、守卫各员住室、讯问室、囚人接见室。第二重：之中为教诲室，足容百六十人，上设楼房二层，中层为教授幼年室，足容百人，上层为中央瞭望楼。……教诲室之东西，设重犯监十二，足容四十八人，以禁已定死罪及永远监禁者。其又东为东监，又西为西监，仿日本巢鸭监狱规式，形若扇面，中为看守所兼教诲室。环教诲室之监房东西各四十八间，共足容五百人，以禁限年监禁及军流徒之未发配并军流徒之到配者。东监以南设暗室十二，独居室四，以禁在监不守规则之罪犯又；南为未决监，凡十有四，可容七十人，以收管未定罪者；西监以南，设未丁监，凡十，可容五十人，以收未成丁之犯罪者。附设工厂一，即未成丁习艺之所。又南设女监十二，可容五十人，以收犯罪之妇女。附妇女工厂及浴室、厕室各一。又南设病监十，医格所一，传染病监六，药室、薰蒸室、炊所、厕室各一。第三重：为运动场，场方宽十丈。第四重：设工厂六十间，厂之东西各设厕室多所。四重之位置，其略如是。至监房之内容，四面均用厚墙，以铁网铁杆为之窗，以铁包厚木为之门，门皆对列，中留八尺宽之通道，以便守卫之巡视。簷际高于监房二尺五寸，开窗以为通气透光之用，期适卫生。此全监构造之大略也。"资料来源同上。

③ 《临安王守来电》（光绪三十三年九月二十二日），《锡良任云贵总督时有关筹饷等杂电》，甲374/54。

一万留修府监，一万解省拨修省监"。① 于此可见当时整顿监狱经费东挪西补之状。

三 改良警政

光绪三十二年，时任滇督丁振铎在云南设立警察学堂，招收文武学生各20名，外附团练学生60名，三个月毕业。锡良上任后，委派"朴勤果毅，办事实心"的分省试用道李镜清总办全省警察。② 考虑到警察学堂专为造就警官，遂设立专门培训警兵的巡警营。光绪三十三年十二月，鉴于警兵程度太低，暂行停办警察学堂，将巡警营改为警士学堂，招收文理通顺之警员。至光绪三十四年四月，头班毕业警士计417名。由此，锡良遂将省城内外划分9区，每区设巡官2名，司法、庶务各1名；又分设派出所63处，每所设长巡6名。皆以毕警士充任。光绪三十四年十二月，锡良遵照民政部巡警学堂章程关于各省设立高等巡警学堂的规定，又将警士学堂改为高等巡警学堂，暂定学额50名，一年毕业。对于部章规定的府厅州县须设巡警教练所，则提出滇省经费竭蹶，提请先在各府、直隶厅先设一处。③ 此外，光绪三十三年警察局筹设巡警队500名，锡良将云南原有救火水军300名并入。④ 光绪三十四年九月，裁云南警察总局，设立巡警道，由补用道杨福璋充任。⑤

---

① 《致临安王守电》（光绪三十三年九月二十二日），《锡良任云贵总督时有关筹饷等杂电》，甲374/54。
② 锡良：《奏拟请调用留省各员片》（光绪三十三年十二月二十三日），《锡良遗稿·奏稿》，第748页。杜庆元后来担任兵备处总办。
③ 锡良：《滇省改设巡警学堂暨教练所折》（光绪三十四年十二月七日），《锡良遗稿·奏稿》，第861—862页。
④ 锡良：《滇省消防队裁改起支津贴片》（光绪三十四年十二月七日），《锡良遗稿·奏稿》，第864页。
⑤ 锡良：《巡警道饬赴新任片》（光绪三十四年九月二十八日），《锡良遗稿·奏稿》，第839页。

结　语

　　锡良督滇之初，希冀有一番作为，展现出勇于担负大任的强烈责任感。他在光绪三十三年年底致蔡乃煌的一封函电中，将其云南施政之决心展现得淋漓尽致："服官数十载，从不敢避险畏难，滇事既极艰危，正臣子致身之日，况叨此感遇，尤无退志可萌。惟今日之滇，非特西南全局攸关，且为中外视线所集，事事须从新整顿。良自审才识庸陋，外交之拙，固无论矣，练兵乃第一要图，而未谙军旅，他如兴学、理财及一切新政，直百无一能。昔所勉图报称者，只此勿欺之心与精力之尚能耐劳耳。"① 但因施政为难、言官弹劾，加之病体侵寻、朋僚劝言等因素，锡良在任职滇督一年半时间内接连三次请辞。力行新政与屡次请辞并立交织，构成锡良仕滇一个颇为显著的特征，反映出清末云南政局的困境所在。

　　先来看锡良第一次请辞。

　　锡良出任滇督不久，至六月间即奏请开缺。据《申报》报道："锡清帅日前电致政府略云：现在滇省举办一切新政，事繁责重，兼之交涉事宜均关紧要，良年老衰庸，恐难胜任，伏乞代奏开缺，另简贤员接替，以免贻误要机。政府接电，当以时事多艰，自应力持危局，未允。"② 笔者推测，之所以锡良在督滇不久即提出辞职，与这一时期官场传言锡良将调直督有关。

　　大概六七月间，长期为锡良属吏的赵尔丰曾密函锡良透露："张安帅（张人骏）得调粤信，甚不高兴，宾客一概不见，语人云：调粤是驱逐之意，拟发榜后告休。直督一席颇有摇动，拟议者多在宪台，固属舆论之

---

① 《锡良致电蔡乃煌》（光绪三十三年十二月），《锡良任云贵总督时电报》，馆藏：甲374/106。
② 《滇督电乞代奏开缺》，《申报》光绪三十三年六月二十一日，第一张第五版。

公，亦由声望著也。"① 此函有言"拟发榜后告休"，可见张人骏在清廷谕令尚未发布即已探得消息。查，清廷于光绪三十三年七月四日谕令张人骏调任两广总督。② 于此推断该函作于七月四日之前。关于"直督一席颇有摇动"之言，亦可见官场对于直督袁世凯不久其位亦早有耳闻。然而，赵尔丰"拟议者多在宪台"的论断并未实现。袁世凯内用为外务部尚书、军机大臣后，直督一职由与袁世凯关系紧密的杨士骧署理。③ 八月间，舆论界又传出政府起用岑春煊授以东督、东督徐世昌调督云贵、滇督锡良调补察哈尔都统的消息。④ 这一传闻并非无由。此际，徐世昌东北施政屡遭劾责，锡良亦不安滇督之位，邮传部尚书岑春煊于光绪三十三年四月十七日调任两广总督，七月四日因病免职。尽管最终亦仅为传闻而已，但也从一个侧面展示出清廷已然将徐、锡人事调动提上议事日程。毫无疑问，调动传闻势必会在一定程度上加重锡良不安滇任的内心情绪。

再来看锡良第二次请辞。

光绪三十三年十月间，《申报》照录了一封给事中徐士佳奏参锡良的折奏，声言锡良仕滇指出即诘责丁振铎施政不善，但其到任数月亦属"毫无振作"："云南地广人稀，而外人垂涎已久，亟宜整顿，乃近来吏治、学务之坏，为各省所未见。锡良到任时，即力陈腐败情形种种，诿

---

① 《赵尔丰来函》，虞和平主编：《近代史所藏清代名人稿本抄本》（第3辑第138册），第365—366页。
② 中国第一历史档案馆编：《光绪宣统两朝上谕档》（第33册），第135页。
③ 光绪三十三年七月十六日，军机大臣电寄袁世凯，"有面询事件，着来京陛见"《清实录》（第59册），第630页。七月二十七日，内阁奉上谕，外务部尚书着袁世凯补授，同日又与大学士张之洞均着补授军机大臣。次日，内阁奉上谕，直隶总督兼北洋大臣着杨士骧署理。参见中国第一历史档案馆编《光绪宣统两朝上谕档》（第33册），第176、177页。杨士骧与袁世凯关系紧密，据刘成禺《世载堂杂忆》记："泗州杨氏兄弟，与袁世凯共秘密最多。其大兄士骧，袁世凯极倚重。袁世凯由北洋调外务部尚书、军机大臣，而以杨士骧继任北洋总督，无异袁世凯自领北洋也。五弟士琦，号杏城，世呼杨五爷者，杀人用奇策。机密事，袁世凯与士琦共之，号袁氏智囊。"刘成禺：《世载堂杂忆》，中华书局1960年版，第203页。杨氏署理直督，反映出袁系势力对直隶的把控。
④ 《电报》，《时报》光绪三十三年八月二十一日，第三版。

诸丁振铎之办理不善。现锡良已到任数月，毫无振作，可见前次所陈，均系推诿之计，应请简派重臣前往查办，切实整顿，以固边圉。"折上，"世中堂（军机大臣世续，笔者注）以为不如寄谕锡良，责其振剧精神，实力整顿。故（十月）十八日由军机处廷寄锡督，内有'再无成效，惟该督是问'等语"。① 尽管未受惩责，然锡良出任滇督仅数月即遭弹劾，并且是对其行政能力提出怀疑，这不得不说是当头一棒。

揆诸事实，锡良遭劾与云南施政之难及其施政操之过急有直接关联。光绪三十三年八月二十二日，时任四川布政使许涵度发给锡良一封长电，直言云南施政之困局："每披奏章、采舆论，知公励精图治，于新要诸政莫不力为振兴，忠悃苦画，遐迩同钦。使衮衮诸公尽如所为，富强何难立致？惜同志寥寥晨星，而时局难支一木。滇省又远在边陲，近逼强邻，理财用人无不难于他省，是以人皆畏避，今欲百端并举，断非一蹴可几，负任愈深，如茧自缚，摆脱愈难。"他进而列举锡良数项举措，直言其施政失之于躁急并提出规劝："比闻滇人士言陈绅荣昌素守宋学，人甚端谨，近因有志求新，拟游东瀛阅历，并非有所规避，公以大令追止之；王绅鸿图年少寡学，诚不堪委任，论彼家道，报效卅万已属竭力，公以六十万迫之；又惩办两管带，未曾宣布罪状；有二镇抗调之谣，学生逞击提学，公出调停，复有冲突。他如滇省州县大都瘠苦，过于搜括，贤者益难从公，不肖转滋他弊。……就滇中现在情形论，似宜稍示和缓，得可而止，倘操之过急，束之过严，恐事功未就，怨谤先兴，转致求治之心，添一阻力。且闻公感慨时艰，动形忠愤，接见属僚，语多严厉，心已忧勤，又动肝气，更非老年所宜，并望以平心处之。为国惜身，尤所切祷。"②

---

① 《徐给谏奏参滇督》，《申报》光绪三十三年十月二十七日，第五版。
② 《许涵度致电锡良》（光绪三十三年八月二十二日），《锡良任云贵总督时往来电稿》，馆藏：甲374/118。同一时期，赵尔丰亦电劝锡良施政务求持之以缓："闻我公肝气稍旺，此由诸事劳心棘手，故火易动，尚祈处以平淡调养，荩躬切祷。"《赵尔丰致锡良电》（光绪三十三年），《锡良任云贵总督时往来电稿》，馆藏：甲374/118。

锡良督川时期与许涵度同僚且两人私交甚密，是以许氏能够推心置腹。次日锡良复电，对许涵度之直言颇表感激之情："非挚爱如吾弟，孰肯投此药石之言，更孰肯以所闻之人言为我直告，感激实难言喻。"进而解释道："兄方恨此间上自司道、下至州县，多喏嚅不肯尽言，自谓相对词气已倍形谦抑，然急直之性，诚恐有出于不自知者，以后自当切戒。其余政事，一切似此日久病深，亦谨当如示，徐以和缓治之，用副良朋远念。"①

光绪三十四年正月二十三日，许涵度再次密电锡良，极力奉劝锡良速为隐退方为上策："我帅奉命南调，光阴如驶，倏已经年，滇事日棘，纵饷富兵强犹难奏效，况财力内窘而请帑不获，强邻外伺而抵御无方，彼族又施其文明竞争之技，使我战不得战、守无可守，以自困。我帅又以力任艰巨，为罗山所深厄，为项城所不豫，一切更较他人为难。与其终为人持，固不若早自引退之为愈矣。"② 与前电不同的是，此电明言锡良云南施政面临人事上的重大阻滞。所言"项城"，指袁世凯，袁籍河南项城，时任外务部尚书、军机大臣；"罗山"指丁振铎，丁籍河南罗山，时任资政院协理。关于锡、丁关系不睦，固由于锡良曾奏劾丁振铎。而锡良与袁世凯之关系亦仅仅限于公事往来，似乎并无私交，更无仰附等情，或许正是如此引得权焰鸱张一时之袁世凯的不满。

在这种情势下，锡良的政治热情，正在不断地消磨而走向低落。光绪三十三年、三十四年之交，锡良确曾萌生过退意，这从他致蔡乃煌的两封电文可以清晰看出。光绪三十三年十二月，锡良电言："今则宿疾侵寻，即精力亦不堪复用，病躯久留，设有贻误，良一身不足惜，如国事何？惟有退让贤路，保兹危疆。"③ 次年正月，更是剀切慨言："京人视滇

---

① 《锡良复许涵度电》（光绪三十三年八月二十三日），《锡良任云贵总督时往来电稿》，馆藏：甲 374/118。
② 《许涵度致电云贵总督锡良》（光绪三十四年正月二十三日），《锡良任云贵总督时往来电稿》，馆藏：甲 374/118。
③ 《锡良致电蔡乃煌》（光绪三十三年十二月），《锡良任云贵总督时电报》，馆藏：甲 374/106。

太远，淡漠若忘，讵知大厦之倾，础阶先圮，微隙之漏，巨艇同沉。……良材本薄弱，适际值困难，既无应手之人才，又少拨助之帑项，本省富者吝赀，贫者乏力，一若以全国之滇视为一省之滇，以全省之滇视为一人之滇，即使力图公益，牺牲此身，不值一文之钱，不济一毫之用。中外相隔，上下相睽，若此其不危且殆者几希矣？"① 锡良一肚皮的牢骚和怅恨，在该电中都表现出来。蔡乃煌在回电中，告知将调任江苏苏松太道，同时提请锡良保重身体，并言请辞之举虽不违情理，但清廷似难应允。②

　　至光绪三十四年正月二十七日，锡良致电军机处请代奏，以久病不愈难当重任为由正式请辞。③ 同时，锡良致电川督赵尔丰以及许涵度，坦言请辞滇督实因滇政难为："良才力既万不如人，而又不恤自招怨谤，即使竭尽心力，终恐无裨国家，转成茧丝自缚，一切诚有如尊虑者。故良于去年腊杪，业经具疏引疾乞假一月，现计前折将可到京。又以假满病仍未痊愈，奏请予开缺，未识能否仰邀俞允。"④ 诚如蔡乃煌预料，清政府对于锡良请辞当然不会轻易允准。正月二十八日，清政府强调时势艰危的同时着赏假一月："滇省关系重要，时势正值艰危，该督素矢公忠，办事认真，自当勉为其难，以维大局。据称旧疾复发，朝廷深为系念，

---

① 《锡良致电蔡乃煌》（光绪三十四年正月），《锡良任云贵总督时往来电稿》，馆藏：甲374/118。

② 其电言："沪上乱党太多，日谋起事，加有废弃大员为之领袖，朝廷深以为虑。庆、张、袁合力面保，忽有是命。今日已催起程，月半前后必要就道，奈何？尊恙乞加意调摄，天眷正隆，恐难遽退也。"《北京来电》（光绪三十四年二月一日），《锡良任云贵总督时电报》，馆藏：甲374/106。查，光绪三十四年正月二十九日，内阁奉上谕，江苏苏松太道员缺着蔡乃煌补授。中国第一历史档案馆编：《光绪宣统两朝上谕档》（第34册），第20页。对此，锡良复电劝诫："进锐则退速，名高则谤随，务望敛抑聪明，仍安淡泊。"《锡良致电蔡乃煌》（光绪三十四年），《锡良任云贵总督时往来电稿》，馆藏：甲374/118。

③ 《滇督续展病假》，《申报》光绪三十四年二月六日，第二张第二版。

④ 《锡良致电成都赵季帅、许涵度》（光绪三十四年正月），《锡良任云贵总督时往来电稿》，馆藏：甲374/118。

着再赏假一个月以资调养，所请开缺回旗应无庸议。"① 为示体恤，又赏锡良御书福字一方，奶饼、干果各一匣，于正月二十九日奉到。②

尽管清政府对锡良请假、请辞颇表抚慰，然却遭到言官以避难卸责为由的纠劾。二月九日，御史俾寿奏参锡良："滇省地处偏僻，著名瘠苦，现值交涉吃紧，益觉办理为难。锡良受恩深重，应如何力图报称，乃竟托病请假，希图推卸，实属有负委任，应请旨饬下该督，一俟假满，即行销假，力疾从公。"③ 或许正是在压力之下，锡良又致电军机处请代奏销假："窃锡良前奉电旨，着再赏假一个月以资调养，所请开缺回旗应无庸议等因，钦此。伏维锡良受恩深重，图报方殷，只以驽才无补时艰，病躯尤恐贻误，不敢不沥情吁恳，乃荷恩施逾格，续赏假期。……现气体虽未复元，惟假期又满，自应力疾先行销假，以重职守。"④

再来看锡良第三次请辞。

殆至光绪三十四年四月十四日，在锡良任满滇督一年之计，翰林院侍读荣光奏参锡良不懂军事，应另派知兵大员督办西南军务："孙党注意西南，始助桂匪，近更率党犯滇，已踞要隘，党羽繁多，饷械充足，再迟时日，大非国家之利。锡良公忠谋国，任事实心，惟其军务阅历尚浅，应请另简知兵大员，督办桂滇军务，合二省之力，统筹并顾，较易为功。"⑤ 平心论之，锡良镇压革命党河口起事实为有功，而反遭弹劾，疑为幕后黑手使之。关于这一点，光绪三十四年八月十日，时任陕西布政使许涵度曾致电锡良透露："我公此次收复河口，迅奏肤功，固为薄海同钦，乃竟与桑坡一役，同为权贵所抑，闻之殊为不平。而公益怀慎惧，

---

① 《奉旨锡良旧疾复发着再赏假一个月调养事》（光绪三十四年正月二十八日），中国第一历史档案馆藏：1/01/12/034/0011；《滇督续展病假》，《申报》光绪三十四年二月六日，第二张第二版。

② 《叩谢天恩折》（光绪三十四年三月二十日），《锡良任云贵总督时奏稿》，馆藏：甲374/100。

③ 《俾御史两上参折录要》，《申报》光绪三十四年二月十七日，第一张第三版。

④ 《锡督电告销假》，《申报》光绪三十四年三月六日，第二张第二版。

⑤ 《荣侍读奏请派员督办滇军》，《申报》光绪三十四年四月二十三日，第一张第三版。

足征德量，曷胜钦佩。"①"桑披一役"，指锡良督川时期对川边里塘桑披寺之用兵。联系光绪三十四年正月许涵度电文所言锡良云南施政"为罗山所深厄，为项城所不豫"，该电所谓"权贵"，似乎亦指上述之人。而"所抑"之论，则为实情，据《申报》透露："吏部议复廉钦河口奖案，均令删减，奉旨依议。"②

可以说，病体、遭参以及功劳被抑，最终致使锡良于光绪三十四年六月二日第三次奏请开缺："适匪陷河口，仓促治军，效命未遑，何敢言病？无如才力竭蹶，又素不知兵，幸秉宸谟，勉以戡定，而心血已亏，诸病丛集，肝晕肺嗽，益以彻夜盗汗，第觉形神恍惚，状类怔忡，非特要件不能构思，即寻常公牍亦几难卒读。"③ 同日，军机处廷寄锡良："奉旨，锡良电奏悉，滇省匪乱甫平，正赖该督筹办善后，岂可遽萌退志？着赏假一个月，以资调养，所请开缺之处，应毋庸议。"④ 之后，军机处又面奉谕旨，电寄锡良以表抚慰："尽心调摄，俟假满即行妥为筹办一切，勿得畏难苟安，以副朝廷注念边陲之至意。"《申报》分析原因："闻此谕因锡督赏假后，仍执意坚请开缺，曾电陈某军机谓：目前若不能开缺，则俟善后事宜办有端绪，届时必须赐归田里等语。某军机以锡督情词屡决，必须再三挽留，或可有效。爰特面奏慈宫，请旨慰谕，故下此寄电。"⑤ 尽管未允锡良之请辞，然政府还是有了对锡良进行调动的打算，《申报》披露："枢垣于日昨会议，以锡良在滇与某国交涉不甚得手，拟即准其开缺，另简唐少帅暂署。嗣又因少帅未归，某尚书复深愿唐久留京师，以故迟疑未决。闻某尚书当时有云：外务部所办交涉系一国之事，

---

① 《陕藩许方伯来电》（光绪三十四年八月十日），《锡良任云贵总督时往来电稿》，馆藏：甲 374/118。
② 《专电》，《申报》宣统元年二月二十六日，第一张第四版。
③ 《为奏请开缺事》（光绪三十四年六月二日），中国第一历史档案馆藏：2/04/12/034/0490。
④ 《不准滇督开缺》，《申报》光绪三十四年六月九日，第一张第五版。
⑤ 《锡督又奉电旨慰问之原因》，《申报》光绪三十四年六月十九日，第一张第五版。

云贵究系一隅之事，以唐之才而用于一隅，实为可惜。"① 但亦终为传闻而已。

尽管锡良云南施政面临着诸多困境，尤其财政竭蹶状况最为突出，所谓"滇中经济困难，已臻极点……每有兴办之端，全恃挪移之计"②，而他本人在整个滇督任内始终表达着请辞意愿。这一时期，锡良真有辞官的思想吗？这一点不假，但问题是他却不能竭尽全力地争取这个愿望的实现，因为做官是他的职业，他还要在这条路上继续走下去。虽然现实有诸多阻滞，内心也有诸多不满，但锡良云南新政还是取得了积极效果，较之前任滇督丁振铎有诸多推进，并得到摄政王载沣的肯定。宣统元年二月二十六日，继任云贵总督李经羲蒙摄政王召见。据《盛京时报》报道，摄政王载沣强调云贵为边陲要地，责任重大且颇为棘手，"当效法锡良所办事宜"。③《申报》对载沣召见李经羲之细节做了详细报道："日昨，摄政王召见新简滇督李经羲，训示一点钟之久，大旨以云贵为边陲要地，责任较重，事务颇为棘手，莅任后当效法锡良。第一该省种烟者多，值此国家禁烟之际，当照锡良年前所奏各节认真办理；次则该省接连越界，遇有交涉当细心酌核办法。该省又与广西毗连，而革匪往往于两省间出没，乘隙滋事，亦当按照锡良所派防匪兵制布设。并谓锡良将该省旧有各营新军现已改良，尤当加意训练，俾成劲旅。"④ 闰二月二十六日，载沣召见已调任东三省总督的锡良时，询问云贵两省改革进展及政情状况，涉及谘议局选举及一切民情资格、官绅士庶禁烟、边防练军、学务、与法国交涉等情况。锡良逐一应答，据报道，"摄政王颇为嘉纳"，锡良亦"甚蒙摄政王优待"。⑤

---

① 《滇督去留之纷议》，《申报》光绪三十四年七月二十三日，第一张第五版。
② 《藩司议改善后局为财政处禀》，《锡良任云贵总督时有关筹饷等杂电》，馆藏：甲374/54。
③ 《李制军召对述闻》，《盛京时报》宣统元年二月三十日，第二版。
④ 《摄政王训示治滇机宜》，《申报》宣统元年闰二月三日，第一张第四版。
⑤ 《召见锡清帅要事纪闻》，《盛京时报》宣统元年三月二日，第二版。

由上可见，锡良的施政能力及其云南施政效果颇得摄政王载沣的信任和赏识。而李经羲请求与锡良面商云南事务，也反映出他对锡良滇政的认同态度。可以说，锡良滇政在一定程度上奠定了此后滇督施政的基本走向。宣统元年闰二月二日，三年考绩之京察中，锡良得"力任艰巨，劳怨不辞"评语。① 揆诸锡良滇政历程，虽有屡次请辞之举，然各有具体缘由，他对待新政事业大体上看则确如是言。

---

① 中国第一历史档案馆编：《光绪宣统两朝上谕档》（第35册），第81页。曾任云南电报局总办的何孝柞在四日将此消息转至锡良。《职道孝柞致电锡良》（宣统元年闰二月四日），《锡良交卸云贵总督时电稿》，馆藏：甲374/115。

第五章

锡良与清末东北新政

清王朝建立后,东北实行以八旗驻防为主、州县民政为辅的旗民并治的行政体制。近代以来,随着封禁政策的松弛,流民陆续出关垦殖,清政府不断地在移垦地区添设州县,原有二元结构体制逐渐趋向行省官僚行政体制。与此同时,历经甲午战争、庚子事变以及日俄战争,东北地区面临的主权危机愈加严重。俄国为巩固在远东地区的利益,制定西伯利亚铁路振兴策略、北满商务策略以及远东移民策略;日本则谋划以朝鲜为跳板,通过殖民渗透霸占中国领土。日本人松本敬之更是在所著《富之满洲》一书中,毫不讳言地将中国东北视为最佳殖民地:"满洲者,其面积大我国三倍,人口稀寂,土地肥腴,巨江细流交错贯注,延无垠之山岭,藏无限之富源,而又一水相望,在我国势力圈内,为我国之殖民地,最为适合。"①

由于中国东北地区与日、俄两国的关系愈加密切,国际关系方面也日益重要,因此,清政府"感觉有将它置于统一治理之下以处理国际关系的必要"。②其中一个重要举措即是推行行政体制改革,使其与内地行省统一。③ 光绪三十三年三月八日(1907年4月20日),清廷以"东三省吏治因循,

---

① [日]松本敬之:《富之满洲》,马为珑译,(东京)政治转输社1907年,第5页。
② [日]东亚同文会编:《对华回忆录》,胡锡年译,商务印书馆1959年版,第299—300页。
③ 关于清末东三省改制及东北新政的研究,参见赵中孚《清末东三省改制的背景》,《"中央研究院"近代史研究所集刊》1976年第5期;张守真《清季东三省的改制及其建设》,《中国近代现代史论集》(第16编),(台湾)商务印书馆1986年版;赵云田《清末新政期间东北边疆的政治改革》,《中国边疆史地研究》2002年第3期。

民生困苦，亟应认真整顿，以除积弊而专责成"，改盛京将军为东三省总督，兼管三省将军事务，增设奉天、吉林、黑龙江巡抚，以徐世昌补授东三省总督，唐绍仪补授奉天巡抚，朱家宝署理吉林巡抚，段芝贵署理黑龙江巡抚。① 东三省正式改为行省制度。锡良正是继徐世昌之后，为第二任东三省总督。

第一节 离滇调东：感念与忐忑交织

一 调任东督与时论回响

前文述及，锡良在滇督任上不安其位，是以屡次请辞，清政府或辞或调，已成必然之事。大概在光绪三十三年六七月间，即有锡良出任直督的传闻，赵尔丰致函锡良透露："张安帅（张人骏）得调粤信甚不高兴，宾客一概不见，语人云：调粤是驱逐之意，拟发榜后告休。直督一席颇有摇动，拟议者多在宪台，固属舆论之公，亦由声望著也。"② 最终，七月十六日，清廷召直隶总督袁世凯入京，七月二十八日，袁系重要人物杨士骧调任直隶总督。在清廷于光绪三十四年十二月十一日以"足疾"为由令军机大臣、外务部尚书袁世凯"回籍养疴"后，西报纷传锡良将取代杨士骧督直。③ 宣统元年正月五日，端方就此事电询锡良："闻公有移镇北洋之说，自有闻否？"④ 次日锡良复电："此间并无所闻，是何原因？公知之否？"⑤ 八日，端方又来电："监国推重之故，闻因平日不附项

---

① 中国第一历史档案馆编：《光绪宣统两朝上谕档》（第33册），第31页。
② 《赵尔丰来函》，虞和平主编：《近代史所藏清代名人稿本抄本》（第3辑第138册），第365—366页。查，张人骏于光绪三十三年七月四日调任两广总督，此函大致作于此一时期。
③ 《西报纪袁世凯开缺事》，《申报》光绪三十四年十二月十五日，第一张第四版。
④ 《端方致锡良电》（宣统元年正月五日），《锡良任云贵总督时往来电稿》，馆藏：甲374/118。
⑤ 《锡良致端方电》（宣统元年正月六日），《锡良任云贵总督时往来电稿》，馆藏：甲374/118。

城，是一最近原因。大约即不北迁，亦必别有好音。"① 此电寥寥数字，对于我们认识锡良调东原因大有裨益。袁世凯在晚清是一位炙手可热的权臣，这一点锡良自然很明白，但锡良更知道他们在施政作风、道德品行乃至思想观念上都存在距离，并非一类人物。可无论如何，同朝为官，往来交往势所不免。因此，锡良虽与袁世凯多有往来，但仅限于公事范围，私交不多，更非依附关系。

然传闻亦终为传闻而已。锡、端电文往来不久，宣统元年正月十九日（1909年2月9日），内阁奉上谕：邮传部着徐世昌补授；锡良着授为钦差大臣，调补东三省总督兼管三省将军事务，云贵总督着李经羲补授。② 锡良由云贵调至东三省，正应了此前端方"即不北迁，亦必别有好音"的判断。首任东督徐世昌政声欠佳，清政府期冀锡良振衰起隳。③ 对于锡良出任东督，各方函电纷至表以恭贺，"奠三省于磐石""朝廷释东顾忧矣"④ 之言不绝于耳。云南旧吏则有"辽左庆得人，滇中失柱石"之叹。⑤ 端方来电则推心置腹地言道"彼间事亦甚难着手"，拟请进京时先过宁一谈。⑥ 孙葆田致函锡良，剀劝东省施政务以亲民保民为指向："葆田以为今日大患，不在外敌之交侵，而在人心之不正。新政纷纷，举世无非言利，并不知保民为何事，安得不渐入于危？所赖公等一二伟人竭力扶持。"⑦ 张曾畴在致赵凤昌的一封密函中则表达了并不看好锡良之意："东三省事最为难，锡去恐做不好。俄人近要索东清铁路，凡车站

---

① 《端方致锡良电》（宣统元年正月八日），《锡良任云贵总督时往来电稿》，馆藏：甲374/118。
② 中国第一历史档案馆编：《光绪宣统两朝上谕档》（第35册），第28、29页。
③ 详见拙文《宣统元年东三省总督人事变动与清末政局》，《史学月刊》2020年第10期。
④ 《重庆来电》（宣统元年二月十八日），《锡良交卸云贵总督时电稿》，馆藏：甲374/115。
⑤ 《河口副办许祖佑来电》（宣统元年正月二十九日），《锡良任云贵总督时往来电稿·本省贺电》，馆藏：甲374/118。
⑥ 《两江总督端方致电锡良》（宣统元年正月二十一日），《锡良任云贵总督时往来电稿·外省贺电》，馆藏：甲374/118。
⑦ 孙葆田：《寄锡清弼制府书》，《校经室文集》（卷3），《丛书集成续编》（第198册），上海书店出版社1994年版，第348页。孙葆田与锡良相知已久，早在光绪二十八年锡良设立河南大学堂时，即延聘孙葆田为总教习。

（共有一百余车站）及两旁地，均辟作俄商埠，日人暗中助俄。此事若应则各国必来索各地，瓜分之局成矣。"①

舆论界也对锡良督东给予密切关注。锡良初来乍到，人们对他的判断只能从他的既往政绩尤其是直接的观察中得来。当看到锡良北上召见途中，"仆从不过十人，所过州县不许迎送并免一切供张"，《盛京时报》不禁发出"其崇尚简朴如此，在今日颇为难得"的感慨。②无论任何时期，人们对于不露官威的官员都是赞赏和认可的。该报进而指出"起家州县"的锡良"于民风吏治降污休戚之原盖已洞若观火"，节麾所莅政绩卓著，"于川于滇尤着保障之功、抚绥之绩，朝廷倚我公如左右手"，③诚为"封疆大吏中不可多得之耆硕"，认为他督东之后"东省诸要政必有一番起色矣"。④《申报》也对锡良东省施政提出希望："溯徐督莅任伊始，铺张扬厉，仅图形式上之壮观，先后用款不下二千万，使分其半数以为实地上之布置，则我先有利可兴，人自无利可图，又何致惹起种种困难之交涉也哉？今锡督已奏准拨款千万，为开办各政之用，我深愿其实事求是，力践前言，勿再耗糜巨款，蹈前督之覆辙，则东省之幸，亦边事之幸。"⑤

二 北上召见与施政条陈

锡良早就对东三省局势予以关注。日俄战争爆发后，时任川督的锡良致函驻藏大臣有泰即痛言："我介两难，舍中立亦无别法，然竟中立，亦非长策。总而言之，彼等无论如何，均于我不利，非发愤自强，不能撑撑世界。"⑥光绪三十一年五月间，锡良致电军机处，就东三省改制发表看法："说者曰改行省、设重镇，然事贵有实，不贵有名。疆吏得

---

① 国家图书馆善本部编：《赵凤昌藏札》（第7册），国家图书馆出版社2009年版，第129页。
② 《锡帅行程杂志》，《盛京时报》宣统元年三月二日，附张第五版。
③ 《欢迎新督锡公莅奉辞》，《盛京时报》宣统元年三月二十六日，第二版。
④ 《新简东督锡清帅之历史》，《盛京时报》宣统元年正月二十三日，第五版。
⑤ 《论锡督密奏治理东省情形》，《申报》宣统元年三月二十八日，第一张第三版。
⑥ 《拟复驻藏钦差有》，《锡良督川时函稿》（丙册），馆藏：甲374/113。

人方为行省，军舰厚集方为重镇，非变易爵秩、虚增招募，遽能收效也。愚以为创痛之后当悟前非，凋丧之余较易更始，似应责成赵尔巽，尽将往日之弊规陋习廓而清之，采用欧日良法，举凡征兵、制令、殖民政策经营，尤为所当先。"① 不意数年之后亲莅此域，总督龙兴之地。

然当此之际，东三省开发远远不够，以致民困财竭。正如时论所言："东省非瘠地也！今日当道顾戚戚焉，以贫瘠为虑者，货弃于地之故也。有膏腴之土地而未尽开，有交通之川流而不能用，有天生之森林矿场而不知采，长林丰草，任其荒芜，环宝奇金，弃而弗取，弗论民生不能优厚，库藏不能充实也。"② 而列强竞势更是使东三省处于沦亡边缘，"名为中国领土，实则几无我国容足之地"。③ 如此，东督一职不啻烫手山芋。锡良这一时期致朋僚函电中也屡有"志在卸肩，不在迁地"④ "整理庶务，尤费踌躇"⑤ 等言。正月二十一日，锡良致电军机处请辞："东三省为根本重地，事体繁难，百倍腹省，锡年齿虽未就衰，惟才质本不如人，精力又非昔比，膺兹重寄，实难胜任。惟有叩恳天恩，附鉴愚诚，收回成命。"⑥ 二十三日奉旨："该督向来办事认真，即当力任其难，所请取回成命之处着毋庸议。"⑦ 锡良陈请收回成命，固有东事难理的成分，但也是对清廷畀以重任示以谦恭的表现。他在稍后所上谢恩折中即说道："电奏吁恳天

---

① 《复北京军机处电》（光绪三十一年五月二十六日），《锡良督川时外省来往电报》（第11册），馆藏：甲374/6。
② 《论锡督密奏治理东省情形》，《申报》宣统元年三月二十八日，第一张第三版。
③ 徐世昌：《密陈考查东三省情形折》，《退耕堂政书》（第5卷），沈云龙主编：《近代中国史料丛刊正编》（第23辑），（台北）文海出版社1966年影印版，第215页。
④ 《锡良致镇南杨道函》（宣统元年正月八日），《锡良任云贵总督时往来电稿》，馆藏：甲374/118。
⑤ 《锡良致廷杰函》（宣统元年四月二十二日），《锡良任东三省总督时信稿》（第1册），馆藏：甲374/75。
⑥ 《致军机处电》（宣统元年正月二十一日），《锡良任云贵总督时北京来往电》（第4册），馆藏：甲374/10。
⑦ 《清实录》（第60册），第126页。又见《锡督电请收回成命述闻》，《盛京时报》宣统元年正月二十七日，第五版。

恩，收回成命，未邀俞允，并勖以'办事认真，力任其难'。渥荷朝廷倚畀，逾格优容，感激驱驰，敢不力图报称。"① 可以说，锡良此时离滇愿望实现但又怵于东省施政之难，致其内心感念与忐忑并存的复杂心态。

最终，在舆论期望与警示中，正月二十六日锡良交卸云贵督篆，闰二月二十四日抵京陛见。闰二月二十五日摄政王载沣召见锡良后令其每日在军机处预备，前后共召见六次，② 并着加恩在紫禁城内骑马。③ 据报道，载洵言于载沣谓徐世昌所行新政皆当务之急，唯规模宏大、费款颇多。故载沣召见锡良时嘱其莅东之后"毋过于更改"。④ 又指示应特别留心松花江、黑龙江、嫩江等地开垦设治诸政，"以备保卫边圉，严固江防"；办理交涉"总以和平"，"不伤权利、固全外交为要"。⑤ 正如时论总结，在载沣看来，东北施政应以"力保主权""整理新政以图自强"⑥为原则。鉴于东省财力竭蹶，锡良陈请拟先从整顿财政入手，并言需员极多，拟调取旧员，得摄政王允准。⑦

---

① 锡良：《调补东三省总督谢恩并报交卸云贵督篆日期遵即入都陛见折》（宣统元年正月二十六日），《锡良遗稿·奏稿》，第882页。
② 锡良：《恭报到任日期谢恩折》（宣统元年四月二日），《锡良遗稿·奏稿》，第883页。
③ 中国第一历史档案馆编：《光绪宣统两朝上谕档》（第35册），第126页。
④ 《徐钦帅政声卓著要闻》，《盛京时报》宣统元年三月二十日，第五版。
⑤ 《摄政王谕锡清帅述志》，《盛京时报》宣统元年三月二十七日，第二版。对此，锡良履职后很快予以落实。参见锡良《派员创办松黑两江邮船局事宜片》（宣统元年四月十五日），《锡良遗稿·奏稿》，第886—887页。
⑥ 《专电》，《申报》宣统元年三月九日，第一张第四版。
⑦ 锡良在奏折中言："东三省自改设行省以来，要政繁兴，百端待举，经历任将军、督臣调用多员，虽不少俊伟之才，而滥竽亦恐不免，闻每遇差缺仍有乏才之叹。"所调27人如下：陆军部后补郎中陶葆廉、陆军部后补员外郎陈宧、候选内阁中书刘潜、四川候补道沈坚、四川候补道赵渊、云南候补道赵沩獣、河南候补道韩国钧、河南试用道董应书、候选通判邹宪章、丁忧候选道李龙彰、坐补山西太原知府俞恒山、山西后补知府沈士鎔、降调通判已革湖南劝业道沈祖燕、开复原衔已革署广东廉钦道四川候补知府王瑚、指分四川试用知府罗述稷、四川邛州直隶州知州耿葆煃、广东阳江直隶州知州刘庆镗、山西候补直隶州知州薛德履、候选直隶州知州冯学书、候选通判王信森、河南南阳县知县陶炯照、河南候补知县王文光、河南候补知县谢宗楷、山西候补知县谢沛、指分四川试用知县费云龙、已革山西绛州直隶州知州密昌墀、已革山东峄县知县姚廷范。《新督锡清帅奏调人才》，《盛京时报》宣统元年三月二十六日，第五版。

三月二十日，锡良尚在京召见期间，即具折初步规划了东三省施政要点。就内政而言，如审定官制、整饬吏治、抚辑商民、筹办新政，均属施政重点，鉴于三省财政同一困窘，"自应量入为出，以地方之款办地方之事"；就外交而言，锡良认为欲筹抵御之方，则必先扩充实力，开银行、修铁路、开放商埠、兴办实业、广开屯垦、筹边驭蒙。上述诸项非有大宗巨款断难集事，遂又提出以全国之力驰援东三省的建议："此非东省之力量所能办，而必须国家之全力以图；亦非奴才之权力所能为，而尤仗枢部之协谋以应。"① 该折得旨："东省地方紧要，应办要政甚多，着各该衙门随时会商锡良合力通筹，妥定办法。"② 同时，舆论界对该奏折也给予密切关注，《申报》即刊发长篇评论文章，对锡良之秉笔直言颇为称道："前日新东督锡清帅密奏东省外交危迫，由于我无实力抵御，此时似应创设银行、开辟商埠、兴办实业、整顿垦务，或可保全主权云云。诚哉，其为见到之言！果能执是，以为治理东省之方针，不但东省之财政可以日有起色，而东省之交涉必将日见稀少矣。"③

三月二十日，上谕奉天巡抚着锡良兼署。④ 三月二十五日，锡良乘车出京，次日午后两点抵达奉天。⑤ 四月一日，徐世昌将钦差大臣关防、东三省将军印信、奉天省印信、盛京总管内务府印信并大内宫殿钥匙，委承宣厅佥事饶凤璜送来。⑥ 四月五日，内阁奉上谕，奉天巡抚着程德全署

---

① 锡良：《奏为遵旨筹商东三省事宜事》（宣统元年三月二十日），中国第一历史档案馆藏：03-7472-007。

② 《清实录》（第60册），第230页。

③ 《论锡督密奏治理东省情形》，《申报》宣统元年三月二十八日，第一张第三版。需要指出的是，《申报》在三月二十三日的"专电"栏目，即对锡良此折做出简短总结："新东督锡清帅密奏东三省外交危迫，由于我无实力抵御，此时似应创设银行、开辟商埠、兴办实业、整顿垦务，或可保全主权。"《电一》，《申报》宣统元年三月二十三日，第一张第三版。三月二十八日刊发之文章，又重复此数语。

④ 中国第一历史档案馆编：《光绪宣统两朝上谕档》（第35册），第170页。

⑤ 《新督准于本日莅奉》，《盛京时报》宣统元年三月二十六日，第五版。当日，徐世昌到车站迎接。徐世昌：《徐世昌日记》，人民出版社2015年版，第10691页。

⑥ 锡良：《恭报到任日期谢恩折》（宣统元年四月二日），《锡良遗稿·奏稿》，第883页。

理，锡良毋庸兼署。① 程德全曾任黑龙江将军，东三省改制后又任黑龙江巡抚，对东北局势相当熟悉。据《申报》披露，程德全简署奉抚系锡良力保。② 尽管锡良在召见时曾痛言奉天督抚同城之弊，③ 但仍举荐程德全出任奉抚，原因在于"吉、黑两抚周树模、陈昭常办事不甚接洽"，而程德全为己"所信任"，"将来办事必能得手"。④ 而锡良到任后，更是"倚之（程德全）为左右手"。⑤

自三月二十六日抵达奉天，至四月二日徐世昌启程归京，锡良数日内和徐世昌"详谈三省要政"。⑥ 徐世昌在日记中记道他和锡良晤谈情形："（三月）廿七日，晨起，恭谒昭陵。回署，会客，清帅来拜。午后办公，会客，答拜清帅，久谈。晚约清帅、多副都统、参赞、司道宴集，久谈；廿八日，晨起，恭谒福陵。午刻过农业试验场午饭。午后到测绘学堂察看。回署，会客，办公，与清帅谈；廿九日，晨起，出门到各总领事处辞行，到多副都统、参赞、司道处辞行。午后复到各处辞行。东清铁路副办俄人文哲尔来拜，复答拜。晚宴俄人文哲尔，与清帅谈；四月朔日，卯刻送印交卸。晨起，会客。午后与清帅彼此往拜久谈，又会客。晚清帅、多副都统、参赞、司道约宴集饯行；初二日，晨起，会客，起行回京。清帅偕同僚在车站跪请圣安。"⑦ 另据报刊披露，锡良曾询问徐世昌

---

① 六月九日，程德全获实授。中国第一历史档案馆编：《光绪宣统两朝上谕档》（第35册），第188、259页。奉抚一职与总督同城，终属政制改革精简机构的范围。宣统二年三月十七日，内阁奉上谕，江苏巡抚着程德全调补。三月十九日内阁奉上谕，奉天巡抚着即裁撤，锡良着兼管奉天巡抚事。中国第一历史档案馆编：《光绪宣统两朝上谕档》（第36册），第74、75页。
② 《专电》，《申报》宣统元年四月八日，第一张第三版。
③ 据报道，锡良召见时，"历言服官已二十余年，耳目所闻，见督抚同城每举一事动多龃龉。总督之权力强，则巡抚虽有如无；总督之权力弱，则总督为巡抚所把持。且所争者又纯是意见，其结果或至一事不举。其言甚痛切，摄政王为之动容"。《京师近事》，《申报》宣统元年三月二十七日，第一张第五版。
④ 《程德全简署奉抚之原因》，《申报》宣统元年四月八日，第一张第五版。
⑤ ［日］东亚同文会编：《对华回忆录》，胡锡年译，第301页。
⑥ 贺培新辑：《徐世昌年谱》（上卷），中国社会科学院近代史研究所《近代史资料》编辑室编：《近代史资料》（第69号），中国社会科学出版社1988年版，第37页。
⑦ 徐世昌：《徐世昌日记》，第10691页。

三省财政情况，徐答以"财政异常困难，行将不支，一切应办新政切实举行，非奏请关内各省协款无可为济"。①锡良又询问奉天度支司存款情况，得到该司欠官银号银一百余万两的回复。②

三 巡视三省与具陈闻见

尽管锡良在京召见以及与徐世昌交接期间曾就东省施政多做讨论，然制订详细施政规划终赖对东三省局势的深入调查。为全面了解东三省情势，锡良于五月九日由奉天启程，巡视吉、江两省，十三日抵达吉林，二十五日行抵黑龙江，最终于六月五日返回奉天。③经过长达一个多月的实地考察，锡良愈加意识到东三省施政之艰巨，这从相关函件可以看出。宣统元年六月，锡良致函程祖福："吉省僻远边荒，风气初开，利源待濬，近则强邻日偪，一切措置更苦繁难，外人实力愈张，即在我之民生日蹙，经济问题目前尤关重要。"④七月，致函严家鬯："弟忝领三边，受事倏经数月，根本之地，关系甚重，而求治亦独难。一切内政、外交窘

---

① 《徐锡二督电商新政款需》，《盛京时报》宣统元年三月四日，第五版。
② 《锡帅电询奉省存款》，《盛京时报》宣统元年三月五日，第五版。关于东三省财政竭蹶情形，具体分省析之。先来看奉天。宣统元年十月，锡良曾致电吉抚陈昭常和黑抚周树模言及奉天财政状况："据度支司呈阅预算清单，年内出入两抵一切额支之款，尚短银八十八万两，下月应还汇丰借款二十二万，筹商多日，分厘无着，焦急莫名。三省虽同一拮据，而奉省亏短过多，实属尤为艰窘。"《致吉江两抚帅电》（宣统元年十月二十七日），《锡良任东三省总督时吉林来往电》（第8册），馆藏：甲374/13。再来看吉林。徐世昌离东之前，曾与吉抚陈昭常联衔，奏请吉林财政困难情形。他们说道，吉林改行省之前，入款每年约银二百一二十万两，改行省后入款每年约银二百七八十万两，岁出五百余万两。光绪三十四年，不敷二百二三十万两。《东三省总督徐世昌署吉林巡抚陈昭常奏沥陈吉林财政困难情形折》，《盛京时报》宣统元年闰二月二十七日，附张第三版。黑龙江情形则更为严重。宣统元年六月间，锡良与周树模联衔上折："伏查上年本省入款，统计大租、税捐、荒价、部款，总入银九十余万两，现在每岁额支约算将及二百万，计不敷银百余万两。"《黑省又请添拨经费》，《申报》宣统元年六月二十四日，第二张第二版。
③ 《致军机处电》（宣统元年六月六日），《锡良任东三省总督时京师来电》（第3册），馆藏：甲374/45。
④ 《复吉林驻沪转运采办局总办湖北补用道程祖福》（宣统元年六月十九日），《锡良任东三省总督时信稿》（第1册），馆藏：甲374/75。

迫，莫可名状。"① 同月又致函陆军部郎中陶葆廉："辽事艰窘日甚，边防交涉近更纠纷。……窃念交通、殖民诸政策，识者所见略同，实今日筹东之急务，惟财政困难已极，未免力不从心。"②

宣统元年六月二十二日锡良具折，提出东三省内政整顿的四项重点，即考核官吏、推广审判、振兴教育、筹办实业。③ 同日，锡良又上《密陈东三省关系大局情形折》，对日、俄侵逼危势做了详细汇报：

> 日本之谋我也，其于奉则铁路经营不遗余力，近议安奉改轨，实欲联络在韩之京义铁路，使为一气，以便于运输。所占之抚顺煤矿，每日出煤甚多，进款甚富，相传皆储为用兵之费，居心极为叵测。其于吉，则间岛问题迁延不决，既以宪兵、警队时时入境骚扰，以为挑衅之地，复藉领土之解决，要求自韩国会宁至我之宁古塔更辟一路，冀与吉长相接，名为便商，实则便兵。盖期奉、吉两省，皆在彼国轨路包抄之中。
>
> 若俄，则自哈尔滨至江省出俄界原有干路，各站组织公议会，即为行政之基。其乌苏里江铁路，又沿我吉省边界敷设，节节布置，对界遍设民官，移民实边，谋画久远。我虽仍形荒僻，彼则渐成都市。近来我民在彼境者，亦复显违约章，肆行驱禁。且俄之营哈尔滨也，则日人将营长春以应之。日之争延吉也，则俄人又将觊珲春以应之。奴才此次过哈，乃知江省直同化外。一旦有事，日人横亘于中，奉、吉固在其囊橐；俄人若复唾手而收江省，

---

① 《复主讲湘省思贤讲舍严家邕》（宣统元年七月三日），《锡良任东三省总督时信稿》（第1册），馆藏：甲374/75。

② 《复陆军部郎中陶葆廉》（宣统元年七月三日），《锡良任东三省总督时信稿》（第2册），馆藏：甲374/75。

③ 锡良：《考察东省情形整顿内政折》（宣统元年六月二十二日），《锡良遗稿·奏稿》，第926—928页。六二十九日奉朱批："该督所筹甚是，即着认真经理，以收实效。"同上，第928页。

我无如之何也！①

由上可见，锡良对东三省的边防和主权危机颇为忧虑，他对友人谈及东后办事方针时即言："东三省交涉繁难，我此次到东，宜先将关于交涉问题切实研究，于利权、主权概不能稍事退让，我更不能以朝廷根本重地，见好于外人"。②而下手举措，除整顿吏治外，锡良对铁路建设、移民实边尤为注意，正如其致函麦信坚所言："鄙人受事以来，其所昕夕兢兢者，固尝于交通、殖民诸大端，力图振作。即在政府，亦非不知注意经营，卒以款巨难筹，未能解决。时机日迫，岂能长此因循。弟忝任巨艰，责无旁贷，虽明知其难，不敢不勉。"③另外，锡良至东不久韩国钧即致函锡良，就东三省情事洋洋数千百言，锡良赞其"切中机宜"，同时又言及东三省施政之难及施政大端所在："受事以来，因念库款艰难，从前耗费颇巨，虑有不支，力从撙节入手，虽经清厘裁汰，已不免怨谤纷滋。至于官制、警政、实业、外交、蒙旗、交通各大端，如卓识所筹，亦早规划及此。惟事体重大，条绪纷繁，正在博访周咨。"④

总之，锡良接手了徐世昌留下的摊子，所谓"当东三省经费已竭，世昌营内用，彼（锡良）竟贸然代承其乏"。⑤正如有论者言，锡良尚未赴任，便已背负朝野寄望匡正前任过失、收拾烂摊子的诸多责任，确实棘手难理，"如果说徐世昌上任的宗旨是开创，那么锡良的任务及总体方针则在整顿纠偏"。⑥

---

① 锡良：《密陈东三省关系大局情形折》（宣统元年六月二十二日），《锡良遗稿·奏稿》，第929—930页。
② 《锡督到东后之方针》，《大公报》宣统元年三月二十一日，第四版。
③ 《复分省补用道麦信坚》（宣统元年六月二十八日），《锡良任东三省总督时信稿》（第1册），馆藏：甲374/75。
④ 《复广东候补道韩国钧》（宣统元年五月八日），《锡良任东三省总督时信稿》（第1册），馆藏：甲374/75。
⑤ 沃丘仲子：《徐世昌》，第147页。
⑥ 关晓红：《从幕府到职官：清季外官制的转型与困扰》，生活·读书·新知三联书店2014年版，第192、193页。

第二节 怨谤烦兴的官制改革

一 东三省官制状况

光绪三十三年三月八日清政府改东三省为行省制，四月十一日正式颁布东三省官制，拟在奉天、吉林、黑龙江各设行省公署，以总督为长官、巡抚为次官，分置左右参赞负责承宣、咨议两厅，分设交涉、民政、度支、提学、劝业、旗务、蒙务七司。五月二十七日，清政府颁布《各直省官制通则》，这是整个预备立宪期间清政府唯一正式批准实施的外官改制方案。方案宣布以东三省为试点，直隶、江苏亦可择地试办。受制于各方压力并参照通则，最终，奉天除承宣、咨议两厅外，先后设交涉、旗务、民政、提学、提法、度支六司，巡警、劝业两道；吉林设公署文案处，提学、提法、交涉、民政、度支五司，劝业道与旗务处；黑龙江因款绌，只设民政、提学、提法、度支四司。①

东三省新官制所设司道，不少是在既有局所基础上做出人员调整和只能归并，与内地省份不同，新设司道并无独立衙署，除提法使外余皆同署办公。这一做法简化了程序，减少了公文在各司道衙署转呈的时间，行政效率自然得以提高。② 然而，报刊舆论以及言官，普遍指摘徐世昌治东时期官制失于混乱和冗滥。徐氏总督东三省仅三个月，《申报》刊发长文，详列徐氏内政、外交之失，斥其"辜负人望"。③ 光绪三十三年十二月间，某御史指出东三省作为外官制改革试点，应如何破除积习，然徐世昌"粉饰如故"，以致"奔竞者转瞬飞腾，安分者省垣坐困"，并揭露陈昭常即凭"钻营之技"，获徐氏信任而出任署理珲春

---

① 郭艳波：《清末东北新政研究》，博士学位论文，吉林大学，2007年，第57页。
② 详见关晓红《从幕府到职官：清季外官制的转型与困扰》，第187页。
③ 《论东三省总督行政之失》，《申报》光绪三十三年六月二十六日，第一张第三版。

副都统。①

锡良对东北官制早有关注，督滇期间即曾致电徐世昌，提出模仿奉天官制的请求："滇现奉上谕，照东省添设交涉司一缺，事经创始，诸待调查，其秩序较布学按三司若何，年俸若干，有无另筹津贴公费，所属有无特设专员。奉天交涉局自设司缺，曾否裁并权限，与关道作何划分，恳赐详示。"② 徐世昌复电，大致罗列东三省官制情形："东省初改行省，首重各专责成，明定权限，故所定官制与内地不同，除左右参赞外，先设交涉、旗务、民政、提学、度支五司，劝业、巡警两道，均在同署办公。提法司系独立衙门，别为一署，论秩序、交涉，在各司之前。养廉公费视事之繁简酌定，如交涉司养廉每年六千两，公费每月一千两，已奏咨有案。此外尚须筹给津贴及署中经费，并酬应外宾一切之需，所属分设四科，设金事及一二三等科员。从前之交涉局亦已裁并，至关道主管事务不归交涉，若遇交涉事件，仍迳呈督抚，由督抚饬该司筹办。"③

锡良档案中有东三省官制、吏治、巡警、学务、财政、军政等方面改革条例数篇，多涉及东三省现状，推测为锡良属吏所汇报，读来颇为令人震惊：

> 奉省吏治，素有暗无天日之难，虽经赵次帅极力整顿，然仍不能弊绝风清。自改省以来，奏调投效者日众，贤愚互见，良莠不齐，请托风行（据人所言，右参赞颇引用私人，不绝请托），苟且不免（王怀庆为中军时，有招权纳贿之目），故可称为良吏者，实不见也。

---

① 《陈昭常朱之榛被参》，《申报》光绪三十三年十二月三日，第一张第四版。查，光绪三十三年十一月六日，内阁奉上谕："徐世昌等奏副都统因病吁请开缺据情代奏一折，恒春着准开缺，珲春副都统着陈昭常署理。"中国第一历史档案馆编：《光绪宣统两朝上谕档》（第33册），第285页。

② 《致徐菊帅电》（光绪三十四年八月五日），《锡良任云贵总督时外省来往电》（第5册），馆藏：甲374/11。

③ 《徐菊帅复电》（光绪三十四年八月七日），《锡良任云贵总督时外省来往电》（第5册），馆藏：甲374/11。

见朝廷之催办新政也，乃月上数禀，非言创设推广学堂、警务，则言举办宪政、实业，原其实际则仍不外乎敷衍。见上峰之奏裁书役也，乃请废胥吏，观其内幕则不过改门丁为承发员；见当道之禁止陋规也，则呈请以之归公，其实则仍从中图利，无所更革，不过藉此以沽名誉，蒙蔽上司而已。据人所言，现辽阳县令每支呈词收费六元，而差役之需索、书役之专横，则仍如故也。且遣调频繁，有到任不过数月复调署他缺者，有贪囊已饱乃禀请辞差者。其最足骇人听闻者，则有仅于征收之际履任视事，征收既毕，乃上禀辞差，其于地方应办之事务则置而不顾。甚有于辞差之后，即请咨回原衙门者。前锦县令胡某，于去岁七月履任，今年二月即进省辞差，复请咨回原部，其意盖已贪囊已足，乘此远飏。虽后任钦差，亦不能如之何也。诸如此类，不可胜数。①

自施行新官制以来，奉有官吏乃数十倍于昔日。从前一人所办之事，今日则以十数人或数十人办之。赵将军督东时，设交涉局总办一人、会办一人、文案一人、译员四五人而已，今之交涉司则数十人焉。以公署而论，自两参赞以下，不下六十人，而秘书官、文案及司书尚不预焉。此外，各司、各道自佥事以下，多者三四十人，少者亦二十人，且局所林立，人员如麻，薪金一项，月支三十余万。其巨者，月支千两或八百两（秘书官、蒙务局督办、高等审判庭厅丞、检察长）；少者三百两或二百两（各局所会办及一等科员等）；而自二百两以下百金以上者（二等科员、三等科员），各署、各局无不有数人或数十人（以上皆系指一差之薪水所言，兼差尚不预也）。其最无意识者，则为随同办事员，月支薪水三四百金，无所事事，甚至有人在外处，而按月支给者，或有告假数月，一时支取者。此

---

① 《锡良档存吏治改革条例》，虞和平主编：《近代史所藏清代名人稿本抄本》（第3辑第124册），第108—111页。

外，挂名差事之夥，不可遑举。①

此种局面，与徐世昌用人不察乃至滥用私人密切相关，而吏治冗滥又成为财政竭蹶的重要致因。

宣统元年六月间，御史齐忠甲奏请改定东三省官制，指出东三省新定官制太繁，"差缺之多为各省所无，开销之滥亦为各省所无"，"官多则素餐尸位，实效则捉影捕风，而财政困难又至无可挹注，无论各省不能照办，即三省亦宜改图"。总体来看，打破徐世昌奏准的东三省特殊官制，以内地现改官制未参照并根据东三省实情予以调整。② 军机大臣字寄锡良，着到任后妥筹办理。③ 大概同一时期，学部参议上行走参事江瀚致函锡良，言辞激烈地指陈整顿官制迫在眉睫："奉天一省，既有总督，后有巡抚，复有左右参赞，复有六司两道，每司尚有佥事、科员诸职，其官之多如此，宜乎政无不举矣？乃考之众论，成效毫无。但闻官吏奢侈，酒食征逐而已。顷年变法，动援欧美日本为词，试问东西各国之设官，果亦如是冗滥乎？官愈多则权愈分，而事愈不治。今虽已裁巡警道一员，类此者恐仍不少。如左右参赞暨佥事等官，似皆疣赘，当此库储匮乏、民生困苦之时，何忍轻掷巨款以养冗员。况辰下方将改定外省官制，若各省皆仿东三省之例，则萧然烦费，大局将益不可问矣！窃意明公莅任，首当清理财政，清理财政首当裁减枝

---

① 《锡良档存财政改革条例》，虞和平主编：《近代史所藏清代名人稿本抄本》（第 3 辑第 124 册），第 129—131 页。

② 《御史齐忠甲奏东三省冗员太多亟宜改定官制折》，《政治官报》宣统元年六月二十五日，第 641 号，第 12 页。关于齐忠甲具体方案，笔者下文有详细援引。《申报》对此事也给予了关注，其报道："某御史奏奉省所定官制不善，糜费过巨，闲员过多，既设总督，复设巡抚，复设左右参赞，致令事权不专，或互相推诿，或意见不和，于公事有损无益。即如所设各司中，可裁撤者亦有其半。现在奉省自实缺以至候补各员已有二百员，故用款已达二千万，其故由于徐世昌过事铺张，致毫无实效。徐世昌到任时，尚自诩为各省模范，今若此，须模范各省矣！民膏易竭，应请饬下锡良将奉省官制大加更改，一律仿照内地办理，薪俸亦须大加核减。"《奏请饬改奉天官制》，《申报》宣统元年三月二十四日，第一张第三版。

③ 中国第一历史档案馆编：《光绪宣统两朝上谕档》（第 35 册），第 142 页。

官,而裁减枝官必自大者始。"①

锡良在京召见期间,即有整顿官制的初步设想:"友人自北京来言,锡清帅在京将东三省官制员数筹画一切,拟一草稿,谓所当增者而增之,当减者而减之。"② 据《申报》报道,在锡良看来,财政竭蹶和官制冗繁两者之间有着复杂关联:"(锡良)以东三省财政困难,下手第一着非从撙节经费下手不可,撙节经费又非从裁汰冗员下手不可,故对于东三省官制异常注意。"③ 总的来看,锡良实施的东三省官制改革,正是以裁员、减薪为主要举措。

二 裁员与减薪并举

锡良在四月一日接印当天,即开诚布公地声明将对东三省官场力加整顿,《申报》报道:"锡清帅接印日,谕参赞、各司道并副都统以下等旗员云:本督上奉简命来督东省,所有政务,诸赖大家补助,盖既能赞勷徐帅,仍祈移匡救之力,以佐本督之不逮。又谓:作官先要立定脚跟,须思如何对得去朝廷、百姓及自己而无愧。本督如有过失,祈各直言勿隐,以资纠正。大家若有不是,本督亦不敢姑容,必即据实参奏。至文武各员,倘有受贿枉法、克扣饷糈等,一经查实,定以军法从事。又谓:现在玻璃其车、楼厦其居、锦绣其衣者,悉出自民膏民脂。每际星期休息,则赌麻雀、宿勾栏,为卑鄙之行为,清夜扪心,安乎否耶?"④ 据称,"各司道唯唯而退",拟会商将各科员人等裁减五成。⑤

稍后,四月五日,锡良又分别致电黑抚周树模和吉抚陈昭常,提出以撙节经费、裁汰冗员为改革官制入手宗旨并提出具体要求:"三省庶政

---

① 《锡良收学部参事江瀚来函》,虞和平主编:《近代史所藏清代名人稿本抄本》(第3辑第137册),第311—312页。
② 《清帅增损官制之消息》,《盛京时报》宣统元年三月二十六日,附张第五版。
③ 《京师近事》,《申报》宣统元年三月二十三日,第一张第五版。
④ 《京师近事》,《申报》宣统元年四月十四日,第一张第五版。
⑤ 《锡督到任后情形》,《大公报》宣统元年四月十日,第三版。

待兴，而经费已竭。良到任后，权衡缓急，先从节省浮费、裁汰冗员入手。现已将督抚及奉省各司道津贴一律饬裁，各衙署局所委员名额及一切经费，以足敷办公为度，其余概删汰。江省（吉省）财政同一困难，执事素抱公忠，素所钦佩，想亦早见及此。务请通饬各属，一体遵照办理，限一月内将某署某司裁减若干，分报核夺。"①

宣统元年四月二十一日，锡良具折，首先汇报了裁撤奉天左右参赞的情况。② 关于左、右参赞，有人曾提出裁一留一主张："现在之情形，则唯右参赞一人用事，左参赞不过备位而已，一切政务皆取决于右参赞，左参赞仅随同画行。……宜裁一参赞，仅留一参赞，以赞政务者。"③ 左、右参赞设官之意，"系因总督将来须移驻长春，而以左右参赞改为东三省参赞，专受钦差大臣节制同驻长春，故吉、江两省但设文案而不设参赞"。按照《各直省官制通则》并揆诸奉天实情，锡良将两参赞全部裁撤。他说道，由于"度支奇绌"，东三省总督移驻长春之议骤难实行，而两厅所管事务"强半为文案之事"，参赞之设徒留弊端而已，所谓"大官太多，新政所病"；且按照上年总司核定王大臣奏请颁布的《各直省官制通则》，亦无设立参赞之名。由此，锡良奏请将左右参赞以及承宣、谘议

---

① 《致黑龙江周少帅》（宣统元年四月五日），《锡良任东三省总督时黑龙江往来电》（第1册），馆藏：甲374/23；《致吉林陈简帅》（宣统元年四月五日），《锡良任东三省总督时吉林来往电》（第7册），馆藏：甲374/12。

② 关于左右参赞之由来《东三省政略》记，光绪三十三年奏定东三省官制，议设奉天右参赞一员，"领谘议厅事"。该厅"掌握全省法令、章制、统计、报告等事"，不设官缺，"以明达政治者为顾问员、正副议员、额外议员，不定品级，不限员数"。后以厅事繁，设编纂、庶务两科，每科以一二三等科员、额外科员、差遣委员、正副司书等官，分办科务。光绪三十四年，奏设参事二缺，品秩如佥事；光绪三十四年奏定东三省官制，议设奉天左参赞一员，"领承宣厅事"。该厅分设四科，每科设佥事一员，并分设一二三等科员、额外科员、差遣委员、正副司书等官，"佐督抚用人行政，掌一省机要总汇之事"，"凡各司道局所之行政事件，皆荟萃于该厅，由左参赞定其从违，而决行于督抚，乃全省行政之总机关也，以视内地之藩司，兼辖用人、理财之职者，其责任为较专矣"。徐世昌等编纂：《东三省政略》（卷5·官制·奉天省），李澍田等点校，吉林文史出版社1989年版，第836页。

③ 《锡良档存官制改革条例》，虞和平主编：《近代史所藏清代名人稿本抄本》（第3辑第124册），第102页。

两厅全部裁撤。①

同时，锡良也对奉天各司道衙门的冗员进行了大刀阔斧的裁汰。他指出，奉天各司道衙门委用人员多者达五六十人，滥竽充数者居半数，"用人之道，务在激励贤能，尤宜力除冗滥"。而奉天"库空如洗"，甚至饷项薪金亦有停支之势，"不得不将浮费、冗员切实裁汰"，计自督抚司道各署以及各局处，约每年可省银四十余万两。②《申报》曾报道奉天度支司、交涉司职官裁改具体情况，可展示有关细节。关于奉天度支司，"锡帅传谕度支司所有公署秘书官十二员，四月分薪金概行停发，刻即将秘书官裁撤。设立内文案官一，月薪三百两；副文案官一，月薪二百两；文案委员一，月薪百两；又书记官数员（司章奏），监印两员，薪津均百两。右所委之员，皆奏调及旧时幕府与次帅在奉所用之旧员"。关于奉天交涉司，"此次裁汰交涉司人员，因陶交涉使在京，故由清帅自行裁断。计共裁科员、翻译官、差遣等十四员，此项人员皆坐得厚薪，鲜有办事者：差遣施经杰薪津五十两，曾广俊、李彝均七十两，行走汪然、委员王华绾均一百二十两，三等科员世和、陶传尧均九十五两，科员吴文科七十两、章祖清五十两，委员林调元四十两、邓昶一百八十两、俞文鼎七十两，译员周宝臣一百四十两、张晋侯五十两"。③

宣统元年六月十七日，锡良上《遵旨考察东三省情形裁并差缺折》，详陈东三省裁并差缺的思路，是为对齐忠甲折之议复。锡良言："东省自改设新行省以来，庶政繁兴，规模式廓，设官较内省为众，用费亦较内省为多。其时总司核定官制王大臣改定官制通则，尚未颁行。东省原议官制本系试办，故先后奏设各缺，于三省已非一律，与原奏亦多异同。今既屡致人言，

---

① 锡良：《查核东省官制请裁奉天左右参赞员缺折》（宣统元年四月二十一日），《锡良遗稿·奏稿》，第892页。

② 锡良：《裁汰奉省各司道局处冗员片》（宣统元年四月二十一日），《锡良遗稿·奏稿》，第892页。

③ 《锡督裁薪汰员续闻》，《申报》宣统元年四月十九日，第一张第四版。

自不能不酌议变通，以期妥洽。"① 明晰起见，笔者列成表 4-1。

表 4-1　　　　　　　　　锡良裁并东三省差缺情形

齐忠甲原奏	举措
奉天巡抚：裁撤 内省督抚同城者，均巡抚裁缺，奉天似宜仿照归并，以专责成	东三省总督建驻署于奉天，吉、江两省各建行署，原拟随时周历，商同三省巡抚办理外交、内治一切重要事件，旋复议总督移驻长春，以便控驭三省。驻扎奉天原非久制，今则总督每年巡历吉、江，为时甚暂，移驻之议亦难遽行。遵照外省官制通则，总督所驻省分不另置巡抚，即以总督兼管巡抚事，自宜将奉天巡抚一缺裁去，以专责成。惟该抚臣程德全，现甫奉旨补授，应否裁撤之处，恭候圣裁
左、右参赞、度支司：裁撤 左、右参赞，一司用人，一司行政；度支司专司财政。今以用人、行政、理财归并于布政司，既节费用，又免分歧，则左右参赞及度支司均当裁撤	奉天左、右两参赞暨所领承宣、谘议两厅，奴才到任后业经奏明裁撤。度支司有总莞财政之责，东三省并未设有布政司，自可毋庸议裁
民政司：裁撤 民政司之事，巡警道足以办理，何必十羊九牧，自取纠缠，似民政亦毋庸另设	巡警仅民政之一端，民政可以包括巡警，巡警不能包括民政。奉省巡警道缺，业经前督臣徐世昌奏裁并归民政司办理，现设民政司一缺，自未便再议裁撤
蒙务司：裁撤 蒙务司之事，由督署设一分科即足办理，何必另设一司徒耗巨款一节	奉省并无蒙务司，惟省城现有蒙务局，系属为规划全盟兴革事宜而设，因办事尚无之款，业经奴才奏请裁去该局督办一差，以节经费

---

① 锡良：《遵旨考察东三省情形裁并差缺折》（宣统元年六月十七日），《锡良遗稿·奏稿》，第 910 页。

续表

齐忠甲原奏	举措
劝业道：缓设 奉省劝业道之所布置，只骛虚名，不求实际，乃每岁用款多至六十余万两。现又新设农官，纷扰更甚。今以其事或归之商会，或归之农会，公款之所省甚巨，地方之获益甚多，则劝业道及农官似宜缓设	奉省劝业道衙门暨所属各局场所，每年用款六十余万，縻费颇多，现已大加核减，年可节省银三十万上下。该道管理事件较繁，未便遽议裁撤。至农官现未设立，且乏农业专门之员，自应暂从缓议
提法司：裁撤 提法司为民刑之总汇，即属高等审判，即可与地方审判直接，则厅丞及高等审判似宜毋庸另设，地方审判附入府署，初级审判只设一处，附入县署，即以府县官充检察之任	查提法司职掌，系管理司法上之行政事务，监督各审判厅并调查检察事务。奉天事较繁赜，未便兼任审判，现在行政、司法正谋分立，凡已设审判厅处所，亦未便以府县官兼充检察①
各局所：归并 各局处所，名目甚繁，择其尤切要者存之，其余亦（宜）尽行归并	奉天省城各处所，多系另派道员专办，奴才到任后，业经迭次裁并，如裁东三省支应处归入度支司，裁矿政调查局归入劝业道，裁省城牛马税局归入税捐总局。又，以省城工程总局、钦工局、探访局、乡镇巡警总局并归各司暨地方官兼办，现存局所均关切要，应免再裁

---

① 宣统元年八月间，锡良奏设检验学习所，是为司法方面的重要举措。其言："窃维检验一门，为刑事诉讼最初之关键。近世文物发达，事变日新，生人致命之方既非一道，官吏检验之学别有专科，良以检验不实，则审判难持其平，各国司法刑事部中所以于此特加慎重也。……现经臣等督饬奉天提法司吴钫，一再筹商，拟遵照部章设立检验学习所一处，以高等检察长监督其事，额定学生一百名，延聘专员教授，以一年半为毕业之期，毕业后照章给予出身，分厅任使，实于慎重庶狱，改良刑政大有裨益。"锡良：《筹设检验学习所折》（宣统元年八月十五日），《锡良遗稿·奏稿》，第955—956页。

续表

齐忠甲原奏	举措
各科佥事：裁撤 既有三司两道，不必再有佥事。每司道署中，择候补人员才堪胜任者，分科办事	查东三省官制，各司道每科设佥事一员，现未照章尽设，惟首科佥事为各科领袖，职务重要，类皆办事得力之员，揆之东省情形，实在相需，未便更议。其余各科，毋庸增设佥事，以省冗赘。至各司道署科员，业经大加减裁，仍饬由该管司道随时察看去留，以足敷办公为度
司道各缺：酌裁或缓设 吉林省巡抚以下，设藩、学、臬三司及交涉、巡警道、首府，分理其事，其余官缺皆宜酌裁；推之黑龙江巡抚以下，设藩、学、臬三司及首厅，而交涉、巡警为事无多，道缺似宜缓设	查吉林现设交涉司、民政司、提学司、提法司、度支司、劝业道各一缺。黑龙江现设民政司、提学司、提法司、度支司各一缺，所有巡警事宜均由民政司兼管。江省则并无交涉司。若照官制通则，裁民政、度支两司，改设布政司，则巡警须另设差缺，用费未能节省，官制徒涉纷更，应请悉仍其旧。惟江省政务稀简，所辖仅十余州县，现设四司，事少官多，拟请将该省度支司暂行裁撤，归并民政司兼管，以免冗费①
薪饷：奉省协济黑、吉两省 奉省每岁进款不下五百万两，官之廉俸及委员之薪金约需一百万两，练军一镇约需一百二十万两，办公及杂用约需一百万两，尚有敷余，可以协济吉江两省一节	查奉省出入各款，不敷甚巨：通省额支各衙署局处廉俸、薪津经费、役食、祭祀等项，按现时核减，年需银二百零五万五千余两；各学堂及留学生经费，年需银六十九万三千余；两督练处并所属各学堂局处，暨陆军二标奉军五路安海绥辽炮舰、河防、捕盗等营各薪饷，以及淮军津贴、各营军装，年需银二百二十万零四千余两；八旗俸饷津贴年需实发银四十九万三千余两；又加调陆军第一混成协，自本年六月起，年需饷银七十二万两以上，各款已共需实银六百一二十万两。此外一切活支及特别用款，约需银二百余万，无论如何节省，万难敷用，焉有余款可以协济？原奏似未悉奉省财政出入情形

---

① 锡良裁撤黑龙江度支司，除他所述原因外，或亦与黑龙江度支使谈国楫不职有关。锡良曾奏参谈国楫："才力薄弱，办事模棱，不称监司之任，即经裁缺，应即饬令回籍。"锡良：《裁缺奉天旗务使黑龙江度支使请旨分别办理折》（宣统元年七月十三日），《锡良遗稿·奏稿》，第942页。

续表

齐忠甲原奏	举措
官银号等：改设大清银行 又，原奏奉省之官银号、吉江两省之官帖局，均成本无多，纸币甚伙，官场之取携甚便，纸币之应付殊难，亟宜及时补救，改设大清银行	查东省现银缺乏，半恃纸币，以资周转，本金太少，出帖太多，殊非所宜。然目前若遽阻发行，无现银为之接济，官款既穷于应付市面，亦立见恐慌，非仅恃设立大清分银行所能补救。奴才此次巡历吉江，已分饬彻底清厘，限制出票，应俟统筹办法，再行奏明办理
宣统元年（1909）六月二十二日，奉朱批："奉天巡抚事宜，另候谕旨，余照所请该部知道。"钦此	

资料来源：锡良：《遵旨考察东三省情形裁并差缺折》（宣统元年六月十七日），《锡良遗稿·奏稿》，第910—914页。此外，裁撤旗务司一节此处略去，详见本章第五节。

锡良总结道："综核原奏各节，大率不外裁员、减费，借纾物力而恤民艰。奴才到任，计减裁两厅，汰冗员，并局所，并先自革除浮费，为僚属倡。前经奏明，每年可省银四十万两。嗣据各署局所陆续呈报裁减，通盘合算，每年实可省银一百余万两，于财政不无裨益。"①

锡良具陈裁并差缺折的同时附奏三个折片，涉及以下内容。

其一，给予吉林、黑龙江巡抚专折奏事权，以提高行政效率。东三省改制后，总督为长官，巡抚为次官，三省公事皆由督抚联衔具奏，总督出省时仍列总督前衔，由该省巡抚一面办奏，一面电商总督。锡良指

---

① 锡良：《遵旨考察东三省情形裁并差缺折》（宣统元年六月十七日），《锡良遗稿·奏稿》，第914页。此处所言"省银一百余万两"，实单就奉天而言。宣统元年十月间，锡良致电吉、黑两抚请速解奉天所欠盐课银："奉省财政出入不敷，前经裁节浮冗，虽可岁省银百余万，乃现据度支司呈阅预算清单，年内出入两抵一切额支之款，尚短银八十八万两，下月应还汇丰借款二十二万，筹商多日，分厘无着，焦急莫名。三省虽同一拮据，而奉省亏短过多，实属尤为艰窘。查吉省截止九月止，欠解盐课十三万一千余两，江省截止九月止，欠解盐课二十七万二千余两，均系款有专支，务乞台端迅饬照数清解，以济眉急。"《致吉江两抚帅电》（宣统元年十月二十七日），《锡良任东三省总督时吉林来往电》（第8册），馆藏：甲374/13。

出东三省总督驻奉天，吉、江两省距离较远，若一切例行事件均须会商会稿，"既多转折之烦，而公事亦虞延误"。因请变通办法，"嗣后凡例行之事，由该两省巡抚主稿，会列总督后衔具奏，一面咨送奏稿备案，俾省周折"，其关系重要及特别事件，由各该省巡抚主稿，先电商定稿后再行拜发。① 锡良请旨恢复东三省巡抚单独奏事权，实际取消了东三省总督有别于内地督抚的特权。

其二，奉天民政司升为从二品并兼管升补调署事宜。各省督抚之下例设布政使一员，管理疆域财赋，考察地方官吏。东三省未设布政使，奉天原设左参赞有禀承督抚考核用人之责，鉴于该职现已裁撤，而全省府厅州县以及佐贰杂职升调补署不可无专司考核之官。因此，锡良"拟请升民政使为从二品，仿各省布政使，兼管府厅以下升调补署，以裨吏治。如蒙俞允，吉、江两省并请一律照办"。②

其三，请设东三省督办大臣。锡良言道："东省自改建行省以来，情形迥殊内地，诸凡用人行政，率须三省通筹，部分畛域；而边垦、军政、外交重要事件，尤以奉省为总汇之区，政务极为纷繁，实非督臣一人精力所及。现任奉天抚臣程德全，洞悉边情，诸资赞助，倘荷天恩逾格，仿照边地办事，设立帮办大臣之例，特设东三省帮办大臣，以程德全简授是差，帮办边垦、军政、外交事宜，实于东省大有裨益。"③

上述三项举措受到舆论密切关注，《申报》在宣统元年七月一日刊发《东三省官制之大变迁》一文予以详尽报道。前两项陈请，皆于六月二十六日奉朱批"着照所请"；关于第三项，前文述及程德全出任奉抚为锡良举荐，继荐其为东三省帮办大臣，实有凌驾黑、吉二抚之势，对此清廷

---

① 锡良：《拟请变通吉江两省巡抚奏事会总督后衔片》（宣统元年六月十七日），《锡良遗稿·奏稿》，第914页。
② 锡良：《请升民政使为从二品管府厅以下升调事宜片》（宣统元年六月十七日），《锡良遗稿·奏稿》，第915页。
③ 锡良：《请设东三省帮办大臣折》（宣统元年六月十七日），《锡良遗稿·奏稿》，第915页。

则着以"留中"。

与裁员并举的是减薪。时人多言减薪力度不能过重:"以奉省之情形而论,百物腾贵,生活维艰,地处边圉,异常辛苦,其薪金自不能以内地之数目律之,然仍行现制,无所更革,亦非甚重国帑之道。裁薪之举,自为第一之办法,但裁之过甚,至(致)使不能维持其生活,亦非善策。"① 然而,锡良对此毫不顾虑并带头垂范,据报道:"至减薪之说,拟从总督起,每月减作一千金。司道大员则薪俸如常,惟减去津贴一项。"而督抚辕差遣委员全行罢免,每员加发薪水一月以作川资。②

三 异言与谤言接踵

锡良坚决推行的裁员、减薪举措遭到官场普遍而强烈的反对,直接受到冲击的中下层官员姑且不论,即便是吉抚、黑抚亦非没有异议。早在四月七日,吉抚陈昭常即致电锡良,表面上称此举为"本末兼权"的宏猷硕画,但接着话锋一转,又言吉林"难再议裁汰":"财政本极困难,故员额本较奉天为少,薪津视奉天为减,本难再议裁汰。嗣后自应体察情形,如有可裁之员,仍当核实酌减。"③ 黑抚周树模曾致电锡良,提议在黑龙江添设佥事:"江省民政、度支两司为一署,该司使事繁任重,佐理需人,拟援奉天各司成案,添设佥事一员俾资襄助。"④ 此显然与锡良"毋庸增设佥事"的思路相悖,遂复电拒绝:"奉省各司佥事缺,现有呈请奏裁者,正在筹议未定,尊处拟暂从缓。鄙意该司所管职务,较之内省藩司尚觉繁简攸殊,如果兼顾为难,或将营务处暨省城警察酌添会办等差,或于司署总务科添派得力之员以资助理,似较之额设员缺更不

---

① 《锡良档存财政改革条例》,虞和平主编:《近代史所藏清代名人稿本抄本》(第3辑第124册),第131—132页。
② 《锡督治东之近状》,《申报》宣统元年四月十八日,第一张第五版。
③ 《吉林陈简帅来电》(宣统元年四月七日),《锡良任东三省总督时吉林来往电》(第7册),馆藏:甲374/12。
④ 《周朴帅来电》(宣统元年九月十五日),《锡良任东三省总督时黑龙江往来电》(第2册),馆藏:甲374/23。

板滞。"①

宣统元年五月，锡良致电护理滇督沈秉堃，曾这样述及裁员、减薪举措导致官场不满之情状："弟到东调查财政，不但岁亏二百余万，旧累亦属不资。更另有急限外债百数十万，库储久空，部不拨济，仰屋徒嗟。……至于被裁约二三百人，岁省六七十万，怨谤烦兴，早已料及。而尚有加意诋毁，对外谤以不喜洋务，对内谤以不谙交涉，意在摇撼。兄谓或有使之，诚哉卓见。弟本不谙交涉，不知新政，谤者并非虚辞，藉此退藏，岂非大愿？"②对于锡良遭谤朋僚多劝慰之电，端方即鼓励道："奉省财政如此，自非从节用入手不可，怨雠之来不足恤也。"③尽管锡良面对"怨谤烦兴"颇有愤恨以致萌发退意，但他在东督任内"始终抱定此旨"，④直到离任前夕，锡良还奏请裁撤知县、教佐、管狱员缺，所腾款项移作审判厅经费。⑤

---

① 《复周朴帅电》（宣统元年九月十五日），《锡良任东三省总督时黑龙江往来电》（第2册），馆藏：甲374/23。

② 《致云南沈护院电》（宣统元年五月六日），《锡良任东三省总督时外省来电》（第1册），馆藏：甲374/17。

③ 《江宁端制台来电》（宣统元年四月十九日），《锡良任东三省总督时外省来电》（第1册），馆藏：甲374/17。

④ 《复吉林度支司徐鼎康》（宣统二年三月二十八日），《锡良任东三省总督时信稿》（第6册），馆藏：甲374/75。

⑤ 其奏言："自筹备立宪以来，行政、司法既经分立，地方自治已具规模，若仍沿旧制，则机关既嫌复杂，区域复难划分，所有各省同城州县应一律裁并，以省繁冗而免纷歧等因。咨行到奉，自应遵照办理。臣查奉省向无同城州县，仅有府县同城之承德、锦县二缺，原拟俟新官制颁布后即行裁撤。现查昌图府等七处各级审判厅，并开原、盖平、本溪三县城治审判厅，均须于本年成立及提前赶办，经费骤增，若不预为腾出之款，恐不足以资接济，应请将奉天府之承德县、锦州府之锦县即行裁并，一切事宜均归该府直辖管理。复查审判厅即经成立，各属旧有管狱等官几同骈枝，应裁各缺，亦请一并裁撤，庶腾款较多，以应要需，洵为移缓就急之道。再，各项教职缺分，拟援照吉林奏准成案，遇有缺出咨部停选，据民政使张元奇、提法使吴钫呈请，具奏前来。臣维司法独立乃宪政之初基，款项宜筹，尤办事之先着，但兹事期迫，款绌不能不通盘筹画，酌盈剂虚，以纾财力。"宣统三年三月三日奉朱批览钦此。《东三省总督锡良奏裁撤知县教佐各缺的款作为审判厅经费折并单》，《申报》宣统三年三月十七日，第二张后幅第二版。

小结

　　锡良之所以大刀阔斧地整顿东三省官制而不恤人言,取决于他对东北官场、财政恶劣状况的观察和体认,同时也与载沣"极为称赞"① 的支持态度有关。值得注意的是,纾解财困固然是锡良裁员、减薪的重要目标,但更在于整顿官场积弊,事实上锡良为昭示激励,对贤才仍是优给薪俸,"应用之款并不少吝惜,得用之人仍优予薪津"②。有论者曾这样评价齐忠甲的改革官制办法:"一方面虽立足于办实事、注重实效,但也有矫枉过正之偏激:如将劝业道之事归并商会,实际规避了政府在劝农工商发展方面的责任;而将审判厅裁撤,由府县官担任检察之责,则是对立宪政体中,司法与行政职能分立的彻底否定。"③ 从锡良改革实际看,劝业道、审判厅皆予保留,尤其后者并不允府县官兼充,一定程度上体现出锡良官制改革的宪政精神。

　　赵尔巽继任东督后,东三省政制又有较明显改动,其在奉省公署设置了文牍总核处、审计处,并要求朝廷及部院均予以其用人行政特权,且对巡抚单独奏事一条要求恢复徐世昌时期的设置。同时他提出,三省官制虽已更动并照新制实施,但仍有不少"冗滥及缺略之处"须重加改订。内阁复以新外官制正值修改,若有不妥可随时指陈。论者由此言道:"可见东三省官制仍须随新外官制的修订而调整。而每位新任总督,都会按照自己的行事习惯来设置或调整机构,人随政举的情况并没有在官制改革中被改变。在中国的专制传统下,政体形式与内容的兴革,均有浓厚的人治色彩。"④

---

① 《摄政王嘉赞锡督》,《盛京时报》宣统元年五月一日,第二版。
② 《致云南沈护院电》（宣统元年五月六日）,《锡良任东三省总督时外省来电》（第1册）,馆藏:甲374/17。
③ 关晓红:《从幕府到职官:清季外官制的转型与困扰》,第195页。
④ 关晓红:《从幕府到职官:清季外官制的转型与困扰》,第199页。

第三节 中外博弈与央地歧异：锦瑷铁路借款计划实施始末

自 1898 年始，俄国接连在中国东北修筑从满洲里经哈尔滨至绥芬河以及从哈尔滨经长春至大连的铁路，形成 2500 余公里的"丁"字形东清铁路。1905 年日俄战争后俄国将长春至大连段割让给日本，并改称南满铁路。清末时期东三省铁路干线被日、俄南北分据，东北主权、边防安全受到严重威胁。为扭转局面，东三省在改制后筹谋息借洋款修筑锦瑷铁路，借此引入欧美势力以牵制日、俄。东三省借款筑路思想形成于首任总督徐世昌，全面实施于继任总督锡良。锡良对东三省内忧外患局面的认识、从自办铁路到借款筑路思想的转变、推行锦瑷铁路借款计划的诸多努力及其失败的结局，不仅展示了边臣疆吏应对边疆危机的艰难抉择，也反映出清末边疆地区铁路建设的诸多困境以及外交格局的基本态势。

学界历来较为关注新政时期的东北铁路建设，尤其对徐世昌督东时期的铁路规划、美国在东三省铁路投资的研究较为深入。[①] 但学界对锡良督东时期铁路规划的探讨尚有较大欠缺，新政时期东北铁路建设的整体性远未呈现。就研究视角言，既往研究普遍流于锦瑷路事受到外力阻滞而无果的一般性叙述，着力强调中外之间的博弈，而忽略了央地之间在锦瑷路事上的歧异，很大程度上遮蔽了边疆新政的复杂性和特殊性。另外，既往研究在史料挖掘上也存在不足，锡良档案尚未被系统利用。本节试图将锡良铁路建设计划放在东北边疆内忧外患的局势以及东北铁路

---

① 代表性研究如马陵合《从"开门通商"到"厚集洋债，以均势力"：徐世昌与东北外交策略的变化》，《中国边疆史地研究》2004 年第 2 期；张守真《清季东三省路权的开放与美国的投资》，王明荪主编《古代历史文化研究辑刊》（第 2 编第 29 册），（台北）花木兰文化出版社 2009 年版；宓汝成《帝国主义与中国铁路（1847—1949）》，经济管理出版社 2007 年版，第 112—125 页。

政策连续性的背景中考量，重点梳理锡良铁路建设思想的演化、列强对华交涉、东北地方政府和中央各部关于借款筑路的讨论等诸多史实，展示东北铁路建设面临的中外博弈与央地歧异的双重困境，以丰富我们对新政时期中外关系、央省关系的认识。

一　自办锦齐铁路计划的提出及遇挫

针对日、俄两国对东三省路权及主权的严重侵扰，国人普遍意识到非另修干路不能抵制。光绪十六年，直隶总督李鸿章提出兴办关东路计划。光绪三十三年二月，盛京将军赵尔巽、黑龙江将军程德全先后提出修建新民屯至齐齐哈尔的铁路。① 徐世昌在考察东三省之后所上《密陈统筹东三省全局》折中强调："居今日而言东者，应兴革者何啻什百，然总其大要不外两言，曰充实内力，曰抵制外力而已。充实内力之策不一端，而徙民实边为其要义；抵制外力之策不一端，而筹划交通为其命脉。"② 提出修筑新齐铁路和开办东三省银行两项借款计划，强调新齐铁路"为补救全局之要着"。③ 是年四月三十日，两广总督岑春煊建议全国铁路以北京为枢纽，"区划海内诸轨为四大干"，其中，"自京城东出，遵关内外、东三省线，抵瑷珲城曰东干"。④

这一时期，怀揣环球交通理想的美国铁路大王哈里曼在购买南满铁路失败后转而谋求在中国获得铁路修筑权，或敷设张家口—库伦—伊尔科茨克一线，或敷设新民屯—齐齐哈尔一线。⑤ 哈里曼的计划和中国正在

---

①　前者方案由新民屯经法库门至辽源州达于齐齐哈尔，后者方案由新民屯经洮南达于齐齐哈尔。《盛京将军赵尔巽致枢垣遵筹东三省应办事宜电》（光绪三十三年二月三日），王彦威、王亮：《清季外交史料》（第3册），书目文献出版社1987年版，第3110页；程德全：《统筹江省应办事宜折》（光绪三十三年二月二十二日），《程将军（雪楼）守江奏稿》（第16卷），沈云龙主编：《近代中国史料丛刊正编》（第17辑），（台北）文海出版社1966年影印版，第1821页。

②　徐世昌：《密陈通筹东三省全局折》，《退耕堂政书》（第7卷），第365页。

③　徐世昌：《密陈三省切要办法四条折》，《退耕堂政书》（第10卷），第551页。

④　宓汝成：《中国近代铁路史资料》（第3册），第1153页。

⑤　［日］东亚同文会编：《对华回忆录》，胡锡年译，第313页。

筹议的新齐铁路计划相吻合，但终因1907年美国金融风潮爆发以及西奥多·罗斯福政府（1901—1908）无意与贫弱的中国结盟而无果。这里有必要交代一下罗斯福政府的对华政策。美国通过1898年美西战争取得菲律宾，开始与远东政治发生直接关系，遂于1899年提出门户开放政策，"希望分享满洲的利益，推进到与各国相同的地位"。① 随着1903年中美通商续约订立，美国在中国进口贸易中所占比重逐年增长，1890年为2.89%，1900年增至7.92%，1905年达到17.2%。② 其中，美国商品销售尤以东三省为大宗。③ 正鉴于美国和东三省贸易关系日渐密切，早在1905年直隶总督袁世凯"已把美国视为中国在满洲已被削弱的地位的潜在保护者"，④ 但这种外交判断并不准确。事实上，日俄战争爆发后，美国总统罗斯福认为美国的利益在于避免同日本发生冲突，并鼓励美国银行家向日本提供贷款，认为和中国结盟只会增加额外负担。⑤

光绪三十三年十月一日，徐世昌与英国保龄公司订立新法路借款草合同，计划先修新民屯至法库门铁路，完成后再展修至洮南、齐齐哈尔，但后两段暂不宣布。⑥ 然而，新法路计划遭到日本坚决反对，中日交涉一度陷入僵局。⑦ 徐世昌又提出改新齐路为锦齐路的计划，即修筑由锦州经洮南至齐齐哈尔的铁路，认为"此我内地，外人不能干涉"，且"估工勘

---

① ［日］东亚同文会编：《对华回忆录》，胡锡年译，第310页。
② 何炳贤：《中国的国际贸易》，《民国丛书》（第1编），上海书店1989年影印版，第69页。
③ 盛宣怀：《东省阽危密陈办法折》（光绪三十一年五月），《愚斋存稿》（第11卷），第300页。
④ ［美］韩德：《中美特殊关系的形成：1914年前的美国与中国》，项立岭、林勇军译，第213页。
⑤ ［美］孔华润：《美国对中国的反应——中美关系的历史剖析》，张静尔译，复旦大学出版社1997年版，第64页。
⑥ 《徐世昌唐绍仪致外部拟与保龄公司订立建筑新法铁路协定节略函》（光绪三十三年十月十五日），王彦威、王亮：《清季外交史料》（第3册），第3185页。
⑦ 交涉过程参见张守真《清季东三省路权的开放与美国的投资》，王明苏主编：《古代历史文化研究辑刊》（第2编第29册），第28—33页。

路已粗具端倪"。同时明确指出"以东省论,非联合欧美不足以抵制日、俄","或为商务之发生,或为债务之关系,或牢笼其富商大贾予以相当之利益使其投大资本于东省,或利用其专门学术使备顾问,而藉保主权"。① 光绪三十四年年底,袁世凯为配合东三省联美制日计划,奏派亲信唐绍仪赴美落实。然而,美国于11月30日即唐抵达华盛顿当天与日本缔结"罗脱—高平协定",美国以听任日本在中国东三省以"和平手段"自由行动换取日本不侵略菲律宾的保证,袁世凯联美制日外交完全失败。② 可以说,美国拒绝和中国结盟,除了日本的拉拢和引诱外,也反映了罗斯福政府对华外交政策的基本取向。

宣统元年正月十九日,徐世昌调任邮传部尚书。闰二月二十九日,徐世昌具折,痛陈"不破日俄竞争之局,则其他行政无论如何整饬、如何扩充,终必攫之以去",再次吁请借债筑路,否则东三省"几无保存之希望"。③ 锡良督东后,"赓续办理"④ 徐世昌之施政,将铁路、银行作为施政重点。但和徐截然不同的是,锡良力主自筹经费修筑铁路、开办银行,这从他四月二十一日所具两折可以看出。在《请敕部筹修东省铁路片》中,锡良指出东三省铁路为日、俄分据,非另修干路不足以贯通脉络、稳固边防,因此极为认同徐世昌提出的锦齐铁路计划,进而提出再

---

① 徐世昌:《上监国摄政王条议》,《退耕堂政书》(第34卷),第1807、1797页。时论亦认为,锦洮铁路"穿蒙东境之中心,与日、俄路线无关",尤其与南满铁路相距数百英里,"日本无论如何终不能藉口以干预之矣"。《中国时事汇录·五记锦瑷铁路问题》,《东方杂志》第7年第7期,宣统二年七月二十五日,第186页。

② 这一外交挫折也对中国内政产生重大影响,为袁的政敌提供了借口,成为摄政王载沣罢黜袁世凯的导火线。崔志海:《摄政王载沣驱袁事件再研究》,《近代史研究》2011年第6期,第28页。

③ 《清实录》(第60册),第211、212页。

④ 锡良:《旧病复发吁请开缺折》(宣统元年七月二十二日),《锡良遗稿·奏稿》,第950页。在致徐世昌函中,锡良亦言:"弟能鲜德薄,谬承简命,来步缓尘,一切仰仗萧规,藉藏鸠拙。凡用人、行政,罔不有则可循矣。"《致邮传部尚书徐》(宣统元年四月二十八日),《锡良任东三省总督时信稿》(第1册),馆藏:甲374/75。同电又言:"边城五月,气候如春,回首蓟门,不胜天末怀人之感。遥念起居万福,颂仰至勤。"言语中似乎流露出一丝出任东督的喜悦。

由齐齐哈尔接修至瑷珲的方案，筑路经费陈请邮传部筹给；① 在《请拨款开设银行折》中，锡良强调东三省外力伸张，补救之策以自设银行"最为紧要"：一方面，正金、道胜银行侵夺东三省财权，自设银行方可收回财权；另一方面，无银行以谋交通，则矿、牧、林、渔无从开发，实边招垦亦属空谈。因此商请政府拨款1000万两作为银行开办资本。② 随后锡良致电度支部尚书载泽，强调开办银行"系专办生利之事"，务祈设法指拨。同时述及美商札克荪甚愿借美金1500万，但以"恐有关国体却之"。③ 由于锡良主张自修铁路，开办银行又势在必行，是以将两者放在同等位置。为推动清廷认同自办锦瑷铁路，锡良派哈尔滨关道于驷兴赴京活动。于接连拜会庆亲王奕劻、外务部会办大臣那桐、军机大臣世续等人，得悉他们"于东事极为关注"，世续认为铁路、实业可借外债，奕劻则提议锡良至京详细面陈。④ 此时，锡良因巡视三省寒热不适而屡受感冒并发怔忡旧疾，遂请假半个月。⑤ 因此，对于奕劻进京详议的提议实不能应。

宣统元年六月十日，邮传部在议复折中肯定了修筑锦州经洮南至齐齐哈尔再接修至瑷珲的铁路计划，但鉴于锦齐铁路长2000余里，"计惟借款兴修，则程功较有把握"，并认为若筑路权归我所有则对东三省主权并无大碍，所谓"借债、造路分为两事，冀于路事不至有损主权，于边事亦可藉资抵制，未始非目前应变之策，不仅因库款支绌"。⑥ 显见，邮

---

① 锡良：《请敕部筹修东省铁路片》（宣统元年四月二十一日），《锡良遗稿·奏稿》，第893页。
② 锡良：《请拨款开设银行折》（宣统元年四月二十一日），《锡良遗稿·奏稿》，第890—891页。
③ 《致北京度支部尚书泽公电》（宣统元年四月二十三日），《锡良任东三省总督时京师来电》（第1册），馆藏：甲374/45。
④ 《于道来电》（宣统元年五月十三日），《锡良任东三省总督时京师来电》（第2册），馆藏：甲374/45。
⑤ 《致军机处电》（宣统元年六月六日），《锡良任东三省总督时京师来电》（第3册），馆藏：甲374/45。
⑥ 宓汝成：《中国近代铁路史资料》（第2册），第617—618页。

传部在执行借债筑路政策时尤其注意保护利权,但将借债、造路分为两事之说,揆诸当时东北情势则近于空想。锡良亦认为邮传部是论缺乏远见,遂于六月二十二日再次具折,详陈日、俄环伺态势下东三省危如累卵,挽救之策惟有自办铁路,吁请"以天下之全力赴之"。① 关于1000万两的银行开办资本,鉴于政府无款可拨,锡良又提出通过发行公债的形式筹集:"国家不欲维持东三省则已,如欲维持之,舍筹足经济外别无他策,应请仍准募集公债一千万两。"然度支部以此事"恐滋流弊,仍拟奏驳不准"。②

六月二十八日,锡良致电邮传部尚书徐世昌,阐明反对借款的首要原因是筹还为难:"(铁路借款)约计在二千万左右,即以长期拨还计之,每年须筹出二百万。……此时不难强为承认,而届期仍以归款后患滋多。"进而再次强调"为保全东省计并为保全大局计,似当全国合筹",请求邮传部会商度支部酌筹路款。③ 此外,亦与锡良意识到锦齐铁路与日、俄铁路相距甚远,即使自修亦不会招致两国反对的判断有关。在与部臣函商过程中,邮传部"仍主息借外债为筑路资本",度支部"既议驳银行,又复驳诘路款",以致中枢决策"蹉跎未定"。④ 锡良对此颇为不满,在致麦信坚私信中直诘清廷缺乏举全国之力支持东三省的胆魄:"竭全国之力以卫三省,则慎固三省之边防,即隐杜列强之眈逐,外忧不亟,内患自可渐祛。……政府亦非不知注意经营,卒以款巨难筹,未能解决。时机日迫,岂能长此因循?"⑤

---

① 锡良:《密陈东三省关系大局情形折》(宣统元年六月二十二日),《锡良遗稿·奏稿》,第929页。
② 《东三省仍请募债一千万》,《申报》宣统二年三月十六日,第一张第五版。
③ 《致邮传部电》(宣统元年六月二十八日),《锡良任东三省总督时京师来电》(第3册),馆藏:甲374/45。
④ 锡良:《旧病复发吁请开缺折》(宣统元年七月二十二日),《锡良遗稿·奏稿》,第950页。
⑤ 《复分省补用道麦信坚》(宣统元年六月二十八日),《锡良任东三省总督时信函》(第1册),馆藏:甲374/75。

一般言，特殊区域发展当然可以借助举国之力，然而由于新政改革整体方案远超清政府所能承担的国力和财力，诸省皆面临财政窘迫难题，自顾尚属不暇，遑论支援他省。七月四日，清廷颁发密谕，否定锡良以举国之力支援东三省的陈请，明确了借款筑路的主张："东省介居两强，势成逼处，积薪厝火，隐患日滋。……莫如广开商埠，俾外人麋至，隐杜垄断之谋；厚积洋债，俾外款内输，阴作牵制之计。即使各国互均势力，兼使内地藉以振兴，似尚不为无见。"① 该谕旨标志锡良自办锦齐铁路计划失败。同日，锡良致电邮传部徐世昌，开始与之协商借款筑路，提出先修的锦州至洮南段"路款统由奉借奉还"，若款由部借，"奉无周转之益，仅有偿还之苦"。② 此一主张实为锡良铁路思想由自办铁路到借款筑路转变之先声。邮传部对锡良转而认同借款筑路表示"深佩荩筹"，复函称此法"能偿利有着"，但需与外务部、度支部筹商。③ 日本驻华公使伊集院彦吉探得此信后，在第一时间照会外务部以该路"在南满平线之列"相抗议，威胁称"中国实在有意兴修，日本亦必阻止"。外务部屈于外交压力，认为"此路若未经日本认可亦万难率行动工，致多阻碍"，指示"奉借奉还"计划"亟宜从缓"，"免至面面为难"。④

二 锦瑗铁路借款草合同签订之曲折

宣统元年七月间，中日之间签订多个不平等约款，如《中日议订安奉铁路节略》（七月四日）、《图们江中韩界务条款》及《东三省交涉五

---

① 锡良：《筹借外债议筑铁路折》（宣统元年八月十九日），"前附清廷上谕"，《锡良遗稿·奏稿》，第959页。
② 《致邮传部电》（宣统元年七月四日），《锡良任东三省总督时京师来电》（第3册），馆藏：甲374/45。
③ 《邮传部来电》（宣统元年七月七日），《锡良任东三省总督时京师来电》（第4册），馆藏：甲374/45。
④ 《外部致邮部日使抗议修筑新法锦洮铁路请查核函》（宣统元年七月十日），王彦威、王亮：《清季外交史料》（第4册），第3533页。

案条款》(七月二十日)。锡良即痛切言道，日本"隐以朝鲜视中国，而急图进取之野心……阴谋密计，祸至无时，思之可为悚栗"。① 利权接连沦丧使锡良遭到舆论及清廷两方面谴责。《大公报》指斥锡良无督抚之才："锡良无智能，国民皆知之，而政府不加察。其历任各省也，碌碌无所表见，乃贸然付以东三省总督之任，今其措置乖方而交涉日棘手矣，是锡良之失败，非乞休即勒归也。然近日政府日议东三省改任他人，而任锡良内地，吾独不解，外患日染，遍中国皆如东三省之繁重，而锡良何所位置也？"② 外务部也将东三省交涉失利归咎于东三省督抚的不作为，其避责之意显而易见："从来外交、内政本属息息相通，必内政日起有功而后外交易于措手。东三省固为强邻逼处之地，然疆臣果能事事整顿，为地方渐充实力，以与外人争衡，则成约具存，主权未失，尽可奉以周旋。倘不能未雨绸缪，及时布置，则虽藏空文于盟府，亦难恃为绥边固圉之资。"③ 与此同时，锡良也愈加意识到清廷外交谋略上的偏狭。以日本强求修筑自韩国会宁至吉林的铁路为例，锡良揭露其意在使奉、吉两省"皆在彼国轨道包抄之中"，为"制吾死命"之狡谋。④ 然外务部幻想通过满足日本此要求换取其承认中国延吉主权，甚至认为若该路仅由日本提供贷款、工师，则"路权并未损失，但能操纵在我"。⑤

由于东三省交涉、边防俱形棘手，外务部不仅否定"奉借奉还"计划，还对锡良为首的东省督抚予以申斥，加之普遍认为战事将至的舆论

---

① 《锡良程德全致外部日伊藤来游东省谨陈晤谈情形函》，王彦威、王亮：《清季外交史料》(第4册)，第3591页。
② 《政府与锡良》，《大公报》宣统元年七月二十四日，第四版。
③ 《外部奏中韩界务暨东三省交涉五案议定条款折》(宣统元年七月二十一日)，王彦威、王亮：《清季外交史料》(第4册)，第3556页。
④ 锡良：《密陈东三省关系大局情形折》(宣统元年六月二十二日)，《锡良遗稿·奏稿》，第929页。
⑤ 《外部来电》(宣统元年七月二十一日)，《锡良任东三省总督时京师来电》(第4册)，馆藏：甲374/45。

氛围，以致锡良在七月二十二日竟以旧病复发为由奏请开缺："日人乘东省交涉各案，要言此路（锦瑷铁路）亦为日轨并行之线，外务部电饬从缓。且延吉案虽议决，会宁、吉林允修铁路。彼则头头是道，我则首尾受敌，徒拥领土之权，竟无一路可以自由兴筑，譬言之人身血脉已绝，虽服补剂，亦有何益？奴才窃恐自此以后，东省惟有束手待缚，并无一事可为。"① 此举既是锡良对外务部不无"意气"成分的回应，同时更反映了其真实心境，正如其子斌循所述："先君疏请兴修锦洮铁路，计臣以借款相驳诘，外部更电令缓办。先君以人则四路交通，我则内外隔阂，虑以意见至误大局，疏称旧恙复发请予罢斥。"② 据许宝蘅记，此时锡良去意颇为坚定："吴经才来，谈及锡清弼制军欲去奉天，志已决。余谓知难而退，经才谓初非见可而进也。"③

宣统元年十月间，锡良致函沈秉堃，流露出半年多来履任东督的感慨和无奈："我辈作事，但求有利于国，无害于民，身外浮名本非所惜。……仲帅（李经羲）现已接篆，新欢鱼水，定卜相得益彰，仙侣同舟，私衷尤为企慕。弟东来半载，竭蹶万分，求退不能，如驭朽索，又抱鸰原之痛（指四家兄在京离世），益增鲈脍之思，身羁边地，梦绕家园，今日情怀益可想见矣。"④ 在致总管内务司大臣奎俊函中，锡良也说道："佺边庭留守，莫展一筹，抚时局之多艰，愧韶华之虚度。曩以边地早寒，采薪偶抱，适遭家难，未免神伤，故不得已而请假。"⑤ 可见，东

---

① 锡良：《旧病复发吁请开缺折》（宣统元年七月二十二日），《锡良遗稿·奏稿》，第950页。对于锡良请辞，清政府严厉申斥。八月一日奉朱批："该督久任疆吏，顾全大局，不辞劳怨。调补东三省总督，朝廷深资倚畀，乃到任未久，遽因病奏请开缺，殊为非是。嗣后务当力任其难，以图报称。其筹备财政为难情形，着该督详细具奏。所请开缺之处，着毋庸议。"锡良：《旧病复发吁请开缺折》（宣统元年七月二十二日），《锡良遗稿·奏稿》，第950—951页。

② 斌循：《锡文诚公行述》。

③ 许宝蘅：《许宝蘅日记》（第1册），中华书局2010年版，第254—255页。

④ 《复滇藩沈》（宣统元年十月二十一日），《锡良任三省总督时信稿》（第4册），馆藏：甲374/75。

⑤ 《复总管内务司大臣奎俊》（宣统元年十二月四日），《锡良任三省总督时信稿》（第4册），馆藏：甲374/75。

省施政举步维艰,加之家兄离世,公事私事交杂一处,锡良之苦闷心境可以想见。此际清廷亦曾考虑更换东督人选,然终难得其人。《大公报》在锡良请辞两天后披露:"昨闻军机处消息,目下东三省总督一缺最属繁难,求一素娴交涉能不损失主权者,其人颇不易得。以故近日内廷议及此事,有谓川督赵次帅(赵尔巽)如不愿回东省,则将来袁海帅(袁树勋)可望简任。"①

锡良同僚属吏则对其请辞提出规劝,如东三省财政监理官熊希龄即言:"闻帅有电请病假之说,此半年中海内重臣先后去位,外交界甚为震动。帅负重望,尤宜为国远谋,况当主少国疑之时,万不可稍有痕迹。"②与锡良请辞同时,黑龙江巡抚周树模、吉林巡抚陈昭常虽抱怨清廷不能给予资金支持无异"自弃东省",③ 但同时不得不认同除"实行开权主义,借美人以为抵制"之策"再无善着"。④ 此外,东三省官员亦多主张以欧美势力牵制日、俄。如奉天谘议局议长吴景濂向锡良建言:"非引欧美势力入于东北与日、俄均衡,则不足救东北之亡,亦即不能救中国之亡。东北之交通、矿山、森林,非藉欧美经济力量则不能开发,且非藉欧美之巨数经济之力,则欧美在东北无利可图,不能出全力以救东北。"⑤

随着1909年3月威廉·塔夫脱继任美国总统,美国对华政策也开始转变。塔夫脱就任之初,即表明急于要做的就是促进美国对华投资。⑥ 同

---

① 《东省总督之不易胜任》,《大公报》宣统元年七月二十四日,第四版。
② 《致奉天交涉司邓司使电》(宣统元年十月十七日),熊希龄:《熊希龄先生遗稿》(电稿1),上海书店出版社1998年版,第83页。
③ 《陈简帅来电》(宣统元年七月十九日),《锡良任东三省总督时吉林来往电》(第5册),馆藏:甲374/12。
④ 《周朴帅来电》(宣统元年七月二十一日),《锡良任东三省总督时黑龙江往来电》(第2册),馆藏:甲374/23。
⑤ 吴叔班记录,张树勇整理:《吴景濂自述年谱》(上),《近代史资料》编辑部编:《近代史资料》(第106号),中国社会科学出版社2003年版,第29页。
⑥ 吴心伯:《金元外交与列强在中国(1909—1913)》,复旦大学出版社1997年版,第3页。

时指责日本自私自利的动机危及美国贸易前途,声称"国家利益要求美国充当中国反对日本的保护人"。① 基于上述认识,美国在 1909 年提出"金元外交"政策,即向中国输出大量资本,在赚取利润的同时增强华盛顿手中可对中、日、俄三国施加的影响力。② 在要求加入张之洞与英法德洽商的湖广路借款遭拒后,塔夫脱亲笔致函摄政王载沣,要求中国借用美资修筑铁路。同年,美国银行团在哈里曼和美国首任驻沈阳总领事司戴德的筹划下成立,由司戴德担任银行团代表。③

可以说,东三省局势日益恶化、中央政府不能提供路款且难以指示有效方略、同僚属吏的建言以及美国对华政策的转变,使得锡良转而认同借款筑路并付诸实施。宣统元年八月十九日,锡良与司戴德签订锦瑷铁路借款草合同 9 款,时英国保龄公司(包工公司)代表法伦许不在沈阳,由司戴德代签。主要内容如下:其一,美国银行团提供三四百万金镑贷款,利息不超五厘,以路作保;其二,英国保龄公司承修,先修锦州经洮南至齐齐哈尔段,再接修至瑷珲,所派工程师需得到中方认可并受邮传部节制;其三,铁路公司由中、美、英联合成立,紧要办事人员华人应占多数,未经中国政府允准他国人不得干预公司管理权;其四,该路专为商务而设,如遇战事只能为中国运输兵队。④ 草合同签订当天,锡良具折汇报签约事并解释借债欧美的原因:一是该路路长款巨,"即竭全国之力以图之,路未成而力先竭";二是自办该路必然会遭日、俄顽阻,"终无让修之日"。同时,锡良解释之所以未得清廷允准即与美、英签订草约,在于借款筑路与当时官场普遍主张的化解东三

---

① [美]韩德:《中美特殊关系的形成:1914 年前的美国与中国》,项立岭、林勇军译,第 220 页。

② [美]迈克尔·谢勒:《二十世纪的美国与中国》,徐泽荣译,生活·读书·新知三联书店 1985 年版,第 40 页。

③ 张守真:《清季东三省路权的开放与美国的投资》,王明荪主编:《古代历史文化研究辑刊》(第 2 编第 29 册),第 43—44 页。

④ 锡良:《筹借外债筑铁路折》(宣统元年八月十九日),《锡良遗稿·奏稿》,第 961—962 页。

省危局基本谋略即通过"广开商埠俾外人群集""厚集洋债俾外款内输"以实现"隐杜垄断之谋""阴作牵制之计"相一致,而"借款实数暨一切细目俟钦奉谕旨后续行议定"。① 次日,清廷着外务、度支、邮传三部议复。②

对于锦瑷铁路借款,东三省行政官几乎"皆持此议"。③ 熊希龄的言论颇有代表性:"借美款一事大快人心,自中日条约以来举国均无生气,非得此破釜沉舟之策不足以救亡图存。"④ 个别反对者如奉天谘议局议员永贞、刘兴甲则称此举"徒引外人操戈入室"。⑤ 就时论而言,尽管清末维新人士"本其爱国热诚,视借款筑路如鸩毒蛇蝎"⑥,但对锦瑷借款则非全持反对,梁启超即认为"若办理得宜,诚为东三省起死回生唯一之良方"。⑦ 再来看各国反应。锦瑷借款引发"环球耸动","咸以为世界上最重大之问题",然各国态度不一:英国为抵制德国扩张,其远东政策以英日联盟为基础,不愿因与美国合作开罪日本,对于锦瑷铁路态度模糊,而德国则持赞成态度。⑧ 法国表示中国应就锦瑷借款提前与日、俄商量,否则"勿遽定议"。⑨ 在此我们重点分析日、俄反应。日本内阁指出该路"在军事上和经济上对我有重大关系,而且直接影响我在南满洲的经营",

---

① 锡良:《筹借外债议筑铁路折》(宣统元年八月十九日),《锡良遗稿·奏稿》,第959—960页。
② 《清实录》(第60册),第366页。
③ 劳祖德整理:《郑孝胥日记》(第3册),中华书局1993年版,第1226页。
④ 《为借美款抵制日人进陈策见致锡良函》,林增平、周秋光编:《熊希龄集》(上),湖南出版社1996年版,第387页。
⑤ 劳祖德整理:《郑孝胥日记》(第3册),第1221页。
⑥ 左舜生:《万竹楼随笔》,沈云龙主编:《近代中国史料丛刊正编》(第5辑),(台北)文海出版社1966年影印版,第248—249页。
⑦ 沧江:《再论锦爱〔瑷〕铁路问题》,《国风报》第1年第7期,宣统二年三月十一日,第32页。
⑧ 《咨送刘议员质问满洲及锦瑷铁路交涉事》(宣统二年十月十七日),(台北)"中央研究院"近代史研究所藏:02-26-022-01-007。
⑨ 《法使马士理致外务部照会》(宣统二年正月九日),王彦威、王亮:《清季外交史料》(第4册),第3663页。

经过讨论确立两策，或将该路视为南满铁路平行线而阻止修建，或同意修建该路，最终确立的是第二策。原因是，若极力反对该路必然得罪美、英两国，且该路距离南满铁路尚远，难以借口该路在南满铁路附近予以反对。即便反对得逞，清政府必然谋求修建从北京至海拉尔或恰克图的铁路，同样会给南满铁路打击。因此日本内阁议决同意中国修建该路，但须承允日本具有提供资金、工师的平等机会和权利。此外，日本亦设想从南满铁路的一个车站修建一条连接锦齐线的铁路，从而实现军事、经济利益双丰收。[1] 基于上述考量，日本驻英使署参议雅麻萨与英国保龄公司交涉，提出若能使日本同沾利益且雇用日本工师则不予阻挠，但此议遭拒。[2] 俄国在《北京日报》（*The Peking Daily News*）刊文："锦瑷铁路非为扩充满洲经济之必需，且反使现有完全之业损其利权，于中日俄三国之中，种其生隙之祸根。"[3] 九月六日，俄国驻华公使廓索维慈援引光绪二十五年四月十九日清政府声明，即"将来如添造铁路由北京向北或向东北俄界方向，除用中国款项及华员自行造路不计外，设有他国商办造路之意，必应将此意先与俄国政府或公司商议承造，而断不允他国或他公司承造"，向外务部提出抗议。[4] 外务部称此时情形与当日迥不相涉，即便借款筑路俄国亦不应干涉。廓索维慈对此"不以为然"，要求明确告知中国有无借款之举。[5] 外务部仍以"此事关系中国内政，他国人可

---

[1] 吉林省社会科学院《满铁史资料》编辑组编：《满铁史资料》（第2卷第1分册），中华书局1979年版，第94—95页。

[2] 《使英李经方致外部宝林公司承筑锦齐铁路日本请用日工程司函》（宣统元年七月二十八日），王彦威、王亮：《清季外交史料》（第4册），第3565页。

[3] 郑孝胥：《再论锦瑷铁路之阻力》，《申报》（宣统二年三月十七日，第一张第三版。《再论锦瑷铁路之阻力》未署名，现据《郑孝胥日记》补。郑写道："《再论锦瑷铁路之阻力》一篇已登于三月十七日上海各报。"劳祖德整理：《郑孝胥日记》（第3册），第1253页。

[4] 《英美筹款筑锦齐铁路事是否属实希见复由》（宣统元年九月六日），（台北）"中央研究院"近代史研究所藏：02-03-006-01-006。

[5] 《齐齐哈尔铁路中国有无借英美款项先请见复由》（宣统元年九月九日），（台北）"中央研究院"近代史研究所藏：02-03-006-01-008。

以不必过问"回应。①

显见，在这一轮交涉中外务部表现颇称强硬，这与外务部亲美派官僚（军机大臣那桐为外务部会办大臣，梁敦彦为外务部尚书兼会办大臣）自恃得到美国支持当有直接关系。锦瑷借款草约签订不久，美国政府即提出"东三省铁路中立计划"，美国国务卿诺克斯这样宣称其用意："实行保全中国东三省主权，同享通商利益，须将东省铁路一概赎回交还中国，款由各国合借，中国未还款以前，管路、购料利益各国分沾。满洲铁路日俄独任，何如各国分任以保和平。"②而其真正意图正如论者所言："诺克斯主张中国对于利用帝国主义国家贷款赎回的铁路享有所有权，但却剥夺了中国对这些铁路的管理权。……真正目的，在于要使美国得以凭借自己的金元实力，通过国际共管组织，把东北地区铁路名义上的'中立化'变成事实上的美国化。"③曾任东三省铁路会办的金还分析，此计划动因于"司戴德以中国政府恐美国不肯助力"。④日本对该计划颇为反感，深忧"美人不烦一兵、不折一矢，以笔舌行其垄断而收渔人之利"。⑤并主动向俄国示好："两国利害完全一致，故两国政府在答复美国之前，首先相互披沥胸襟，交换意见，协议保护两国共同利害之办法"。⑥同时，日本也意识到该计划直接影响了清政府的外交态度："司戴德一派是以满洲铁路中立化建议为好饵，图谋促成锦瑷铁路问题的解决……特别是运动那桐、梁敦彦等人以图诱导大局。可以看出，现在亲美派对日本和俄国的态度所作的推测，与司戴德的推测是

---

① 《外部致俄使廓锦齐铁路借款事系中国内政他国不必过问函》（宣统元年九月十一日），王彦威、王亮：《清季外交史料》（第4册），第3590页。
② 《外部致度邮两部美外部谓保全中国东省铁路主权须先赎回锦瑷路希详复函》，王彦威、王亮：《清季外交史料》（第4册），第3649页。
③ 宓汝成：《帝国主义与中国铁路（1847—1949）》，第122页。
④ 劳祖德整理：《郑孝胥日记》（第3册），第1226页。
⑤ 《论各国远东之大竞争》（译英国1910年4月《康顿白烈报》），张元济主编：《外交报汇编》（第15册），国家图书馆出版社2009年版，第35页。
⑥ 《日本外交大臣小村致日驻俄大使落合谦太郎电》（1909年12月20日），中国社会科学院经济研究所藏日文档案。转引自宓汝成《帝国主义与中国铁路》，第122页。

一致的。"① 可以说，"东三省铁路中立计划"不仅关涉锦瑷路事，亦涉及中国将东三省铁路全部赎回的内容，这对清政府无疑颇具吸引力。②

三 三部对路事从反对到认同的转变

由于日、俄对锦瑷铁路借款计划大加干预，加之各国态度不一，是以锡良上奏一个多月后清廷仍未能定议。为推动之，锡良于九月二十二日、二十三日接连致电直隶总督端方请其助力。如二十二日电言："弟上月订借美款，议修由锦州至瑷珲铁路，盖为目前计，非借各国牵制之力，不足以救急救亡。至今部中尚未议复……祈我公从旁相助！"③ 十月四日，锡良又致电军咨处求援，强调东三省"欲求一线生机，必须修造锦瑷铁路"。④ 但上述努力并未产生效果。十月十二日，外务、度支、邮传三部联合上奏，指出东三省督抚统筹不周，借款筑路仅为一隅、一端计，非为全局计，其他诸业如森林、矿产、屯垦、工艺、畜牧、渔业等皆为"本计要图"，当与铁路兼营并进，方能兴地利而固边防，并进而指出借款易而筹款难，请饬下该督抚将原合同作废。同日奉朱批依议。⑤

尽管外、度、邮三部否定了锦瑷借款，但这毕竟只是部臣意见，锡

---

① 吉林省社会科学院《满铁史资料》编辑组编：《满铁史资料》（第2卷第1分册），第201、206页。

② 早在徐世昌督东时，时任滨江关道施肇基曾建言通过购买途径收回东清铁路。施肇基记："余深感路权之弊，乃商徐督作收回东清路权之计划。盖路权如不在俄人之手，则行政方面之诸多掣肘皆可迎刃而解矣。故目前之计在如何从速向中立国家筹借款项以收回之。徐督以为然。"施肇基：《施肇基早年回忆录》，（台北）传记文学出版社1967年版，第64—65页。

③ 《致端午帅电》（宣统元年九月二十二日），《锡良任东三省总督时京师来电》（第6册），馆藏：甲374/45。

④ 《致军咨处电》（宣统元年十月四日），《锡良任东三省总督时京师来电》（第6册），馆藏：甲374/45。

⑤ 《外度邮三部奏东省借款筑路事关重大遵旨统筹全局折》（宣统元年十月十二日），王彦威、王亮：《清季外交史料》（第4册），第3610页。

良在明诏下达前并未放手,为求事之转机特派熊希龄、金还进京游说。以熊希龄为例,他到京后了解到"政府初未悉东省内容,致多误会",①因此在拜会度支部尚书载泽时,极力解释东三省借款筑路专在救亡而非兴利。载泽明了此意之后"甚着急",谓折已上不知作何办法。②据熊希龄电称,载泽虽认同借款计划,但要求此路由东省筹还,"不致累部"。③此外,锡良还委托直隶洋务局会办颜世清代为打探北京动向。颜世清十月二十日密电锡良,声称外、邮两部对于借款筑路"均极赞成",度支部"现亦了然",若再具折必可照准。④揆诸此后各部态度,此一汇报并不准确。十月二十七日,熊、颜联合自京来电,通告京中形势颇有转机,各方人士普遍认识到东三省借款与湖广借款不同,"彼在兴利,此在救亡",由是"共表同情"。⑤京中游说这一隐性政治运作对于中枢部臣全面认识东三省局势起到了关键作用,事后郑孝胥即言,锦瑷借款"奔走陈说以底于成,熊、金二子之力也"。⑥

得到上述汇报后,锡良遂于十月三十日具折,强调借款修筑锦瑷铁路意在巩固边防,并非如内地主要出于经济考虑:"夫筑路之举,他省志在兴利,固当谋出万全。东省则所争者,只在早筑一日,轨躅交通,国防巩固。"进而对三部所奏作出回应:一方面认可三部所言筑路、实业应

---

① 《熊监理官颜道自京来电》(宣统元年十月二十七日),《锡良任东三省总督时京师来电》(第6册),馆藏:甲374/45。事实上,由于锦瑷路事谈判事属隐秘,各部司员颇难晓其详情。如,直到宣统元年十一月十二日,铁路公司督办盛宣怀仍电询锡良"洮南筑至何处为止,计若干里、若干费、分若干年,路利能否归还"。《寄奉天锡清帅》(宣统元年十一月十二日),盛宣怀:《愚斋存稿》(第75卷),第1600页。

② 《致奉天交涉司邓司使电》(宣统元年十月十七日),熊希龄:《熊希龄先生遗稿》(电稿一),第82页。

③ 《为锦齐路事致盛京督抚宪电》(宣统元年十一月八日),周秋光编:《熊希龄集》(第1册),湖南人民出版社2008年版,第596页。

④ 《颜道自京来电》(宣统元年十月二十日),《锡良任东三省总督时京师来电》(第6册),馆藏:甲374/45。

⑤ 《熊监理官颜道自京来电》(宣统元年十月二十七日),《锡良任东三省总督时京师来电》(第6册),馆藏:甲374/45。

⑥ 劳祖德整理:《郑孝胥日记》(第3册),第1226页。

兼营并进，但仍指出唯铁路修成方能开发森林、矿产以及移民开垦，所得盈利可用来偿还铁路借款本息；另一方面提出借款合同或由三部议定，或由东三省重新交涉。① 同日附上两片：在《密陈借款修筑锦瑷铁路片》中，锡良直言锦瑷铁路名为商路，"实含有政治外交之策，……借款者，乃兼借其势力，彼以势力换我利权，我即借其势力以巩疆圉"②。在《借款组织银行应于铁路外另立片》中，锡良指出"殖产兴业，固以银行为枢纽"，"银行为币制机关，一切关税、粮饷、商务出入，皆惟银行是赖，关系主权及国民生计最为重要，非同铁路之仅在一隅已也"。他进而提出组织银行与修建铁路应"离而为二"，建言于铁路借款之外另立实业借款，以其中一部分款项开办银行且不必指明。③ 两相比较，借款筑路显然为锡良此时的核心诉求，而借款开办银行从而推动实业发展虽亦为锡良所关注，但其回应并缓解中央各部之前对其仅仅关注借款筑路而忽略各项实业等"本计要图"的指责的意图亦颇为明显。十一月十一日，上述折片均下部议。④

美国显然探得清政府央、地往来动向。十一月间，美国驻华公使费勒器展开密集外交活动，或赴外务部直接交涉，或递送外交照会，表达了以下意向。其一，锦瑷铁路借款对中国有莫大利益。十一月十九日，费勒器照会外务部，强调中国欲保存东三省主权并期该省兴旺则锦瑷铁路势在必行，同时建议中国"当允数国备办需用之款"。⑤ 次日又照会外务部，声称锦瑷借款既成之后，中、美、英联合成立的铁路公司可进而

---

① 锡良：《筹借外款遵照部意妥筹办法折》（宣统元年十月三十日），《锡良遗稿·奏稿》，第1007—1008页。
② 锡良：《密陈借款修筑锦瑷铁路片》（宣统元年十月三十日），《锡良遗稿·奏稿》，第1008—1009页。
③ 锡良：《借款组织银行应于铁路外另立片》（宣统元年十月三十日），《锡良遗稿·奏稿》，第1010页。
④ 《清实录》（第60册），第473页。
⑤ 《锦瑷路事》（宣统元年十一月十九日），（台北）"中央研究院"近代史研究所藏：02-03-006-01-014。

"集各国之资而筑各处之路","如此办法自系全行收回路权之机关,即将来归并之大局亦视乎锦瑷一路而为之基础"。① 在美国看来,以各国款项借与中国使中国得以赎回满洲所有铁路为大策,以美、英之资本筹建锦瑷铁路系小策。② 其二,借款筑路之约须各国认可。十一月八日,费勒器递送节略,指出借款之约须中、日、俄、英、美等国互相认可方能成事,原因在于"地主为中国,归还者为日、俄,而拟设锦瑷铁路者则英、美也"。③ 同时极力淡化日、俄的阻力,指出日本近来财政困难,必乐于中国将日本控制的铁路赎回,从而用所得之款举办国内政治;俄国则护路费用业已不赀,同样乐意中国赎路。④

对清廷而言,向欧美借债筑路最担心的是美、英取代日、俄的角色,如此则无异于引虎拒狼。但是费勒器的交涉不仅对外务部产生直接压力,同时其强调的以锦瑷铁路为突破口进而实现中国赎回东三省所有铁路的论调又对外务部有着极大的吸引力。⑤ 由是,外务部紧紧抓住美国提出的"各国共办东省铁路",认为唯有如此才能避免美、英在东北形成新的垄断,其在征询度支、邮传两部意见时言道:"美国倡议联合各国共办东省铁路,此事果底于成,不特中国行政权不致再有障碍,且各国利益既平,则日、俄固无从争雄,英、美亦不致垄断。以现在东省情形而论,计亦

---

① 《美署使费致外部东省收回路权以锦瑷路为基础照会》(宣统元年十一月二十日),王彦威、王亮:《清季外交史料》(第4册),第3634页。诺克斯也照会外务部,同样指出中国能否赎回满洲铁路"全视中国早日将锦瑷草合同批准"。《赎回满洲各铁路等事》(宣统元年十一月二十六日),(台北)"中央研究院"近代史研究所藏:02/03/006/01/016。

② 《满洲借款事》(宣统元年十一月二十六日),(台北)"中央研究院"近代史研究所藏:02/03/006/01/017。

③ 《与美英银公司订合同建锦瑷铁路事》(宣统元年十一月八日),(台北)"中央研究院"近代史研究所藏:02/03/006/01/011。

④ 《借款筑路事》(宣统元年十一月十一日),(台北)"中央研究院"近代史研究所藏:02/03/006/01/013。

⑤ 日本政府即判断,美国所宣扬的即是"美国援助不但解决该铁路,而且收买日俄两国的铁路,进而从根本上解决满洲问题"。吉林省社会科学院《满铁史资料》编辑组编:《满铁史资料》(第2卷第1分册),第206页。

无有逾于此者。"① 实际上，两策比较，美国本意当然在第二策，第一策则有表面文章之嫌，其意当在迎合门户开放政策以及东三省铁路中立计划，而外务部认为美国实有"各国共办"之意，显然是判断上的失误。邮传部复函认同其论，认为"机局如此，允宜先将锦瑷借款筑路事宜从速议复"，并建议合同应写明中国借款自办。②

最终，十二月十日，外务、度支、邮传三部联合上奏，认同了锦瑷铁路借款计划，指出该路修成方能"扶危局而固国防"。三部重点强调该路国防功能，显然受到熊希龄等以此义相游说的影响。关于另立实业借款以开办银行的提议，三部鉴于大清银行于奉天、长春等处设立分行且正拟推广，且殖边银行允许商民集资开设，可由东三省督抚设法招徕兴办，加之铁路借款负担已重，因指示缓议。③ 铁路公司督办盛宣怀得此消息后，致电外务、邮传及农工商部，表达了对锦瑷铁路计划的支持态度："瑷珲借款营路，实为保全满洲最上策。闻已核准，全局庆幸。惟此路绵长，需用轨料甚巨，汉冶铁厂新大炉已告成，炼钢更好，正虑铁多滞销，前蒙邮传部奏明各省造路准用自己钢铁，以塞漏卮，此次锦瑷借款，务求主持，列入合同，以免外人争夺中国工商大局，关系匪浅。"④

日本舆论界对清政府认同锦瑷铁路借款予以强烈抵制，如《大阪每日报》指出此举导致日、俄"大不慊于中国"，从而使中国陷于孤立，而

---

① 《外部致度邮两部美外部谓保全中国东省铁路主权须先赎回锦瑷路希详复函》（宣统元年十二月二日），王彦威、王亮：《清季外交史料》（第4册），第3649页。
② 《邮部致外部锦瑷铁路借款拟先定大纲再商合同函》（宣统元年十二月六日），王彦威、王亮：《清季外交史料》（第4册），第3651页。
③ 《外度邮三部会奏议复借英美款兴筑锦瑷铁路折》（宣统元年十二月十日），王彦威、王亮：《清季外交史料》（第4册），第3656—3657页。
④ 盛宣怀：《寄外部邮部农工商部电》（宣统元年十二月十五日），盛宣怀：《愚斋存稿》（第75卷），第1603页。十二月十九日，外务部等将该电转至锡良。参见《邮传部来电》（宣统元年十二月十九日，《锡良任东三省总督时京师来电》（第7册），馆藏：甲374/45。十二月十六日，锡良电复言道："昨订草合同本有先尽购中国合宜材料一条，将来如该路开工，自应极力主持，以免利权外溢。"《锡清帅来电》（宣统元年十二月十六日），盛宣怀：《愚斋存稿》（第75卷），第1603页。

美国并未对中国提供实际帮助:"中国之致意于亲美,如此其劳也,如此其苦也,然顾得其结果,窒碍纷出,不但无补于事,反招列国不平;而中国之侨民之在美国,排斥侮辱,莫所不至,竟未闻稍异曩时。则中国之一意亲美,果何为欤?"① 日本政府也施以外交压力,十二月十一日,伊集院彦吉即亲赴那桐府邸,声言此举严重破坏中日关系,必致日本全国"均行反对"。② 十二月二十九日,又照会外务部,指出锦瑷铁路与南满铁路大有关系,要挟"无论中国作何主见,应先听本国核准。倘使本国竟为所蒙或不关照本国,则两国邦交之险实在令人难以预算"。③ 事实上,正如英国媒体观察的,日本反对锦瑷借款仅限于对中国外交施压而已,由于当时日、美订议商约,"日人欲见好于美,特允附和锦瑷铁路之议"。④ 很可能美国提前探知伊集院彦吉之行,同一天费勒器亦至外务部询问锦瑷借款具奏事宜,十二月十四日又电促外务部尽快酌订详细合同。⑤ 可见,费勒器并无特别事项,主要是对日本对外务部施压的回应。十二月二十一日,伊集院彦吉再次强调此路与日本有"紧切利害关系",中国决定办法之前须商之日本,否则"两国关系上惹起何等事故,殊难预料"。⑥ 同时,俄国驻华公使廓索维慈致文外务部,讹称其驻美公使已经与美国交涉且美国愿邀俄国分办锦瑷铁路,因此要挟该路在俄国酌复

---

① 《中国之亲美策》(中历宣统二年正月二十八日),《日本报纸评论中国译件(清末)》,馆藏:乙 F35。
② 《锦瑷铁路事》(宣统元年十二月十一日),(台北)"中央研究院"近代史研究所藏:02/03/006/01/023。
③ 《日使伊集院彦集致外务部照会》(宣统元年十二月二十九日),王彦威、王亮:《清季外交史料》(第 4 册),第 3662 页。
④ 《论日俄协约》(译英国 1910 年 7 月《康顿白烈报》),张元济主编:《外交报汇编》(第 15 册),第 219 页。
⑤ 《锦瑷铁路借款事》(宣统元年十二月十一日),(台北)"中央研究院"近代史研究所藏:02-03-006-01-024;《建锦瑷铁路事请即照复以便订立详细合同由》(宣统元年十二月十四日),"中央研究院"近代史研究所藏:02/03/006/01/025。
⑥ 《锦瑷铁路事请贵政府务须审慎注意由》(宣统元年十二月二十一日),(台北)"中央研究院"近代史研究所藏:02/03/006/01/027。

前不得定议。① 外务部由于缺乏准确外交判断，慑于日、俄反对强烈且语气相同似"相约而来",② 此前允诺锦瑷借款的态度开始出现转变。

四 锦瑷路事破产与实业借款的提出

进入宣统二年，日本、俄国在"满洲各伸权力，两不相下"③。正月五日，伊集院彦吉照会清政府外务部，明确提出日本赞成锦瑷铁路的前提条件。首先，要求参与修建锦瑷铁路，诸如借款、雇用工程师、购买材料、建筑工程"悉与份其事"；其次，要求"中国政府应从锦瑷铁路某车站间造一支路，接连南满洲铁路南端车站"。④ 俄国照会中、美两国，以锦瑷铁路在军事、经济方面皆有损俄国利益为由要求中止，另以俄国资本修建张家口经库伦至恰克图的铁路。⑤ 日本政府对此表示认同，声明"该提案旨在废除锦瑷铁路修建计划，而代之以列国共同经营的张恰铁路，故不仅不反对该提案，并在无碍于帝国政府历来对锦瑷铁路的态度之范围内，将不吝惜给以友好的支援"。⑥ 国内舆论指出"库恰路线实为北边之咽喉"，若允其要求，则"俄人南下，于军事、商业皆成建瓴之势"。⑦ 美国则不断询问日、俄对中国"有无恫吓之言"，并谓"中国地

---

① 《锦瑷铁路事》（宣统元年十二月二十四日），（台北）"中央研究院"近代史研究所藏：02-03-006-01-029。外务部颇疑此论，认为美国对中国提供贷款"原欲分日、俄之势"，"今反联为一气"，殊难理解，遂致电出使美秘古墨大臣张荫堂询问。据张电复，美国并未接到俄国照会。《锦瑷铁路事美外部言应坚持宗旨勿为摇动由》（宣统元年十二月二十九日），（台北）"中央研究院"近代史研究所藏：02/03/006/01/031。

② 《锦瑷铁路事日俄同表反对由》（宣统元年十二月二十八日），（台北）"中央研究院"近代史研究所藏：02/03/006/01/030。

③ 劳祖德整理：《郑孝胥日记》（第3册），第1232页。

④ 《日使伊集院彦集致外务部照会》（宣统二年正月五日），王彦威、王亮：《清季外交史料》（第4册），第3663页。

⑤ 《俄使廓索维慈致外务部照会》（俄历1910年3月6日），王彦威、王亮：《清季外交史料》（第4册），第3664页。

⑥ 宓汝成：《中国近代铁路史资料》（第2册），第637页。

⑦ 《锦瑷路事旁议》，《地学杂志》宣统二年第七期，第24页。

位尚无难处,此时宜坚持宗旨,勿为摇动"①。

为推动锦瑷借款尽快签订正式合同,正月八日锡良致电外务部,声明锦瑷借款为通过引入欧美势力以牵制日、俄,从而实现均势外交的"救亡自保之谋",并非自弃主权,"明知日、俄出而干涉,而凡属中国臣民理应当此困难,又无术可以巧避"。进而提出将先行通告美、英将来还清借款后该路即为中国完全独立之路,以消除外务部路权不属中国的担忧。② 由于此时外务部已经明了日本赞成锦瑷铁路的前提条件且万难满足,因此对锡良之电迟迟没有回复,并最终慑于外交压力确立终止锦瑷借款的决策,此正如《字林西报》分析:"中国外务部因锦瑷铁路外交之压力过重,故迫不得已停止续议。"③ 由于得不到外务部回复,锡良亦是颇多顾虑,曾与郑孝胥谈及"日、俄阻挠,英、美责言,处于两难"的无奈。郑孝胥认为,与美国议定详细合同应无所顾虑,"列国争论外部当之,非吾责也"。④ 由是锡良在正月底电告邮传、外务及农工商部,拟派郑孝胥、邓邦述于二月三日赴津与司戴德会商详细合同。⑤ 外务部二月二日复电,声明日、俄照会要求甚多,正式合同应缓议,郑、邓暂不必赴津。⑥ 但锡良并未遵从,而是在二月三日亲自将郑、邓送至火车站,当日下午4点两人抵津。⑦ 二月四日,外务部再电锡良,称日、俄"于我藉固国防默为抵制之意已揭破",请敕郑、邓缓与赴议。⑧

---

① 《锦瑷铁路事》(宣统二年正月十日),(台北)"中央研究院"近代史研究所藏:02/03/006/03/005。

② 《锦瑷铁路事》(宣统二年正月十日),(台北)"中央研究院"近代史研究所藏:02/03/006/03/005。

③ 《西报译要》,《申报》宣统二年二月九日,第1张第6版。

④ 劳祖德整理:《郑孝胥日记》(第3册),第1243页。

⑤ 《东三省总督锡良致邮传部外务部农工商部电》(宣统二年正月二十九日),故宫博物院辑:《清宣统朝中日交涉史料》,(台北)文海出版社1963年版,第237页。

⑥ 《发东三省总督锡良等电》(宣统二年二月二日),《清宣统朝中日交涉史料》,第238页。

⑦ 劳祖德整理:《郑孝胥日记》(第3册),第1243页。

⑧ 《发东三省总督锡良等电》(宣统二年二月四日),《清宣统朝中日交涉史料》,第238—239页。

此时，邮传部铁路公司督办盛宣怀则助力其事，上奏极力推崇锦瑷铁路借款计划："现议筑锦瑷铁路借资英美，措施伟大，非仅为殖利而设，然使沿路不先认真开辟，将来养路、修路之费何出？还本还利之款更将何求？臣查该路延长二千数百里，沿途半属膏腴，除矿林必须招商开办外，尤当移民垦种，则高粱、玉米不可胜食，将来东南各省偶遇灾荒，不必乞籴暹南，径可求粮锦瑷，因利而利，收效必宏。"① 可见，邮传部和外务部在借款事上态度实不一致。或许正是因为得到邮传部支持，尽管有外务部反对，至三月二十四日，郑、邓在锡良指示下，还是与英国保龄公司议妥包工草合同。② 同时，锡良与美国纽约四大银行即摩根公司、坤阿鲁公司、佛士地那臣那尔银行、那臣那尔斯地银行谈判，借款四千万美元并"详加续定"锦瑷铁路借款草约，"作为备款分段修筑本铁路以及行车办法之末次详细合同"。合同计 21 款，第 2 款涉及借款细则："甲：此借款系为分段建造由锦州至瑷珲之铁路，即由锦州至洮南一段路线、由洮南至齐齐哈尔一段路线、由齐齐哈尔至瑷珲一段路线，购买地基在内；并于铁路之进款不足以抵偿其经费之期限内，用以办理行车事务；以及于建造干路之时，所有彼此视为合宜需应用时修筑之枝路，并所有彼此视为合宜需应用时推广他项经营，以期该路将来之发达。此借款名曰大清国政府西历一千九百十年锦瑷铁路五厘之借款。乙：此借款分为两次，初次发售借款债票之数美金二千万元。丙、借款以三十年为期，由签此合同之日起。……丙：债票之利息，按虚数周年五厘……每半年给付一次。"此外，还详细规定了借款抵押、以东三省盐课等收入作

---

① 盛宣怀：《熟筹交通垦牧片》（宣统二年三月），《愚斋存稿》（第 15 卷），沈云龙主编：《近代中国史料丛刊续编》（第 13 辑），（台北）文海出版社 1974 年影印版，第 402 页。

② 劳祖德整理：《郑孝胥日记》（第 3 册），第 1254 页。包工草合同共 42 款，其内容正如第 1 款所述："本合同详载之工程即系修筑该路以及备办行车所需用各项之材料，即车头搭客车辆、敞闷各种货车以及运煤与石料车辆并一切完全行车之需用各件；车站避车轨路、月台、水塔、转输铁盘、各轨路标记、停车木桩、各项家具、电报、电话等机器、号杆、电杆、工厂、修车机件、住屋、公事房等；以及行驶火车所应备置各项之用具未尽载明之项。"《交通史路政编》（第 15 册），交通部、铁道部交通史编纂委员会版 1935 年版，第 784 页。

保等内容。①

此一时期，日本、俄国在东北采取了更加富于侵略性的行动。据四月十一日周树模汇报，俄国秘派工程师至锦州、齐齐哈尔等处勘测铁路路线，妄图自行修筑。同时日、俄两国在哈尔滨成立联合会，"意在扩张权利，协以谋我"。②时论即指出成立联合会是两国维持东三省特权的"弃仇崇好"之举。③六月一日，锡良致电枢垣，通报"近来日、俄邦交亲密，日之合并朝鲜，俄之规划蒙古，两国已不啻互相默许"，万一俄国要求修筑张恰铁路则拒之殊难，因请粤汉借款先行拨为张恰之用，如此东之锦瑷、西之张恰并举，方能"使彼无计可施"④。锡良的判断是准确的，日、俄在1910年7月4日（中历五月二十八日）缔结了第二次协定和密约，上海英人主办的报纸《字林西报》《上海泰晤时报》及《中国公论西报》都表示，"协定除标志日俄间划分满洲及关闭该处的开放的门户外别无其他意义"。⑤外务部对锡良拨粤汉借款为张恰之用之议予以否认，仅指示锡良"俄若议办该路，只可设法驳阻"。⑥

在得到日、俄签订第二次协定和密约的消息后，外务部于六月十五日照会日、俄驻华公使并通告各国，提出了与锡良借欧美势力抗衡日、俄相反的论调：日俄协约承认中国主权并赞同中国振兴东三省工商业，中国政府自应按其宗旨，"凡关于中国主权内之行动，各国之机会均等，及开发东三省之工商业等事，益当切实维持，期于大局均

---

① 宓汝成：《中国近代铁路史资料》（第2册），第621—627页；《交通史路政编》（第15册），第794—795页。
② 《周朴帅来电》（宣统二年四月十一日），《锡良任东三省总督时黑龙江往来电》（第3册），馆藏：甲374/23。
③ 《东三省近事》，《申报》宣统二年三月八日，第一张后幅第二版。
④ 《东督致枢垣俄人胁制中国请提前议定锦瑷张恰二路电》（宣统二年六月一日），王彦威、王亮：《清季外交史料》（第4册），第3728页。
⑤ [美]李约翰：《清帝逊位与列强（1908—1912）》，孙瑞芹、陈泽宪译，中华书局1982年版，第155页。
⑥ 《外部来电》（宣统二年七月八日），《锡良任东三省总督时京师来电》（第11册），馆藏：甲374/46。

有裨益"①。显见,外务部对于日、俄协同侵略东三省的图谋缺乏清醒认识。相反,锡良则深刻意识到日、俄缔结协约的极度危险性,他在七月十二日密具《东省大局益危密陈管见折》,首先即援引了日、俄协约第一条和第三条内容,即"两国相与协力目的进行,不为有害之竞争"以及"倘有侵迫之事件发生时,两国认为必要措置,随时相互商议"。对此锡良痛言:日、俄两国"直视(东三省)若已国领土,近乎防御同盟,将来无论何事,该两国有认为不便于己者,皆得指为迫害,协力抗御。我虽绝对不认,彼则联合竞争,不特蔑视中国主权,且不许第三国人插足,一两年后势力弥满,东省岂尚为我有哉"?鉴于东三省地大物博,应办实业甚多,"惟有议借外债之一法",遂提出举借外债两千万两的计划:1000万两用于设立实业银行,500万两用于移民兴垦,500万两用于开矿筑路。② 锡良以实业借款之名代替铁路借款而寓修筑铁路于其中,意在化解来自日本、俄国的外交压力,显见他对锦瑷铁路并未放弃。锡良之所以提出该计划,根本上动因于日、俄协同侵略东三省的新形势,而外务部叫停锦瑷借款以及外、度、邮三部在宣统元年十月十二日指示筑路须与森林、矿产、屯垦等兼营并举,则是客观上的促动因素。

1910年8月22日,即宣统二年七月十八日,大韩帝国总理李完用与日本政府代表寺内正毅签订《日韩合并条约》,标志着朝鲜正式被日本吞并。日韩合并后,一时间舆论纷纷,对韩国灭亡的原因、日本殖民侵略的手法和阴谋、中国前途命运的思考等问题做了多方面探讨,普遍指出中国当此民族危亡的关键时刻,应当以韩为鉴,立宪图强,否则即有可

---

① 《外部致各省督抚本部照会驻京各使日俄协约重视中国在东省主权自应按约实行电》(宣统二年六月十五日),王彦威、王亮:《清季外交史料》(第4册),第3735页。

② 锡良:《东省大局益危密陈管见折》(宣统二年七月十二日),《锡良遗稿·奏稿》,第1185、1186页。与此同时,锡良致电度支部言道:"自上海市面恐慌,全国金融界均被牵动,奉省亦大受影响,纸币难以通行。惟现在外国某银行极力伸张势力,力谋夺我金融界之利权,关系诚非浅鲜。良决意筹措巨款,设立银行,以期挽救,望贵部极力维持云云。度支部以该省借款一节尚未定夺,故犹未复。"《东三省金融之可忧》,《申报》宣统二年九月二十七日,第一张第五版。

能重蹈韩亡之覆辙。《香港华字日报》认为，朝鲜、安南为中国同洲、同种、同文之国，两国一时皆亡，原因即在于不立宪："天下无立宪可亡之国，以国能立宪则君民共主，其君可囚而其民不能尽囚也，其君可废其民不能尽废也。若专制君主，则以其国为一人之私物，但取其君而亡之，则国亦与之俱亡矣。如安南，如朝鲜，非近日亚洲亡国之绝好榜样乎？"①进而指出，中国不立宪不行，假立宪更不行，而"不变"与"不善变"的结局，则可以东亚之韩国与西欧之葡萄牙两国为鉴：韩皇不知变政，韩国被日本吞并；葡王变政不善，葡萄牙发生民主革命，葡王失去君位。因此该报总结道："不鉴韩皇，不知亡国之惨祸；不鉴葡王，不知失位之痛心。然鉴韩皇而不知自鉴，行将作韩皇之再续；鉴葡王而不知自鉴，必将步葡王之后尘。"②正如有论者所言："日俄战争的结局，立宪战胜专制，给中国提供了一个立宪的正面标本。相反，韩国的灭亡，却是一个反面的例证。……在清政府推行预备立宪的形势下，一般民间舆论多希望其实行真正的立宪。"③

据《申报》转引《字林西报》报道，七月二十三日晚，锡良与鄂督瑞澂应监国摄政王急召抵京，并推测"瑞、锡两督有对调之说"。④《申报》曾刊发专文，详细分析了锡良、瑞澂入京之原因。关于锡良入京："自俄日协约成立后，东三省大局益形危险，而交涉之困难更十倍于往日。东督锡清帅深为忧虑，曾屡请陛见，均为枢府所却。六月间，涛贝勒回国，道经奉天，目击东省情形日处危迫，该省又军备寡弱，财政异常困难，与锡良面晤时，锡督力言整顿东省之策，非预备绝大财力不能入手，否则无米之炊，巧妇亦难为力。前此屡请入京与枢府面商各项要

---

① 《亚洲同时两大怵目事》，《香港华字日报》光绪三十三年六月二十九日。赵中孚、张存武、胡春惠主编：《近代中韩关系史资料汇编》（第1册），"国史馆"1987年版，第432页。
② 《不变政欤试看韩皇变政欤试看葡王》，《香港华字日报》宣统二年九月十三日。赵中孚、张存武、胡春惠主编：《近代中韩关系史资料汇编》（第1册），第531页。
③ 参见李细珠《日韩合并与清末宪政改革》，《近代史研究》2011年第4期，第108页。
④ 《西报译要》，《申报》宣统二年七月二十四日，第一张后幅第二版。

政，均未蒙允。宪政丁此危局，若再因循，后患将有不忍言者。涛贝勒闻言，深为感动，回京后即与枢府述及此事。"关于瑞澂入京："瑞莘帅蓄志来京已久，已有电请旨。枢府初意以鄂省伏莽滋多，湘乱尚未十分平靖，欲令该督在彼坐镇，不允其请。嗣接鄂督第二次来电，仍申前请。诸枢老以该督迭次请见，必有要公，非面商不可。拟准其来京。又，涛贝勒此次考察回京，深以汉口为吾国江防最重要之地，鄂省军备尤关紧要，本拟将沿海沿江各省督抚召集来京，会商切实整顿扩充办法，及闻鄂督奏请陛见之信，因极力主张允准。遂由枢臣回明监国，电知瑞督准其来京。"①

七月二十四日锡良蒙密召，情形不得其详。二十五日复召见，锡良首先力陈东三省现状及日俄两国对待中国之情形；次言东省需款孔急，及目前亟须举办之事，如移民实边、锦洮铁路等事，为万不容缓之举；末又陈述现在办理为难情形。② 据《申报》报道，摄政王在七月二十八日召见锡良时，"因外交事特召庆邸、那中堂同见，历一钟之久"。③ 锡良一方面声言"东三省交涉日繁，异常棘手，臣万不敢趋避自退，然实无策补救，请示机宜，以图効命"。④ 但同时也表达了辞任之意，据《申报》报道，"东督锡良入都后，以东省日危不肯回本任"。对于锡良此一表现，瑞澂则慨然对摄政王言道："吾国内而政府外而督抚，互相推诿敷衍，不知切实整顿，一则惧边疆之莫保，一则叹治象之日衰，皆足以见吾国之现象，而令人爽然忧废然叹者也。以今日言之，则吾国内地，未至若东

---

① 《东鄂两督来京陛见之原因》，《申报》宣统二年七月三十日，第一张第三版。宣统二年，军咨大臣载涛和随员良弼、李经迈等共17人，于1910年4月1日至7月11日赴日、美、英、法、德、意、奥、俄八国考察陆军，归国经奉天时和锡良接洽。据时人记述当时场景："锡良告以亲贵竞立门户，不急国事，良于东事屡有规画，皆阁置不行。似此则国之危亡，跂足可待。语时须髯戟张，声色颇厉。涛拱手起听，曰此谠论廷臣所不能言者，予归当谏于监国。"沃丘仲子：《当代名人小传》，沈云龙主编：《近代中国史料丛刊三编》（第8辑），（台北）文海出版社1986年影印版，第6—7页。
② 《东鄂两督奏对汇志》，《申报》宣统二年八月二日，第一张第四版。
③ 《专电》，《申报》宣统二年七月二十九日，第一张第三版。
④ 《专电》，《申报》宣统二年七月三十日，第一张第三版。

三省之可危也，假使内而政府、外而督抚，长此推诿敷衍，而不知整顿，则各直省之局势，何在不可作东三省观？然而推诿敷衍之习，固已深中于官场而莫能去矣，则吾国之大势，其可危为何如哉？"① 在七月二十五日的召见中，摄政王也对锡良恳切言道："素知卿能任劳怨，三省为祖宗发祥旧地，朝廷决无恝置之理。此次可与枢部各臣熟筹进行之策。此外各项要政，如有所见，尽可随时面陈。际此时事多艰，总须内外一心，方可共支危局。末复言及张、戴相继逝世，鹿芝轩又因久病，竟至不起。国步日艰，老成凋谢，为之唏嘘不置。"② 同时，摄政王开始倾向以全国之力支援东三省，据报道："摄政王面谕各枢臣，东三省情形危急，锡良确有为难，此时徒以空言责成筹办，恐祸患一发，无可挽救，应速合内外大臣妥商善后，以全国之力扶此危局，或能有济。"③

为推动清廷认可实业借款计划，锡良在京师期间，联络载泽、那桐、奕劻、徐世昌等人，甚至欲以"良马二匹为馈"运动中枢要人，郑孝胥则建议锡良"结好于泽、端，引为同志，如三联盟可成，必甚有力量"。④ 与此同时，锡良开始参与地方督抚关于预备立宪的讨论。宣统二年八月五日，云贵总督李经羲通电各省督抚，征询预备立宪"简单入手"办法。八月九日锡良复电，认为"重要简单入手之办法"莫如借款筑路，提出借外债数万万在十年之内修成粤汉、川藏、张恰、伊黑四条干路的宏大铁路计划。之前八月六日，锡良亦上《密陈筹借外债以裕财政而弱敌势

---

① 《时评》，《申报》宣统二年八月四日，第一张第六版。
② 《东鄂两督奏对汇志》，《申报》宣统二年八月二日，第一张第四版。所言张、戴，分别指张之洞、戴鸿慈，张、戴分别于宣统元年八月二十一日、宣统二年正月十三日病逝。针对督抚"畏夫交涉之困难，遽萌退志"之风，青年周作人刊发于1910年8月11日《绍兴公报》的一篇文章这样评论道："内而部臣，外而疆吏，遇有交涉一方面则欲全顾睦谊，一方面则欲保守主权，其情状殆千篇一律。敢问是保守主权，岂徒恃夫口舌之争，无实力以盾于其后者，所可得而操券者耶？况乎人以其强，我以其弱；人以其进，我以其退；人以其争，我以其让。着着失败，宁复有主权之可保耶？"周作人：《闻梁敦彦锡良周树模陈昭常将次辞职有感》，陈子善、张铁荣编《周作人集外文》（上集），海南国际新闻出版中心1995年版，第102页。
③ 《专电》，《申报》宣统二年十月十八日，第一张第三版。
④ 劳祖德整理：《郑孝胥日记》（第3册），第1273—1274页。

折》，在他看来，只有铁路尽通才能御中控外，"不特国内宪政进行更速，即各国图我之谋亦必苦财力不给因而大挫"，实际上将铁路建设和宪政推进结合起来。① 据《申报》报道，锡良计划八月十七日出京。②

宣统二年七月十五日奉朱批，《东省大局益危密陈管见折》着外务部、度支部妥速议奏，经过半个多月时间，至八月二日两部做出议复，同意了锡良提出的实业借款计划："锦瑷铁路久未定议，而时艰日迫，经营实业自不能再事迁延，固圉必先实边，既庶方可致富，以东省地大物博，倘经理得法，富强可待，何止图存？……照准该督所请。"③ 之后，九月二十七日，度支部奏请由其管理东三省与美国银行团所议借款事宜，这样东三省实业借款与币制改革借款即统归度支部办理。④ 九月二十五日，度支部左丞陈宗妫、右丞傅兰泰与美国银行团代表梅诺克在北京签订借款合同6款，主要内容有：借款总数不超美金五千万元（约合银八千万两），年息五厘，九五扣；存款提款章程、借款期限、分年递还利息等办法俟立详细合同时商订。二十七日，度支部将所订草合同具折上奏，清廷允准。⑤ 此项借款即币制实业借款。对此锡良颇为失望沮丧，其事后致电直隶总督陈夔龙、山东巡抚孙宝琦即言："去（宣统二年）秋奏请商借外债移民殖边，经部议准，随即通电各省，意谓事在必行，旋向美商商订借年息五厘，不要抵押，草约已定，忽奉电旨改归部借，延搁以至于今，并锦洮铁路亦恐将成画饼，似部中于东事别有

---

① 详见本章第七节"参与疆臣会、阁期限讨论"。
② 《专电》，《申报》宣统二年八月十二日，第一张第三版。
③ 《度支部外务部奏遵旨妥筹东三省请借外债二千万两兴办实业拟请照准折》（宣统二年八月二日），王彦威、王亮：《清季外交史料》（第4册），第3762页。
④ 《度支部奏议借美款先订草合同请旨核遵折》（宣统二年九月二十七日），王彦威、王亮：《清季外交史料》（第4册），第3789页。宣统二年四月十六日，清政府正式颁布币制则例，准备进行币制改革，亦开始币值改革借款之谋划。另据那桐记载，九月一日蒙召见时即得到"美国借金元归度支部办理，东省勿庸自借"的指示。北京市档案馆编：《那桐日记》，新华出版社2006年版，第669页。
⑤ 《度支部奏议借美款先订草合同请旨核遵折》（宣统二年九月二十七日），王彦威、王亮：《清季外交史料》（第4册），第3789页。

见解。"①

　　十月十六日，锡良遵谕议复熊希龄在日韩合并后所陈《为朝鲜既并满洲益危敬陈管见折》。熊希龄在折中提出开放东三省、援引欧美势力的策略，同时认为锡良奏请借外债2000万两为数太少，根本无济于事。②锡良几乎完全认同熊希龄的谋划，进而借机提出加借外债的主张，并特别强调修筑锦瑷铁路为东三省"提纲挈领之要务"，唯此路修成"则精神振作，血脉贯通，一切移民开垦均可应弦赴节，事半功倍"。③这是锡良为实现锦瑷铁路借款计划的最后一搏。迨至十二月，外务部具折，指出"移民之举有铁路固形利便，无铁路亦未见需费增多"，并且"锦瑷现未有成议，垦务势难待诸路成"。④至此，锡良竭力谋划的锦瑷铁路借款计划最终破灭。⑤

　　美国银行团在与度支部签订草约后，又与英国、德国、法国银行团联络，商定对中国借款采取共同行动。宣统三年二月十七日，度支部致电锡良，针对东三省借四国银行团款项两千万两所开列的五百万两的抵款数目，即烟酒税一百万两、出产税七十万两、销场税八十万两、各省盐斛新加价二百五十万两，指出所开之单应多列款项，"能与一半抵款之数，相符于藉为保护宗旨"。进而指出借款用途亦应多列，移民垦牧、森林、矿业皆属实业范围，如此，"漠河观音山金矿、吉林三姓金矿皆可指

---

① 《致天津陈筱帅济南孙慕帅电》（宣统三年正月二十八日），《锡良任东三省总督时吉林来往电》（第23册），馆藏：甲374/15。
② 该折全文见林增平、周秋光编《熊希龄集》（上），第398—402页。
③ 锡良：《遵旨密陈东三省大局应行分别筹办情形折》（宣统二年十月十六日），《锡良遗稿·奏稿》，第1242页。
④ 《外务部总理大臣奕劻等奏会同议复锡良密陈东三省分别筹办情形折》（宣统二年十二月十五日），《清宣统朝中日交涉史料》，第362页。
⑤ 直到宣统三年正月十八日，此时锡良已决意请辞，郑孝胥仍致函锡良，建言具奏锦瑷路事："锦爱路久不定，坐失事机，东省必有措手不及之悔，我公去志虽决，此事宜速具奏切陈，舍此别无良策之状，或冀朝廷有猛省之一日耳。"《锡良收郑孝胥来函》（宣统三年正月十八日），虞和平主编：《近代史所藏清代名人稿本抄本》（第3辑第137册），第308页。

款开办，如果得人，必获厚利。藉四国护持，免为他人攫取"。① 同日锡良复电，指出除度支部所言森林、矿业外，"兼办银行以及粮运公司，总不离实业范围为宗旨，为护持东省计自不妨多列数项"。进而又言："然欲全行指出，又恐挂一漏万，或将来于清单外有所规划转不免受其限制……加入'实业'二字为总括之笔，较为灵活。"②

最终，宣统三年三月十七日，盛宣怀与四国银行团代表签订《币制实业借款合同》，借款总数一千万金镑，五厘息，九五扣，限期四十五年，以东三省烟酒等税以及各省盐斤新加价等为担保。然而，银行团除在 5 月 30 日付 40 万英镑外，一直到武昌起义爆发再也没交付过款项。有论者分析，这一结局，既与清政府垮台有关，也与列强之间的纷争和矛盾有关，使债券发行成为不可能。③

小结

系统梳理锡良督东时期从自办铁路到借款筑路的思想转变以及锦瑷铁路借款计划最终遇挫的全过程，可以得出以下总结性认识。

首先，锡良主导推行的锦瑷铁路借款计划，目的是实现"均势外交"下列强间的相互牵制，延续了近代以来"以夷制夷"的外交策略原则。

锡良督东时期，其铁路思想经历从自办铁路到借款修路之转折。锡良之所以最终认同借款筑路，根本原因还是东北主权危急日渐加剧，他坦言："举债不无流弊，弟亦明知，惟东省困难情形不可名状，千疮百孔，急待弥缝，而民生之凋敝已深，内帑之空虚更甚。欲图展布，断不能为无米之炊，现督办延吉大臣亦以经费无着，奏请裁撤矣。长此坐困，

---

① 《度支部来电》（宣统三年二月十七日），《锡良任东三省总督时京师来电》（第 17 册），馆藏：甲 374/46。
② 《致度支部电》（宣统三年二月十七日），《锡良任东三省总督时京师来电》（第 17 册），馆藏：甲 374/46。
③ 参见夏良才《清末币制实业借款的几个问题》，《学术月刊》1986 年第 2 期。

东事尚可为乎？故欲救东省之危，舍举债更无所藉手。"① 在他看来，非由外人之力无以牵制日、俄，主张向欧美借款修筑贯通东三省南北的锦瑷铁路，一方面可以和日、俄控制的东清铁路、南满铁路争利；另一方面则可以借此将欧美势力引入东北，实现"均势外交"下列强间互相牵制，从而强化边疆主权和边防安全。锡良对此持之甚力，曾言"如东人不愿，可使京官劾我"。② 这一策略实源于锡良等人认为日、俄与英、美对东三省的利益追逐有着本质区别，正如郑孝胥所言："东清、南满之路权操于日俄之手，其殖民之策兼程并进，一日千里，其势不出数年，立驱支那种族于满洲之外，所谓勿近禁脔者，诚日俄所蓄之'同情'也；至于英、美则纯乎争握利权之思想，谓英美亦欲移民据此以夺华人之生计者，暗于事情者也。"③ 当然，锡良等并非想将日、俄势力完全清除出东北，因为这既不现实又不符合"均势外交"要求。可以说，锡良谋划的"均势外交"是一种颇具风险的走钢丝式的平衡外交，很大程度上延续了近代以来"以夷制夷"的外交策略原则。

有论者言，在国内资金匮乏又无铁路专门人才的情况下，借款官办政策有其客观必然性和可行性，关键是如何正确运用，使之既能促进中国铁路事业的发展，又能保障路权不因借款而被列强操纵。④ 就锦瑷铁路借款而言，当然还没有达到如何"正确使用"的地步。在这里，我们有必要讨论的是锡良借款筑路相关言论的得失。整体看，锡良几乎都在论述东三省内忧外患的局势以及引入欧美势力的必要性和迫切性，对如何避免因借款造成太阿倒持的被动局面、如何防范欧美操控东三省利权则考虑得并不周全，明显带有利用列强间争端求生存的侥幸心理。这种认识上的偏狭即受到时人质疑。资政院议员刘纬即言："此间所订借款合约

---

① 《复河南彰卫怀道石庚》（宣统元年十二月二十九日），《锡良任东三省总督时信稿》（第5册），馆藏：甲374/75。

② 劳祖德整理：《郑孝胥日记》（第3册），第1221页。

③ 郑孝胥：《再论锦瑷铁路之阻力》，《申报》宣统二年三月十七日，第一张第三版。

④ 崔志海：《论清末铁路政策的演变》，《近代史研究》1993年第3期。

上之条件，何者不损主权，何者持永久方法，条约既订以后，对于日、俄种种之关系有何善策，以期进行无阻，此不能不求大略也。"① 梁启超指出："吾于此路非绝对的反对也，但必附以条件始能赞成耳：一则与美国所定借款合同须无损主权，其二则有一殖民公司与之相辅。此二事若能办到，则于政治上及国民生计上皆可得良效果。"② 英国报纸亦指出锦瑷铁路借款若成，"美国或乘机向中国索取一切权利，俾美之铁路大王得扩张其路线矣"。③

其次，锦瑷铁路借款计划最终在日本、俄国的外交施压以及中央政府和东北地方政府的往复协商争执中破产，彰显了东北铁路建设面临着中外博弈与央地歧异的双重困境。

借款修筑锦瑷铁路的目的在于遏制日本、俄国，因而受到两国高度关注及多方干涉，中外博弈也是既往研究的主要视角。需补充的是，日本、俄国这一对昔日的冤家对头为保全在东北的利益而联起手来，出于避免和美、英形成直接对抗的考量，它们对锦瑷铁路借款计划并非直接反对，而是皆以中国的保护者自居，声言此路必须经其同意方能实施且要求加入提供资金、工师的国家行列，为达此目的对清廷极尽外交恫吓讹诈之能事，同时在东三省加紧侵略步伐。

下面重点对这一时期的中央、地方关系做一考察。中央政府和东北地方政府之间，在锦瑷路事决策上存在诸多"歧异"，集中表现为东省督抚极力主张锦瑷借款而中央各部的态度则摇摆不定，以致锦瑷铁路借款计划迁延日久。具体言，中央各部起初认为单纯兴办铁路为一隅之计遂指示各业应兼营并举，之后则认同锦瑷借款计划但同时暂缓银行、实业

---

① 《咨送刘议员质问满洲及锦瑷铁路交涉事》（宣统二年十月十七日），（台北）"中央研究院"近代史研究所藏：02/26/022/01/007。
② 沧江：《再论锦爱〔瑷〕铁路问题》，《国风报》第1年第7期，宣统二年三月十一日，第32页。
③ 《论各国远东之大竞争》（译英国1910年4月《康顿白烈报》），张元济主编：《外交报汇编》（第15册），第35页。

借款，但外务部在日、俄外交施压下最终终止了锦瑷铁路借款，在日韩合并后则转而认同了锡良提出的包括兴办实业、移民兴垦、开矿筑路在内的实业借款计划。虽然上述决策调整有其时境变动的原因，但整体上曲折过多，缺失了应有的连贯性和一致性。之所以致此，有其复杂诱因。

一方面，东三省督抚对东北内忧外患局面的认知最为深刻，亟思保全之方，甚至在未得清廷允准下与美国签订借款草约。就外务部、邮传部、度支部而言，由于职责差异使然，对锦瑷路事的考量各有侧重。外务部在各国外交压力下首当其冲，但其对日本、俄国的真实态度缺乏及时而准确的判断，往往慑于外交压力而不断变动决策并将列强要求转至东三省督抚。借债筑路是邮传部的一项基本政策，邮传部在执行东三省铁路借款时特别注意保护利权，力避引入欧美势力落得引虎拒狼的结局。① 度支部掌全国财政，由于新政时期改革局面过于铺张，以致财力严重不足，由此亟谋清理全国财政，有意收回地方的财政权力。正如颜世清观察，外务、度支、邮传三部在锦瑷路事上"各怀心思"，以致"几酿意见"。② 日本政府亦不无正确地指出，清政府锦瑷路事决策受到美国对华政策极大影响，"并非是清廷内部详加讨论的结果"。③ 而这种局面的产生又与清廷强化中央集权的时代背景密不可分，正如锡良之子斌循所述："先君历任豫川滇黔，受两宫特达之知，奏事多邀俞旨。乃抵奉，政见乃每与枢臣扞格。……顾当时廷议方注重中央集权，疆臣所陈，若无闻见，鲜允纳者。"④

---

① 如邮传部在1910年9月公布《借款办路说帖》，指出发展中国铁路"舍借款办法目前实无良图"，但铁路借债须遵五原则：严禁抵押、严禁折兑、保留伸缩偿期之权、严禁居间者之垄断、保留用人购料之权。《中国时事汇录·邮传部借款办路说帖》，《东方杂志》第7年第10期，宣统二年十月二十五日，第283—284页。

② 《北京颜韵伯来电》（宣统元年十一月十九日），熊希龄：《熊希龄先生遗稿》（电稿一），第95页。

③ 吉林省社会科学院《满铁史资料》编辑组：《满铁史资料》（第2卷第1分册），第206页。

④ 斌循：《锡文诚公行述》。

另一方面，清廷内部的权力斗争也极大地影响了政策稳定性。前文述及，袁世凯作为联美制日外交的倡导者，因唐绍仪出访美国无果受到政敌攻击，借美国力量排斥日、俄势力的构想也因而受挫。据《大公报》报道，摄政王载沣在倒袁之后曾面谕军机大臣并转饬邮传部及各省督抚："嗣后凡关于筑路事宜，不得再行借贷外款，致使利权尽失，债累日重。"① 其试图彻底清理袁世凯联美制日政策所可能遗留影响的意图可见一斑，而这种政策引导必然直接影响到中枢部臣对锦瑷借款的态度。另据日本从李盛铎处探悉并得到良弼、载涛证实的情报，袁世凯倒台后，"一部分政府要人产生了拟以亲日方针处理满洲问题的倾向"。又言，在锦瑷借款计划推行过程中，奕劻、善耆、良弼、载涛等人"一味辩解与此事无关，并尽力向日本表示别无他意"。② 可见，清政府在外交决策上采取亲日还是亲美，与满汉间权力斗争有着极大关联，反映其时政治实态。

宣统二年八月，《东方杂志》刊发题为《借款筑路问题》的文章，写道："借外债以筑路亦非必不可行，惟视其时政体之如何及政府之如何而已。政体为立宪，则其种种机关皆备，即有时偶然不善，旋即有监督者之责言，亦可立时改良，以免流弊；政体即为专制，然苟有良政府，实心实力行其独断之政策，则较之立宪政体尤易见功。惟无论如何，要不能不酌度时势而慎定其方针。"③ 该文虽非专就清政府以及锦瑷铁路借款而发，但其所论政府能否同心一致"行其独断之政策"，无疑揭示出锦瑷借款失败的症结，当然更是对晚清朝局的有力针砭。

第四节　困境与纾困：统筹东三省新军编练

鸦片战争以前东北地区主要是驻防八旗兵，光绪年间有了练军或防

---

① 《谕止借款筑路》，《大公报》宣统二年九月十八日，第五版。
② 吉林省社会科学院《满铁史资料》编辑组编：《满铁史资料》（第2卷第1分册），第205、206页。
③ 宣樊：《借款筑路问题》，《东方杂志》第7年第8期，宣统二年八月二十五日，第223页。

军，光绪中叶以后陆续改为巡防队。据光绪二十四年兵部和户部统核，此时奉天有练军11400人，吉林有防军8598人、练军4438人，黑龙江有练军7971人。①《辛丑条约》签订后，清政府逐步推进全国新军编练。就边防形势危如累卵的东北地区而言，其时边防力量至为薄弱，军队"完全不统一，极无秩序"，"满洲的官兵，还不能摆脱软弱无力的境地"。②因之，建设质、量兼备的合格军事力量，保卫中国东北主权与边防安全，是摆在清政府和东北当局面前刻不容缓之要务。

东北新军编练起步于东北改制前。光绪三十二年，吉林将军达桂在本省旗营内挑选五千人编练成步队一协。然新军编练成镇则是东北制后在第二任东督锡良的统筹规划下实现的。关于清末东北练兵情况，目前史料挖掘整理尚处于起步阶段。如被学界广泛征引的清末新军编练史料集《清末新军编练沿革》，有关东北新军编练的史料即有欠丰富，尤其是"黑龙江新军编练材料很少"。③ 受史料条件制限，学界对东北新军编练成镇的过程普遍语焉不详，多是在锡良人物概论式研究中零星提及。④ 锡良档案中包含大量锡良与黑龙江巡抚周树模、吉林巡抚陈昭常以及清政府之间就东三省新军编练的往来协商电文，展示出诸多历史细节和隐情。

一 三省边防形势与练兵陈奏

光绪三十三年三月，清政府实施东北行政改制，设东三省总督及三省巡抚。同年七月二十一日，管理陆军部事务的和硕庆亲王奕劻等奏请

---

① 赵尔巽等：《清史稿》（第14册），中华书局1976年版，第3930页。
② ［日］东亚同文会：《对华回忆录》，胡锡年译，第299页。
③ 中国社会科学院近代史研究所中华民国史组编：《清末新军编练沿革》，第173页。
④ 代表性研究如戴其芳、张瑞萍《论锡良》，《内蒙古大学学报》1992年第4期；杜春和《锡良》，罗明、徐彻主编：《清代人物传稿》（下编第7卷），辽宁人民出版社1992年版，第146—153页。清末新军研究通史性著作，也对东北练兵着墨较少。文公直著《最近三十年中国军事史》［（台北）文海出版社1964年影印版］，第二编"军史"部分专列"东三省军史"一章，然对锡良练兵无只字提及。参见该书第49页。张华腾著《清末新军》设有"各省新军的编练"专节，但挑选若干省份展开论述，未涉及东三省。

各省陆军编练计划，其中，奉天、吉林、黑龙江须各练成新军一镇，统限两年内编练足额。① 首任东三省总督徐世昌做了一些基础性工作，诸如奏调北洋兵力至东北驻防，奏设由总督任督办的三省督练公所，陆续设立陆军粮饷局、测量总局、军械局、军医局等军事管理机构，开办陆军讲武堂、陆军小学堂、测绘学堂等军事教育机构等。② 宣统元年正月锡良调任东督之际，东三省新军编练远未完成，练兵重责就主要地落在新任总督锡良头上。

尽管锡良对于督东不乏请辞，然既来之则安之。为了对东三省局势有详细了解，锡良督东不久即亲巡三省，表现出务实态度。五月九日起，锡良先巡视奉天，又赴吉林、黑龙江，六月五日返回奉天。经过近一个月实地考察，锡良具折强调"整军经武"的紧迫性："国势之盛衰，莫不视兵力之强弱以为衡。东省逼处强邻，屏藩畿辅，欲为建威销萌之计，首重整军经武。"但同时又指陈练兵面临诸多困境："无如迭经兵燹，元气已伤，地处边荒，伏莽犹盛，旧营既无可裁汰，新军又不克扩充，仰屋徒嗟。"③

宣统元年七月二十日，清政府外务部尚书梁敦彦和日本驻华公使伊集院签署《图们江中韩界务条款》。十月七日锡良与陈昭常联衔密筹延吉善后事宜，指出尽管延吉界务问题已暂告解决，日人原设宪兵分遣所亦陆续裁撤，然"整军经武"仍不可缓："延吉全境，南邻朝鲜，东控海参崴，为吉林南部重要地域。日、俄两国一旦有事，亦为形势之所必争。利害攸关，实系东省全局，趁此领土已定，整军经武讵能再做缓图？"④ 十月间，锡良基于东三省"俄掎其西北，日扼其东南，已成分据之势"

---

① 中国社会科学院近代史研究所中华民国史组编：《清末新军编练沿革》，第76页。
② 上述内容在徐世昌主持编订的《东三省政略》一书之"军事·军学""军事·军备"篇中有详细介绍。学界亦多据此，对徐世昌督东期间的练兵情况做了梳理，如赵云田《清末新政期间东北边疆的军事改革》，《社会科学辑刊》2003年第4期；郭艳波《清末东北新政研究》，博士学位论文，吉林大学，2007年，第165—183页。
③ 锡良：《考察东省军政编配陆军添练成镇折》（宣统元年六月二十日），《锡良遗稿·奏稿》，第932页。
④ 锡良：《密筹延吉善后事宜折》（宣统元年十月七日），《锡良遗稿·奏稿》，第984页。

的严峻形势，提出欲求一线生机，必须练兵、修路两策并施：一是练成十镇新军分布于三省，"平时拱卫京畿，临事亦能自顾"，这是锡良首次明确提出练兵数量；二是修建锦州至瑷珲以及延吉迳达奉天的铁路，所谓"于日俄范围之域贯穿其中，血脉始通"。① 宣统二年二月十五日，锡、陈再次具折，痛陈东北局势之危："（俄国）移其军事根据地于波里，以扼松花江、黑龙江、乌苏里江之冲，而与海参崴、哈尔滨相犄角；……（日本）先辟温贵军港以与海参崴相抗，复开清津、敦贺、舞鹤间之航路，以便军队运输。"两强上述行动，"皆以吉省为集合点，种种计划无非暗为军事预备"。反观我国，"漫无部署，瓯脱之地动辄千里无一兵一卒"，一旦边疆告警，"处处可虞，直有防不胜防之势"。②

1910年8月22日《日韩合并条约》签订。数日后，军咨大臣载涛从考察各国军政的经验出发，要求东北加快扩充军备步伐："非扩张军备，难以谋独立而救危亡。故一切费用皆可力求节省，惟练兵一项，无论如何拮据，总当力任其难。"③ 八月间，锡良向外务部呈报一份日本政府颁布的外交属官秘密对清政策，其中即有"南满沿铁路于半年内当暗中陆续添派兵队，增足三师团之数""东省林矿交通务绝欧人插手""东省出产以豆盐为大宗，我当先从此二项着手并全力经营"等条。④ 稍后，锡良又向清廷通报，日韩合并后日本政府议将拓殖局升为拓殖省，实行统一殖民政策，通过"吸取东三省之财力补助高丽之经营"。迨经营高丽五六年后，则必将"以全力注我东三省"，对中国实行急进主义侵略政策。⑤

---

① 《致军咨处电》（宣统元年十月四日），《锡良任东三省总督时京师来往电》（第6册），馆藏：甲374/45。

② 锡良：《统筹吉省边防兵备情形请将旧有陆防各军先行改编陆军一镇折》（宣统二年二月十五日），《锡良遗稿·奏稿》，第1105—1106页。

③ 《管理军咨处事务载涛奏为练兵筹饷筹划国防敬陈管见事》（宣统二年七月三十日），中国第一历史档案馆藏：04/01/01/1108/016。

④ 郭廷以等编：《清季中日韩关系史料》（第10册），（台北）"中央研究院"近代史研究所，1972年，第7129—7130页。

⑤ 郭廷以等编：《清季中日韩关系史料》（第10册），第7136、7142页。

九月十四日锡良再具折,指出日本在安东、辽阳、海城、铁岭、长春均有联队驻扎,延吉一带"亦骎骎逼处矣"。俄国则在西伯利亚沿路车站增建营房、添扎军队,"其用意可知"。基于东三省濒于沦亡边缘的判断,锡良提出"倾全国之力以谋东三省"的请求,否则,"不出三稔,恐关以东将为朝鲜之续",陪都如不能守,"京师岂能宴然?土崩瓦解,即在目前"。① 所言触目惊心,足见东三省危局千钧一发。

综上,面对东三省危迫局势,以锡良为首的东三省当局强烈意识到整军经武的必要性和迫切性,这构成他们克服诸多困难而亟亟于新军编练的根本动力。

二 新军编练困境与勉力应对

东三省新军编练过程中遇到经费竭蹶、兵源不足、将领缺乏、军械陈旧等诸多棘手问题,上述问题放之全国亦具有普遍性,关键在于主政者如何应对。在问题面前,以锡良为首的东三省督抚勉力筹维,较好地行使了行政职责。

(一) 经费问题

早在光绪六年,清政府为保固东北疆圉设立东北边防专项经费。② 然而,此项经费至清末则难以为继。锡良督东时,东三省经费入不敷出已达极致。奉天度支司不仅没有存款,尚欠官银号银一百余万两。③ 徐世昌也曾坦言:"三省财政异常困难,行将不支,一切应办新政切实举行,非奏请关内各省协款无可为济。"④

宣统元年十月三日,军咨处致电锡良询问东北边防情况:"东三省边防关系重要,近日有何消息,贵督茂筹素著,迩来如何措置,是否拟有

---

① 锡良:《奏为东省阽危亟宜练兵制械折》(宣统二年九月十四日),虞和平主编:《近代史所藏清代名人稿本抄本》(第3辑第137册),第19—23页。
② 参见刘增合《晚清保疆的军费运筹》,《中国社会科学》2019年第3期。
③ 《锡帅电询奉省存款》,《盛京时报》宣统元年三月五日,第五版。
④ 《徐锡二督电商新政款需》,《盛京时报》宣统元年三月四日,第五版。

详细办法。"① 次日锡良复电，重点强调财政匮乏是困扰新军编练的瓶颈问题："三省财力同一枯窘，军事无由扩充，无米之炊，势将束手。是东省之阽危不待外人协谋，已成坐困之局矣。"② 东三省为满洲龙兴之地，边防建设至为重要，然此时财政捉襟见肘的清政府实属有心无力，并不能给予特别支持。同时清政府再三强调，无论财政如何困难，"不得借用外款"。③ 处此情势，三省督抚惟有拆东补西勉力筹措。吉林新军开办时应购军械军需之类需银120余万两，由吉林就地筹划并分作两年置办；常年经费则在旧有陆防各军常年经费项下移用。④ 奉天新军开办经费不敷银40余万两，度支司、粮饷局仅能认筹24万两，余数由粮饷局设法挪垫；常年经费则由奉省征收二四盐厘悉数截留拨抵。⑤ 为节省饷需，锡良还于宣统元年十二月间专门具折，奏请裁撤军需长、司书生、医官、马弁、夫役人等行营中军员缺。⑥

（二）兵源问题

清末时期，东北因社会风气未开等原因，士兵招募殊属困难。锡良督东之初即接奏报："驻延（吉）步队二营，目兵共缺二百零三名，刻因边情紧急，势难一再稽延，此间又无合格之人可以募补。"⑦ 宣统二年三月，锡良致电陆军部亦坦言："各镇协目兵，退伍以及逃、革、假、故，

---

① 《军咨处来电》（宣统元年十月三日），《锡良任东三省总督时京师来往电》（第6册），馆藏：甲374/45。

② 《致军咨处电》（宣统元年十月四日），《锡良任东三省总督时京师来往电》（第6册），馆藏：甲374/45。

③ 《西报纪东三省近事》，《申报》宣统二年年七月十六日，第一张后幅第二版。

④ 锡良：《统筹吉省边防兵备情形请将旧有陆防各军先行改编陆军一镇折》（宣统二年二月十五日），《锡良遗稿·奏稿》，第1107页。

⑤ 锡良：《奉省编练陆军第二十镇成镇日期并改编筹饷办法折》（宣统元年十二月十日），《锡良遗稿·奏稿》，第1056页。

⑥ 锡良：《请裁东省行营中军员缺以节经费折》（宣统元年十二月十日），《锡良遗稿·奏稿》，第1058页。

⑦ 《长春曹统制来电》（宣统元年六月二十七日），《锡良任东三省总督时吉林来往电》（第4册），馆藏：甲374/12。

悬额甚多。拟派员入关，在皖、豫等省招募新兵。"① 四月，锡良再致电陆军部强调"就地招募"之难："东省风气未开，旗民均以充兵为畏途，勉强应征亦多逃逸，欲期就地招募，殊属为难。"② 就新兵逃逸而言，某些地方甚至超过招募总数的半数。据宣统二年七月吉林兵备处报告："第二标呈称：窃查卑标第一营后二排长崇裕，由布尔图库边门验带新兵四十三名，沿途潜逃二十二名，实带到营新兵二十一名。"③ 然而，锡良跨省募兵的提议未得陆军部认同，后者仅同意调东之第三镇可赴直隶招募兵员以补缺额，余则"仍照章挑选土著，旗民并征"。④

早在光绪二十七年七月三十日，清政府鉴于制兵、防勇积弊甚深，要求各直省"将原有各营严行裁汰，精选若干营分为常备、续备、巡警等军，一律操习新式枪炮"。⑤ 其意固在整顿军备，亦旨在解决新军兵源难题。对于整编巡防营的指令，陈昭常回应最为积极。吉林自光绪二十六年裁撤边防练军，改募捕盗队计10军40营共13000人，光绪三十三年建省后一律改为巡防队，由营务处节制。然吉林又设置教练、参谋、兵备三处，由此营务处"几类骈枝"，"而每年靡费至数万金，实较三处所费尤巨"。基于此，陈昭常在认同整编巡防营的同时，进而主张将营务处并入三处，"每年所省可三万余金"。⑥ 起初，锡良考虑到吉林巡防营承担防匪任务且颇著成效，并不认同将其骤改新军，其在宣统元年八月奏报即言："两载之间，随剿随抚，匪踪日少，盗案日稀，因之土地垦殖，商

---

① 《致陆军部电》（宣统二年三月十三日），《锡良任东三省总督时京师来往电》（第8册），馆藏：甲374/45。
② 《致陆军部电》（宣统二年四月十七日），《锡良任东三省总督时京师来往电》（第9册），馆藏：甲374/45。
③ 王普文、潘景龙、李贵忠主编：《清代吉林档案史料选编·吉林军事》，天津古籍出版社1993年版，第516页。
④ 《陆军部来电》（宣统二年四月二十八日），《锡良任东三省总督时京师来往电》（第9册），馆藏：甲374/45。
⑤ 中国第一历史档案馆编：《光绪宣统两朝上谕档》（第27册），第172页。
⑥ 《吉林陈简帅来电》（宣统元年四月七日），《锡良任东三省总督时吉林来往电》（第7册），馆藏：甲374/12。

民趋附,向称穷荒之区,已皆渐有生聚之象。"① 然而,迨宣统二年吉林边务督办裁撤后,锡良则斟酌情势调整思路,转而认同吉林整编巡防营。就奉天而言,巡防营"腐败情形已达极点,不仅不能防匪,且与匪通,糜费国帑、助长匪风,实为奉省军界之一大障碍物"。时人普遍认为,"若能裁撤,其费可练新军一镇一协,所益于奉省军事者匪浅"。② 总的来看,巡防营成为吉林、奉天新军的重要兵源。而与之相异,黑抚周树模则反对改编巡防营,这也构成该省新军终未编练成军的一个重要致因(详见下文)。

(三) 将官问题

锡良清醒意识到:"此尚武时代,军界正苦乏才。"③ 而将领缺乏且军事素养普遍不高的问题在东三省尤其严重。以吉林为例,光绪三十二年编成的吉林步队第一协,其统领、统带、管带等将官绝大多数从北洋六镇中选充,不仅数量不敷且"率未通晓陆军学术"。④

为解决军事将官缺乏问题,锡良首先奏调长期为自己属吏的将才随己效力,所谓"将随督转",陈宧即是典型一例。陈宧系湖北安陆县人,由廪生入湖北武备学堂肄业。光绪二十九年,经四川总督锡良电调到川委充常备军帮统、武备学堂会办及陆军混成协统领官。光绪三十三年,经云贵总督锡良奏调委充云南陆军混成协统领官。宣统元年,经锡良电奏调东委用并于六月间到奉,委充督练处参议及会办巡防营务处等差,旋经奏派署理暂编奉天陆军第二十镇统制官。⑤ 另外,锡良对北洋将官颇为倚重。宣统三年正月,陈宧因旧疾复发呈请开去差使。随后锡良致电

---

① 锡良:《遵查吉省改练巡防各军历年剿匪有功汇案请奖折》(宣统元年八月二十五日),《锡良遗稿·奏稿》,第970页。
② 《锡良档存军政改革条例》,虞和平主编:《近代史所藏清代名人稿本抄本》(第3辑第124册),第142页。
③ 《复蒙古正蓝旗都统寿荫》(宣统元年十二月三日),《锡良任东三省总督时信稿》(第4册),馆藏:甲374/75。
④ 中国社会科学院近代史研究所中华民国史组编:《清末新军编练沿革》,第169页。
⑤ 秦国经等主编:《清代官员履历档案汇编》(第8册),第560页。

陆军部，举荐曾在北洋任职的"学识优裕，于军队素有经验"的张绍曾接任第二十镇统制官。① 宣统二年二月间，锡良奏请曾在北洋充当协、标统领的孟恩远担任吉林陆军第二十三镇统制。② 然奏调将才仅能解一时之急，从根本上解决军事将领缺乏问题端赖军事教育的发展。锡良督东期间进一步规范东三省军事教育，并斟酌实际情形调整办学规模。光绪三十二年，三省陆军小学堂次第设立，最初学额数为奉天70名、吉林100名、黑龙江70名。③ 锡良督东之际奉天陆军小学堂学额98名，系光绪三十四年十一月开学。④ 锡良督东后并未一味追求学额数量，而是基于保证生源质量和培养效果的目的适当缩减学额，分别为奉天50名、吉林40名、黑龙江30名。⑤

尤值提及的是，尽管东三省将才匮乏，但锡良对于各省从东北奏调将才的请求则多允之，表现出难得的大局意识。宣统二年四月，云贵总督李经羲致电锡良，商调马队队官成维铮及步队督队官张荣魁、邱斌赴滇任职，锡良复电言："陆军人材，奉省同一缺乏，成维铮等三员既承商调，自应勉令赴滇。"⑥ 同年五月一日，江苏巡抚程德全请调田中玉至苏任事，同日锡良复电："田军门既蒙我公调用，自应饬速赴苏籍供驱策。"⑦

---

① 《致陆军部电》（宣统三年正月七日），《锡良任东三省总督时京师来往电》（第15册），馆藏：甲374/46。

② 锡良：《改编陆军成镇请以孟恩远暂充统制片》（宣统二年二月十五日），《锡良遗稿·奏稿》，第1108页。

③ 《锡良存军政改革条例》，虞和平主编：《近代史所藏清代名人稿本抄本》（第3辑第124册），第155页。

④ 《复陆军部电》（宣统二年八月十一日），《锡良任东三省总督时京师来往电》（第12册），馆藏：甲374/46。

⑤ 王普文、潘景龙、李贵忠主编：《清代吉林档案史料选编·吉林军事》，第345页。

⑥ 《复李仲帅电》（宣统二年四月二十九日），《锡良任东三省总督时外省来往电》（第7册），馆藏：甲374/17。

⑦ 《复程雪帅电》（宣统二年五月一日），《锡良任东三省总督时外省来往电》（第7册），馆藏：甲374/17。

（四）军械问题

东三省军械奇缺且颇为陈旧，不仅不能保障日常训练，甚至"不能备一日之战"，"险莫险于此"。① 锡良意识到自造军械为长远之计，然迫于形势又不得不从国外购置以为应急之策。

锡良督东后曾筹划在东北建立枪炮厂："自非于北省特设大工厂，兼聘各国名匠，极力讲求，赶速制造，不足以顾东陲。"② 但其事终因经费、技术等问题制约而无果。而在如何购置军械问题上，锡良与陆军部之间则有不同意见。国内制造的军械以湖北为最，各省订购不暇，以致供应为难，并且在设计上存在漏洞。前文述及，巴塘用兵时所用鄂制新枪即有"机后尤其泄火，燃眉伤目"的情形发生。然向国外购置亦多弊端，不仅难以得到最新式武器，且往往附加苛刻条款。为避免丧失利权，陆军部建议东三省仍购买鄂制枪支，并指出锡良所言质量问题在弹而不在枪。③ 虽有此批文，而锡良两相斟酌，仍倾向从国外购置军械。日韩合并后，锡良曾提出"借债数千万，购枪三十万枝，每枝随带子弹一千颗"的庞大计划。④ 以奉天为例，宣统元年间，锡良通过德商瑞记洋行，订购德国侣佛厂新造1907年式六密里八口径毛瑟步枪3000杆，随带刺刀、口帽、背带，每杆价德金70马克，计21万马克；又尖顶无烟子弹300万颗，计36万马克。附带运输、保险等费，并除去九五扣，计德金622012.5马克。⑤ 宣统二年年初，又通过德商礼和洋行订购七密里九毛瑟

---

① 锡良：《请设制造厂并先借款购枪开办所得税片》（宣统二年九月十四日），《锡良遗稿·奏稿》，第1235页。

② 锡良：《奏为东省阽危亟宜练兵制械折》（宣统二年九月十四日），虞和平主编：《近代史所藏清代名人稿本抄本》（第3辑第137册），第23页。

③ 《陆军部来电》（宣统二年六月二十九日），《锡良任东三省总督时京师来往电》（第11册），馆藏：甲374/46。

④ 锡良：《请设制造厂并先借款购枪开办所得税片》（宣统二年九月十四日），《锡良遗稿·奏稿》，第1235页。

⑤ 锡良：《奉省陆军现已编配成镇拟购新式枪弹片》（宣统元年十月二十日），《锡良遗稿·奏稿》，第999页。

步枪3000杆，子弹500万颗。① 同年十一月，向日商三井洋行订购马枪426杆。②

三 新军编练路径及最终成绩

前文述及，锡良曾提出东三省练兵十镇的庞大计划，然此仅为理想状态而已。实际是，锡良与周树模、陈昭常通力合作，在徐世昌前期练兵基础上奋力拓进，终使东北编练成新军两镇即奉天第二十镇和吉林第二十三镇，黑龙江则练成一协之框架。

（一）奉天

光绪三十三年，东三省总督徐世昌抽调北洋第五、六两镇部分兵力，编成陆军第一混成协，分驻新民府、镇安、辽中；另将民政部京师巡警协巡队带往东北，与原奉天将军赵尔巽的协巡营合并，为奉天陆军第一标；又将旧奉军之新安军和盛军，改编成5路巡防队，调其中路、前路，成奉天陆军第二标。③

锡良督东后，以上述兵力为基础编练成新军一镇。宣统元年六月二十六日，锡良上奏奉天练兵计划："综计奉省陆军独立两标暨混成第一协，共有步队十二营、马队一营、炮队二营、工辎各一队，拟即编为一镇，遴员派充该镇统制官，饬令督率训练。仍将所缺马队二营、炮队一营、工程辎重各三队，赶紧筹编，以足一镇之数。估计所添营队约计开办经费需银四十余万两，常年经费需银三十余万两。"④ 为补充奉天新军缺额，锡良曾致电周树模，提出将调驻黑龙江的奉省陆军七十七标第一营调回奉天。退一步，如果黑龙江仍需用此营，其饷项等需则由黑龙

---

① 《致陈筱帅电》（宣统二年二月六日），《锡良任东三省总督时外省来往电》（第5册），馆藏：甲374/17。

② 《致陆军部电》（宣统二年十月十一日），《锡良任东三省总督时京师来往电》（第13册），馆藏：甲374/46。

③ 中国社会科学院近代史研究所中华民国史组编：《清末新军编练沿革》，第161页。

④ 锡良：《考察东省军政编配陆军添练成镇折》（宣统元年六月二十六日），《锡良遗稿·奏稿》，第932—933页。

江发给，以便腾出该营底饷另募一营。① 然周树模复电婉拒："奉军分驻省外，乃统筹兼顾，不得不然。"② 最终，锡良将该营拨归黑龙江管理，另将驻扎奉天省垣附近的中路巡防队马步九营照章编改以补充营制。③

宣统元年十月七日，锡良奏派"廉干精勤，血诚任事"且长期为自己属吏的陈宧为署理奉省暂编陆军第二十镇统制官。④ 十二月十日，锡良具《奉省编练陆军第二十镇成镇日期并改编筹饷办法折》，以十二月一日为奉天新军成镇之日，编为第二十镇，计步队二协、马队一标、炮队一标、工程辎重各一营、军乐队一队。⑤ 奉天新军在三省中最先成军，起到了表率作用。

（二）黑龙江

锡良督东之初，黑龙江尚未开始编练新军。锡良认为，"论形势则三省同一重要"，尽管黑龙江"款项倍极艰难"，然练兵断不能视为缓图。⑥ 总的来看，黑龙江财政竭蹶情况在三省中最为突出，锡良、周树模在一封联衔折奏中即说道："江省终岁所入不过百余万两，不足以抵陆军一镇常年所需。若专责本省筹练，全镇永无观成之日。"⑦

宣统元年九月十二日，经与周树模协商，黑龙江民政司使赵渊致电

---

① 《致周朴帅电》（宣统元年十月二十五日），《锡良任东三省总督时黑龙江来往电》（第2册），馆藏：甲374/23。

② 《周朴帅来电》（宣统元年十月二十六日），《锡良任东三省总督时黑龙江来往电》（第2册），馆藏：甲374/23。

③ 锡良：《奉省编练陆军第二十镇成镇日期并改编筹饷办法折》（宣统元年十二月十日），《锡良遗稿·奏稿》，第1056页。

④ 锡良：《编配陆军成镇派委陈宧充统制官片》（宣统元年十月七日），《锡良遗稿·奏稿》，第983页。

⑤ 锡良：《奉省编练陆军第二十镇成镇日期并改编筹饷办法折》（宣统元年十二月十日），《锡良遗稿·奏稿》，第1056页。

⑥ 锡良：《考察东省军政编配陆军添练成镇折》（宣统元年六月二十六日），《锡良遗稿·奏稿》，第932页。

⑦ 中国社会科学院近代史研究所中华民国史组编：《清末新军编练沿革》，第173页。

锡良，提出黑龙江拟先练一混成协的意见："江省孤悬极边，异常危险，仅有巡防二十三营，内多外来游民，缓急断不足恃，且时有溃变之患，顷与朴帅（周树模，字少朴）议练一混成协旅，御外弭内，关系甚大，于旗民生计亦有裨益。"进而在经费筹措上提议："其饷项应奏请部拨四十万，江省盐课二十余万请尽数作为奉省协济，其余由江省极力撙节，以资挹注。"并慷慨陈词："如此议不行，恐人人视为危途，一切殖民计划均不能行，止有束手待毙而已。"① 同年十月，周树模致电锡良，提出三省新军编练"势难分画界限"，而黑龙江"地广兵单，饷项奇绌"，"若就江兵守江省、江饷养江兵，诚恐疎虞，贻误全局"，是以"不能不借助奉省"。② 基于全局视野，锡良认同其议："江省地处极边，练兵诚为急务。弟等通盘筹画，自明年起，由奉省按年勉力另筹协济银十万两。"③ 黑龙江筹练陆军处从宣统元年冬开始招募土著良民，拟先成陆军模范队一营，并设立教练处，令入伍弁兵一律肄习新法。至次年正月招足模范队一营，由镶蓝旗蒙古副都统寿庆专办教练。④

宣统二年二月间，军咨处致电锡良，提议黑龙江新军应以巡防营改编，认为如此不仅可以解决兵源问题，亦可腾出饷银以纾经费窘状。⑤ 然而，周树模鉴于黑龙江胡匪众多并不认同此议，其致函锡良言："江省地面辽阔，胡匪多，全恃防营分段驻剿，随时剿捕。若遽将江省防营截裁，腾饷以练新军，势必合兵一处以便训练，不能按段分防，诚恐地方空虚，难资震慑。"进而提议练兵不敷之款"请由部筹"，"或先只练一混成协以

---

① 《卜奎赵司使来电》（宣统元年九月十二日），《锡良任东三省总督时黑龙江来往电》（第2册），馆藏：甲374/23。

② 《周朴帅来电》（宣统元年十月二十六日），《锡良任东三省总督时黑龙江来往电》（第2册），馆藏：甲374/23。

③ 《复周朴帅电》（宣统元年十月二十七日），《锡良任东三省总督时黑龙江来往电》（第2册），馆藏：甲374/23。

④ 《周朴帅来电》（宣统二年正月六日），《锡良任东三省总督时黑龙江来往电》（第3册），馆藏：甲374/23。

⑤ 《致周朴帅电》（宣统二年二月十六日），《锡良任东三省总督时黑龙江来往电》（第3册），馆藏：甲374/23。

纾财力"。①但此议未得军咨处认同。二月二十一日，军咨处又致电锡良："陆军原可分屯各处镇压地方，不必固扎一处，各国皆然，分驻分练，亦于军中课程并无妨碍，且新军剿匪较巡防尤为得力。"②二十三日，锡良将此意转至周树模，当日后者复电详陈巡防营万难遽裁之由。首先，黑龙江巡防营分五路，防地皆七八百里至千余里不等，"若兵额骤减，地方太宽，防守空虚"；其次，黑龙江匪患严重，端赖巡防营缉捕，骤裁极易招致俄人以防匪为名借机派兵；最后，裁撤巡防一兵之饷，不足供新军一兵之需，不能达到腾饷目的。③锡良对此持认同态度，其致电周氏言："哈尔滨一带匪风甚炽，闻俄人有带队捕匪之说，如果属实，干涉我国主权，关系甚大，此端一开，将来他国仿行，为害伊于胡底。"④至宣统二年底，资政院审查军政经费时主张将巡防营全部裁撤，对此锡良又提出异议，强调东北胡匪尚需巡防营追剿，"稍一松劲，不特扰乱治安，为新政推行之阻力，抑且横生交涉，启外人越俎之阴谋"。⑤很显然，锡良此论主要根据黑龙江情势而发。

最终，在财政拮据、巡防营难以骤改情势下，至宣统二年十月间黑龙江练成模范队一营、步队二营、马队一营、过山炮一队，设一协司令部，寿庆为协统。⑥但直到辛亥革命爆发，此一协亦未完全练成。

（三）吉林

光绪三十二年，吉林将军达桂改编旧军成步队一协，又设军乐队一

---

① 《周朴帅来电》（宣统二年二月十七日），《锡良任东三省总督时黑龙江来往电》（第3册），馆藏：甲374/23。
② 《军咨处来电》（宣统二年二月二十一日），《锡良任东三省总督时京师来往电》（第8册），馆藏：甲374/45。
③ 《周朴帅来电》（宣统二年二月二十三日），《锡良任东三省总督时黑龙江来往电》（第3册），馆藏：甲374/23。
④ 《致周朴帅电》（宣统元年七月五日），《锡良任东三省总督时黑龙江来往电》（第2册），馆藏：甲374/23。
⑤ 《致军咨处陆军部电》（宣统二年十二月八日），《锡良任东三省总督时京师来往电》（第14册），馆藏：甲374/46。
⑥ 中国社会科学院近代史研究所中华民国史组编：《清末新军编练沿革》，第173页。

队，于六月一日成军，此为吉林"有新军操法之始"。① 按之一镇编制，计少步队一协，炮、马各一标，工程、辎重各一营。

锡良出任东督之际，中日之间正围绕延吉边务展开交涉。日本叫嚣"延吉华兵日增，彼亦增兵"。② 考虑到从他处"运兵转械于数千里外，易启外人之猜忌"，况且"将来能否调往延吉，此时尚难预定"③，吉林惟有加紧本省练兵步伐。虽然中、日于宣统元年七月就中韩界务达成协议，然兵备仍不可缓，"非练有陆军一镇不足以言备边"。④ 与此同时，陈昭常在八月间实地考察延吉边务后，则认为吉林"至少非陈三镇不足分布"，然鉴于财政竭蹶，提议"暂留巡防队前路各营驻防延吉，以中后左右四路巡防队马步各营连同原有陆军一协改成一镇"。⑤

吉林新军常年经费约需银 107 万两，锡良认为"必须常年由部筹拨一百万两协济"，⑥ 然清政府实无款可拨。为解决练兵经费问题，宣统元年十二月间，陈昭常提出裁撤吉林边务督办以节饷项的建议。在他看来，当前"无兵无饷，空多一督办大员"，"于边务仍属无益，而于行政反多窒碍"。⑦ 其所言不虚。吉林边务经费包括部拨、本省筹拨各 30 万两，然而不仅部拨难以为继，吉林每年只能勉筹十余万两，以致"军事无由展

---

① 中国社会科学院近代史研究所中华民国史组编：《清末新军编练沿革》，第 168 页。
② 《致陈简帅电》（宣统元年六月十七日），《锡良任东三省总督时吉林来往电》（第 3 册），馆藏：甲 374/12。
③ 《复吴督办电》（宣统元年五月十四日），《锡良任东三省总督时吉林来往电》（第 2 册），馆藏：甲 374/12。
④ 《致军谘处电》（宣统元年十月四日），《锡良任东三省总督时京师来往电》（第 6 册），馆藏：甲 374/45。
⑤ 《陆军部来电》（宣统元年十二月十日），《锡良任东三省总督时京师来往电》（第 7 册），馆藏：甲 374/45。
⑥ 《致军谘处电》（宣统元年十月四日），《锡良任东三省总督时京师来往电》（第 6 册），馆藏：甲 374/45。
⑦ 《陈简帅来电》（宣统元年十二月二十七日），《锡良任东三省总督时吉林来往电》（第 10 册），馆藏：甲 374/13。

布，督办徒拥虚名"。① 锡良亦认同此议，奏请裁撤边务督办"以纾财力"，宣统二年正月八日清政府从其请。② 鉴于边务督办裁撤，锡、陈练兵策略也发生变化，再次提出吉林编练陆军三镇的长远规划："以一镇驻扎三姓、临江东北一带，用以防俄；一镇驻扎延吉、珲春东南一带，用以防日；更以所余一镇分扎内地，为防剿胡匪之用。"但就当前形势和条件而言则"惟有悬此目的"，"暂就现有之兵设法改编，先成一镇"。前文述及，锡良起初对于改编吉林巡防队并不认同，此际则因吉林边防新形势，亦主张从整顿巡防队着手："吉省巡防队向分中、左、右、前、后五路，共马、步三十三营，部章本有逐渐改编之议，亟应遵办。现拟除前路各营驻防延吉未便轻动，应以留为另编一镇基础外，即以中、左、右、后四路，连同原有陆军步队一协，一并改编，先成一镇。用更番抽调之法，分期训练，务使操防力两无妨碍。"③

至宣统二年十月间，吉林原有步队第一协改编为步队第四十五协，所属两标编为第八十九标、第九十标；巡防队中、左、右、后四路二十七营，改编为第四十六协，所属两标编为第九十一标、第九十二标。又成炮队、马队各两营，工程、辎重各一营。尚缺炮队、马队各一营，须征募新兵编配成立。上述各军暂就吉省陆防各军原有饷项、器械分别编配，为陆军第二十三镇，于十月一日起饷。④

小结

清末各省实施新政改革，普遍遇到的一个难题即是财力紧张，只是程度上有所不同。有论者指出，新政改革之所以没有挽救清朝统治，反

---

① 锡良：《密筹延吉善后事宜折》（宣统元年十月七日），《锡良遗稿·奏稿》，第984—985页。

② 《清实录》（第60册），第532页。

③ 锡良：《统筹吉省边防兵备情形请将旧有陆防各军先行改编陆军一镇折》（宣统二年二月十五日），《锡良遗稿·奏稿》，第1106—1107页。

④ 王普文、潘景龙、李贵忠主编：《清代吉林档案史料选编·吉林军事》，第62页。

而加速清朝灭亡，首先即在于整体改革方案远远超出当时清政府所能承担的国力和财力，极大地加重了人民负担，致使改革不但得不到民众拥护，相反成为"扰民"之举，激化了官民矛盾。① 东三省新军编练的曲折进程，则为我们具体认识清末财政竭蹶如何制约改革实施提供了一项个案研究。回顾东三省练兵历程，遭遇内部外部两方面的诸多阻滞因素，就内部来说则尤以财力窘困最为棘手，正如锡良所言："论国防则嫌兵少，论国帑则恐兵多，顾此失彼，实难偏废。"② 值得称道的是，以锡良为首的东三省当局，从思想上牢固树立强化整军经武并将之放在施政首位的坚定信念，所谓"筹边之策，首在练兵"。③ 正是基于强烈边防意识，锡良与周树模、陈昭常诸人统筹规划、协同合作，多方筹措练兵经费并着力解决兵源、将领缺乏以及军械陈旧等问题，展现出振衰起弊的决心和信心。从全国范围看，至清亡新军仅成14镇，距离原定36镇的目标甚远。东三省在面临列强逼处、民困财竭等诸多困境且难以得到清政府有力支持的被动情势下，练成新军两镇一协可观之数，诚属难能可贵。于此可见，督抚作为实为影响省域新政改革成效的关键因素，督抚大员惟有迎难而上、开拓进取，并具备全局意识和协作精神，方能消解困境而取得改革实绩。这是清末东北新军编练留给我们的重要历史启示。

需特别注意的是，东三省新军编练途径与清政府指令之间的不对称性。在清政府看来，将巡防队改编为新军之策，既整顿了旧有军队，又为新军提供兵源并节省饷项，实为一举数得之策。但显然，这一办法针对全国范围而言，就省域执行看则并未全然遵循，东三省即是典型一例，展示出央地间在新军建设问题上的策略歧异。具体言，周树模鉴于黑龙

---

① 崔志海：《清末十年新政改革与清朝的覆灭》，《社会科学辑刊》2013年第2期。
② 锡良：《统筹吉省边防兵备情形请将旧有陆防各军先行改编陆军一镇折》（宣统二年二月十五日），《锡良遗稿·奏稿》，第1106页。
③ 《复程雪帅电》（宣统二年五月一日），《锡良任东三省总督时外省来往电》（第7册），馆藏：甲374/17。

江匪患严重，而防剿不力极易引发列强出兵干预，因之对其颇持异议，是以该省并无整改巡防营之举，这也成为新军未编练成军的重要原因。就吉林而言，匪患亦颇为严重，且端赖巡防营缉捕。如宣统元年三月二十九日陈昭常在一封奏折中曾这样说道："吉省地旷人稀，盗匪为患已久，巢穴无定，股类纷歧，此剿则彼窜，甲灭而乙生。旧时兵力本不甚厚，现议裁改（巡防营），更显单弱。"① 但较之严峻边防形势，匪患则惟有退于次席考量。权其利害轻重，陈昭常最终对改编巡防营持以认同态度，巡防营成为吉林新军的主要兵员来源。锡良作为东三省总督兼奉天巡抚，既直接负责奉天事务，亦负总揽东三省全局之责，在是否改编巡防营问题上则充分根据三省不同形势并兼采黑、吉两抚态度而决定行止。然无论改编巡防营与否，其巩固边防的根本目的具有一致性。当然，新军过多改编自巡防营，难免会遗留旧军习气，这在一定程度上影响了新军质量。

第五节　筹办八旗生计与旗务改革

随着新政事业的全面铺开，国家财政支出恶性膨胀，庞大的财政赤字成为困扰中央和地方的棘手问题。与此同时，旗民的份地以各种渠道转入民人手中，旗地日益减少，旗民生计日艰。由此，如何筹划八旗生计，成为新政时期清政府面临的一大难题。光绪三十三年八月二十日，上谕各省督抚筹办八旗生计："我朝以武功定天下，从前各省分设驻防，原为绥靖疆域起见，迨承平既久，习为游惰，坐耗口粮，而生齿滋繁，衣食艰窘，徒恃累代豢养之恩，不习四民谋生之业。亟应另筹生计，俾各自食其力。"② 次年八月一日颁布的立宪逐年筹备事宜清单中，清政府将"设立变通旗制处，筹办八旗生计，融化满汉事宜"，列为第一年应办

---

① 徐世昌等编纂：《东三省政略》（卷4·军事·军政篇），李澍田等点校，第695页。
② 中国第一历史档案馆编：《光绪宣统两朝上谕档》（第33册），196页。

之事。① 十一月二十四日，清政府正式宣布开办"变通旗制处"，简派贝子溥伦、镇国公载泽、大学士那桐以及侍郎宝熙、熙彦、达寿总司变通旗制处，会同军机处办理。② 基于东三省旗民现状以及清政府指令，锡良在东督任内大力整顿旗务，推行旗务改革，取得较为积极的效果。

一 改奉天旗务司为旗务处

锡良鉴于"奉天为八旗根本重地，生息教养，事务殷繁"，主张首先整顿奉天话旗务。③ 在他主持下，议定奉天变通旗制定限八年，与宪政改革期限同步，所谓"不敢因循坐误，亦未便冒昧率行，今唯择其轻而易举之事逐渐经营"。④ 其首个举措即是改奉天旗务司为旗务处。

徐世昌督东时期设旗务司，专司从前将军衙门及三陵、内务府各项旗务，而尤以筹办八旗生计为专责。⑤ 该职虽与司道并列，然其"所职掌实较各司道为繁"，⑥"几与督署相埒"。⑦ 锡良接任东督后秉承清廷谕旨，于宣统元年六月十七日奏改旗务司为旗务处："现值化除满汉畛域之际，且宪政成立后，八旗旧迹皆应通变，自应将奉省旗务司一缺即行裁撤，仿照吉省设立旗务处，而以该司原办之事属之。"⑧ 并委任光绪

---

① 故宫博物院明清档案部编：《清末筹备立宪档案史料》（上册），中华书局1979年版，第61页。
② 中国第一历史档案馆编：《光绪宣统两朝上谕档》（第34册），第287页。
③ 锡良：《奉省旗官出缺不补逐渐变通办法折》（宣统元年六月二十二日），《锡良遗稿·奏稿》，第925页。
④ 中国边疆史地研究中心、辽宁省档案馆合编：《东北边疆档案选辑》（第79册），广西师范大学出版社2007年版，第4页。
⑤ 锡良：《遵旨考察东三省情形裁并差缺折》（宣统元年六月十七日），《锡良遗稿·奏稿》，第911页。
⑥ 中国边疆史地研究中心、辽宁省档案馆合编：《东北边疆档案选辑》（第79册），第3页。
⑦ 金梁：《光宣小记》，上海书店出版社1998年版，第32页。
⑧ 锡良：《遵旨考察东三省情形裁并差缺折》（宣统元年六月十七日），《锡良遗稿·奏稿》，第911页。

三十四年来奉办理旗务、"精明笃实，血诚任事"的金梁为旗务处总办。①

旗务司改为旗务处后，设立四科并明确职守。总务科，专管会计、统计机要，以及凡不列于各科等事；同时稽核各科文牍迟速，以便督催。吏胥科，专管官兵俸饷银、升迁调补等事，考察全省旗制利弊，以备变通。礼学科，专管祭典、贡差、钦工及旗学等事，研究所司典礼之得失，以议损益。界籍科，专管旗籍户口、旗界地亩等事，调查各属地亩虚实并归调查，以期整理。② 可见，旗务处是办理旗务的统筹机关。

二　多措并举筹谋旗人生计

（一）清查款项

宣统元年六月二十二日，锡良与奉天巡抚程德全会奏《清查旗署款项筹办生计事宜折》，他们指出，"变通旗制，推广生计，尤注重于实业、教育，事关久远，自非先筹的款，不足以备应用而期实效"。然而奉天财政支绌，"既不能另筹巨项，专备兴办生计之需，而实业、教育等事亟应预为规画，待款孔殷"。基于此，他们责成旗务司先从清查款项、革除积弊入手，"以旗署原有之款，还作筹办旗务之用"。计现在已收者银十万余两，每年增收者银十万余两，这些款项用作推广教育、振兴实业之费。具体清查情况见表4-2。

---

① 锡良：《同知金梁请留奉补用派充旗务处总办片》（宣统元年十月二十日），《锡良遗稿·奏稿》，第999页。

② 中国边疆史地研究中心、辽宁省档案馆合编：《东北边疆档案选辑》（第79册），第4页。

表4-2　　　　　　　　　　清查奉天旗署款项清单

项目	由来	款项数目	用途
制钱生息	道光十五年，前将军奕经借支库存制钱三十万串，分交当商按月一分生息，散放各佐喂养马匹。	截至光绪三十四年，共计存银约18740两。此款逐年收存，现在各佐既无马匹，不需发放。	拨充奉天八旗工艺厂经费
本植变价息银	因山犯私砍木植，经官查获变价充公。	截至光绪三十四年，共计存银约6100两。此款逐年收存，并无指用。	拨充奉天八旗工艺厂经费
充公地租	因案抄产、革庄、绝嗣等入官之地所收租银。	截至光绪三十四年，除去应交升科及办公等项银，剩余约10360两。此款逐年收存，并无指用。	拨充奉天八旗工艺厂经费
前军署办公余款	前军署各司处历年积存办公津贴及捐款枪价暨规费等项。	约23000两	拨充奉天八旗工艺厂经费。
仓款盈余	内外城旗仓十五处专征旗地租赋，每年除应交正额外，约得盈余银五六万两。	每年照提三成，惟本届均未交齐，仅解到银不足一万两。	拨充创设八旗农业讲习所经费
教场地租	系内城东、南两教场官地租银，每年应收210两，向为关帝庙祭祀之需。	截至光绪三十四年，共收银约340两。此款逐年收存，并无指用。	拨充奉天八旗工艺厂经费
旷缺笔帖式随缺地租	系前军署笔帖式随缺地租	现在均系旷缺，每年应收68两。	拨充奉天八旗工艺厂经费
官房官地租项	系本城八旗官房六所及官地等处租银	截至光绪三十四年，除去开支修理前锋营官房工料银，剩余约1000两。此款逐年收存，并无定数。	拨充奉天八旗工艺厂经费

续表

项目	由来	款项数目	用途
官兵随缺地租加收学费	此款系前将军赵尔巽批准，由官兵随缺地每亩加征学费二百文，专备创设八旗小学之用。	现拟官兵随缺地，一律每亩加收学费四百文，每年约可收银五六万两。	拨充推广八旗学堂经费
牧厂浮多地价	此款系内务府向有牧厂地，坐落新民府。	前经派员清丈，共丈出浮多地约12000亩，计共收地价及照费等银约14660两，除开支办公津贴银约1500两，剩余约13160两。	拨充创设八旗实业学堂开办经费
草豆折价余款	此款系仓务局应交黑牛馆草豆折价盈余之款。	约10000两	拨充扩充官牛场经费
宗室炉火息银	此款系道光元年奏准，由船规、参余项下支银二万两，发交当商，一分生息，遇闰加增，专备宗室营圈禁获罪宗室、觉罗炉火饭等项之用。	旗务司开办后接管续收，截至光绪三十四年，共存银约2260两。除发给宗室营正副族学长等奖赏银73.5两，及提拨宗室维城小学堂经费银1775外，余412两。	拨充推广宗室学堂经费
兵丁白事赏项银两	此款系由内城八界在升科余租项下按年征解，约银2000两，发放内城八旗兵丁白事赏项之用。	自旗务司开办后接管续收，截至光绪三十四年，计共存银约4050两。	拨充创办八旗女工厂经费
工股木植变价余款	此款系辽阳河口按年抽分木植税项，向归前工部专备岁修福陵、昭陵鹿角之用。	截至光绪三十四年，计共存银约7000两。	拟请拨充创设八旗蚕桑实习场经费

续表

项目	由来	款项数目	用途
锦州裁缺副都统移交存款①	此款系锦州副都统署历年积存办公津贴及节省草豆折价余款等项。	计共存银约8600两。光绪三十四年副都统裁缺，旗务司查明接管。	拨归锦州八旗工艺分厂经费
锦州经征处办公余款	此款系锦州大凌河牧厂地五十二万亩，自光绪三十年奏准放垦，向归锦州副都统经征，副都统裁缺后改归锦州府经征。	每年收银约5000两	酌留一千两作为办公津贴之用，两千五百两拨充锦州八旗工艺分厂经费，一千五百两拨充农业讲习所经费。

资料来源：锡良：《清查旗署款项筹办生计事宜折》（宣统元年六月二十二日），《锡良遗稿·奏稿》，第917—922页。

宣统二年间，锡良又派员清理奉天旗地。奉省内外城旗、三陵官兵、内务府随缺伍田、马厂、围庄等地，坐落各处，总额约一百五十万亩。锡良鉴于此项地亩"均系招佃承租，历年既久，盗典隐占，积弊甚深。虽有官册存案，四至段落，仅载大略，未尽相符"，认为"非设法清釐，普行查丈，不足以重官地而保旗产"，遂派员实行清查，"按册查地，按地发照，凡在四至以内，无论正额浮多，照章查报，统归旗地，不与清

---

① 锦州副都统所辖之锦州、义州及宁远州等四路八边门，地方民族一切事宜，向归协领、城守尉及府州县等禀承将军办理。自光绪二十八年、三十二年先后将锦州官庄衙门、大凌河牧群衙门裁撤，该副都统事务更简，不过寻常转咨之件，久无责任可言。而廉俸既薄，其所恃以为挹注者，或不免索取规费，苛扰旗丁。徐世昌奏称："今奉天改行省，厘定官制，意在明定权限，各专责成。既设旗务司以为旗官之属，而一切公事又皆萃于公署，由督抚主持，是该副都统既无主管职务，员缺几同虚设。若复长此积弊，则于旗务终难整顿，而旗民生计亦恐多所阻挠。自应将锦州副都统员缺裁撤。以祛积弊。"《奏案·奏裁锦州副都统折》，潘景隆、张璇如主编：《清代吉林档案档案史料选编·吉林旗务》，天津古籍出版社1990年版，第316—317页。

赋相混，酌收照费以资办公"，由内城渐至推广外城。同时拟将内务府园庄各地，"清出浮多，分别丈放"。所收此项价及各地照费，除开支办公等费外，统饬另款存储，以为筹办八旗生计之用。①

（二）移旗就垦

所谓移旗就垦，即先移京城八旗兵丁到奉天、吉林一带屯垦，再拨奉天、吉林的旗人去黑龙江屯垦，或直接从京城移满洲旗人去黑龙江开荒种地。②锡良将移旗就垦视为整顿东三省旗务的必然策略："东省为八旗根本之地，旗民杂居，均属土著，与各省驻防情势不同。内外城旗随缺伍田向有定额，本系计口授田之制。唯数百年来，户口日增，地亩有限，赡养不给，博济为难，其生计遂致日艰矣。……夫为旗丁广筹生路，当先去其待食于人之习，然后徐为人自为养之谋。今既予以土田，则自立务在于力农，而本业自定；且复迁之边境，则左右骤失其倚赖，而志意自坚。如果办有成效，当再逐渐推广，以为八旗生计之本图。"③

光绪三十四年，时任奉天旗务司使金梁就东三省移旗就垦提出四策。一是设地局。鉴于东北旗地较多，清查不易，应设清查旗地总局，按照册案普遍丈放，定价招领。二是设垦场。迁旗垦荒事繁任重，应就边蒙适中之处先立垦场并派员专办，"以督垦之官兼治民之职，为将来设治张本"。三是设银行。迁旗实边需款甚巨，地价一项亦为数巨大，应设兴业银行经理其事，"凡往来款项均交承办，并准仿照外国农业银行办法，借款贷农以资补助"。四是设公司。垦荒设治仅赖官力不足以收速效，应招设官私合办的劝垦公司，"或兴垦牧，或创工艺，或广贸易，凡振兴地面一切有益之事，均可分别举行"。最后他说："唯是四者相辅而行，利无

---

① 锡良：《筹拟派员清理旗地片》（宣统二年五月十八日），《锡良遗稿·奏稿》，第1143页。

② 陈伯霖：《黑龙江省满族移民旗屯建置述略》，沙·少布：《黑龙江民族历史与文化》，中央民族学院出版社1993年版，第296页。

③ 锡良：《筹款招集旗户迁移长白府属拨地试垦折》（宣统二年五月十八日），《锡良遗稿·奏稿》，第1142页。

不兴，事无不举。以清地筹款之方，行迁旗实边之计，诚莫善于此矣。"①

宣统二年，在金梁主持下，招集旗户迁至长白府。其自述过程："余筹八旗生计，创议迁旗殖边，先在长白山试办，奏明允准。派徐青甫（鼎年）、刘桐阶（建封）前往调查筹备，设县治曰安图，第一次迁三百户，均带家口，户给田五百亩，屋三间，牛粮籽种一切器具莫不代为制办。送往路费，概由官发。既筹旗计，兼事开垦，又顾边防，一举而得三善，实善谋也。迁往旗户宾至如归，欢声载道，数岁生聚，皆得温饱，其勤俭者且称小康焉。遂公议为余立生祠。"②锡良对此举颇为认同："查现在长白府移民设治，正待经营，招集无业之旗民，迁赴新开之要地，一以为八旗资衣食，一以为长白固根本，事无便于此者。今拟先招旗丁百户，暂就安图县内试办，酌拨地亩，分起迁移，牛、具、房、粮，并由官备，合计先迁百户，约需银三万两。查有清理旗地收存照费可以动用，如有不敷，另行筹拨。以移民实边之策，为迁旗谋生之计，一举两得，事半功倍，诚今日之要务也。"③

宣统三年正月，奉天旗务处总办金梁就筹办八旗生计切实办法呈文锡良，再次提议设立八旗垦务公司："今日办理旗务，不难在筹生计，而难在筹经费。果能将裁留各款专供筹办生计之需，化无用为有用，诚如宪批，经费既充，着手较易，实今日办理八旗生计之善策也。职处以为，今日筹办生计，舍迁旗实边别无他术，教育、实业等事固应兼营并进，不容或缓，要皆枝节之谋，非如迁旗一策为根本计也。……先设八旗垦务公司，承办迁旗、垦荒事宜，即以拨饷作为公司经费资本，与奏设八旗兴业银行相辅而行。"④锡良批复："迁旗开垦为目前当务之急，所请设

---

① 《金梁关于变通旗制事的三上书》（光绪三十四年），潘景隆、张璇如主编：《清代吉林档案史料选编·吉林旗务》，第333—334页。
② 金梁：《光宣小记》，第36—37页。
③ 锡良：《筹款招集旗户迁移长白府属拨地试垦折》（宣统二年五月十八日），《锡良遗稿·奏稿》，第1142页。
④ 中国边疆史地研究中心、辽宁省档案馆合编：《东北边疆档案选辑》（第79册），第302—304页。

立八旗垦务公司承办其事,固属可行。惟荒地和经费两项应先筹定。"①

时人对东三省设立实业银行、垦务公司之筹划颇为赞赏,有论者言:"筹办生计需款较繁,必须先设机关,以便经理而资交通。而移旗垦荒等举,或拨款试办,或借资接济,尤必有银行以为之周转。此项银行专为兴办实业而设,与寻常银行性质不同,本省早应设立,况与筹办八旗生计深有关系乎;……八旗生计以振兴实业为主,有银行而无公司以补助之,则成效难期。此项公司专办农工商业,如开荒地、兴工艺、广贸易等事。或由官提倡,或助众刨办,与银行相辅而行,以为筹办生计之助。以上二端果能照办,有裨于八旗生计者非浅。虽以事体重大,一时未易实行,唯将来必须办到始可有为。"②

宣统二年十二月二十一日,锡良奏请设立八旗兴业银行:"查有旗务处接管前军署各司入官充公地项,计共五万余亩,事同一律,自应一并查丈放领。所收地价,按照本省地亩折中酌减,约可得银二十余万两之数,遵照奏案,另款存储。查现在筹办八旗生计,如振兴实业、迁旗开垦等项,事繁款巨,非速设立银行经理其事,不足以资周转而利交通。拟即将此款创设八旗兴业银行,先行试办,如有成效,再议厚集股本,推广办理。"③ 这一提议得到清廷允准。然而不久,东三省即发生鼠疫,此事有所耽搁。直到宣统三年六月间,东三省八旗兴业银行方开办,定股本银100万两,官股、商股各半。④

设立八旗兴业银行之举,普遍受到欢迎。吉林全省旗务处呈文中即

---

① 中国边疆史地研究中心、辽宁省档案馆合编:《东北边疆档案选辑》(第79册),第309—310页。
② 《议案·筹议旗款筹备办法》,潘景隆、张璇如主编:《清代吉林档案史料选编:吉林旗务》,第305页。
③ 锡良:《入官充公地丈放收价创设八旗兴业银行片》(宣统二年十二月二十一日),《锡良遗稿·奏稿》,第1273页。
④ 宣统三年二月六日,锡良为报送八旗兴业银行章程请备案事给农工商部及度支部的咨文中,汇报了奉天设立八旗兴业银行情形。指出此举系按照部定殖业银行则例办理,兼办储蓄银行,官商合股,官股由丈放充公地价照拨。文末并附章程。参见中国边疆史地研究中心、辽宁省档案馆合编《东北边疆档案选辑》(第79册),第338—353页。

言:"此次创办银行,系为振兴农工殖业,广筹八旗生计起见。虽由东省筹款创办,其经营事业并不限于一隅。如能联络京外八旗通力合作,成效尤宏。为此通函京外各旗分认股本,或酌提俸饷,或筹拨公款,均无不可。将来京外各旗有愿兴办实业生计者,并可由本行拨借款项,提倡补助,一以厚银行之资力,一以振旗户之精神,有裨旗计实非浅鲜。"①

(三) 推广工艺厂

徐世昌督东时期,奉天设立八旗工艺厂。徐氏这样论及其目的:"奉省为八旗根本之地,满汉杂处,畛域不分。唯旗人世蒙豢养,素乏恒业,生计情形实较艰困。今欲为八旗筹生计,自应谨遵迭次谕旨,以实业、教育为重务,养成自谋生活之力,以渐去专恃俸饷之心,爰饬旗务司创办八旗工艺厂。"工艺厂招集旗藉艺徒,设额五百名,分设木工、铁工、陶工、藤工、漆工、染工、织工、缝工、毛工、纸工十科,"将来工徒学成毕业,派往各处随地经营,耕筑并举,成聚成邑之效不难立睹。以殖民行实边之策,即以归田为出路之谋"②。同时,鉴于锦州"户口至繁,生计尤绌",而"地脉丰腴,物产饶富,交通便利,于兴办实业最为相宜",又于该城筹设锦州八旗工艺分厂",定额一百名,暂设毡毯皮革等科。③

锡良督东之后,一再强调欲为八旗筹生计不外农业、工艺两端,所谓"务本则以农事为先,而收效则以工艺为速"。在他看来,"设厂教工,轻而易举,使八旗子弟各执一业,人人皆能谋生,处处皆足自立,自不难徐收变通尽利之效"。鉴于两年前设立的八旗工艺厂成效显著,遂决定拓展规模,具体规划有三:第一,在锦州分厂的基础上,又在辽阳、牛

---

① 《吉林全省旗务处为将乌拉官地出放得资入股八旗银行的呈文及批文》(宣统三年三月),潘景隆、张璇如主编:《清代吉林档案史料选编:吉林旗务》,第206页。
② 徐世昌:《奏设八旗工艺厂折》,潘景隆、张璇如主编:《清代吉林档案史料选编:吉林旗务》,第308—309页。
③ 徐世昌:《奏设锦州八旗工艺分厂片》,潘景隆、张璇如主编:《清代吉林档案史料选编:吉林旗务》,第308—309页。

庄设立分厂，添建房屋、购办机具；第二，鉴于工厂虽立而无学堂以为之辅助，工艺难求精进，拟设八旗工业学堂；第三，增加工科，尤其强调向不产纸的东三省应设立造纸一科，以抵制洋货。通过上述举措，以期"内外城旗通力合作，教育实业并进兼营，而八旗谋生之基系于此矣"。①

与此同时，锡良又创设八旗女工传习所，他说道："八旗户口向称繁庶，生计至为艰困，而妇女大抵坐食，皆无职业，尤足为家室之累，自应设法提倡，振兴实业，以广生计。"遂饬旗务处筹设八旗女工传习所一处，定额百名，招集八旗妇女入所学艺，传习所设置栽绒、编物、缝纫、刺绣四科，并附讲堂教授普通学课，"以期女子教育之广兴，而为筹办生计之辅助"。宣统元年八月始借用官房暂行试办，报名有数百人之多。②八旗女工传习所于宣统元年八月开办后，"半载经营颇著成效"，尤其是新制栽绒，系该所工师发明创造之物，"形色坚美，观者称传"，并且参展南洋劝业会，以致本地妇女闻风兴起，争愿入学，唯该所原系假屋开办，因过于窄小而难于推广。锡良遂就已裁工部旧署地基，修建女工厂一所，约需工料实银八千两。以历年收存辽河抽分木植变价银两，前拟备建蚕桑实习所之用，尚来创办，可以动支。③

（四）整顿旗官

比较为旗民谋生计，为旗官筹出路则难度更大。锡良即言："今日为旗人筹生计尚易，为旗官筹出路实难。本省旗人家有地亩，世为农工，并不专恃饷项，皆自食其力者居多，故筹生计易。旗官员缺较多，久无职守，已成虚设，唯赖俸饷为活，如一旦失其所恃，必至无以自存，故

---

① 锡良：《奉省八旗工艺厂办有成效拨款扩充折》（宣统二年十二月二十一日），《锡良遗稿·奏稿》，第1272页。
② 锡良：《创设八旗女工传习所请立案片》（宣统元年十二月四日），《锡良遗稿·奏稿》，第1045页。
③ 锡良：《拨款修建八旗女工传习所》（宣统二年三月二十六日），《锡良遗稿·奏稿》，第1132页。

筹出路难。"更者，旗官"世受豢养，习为骄惰，无不坐昧生机，而后进子弟犹相率视此为利禄之途"，因此招致时论怨谤。处于宪政改革的时代中，"满、汉融化，断不容有畛域之分"，他给出的对策是奉省旗官出缺不补："拟请将八旗官缺暂仍旧制，唯嗣后出缺概行停补，一面仍为另筹酌改外官、对品调用暨送习法政等办法，既以广其出身之道，亦不阻其上进之阶。"① 此折奉旨交变通旗制处议奏。对此，该处要求"可仿政务处议准黑龙江及陆军部武备新章，先尽曾入文武各学堂毕业者挑补"。②锡良此计划并未实现。

三 推进满蒙教育事业发展

东北是我国少数民族聚居区之一，尤其是满族和蒙古族，在社会生活中有很大影响。因此，发展满蒙教育事业，对于改变东北整体面貌关系巨大，锡良对此注力尤多。

光绪二十八年，东北地区有了新式学堂，光绪三十一年创设学务处，加之清政府停科举、立学堂，东北的教育事业出现了很大变化，"风气晚开，教育本无基础的"偏远地区"学堂始有成立"。③ 徐世昌督东后，按清政府有关规定改学务处为学务公所，并以"无学不足以成人，无人不能以立国"为宗旨，推广教育会、劝学会，多设劝学员，宣传受教育的好处。④ 据统计，奉天学堂在光绪三十三年以前有40余所，光绪三十四年增至2100余所；吉林学堂光绪三十三年有40余所，光绪三十四年增至180余所；黑龙江学堂在光绪三十二年有30余所，光绪三十四年增至150

---

① 锡良：《奉省旗官出缺不补逐渐变通办法折》（宣统元年六月二十二日），《锡良遗稿·奏稿》，第925页。
② 锡良：《奉省旗官出缺暂照新章挑补片》（宣统二年六月二十八日），《锡良遗稿·奏稿》，第1180页。
③ 锡良：《奉省办学人员奖励并师范生义务年限拟请援案办理片》（宣统三年三月），《锡良遗稿·奏稿》，第1300页。
④ 徐世昌等编纂：《东三省政略》（卷9·学务·述要），李澍田等点校，第1384页。

余所。① 教育行政管理机构方面，除设置提学使、学务公所外，宣讲所、教育官练习所、小学总查所、小学教育研究会、私塾改良会等纷纷成立。锡良就任东三省总督后，延续了前任重视教育的施政思路，并在发展满蒙教育上着力尤多。

(一) 创办八旗满蒙文中学堂

锡良督东之前，奉天已设立农业讲习所，并附设满蒙文讲习所。徐世昌认为，旗民虽世居本地，但对于农业未必皆能深悉，遂由旗务司会同劝业道创设农业讲习所，考取宗室、觉罗八旗官绅入所肄习，设额一百名，限定一年毕业，"专授农业兼习法政，以备改补农官之选"。后者之设，则鉴于"奉省地处东边，满、蒙境界相接，将来经营蒙荒一带，尤非熟习当地情形兼通满、蒙文字者不办"。满蒙文讲习所以满、蒙文为专科，仍注重农业、垦牧等学，以求实济，限一年毕业，分别派办旗蒙事务。均于宣统元年二月间开办。②

锡良督东后，继续大力发展满蒙教育。宣统元年年底，锡良创办八旗满蒙文中学堂，以期推广满蒙文字教育："窃思今日为八旗筹生计，自以振兴实业、推广教育为先务，而教育一端尤关重要。奉省自近年创设八旗学堂、工厂等处，先后经营颇见成效。惟考旧章，八旗官学均习满、蒙文字，诚以祖制所定，国本攸关，理应并视为要图，非特设专科研求有素，不足以保国粹而裨时政，立意至为深远。迩来学者日少，渐至失传，每遇派办旗蒙事务，时叹乏才，自不可不先期预备，加意教养，以为储材之计。爰饬仿照学部奏定满蒙文学堂办法，创设八旗满蒙文中学堂于省城，学科年限均照定章，暂定额二百名，考取八旗合格子弟入堂肄业，筹备略妥，拟于明春开办。……务使八旗教育逐渐振兴，满蒙人才足备时用，以为百年树人之策，而广八旗出路之谋。"经费方面，开办经费、常年经费各需银一万五千两，分别腾挪原为筹办八旗实业学堂的

---

① 徐世昌等编纂：《东三省政略》（卷9·学务·述要），李澍田等点校，第1384页。
② 徐世昌等编纂：《东三省政略》（卷8·旗务·奉天省），李澍田等点校，第1329页。

经费和已停办之八旗农业讲习所等经费。①

（二）发展蒙地教育

锡良身为蒙古族，其督东之初即奏称发展蒙地教育不仅关乎蒙地发展，也关乎整个东北的边防安全："东省北境与蒙古接壤，关系至为密切。近年俄人因铁路接近，群往游历，莫不习其语言文字。日人亦接踵而来，争习蒙语。蒙地内情早为人所深悉。而东省密迩诸盟，反于该处语言罕能通晓，至学有根底，兼通满、蒙文字，能翻译书籍者，几成绝响，无怪文化不能远及。而蒙人之识字义、受教育者百不一觏也。"②

与此同时，宣统元年十一月二十二日，科尔沁左翼前旗札萨克棍楚克苏萨陈请发展蒙地教育，以开通蒙民智识："蒙民之愚陋，一误于迷信日深，再苦于学风不振，以致外人乘隙而入。……今欲杜此隐患，宜从设立学堂入手，先由各旗选派稍进时务之人员，挨屯宣讲，晓之以现在各国侵略之阴谋，殖民之政策，与其国富兵强，无一非教育普及之效。极力诱导而鼓吹之，使蒙民生其爱国保种之心，思患预防之计，然后责成各旗筹资多设小学，以教其子弟。俟其毕业，考验程度以次推升，进入京师大学。不惟造成国民资格，并予以出身之途，向学自日见其多，知识渐开，宪政之前途自能发达矣。"③ 此折由锡良代奏。无疑，折中展现出来的蒙民对教育的苛求，对锡良发展蒙地教育亦是极大的刺激和鼓舞。

在锡良看来，筹蒙应以兴学为先，而兴学则以译书为急务："亟宜先取浅近教科书籍妥速移译，务期词句明显，义意洽当，以为开通蒙智之资。"④ 又言："蒙人必解汉语，通汉学，然后知内地民情风俗，始可与汉

---

① 锡良：《创设八旗满蒙文中学堂请立案折》（宣统元年十二月四日），《锡良遗稿·奏稿》，第1044—1045页。
② 《东三省总督锡良奉天巡抚程德全令荣德翻译教科书》（宣统元年七月），《内蒙古教育志》编委会编：《内蒙古教育史志资料》（第1辑），内蒙古大学出版社1995年版，第174页。
③ 《东三省总督锡良代蒙王奏请速行宪法的奏折》，潘景隆、张璇如主编：《清代吉林档案史料选编·吉林旗务》，第261—263页。
④ 《东三省总督锡良奉天巡抚程德全令荣德翻译教科书》（宣统元年七月），《内蒙古教育志》编委会编：《内蒙古教育史志资料》（第1辑），第174页。

人一律选补各项差缺。"① 宣统元年七月，锡良为振兴蒙学，命人把学部审定的初等小学教科书翻译成满、蒙文字，作为学堂的课本，发给奉天、吉林、黑龙江三省的蒙旗各学堂："兹查有蒙务局蒙文编译前协领荣德，深通满蒙文字，中学亦甚优长，堪以改派该局翻译委员兼译书员，月加津贴银三十两。即责成该员先将学部审定之初等小学堂各种教科书，择其紧要当用者译成满、蒙两种文字，挑选写生缮成满蒙汉三文合璧，装订成册，以备进呈御览，恭候钦定，并将译出各书先行刷印二万部，以备颁发奉、吉、江三省蒙旗。"② 至宣统二年二月，共印出教科书两万册，劝学文五千册，达到了"词句明显，义意洽当，洵足为开通蒙智之资"，分发东三省蒙旗各学堂。③

（三）扩充维城小学规模

奉天旧有宗室觉罗官学，后遭兵燹废弃，经盛京将军赵尔巽整修，改做维城小学。锡良出任东督后，扩充规模，盖成新式楼房3座，共42间为讲舍，另盖瓦房十数间，作为息宿庖湢之所，以期使更多宗室、觉罗子弟入学学习。费用由官方腾挪之经费和宗室觉罗等领国民捐筹措而来。至宣统元年十月，共有学生三百人，计划次年春再续招二百人，以足五百人之额。④

四　支持旗人宪政研究组织

宣统二年年底，署理开原城守尉内城正红旗满洲协领奎明等禀请在蒙古官厅设立八旗宪政研究会，他们坦言："窃唯立宪时代，百政维新，

---

① 《内阁会议政务处议复东三省总督奏筹拟变通蒙旗办法的奏折》（光绪二年四月四日），潘景隆、张璇如主编：《清代吉林档案史料选编·吉林旗务》，第267页。
② 《东三省总督锡良奉天巡抚程德全令荣德翻译教科书》（宣统元年七月），《内蒙古教育志》编委会编：《内蒙古教育史志资料》（第1辑），第174页。
③ 《东三省总督锡良奉天巡抚程德全发放教科书札》（宣统元年七月），《内蒙古教育志》编委会编：《内蒙古教育史志资料》（第1辑），第175页。
④ 锡良：《扩充维城小学校额折》（宣统元年十月二十日），《锡良遗稿·奏稿》，第1000—1001页。

化除满汉即在目前。职等质性庸愚，不谙宪法，且年龄衰朽，进境毫无。"鉴于京师已设立八旗宪政研究会且近年来旗员法政毕业者已多居宪职，因此约集各旗佐实缺候补人员名，拟在蒙古官厅设立八旗宪政研究学会，每星期日聘用师范、法政各学堂毕业品学兼优之人讲习宪法，"俾开茅塞，藉广见闻"，呈请民政司立案。十二月二十七日，锡良札饬民政司允准此议。①

附录："八旗宪政研究学会"暂行章程

第一章：总则

第一节：定名

第一条：本会专为旗人研究宪政而设，故名曰八旗宪政研究学会。宗旨：本会期旗人明解宪法并于新政新学多见多闻为宗旨。

第二节：宗旨

第二条：本会期旗人明解宪法，并于新政新学多见多闻为宗旨。

第二章：组织

第一节：会员

第三条：会员无定额，凡与本会宗旨相合而具左列之资格，经会员一人以上之介绍者，皆得为本会会员。

第四条：会员之资格。一，年在十五岁以上者；二，志趣正大者；三，识见精确能表同情于本会者；四，名誉未受亏损者。

第五条：资格之限制。一，吸食鸦片者；二，曾处监禁以上之刑或现行犯者；三，营业卑贱者；四，不识文义者；五，精神丧失或语言悖谬者。

第六条：凡经会员介绍入会者，应于会期日声明，经众会员议决认可，可由总理事签字发给证券，始准入会，作为本会会员。

---

① 中国边疆史地研究中心、辽宁省档案馆合编：《东北边疆档案选辑》（第79册），第259—261页。

第七条：凡入会者，须填写志愿交会，登簿存查。

第二节：职员

第八条：本会由会员中投票选举正副总理各一员，总理会中一切事务。

的九条：本会职员应设常驻会所干事一人、书记一人，拟由内城六十六佐，以此轮流选充，遇事均承受正副总理之指挥。

第十条：遇有关于本会各项公益事项，临时酌量公举干事若干员、评议员若干员、调查员若干员，以便举办一切事宜。

第十一条：本会每遇会期，须设招待员若干员，以资招待。

第十二条：本会应聘请素谙法政，品学兼优之人，于每星期日到会讲习宪法，以开风气而广见闻。

第三节：会所

第十三条：本会会所，暂假蒙古印房为总会，以各城驻防为分会，以资联络。

第四节：会费

第十四条：本会开办费及特别开会费，拟由众会员酌量分任，其常年经费拟由内城六十六佐随缺伍田地租项下酌提一二成，提存银行生息，如有不敷，再由会员分任。

第十五条：本会遇有临时需款，经会员三分之二以上之决议，得向会员收特别捐款，其数目公同酌定。

第十六条：本会会员遇有于应缴会款之外特别捐助者，酌量数目之多寡，得认权限及义务。

第三章：权限及义务

第十七条：凡本会会员，有参与本会一切事务之权。

第十八条：凡关于本会有应兴应革一切利益之事，会员有提议维持并表示意见之权。

第十九条：凡本会会员，遇有重要事件，经三分之二以上之合意，得要求正副总理开临时会之权。

第二十条：凡本会会员，皆有选举职员之权。

第二十一条：本章系属暂行草案，凡本会会员对于此项章程有可更正之处，应于开会时笺注更正可也。其会员职员等应尽职务、应守会规及选举代理等项，应另订详细规则，以资遵守。①

至宣统三年，东北各地宪政研究会之设越来越多，除了和整个国家政治发展大背景有关外，与锡良的支持也有直接关联。如宣统三年二月六日，锡良札文复州知州，就保护八旗领催兵等宪政研究分会作出指示，指出该协领等设立学会研究宪法，"足见留心时务，殊属可嘉，所请立案之处，自应照准"。同时将督署院内库房三间整饬修缮，作为八旗宪政研究分会处所，并要求饬派巡警对学会延请法政人才讲习宪法给予保护。②

小结

作为清政府筹备立宪清单第一年应办事务，筹办旗人生计、化除满汉畛域，实为整顿旗务相辅相成的两个重要方面，关系到旗人生计问题的解决和宪政改革的顺利进展。而在清末时期满汉畛域问题被革命党拿来作为论证革命必要性的重要依据的背景下，则更关乎王朝的存续。锡良主导实施的奉天旗务整顿，下手之策即是奏改奉天旗务司为旗务处以及清查旗署款项，前者为办理旗务的统筹机关，后者则是推广教育、振兴实业的重要经费来源。此外，移旗就垦、推广工艺厂、发展满蒙教育也为锡良重视并取得积极成效，对于旗民迎合宪政改革而组织成立宪政研究学会的举动也积极支持。相比之下，锡良出缺概行停补的旗官改革方案则遭遇挫折，反映出深层次化除满汉畛域之艰难。

---

① 中国边疆史地研究中心、辽宁省档案馆合编：《东北边疆档案选辑》（第79册），第263—265页。

② 中国边疆史地研究中心、辽宁省档案馆合编：《东北边疆档案选辑》（第79册），第335—336页。

第六节　差强人意的移民垦荒

清代前期200年间，清政府对东南海疆和西南滇桂的移民持默认、纵容态度，对新疆实行移民开垦政策。① 东北作为清朝龙兴之地，移民政策则经历诸多周折。清朝建立初期，政府曾招民赴东北垦荒。18世纪中期后，清政府为保护满族风俗及旗人生计，实行封禁政策。咸同之际，随着东北边疆危机凸显，这一情况有所改观。清末时期，俄国、日本两强在东北大肆侵略，基于保护东北领土主权及发展东北经济的目的，朝野不断有人提出开发荒地策。② 上述背景下，清政府最终开放东北地区，移民垦荒作为一项重要边疆政策，纳入东北边疆新政范畴。③

锡良督东后，将移民垦荒为开发东北荒地、巩固东北边防的必然选择："东三省广土少民，数千里沃壤，荒芜不治，最足启强邻窥伺之心。而内地各省人满为患，生计穷蹙，其势殆不可以终日。移内地之民，垦三省之荒，固边防、尽地利，内纾生计、外杜觊觎，计无逾于此者。"④ 在锡良推动下，移民垦荒成为东三省当局的共识，所谓"东省垦荒殖民

---

① 马汝珩、马大正主编：《清代的边疆政策》，第105页。
② 光绪三十四年十二月，黑龙江巡抚周树模提出，黑龙江省毗连俄境，"若非讲求拓殖，慎固封守，则主权利权皆将隐被侵夺"。周树模：《附筹办呼伦贝尔边垦情形折》，徐世昌等编纂：《东三省政略》，李澍田等点校，第1423页。曾任东三省农工商局总办的熊希龄也说："今日而欲以武力相抵制，适足以启敌衅，不如移民开垦，化为万国工商竞争之区，永久中立之地方，足以釜底抽薪。"熊希龄：《移民开垦东三省意见书》，林增平、周秋光编：《熊希龄集》（上），第271页。《申报》指出移民实边"为国家第一要政，非特十世之利，利且及于千百世"。可愕：《变通迁民实变办法之刍言》，《申报》光绪三十三年十一月二十九日，第一张第二版。
③ 有论者将清政府对于关内民众进入东北的政策划分为三个阶段：初期的招垦（1644—1762），中期的封禁（1762—1860），后期的弛禁、开禁、放垦（1861—1911）。马平安：《近代东北移民研究》，第39页。
④ 《致陈简帅、周朴帅电》（宣统二年十一月十二日），《锡良任东三省总督时吉林来往电》（第17册），馆藏：甲374/15。

政策,迩来博采众议,识者所见略同,洵为当务之急",① 东北荒地开发进入全盛期。揆诸锡良移民垦殖的举措与遭遇的困境,有以下方面尤值提及。

一 防范游民难民与清理匪患

推行移民垦荒政策,一个棘手问题就是分辨移民和游民、难民。游民、难民至东的主要目的并非垦荒,且在一定程度上对社会秩序形成扰乱。洮南道孙葆瑨曾向锡良汇报:"边地苦寒,与南方服食迥异,且南人往往藉难民流转各省为生计,并藉众滋事暗为不法者。"② 对于这一类难民、游民等,锡良则坚决予以遣返。

宣统二年五月间,锦新道周长龄致电锡良,汇报当月湖北难民近四千人乘坐太古轮船由上海至东,"在沿街游散,攫取食物,不受管束,且坐车强不给价,已与洋行车站屡起口舌",听闻续来尚多,"恐地面骚扰"。③ 宣统二年年底,东北爆发大规模鼠疫,俄国"藉防疫为名,驱逐华侨",至宣统元年春间,"日来在瑷珲等处被逐过江者数万人,而各段铁道内逐出苦工尤不知凡几。内讧外患,岌岌堪虞"。④ 吉林巡抚陈昭常致电锡良,力言对于这一群体应加以防范:"该游民等如能自食其力,早已有业可就,何致流离外域,是其游堕性成,已可概见。倘一旦来境,无屋可居,无食可食,势必骚扰地方,届时再图资遣,未免徒费周折。安插不善,必于地方徒增边患匪扰。"⑤

对此,锡良的基本态度是选其安分者资其垦种,其余则坚决予以遣

---

① 《复督办山东下游河工存记道何国褆》(宣统元年七月二十一日),《锡良任东三省总督时信稿》(第2册),馆藏:甲374/75。
② 《洮南孙守来电》(宣统二年五月二十三日),《锡良任东三省总督时本省各属电》(第7册),馆藏:甲374/25。
③ 《锦新道来电》(宣统二年五月二十四日),《锡良任东三省总督时本省各属电》(第7册),馆藏:甲374/25。
④ 《致天津陈筱帅济南孙慕帅电》(宣统三年正月二十八日),《锡良任东三省总督时外省来电》(第13册),馆藏:甲374/18。
⑤ 《陈简帅来电》(宣统三年二月七日),《锡良任东三省总督时吉林来往电》(第24册),馆藏:甲374/16。

返,他指示周长龄即言:"如有安分良民情愿领地垦种,即取具摹结,准其带眷来奉或赴江省,听候分别安插。否则即由该道立予资遣回沪,毋许逗留生事。"① 同时致电上海道:"若辈系属游行性质,只图沿途索食,不愿务农,实苦无法处置……祈尊处设法阻挡。"② 通过反复工作,东北当局在移民的选择甄别上,也积累了不少经验。比如,"新工须由旧工荐引,方能信用"。③ 另如,直隶、山东来东北的移民,"饮食耕作无不合宜,且必携家室子女"。而那些"只身立户"者,多"春来秋去之徒",则必须严格防范。④ 另外,对于欲赴俄国谋生而暂时聚集在瑷珲的华民亦严厉遣散。如宣统元年四月间,周树模向锡良汇报,因俄禁华入境,入俄界谋生的游民遂聚集瑷珲达万余人,"瑷境均无力兴工,势难以工代赈,"恳请锡良电饬哈尔滨禁阻游民来瑷,并饬东布特哈、墨尔根两署将所有游民阻令折回。⑤

东三省匪患严重,造成社会秩序混乱,也给移民垦荒制造巨大障碍。宣统二年间,郑孝胥曾建议锡良着力清除匪患,他在八月十日的日记中写道:"余告清帅,宜以一年精神专办胡匪,必可尽绝,此第一急务也。"⑥ 此议深得锡良认同。锡良在奏折中即言:"实边必以移民为首策,而移民尤必以治匪惟要图。"⑦ 宣统二年八月间,锡良曾奏称东三省匪患

---

① 《饬锦新道电》(宣统二年五月二十四日),《锡良任东三省总督时本省各属电》(第7册),馆藏:甲374/25。
② 《致上海道电》(宣统二年五月二十四日),《锡良任东三省总督时外省来电》(第7册),馆藏:甲374/17。
③ 《陈简帅来电》(宣统三年二月七日),《锡良任东三省总督时吉林来往电》(第24册),馆藏:甲374/16。
④ 《三姓王道来电》(宣统二年十一月二十七日),《锡良任东三省总督时吉林来往电》(第18册),馆藏:甲374/15。
⑤ 《齐齐哈尔周少帅来电》(宣统元年四月二日),《锡良任东三省总督时黑龙江往来电》(第1册),馆藏:甲374/23。
⑥ 劳祖德整理:《郑孝胥日记》(第3册),第1276页。
⑦ 锡良:《遵查吉省改练巡防各军历年剿匪有功汇案请奖折》(宣统元年八月二十五日),《锡良遗稿·奏稿》,第970页。

难治情形："东省马贼剽悍，自昔已然，近年兵燹，迭经盗风，因之益炽。臣到任一年有余，曾经饬派陆防各军分路巡防，严密搜捕，计先后拿获击毙盗匪约五百余名，伤亡弁兵四十六名，办盗未尝不力，其未能净绝根株者，良以边境辽廓，烟户稀疏，官军即遍扎为难，匪徒即乘隙思逞。"基于此，锡良认为，"自非联合陆防各军，划分区域，选派知兵大员，分路督率会剿，不足以清伏莽"。就奉天而言，则具体划分为六路：省城东西之抚顺、本溪、兴京、长白、临江，暨凤凰厅所属等处，为一路；省西之盘山厅，暨新民、锦州所属各州县等处，为一路；省南之辽阳、辽中、海城、盖平、复州、营口各厅州县等处，为一路；省北之辽源、康平、桃南所属等处，为一路；又彰武、镇安等处，为一路；省东北之铁岭、开原，暨昌图府所属之奉化、怀德、法库，海龙府所属之西丰、东平，长春府以南等处，为一路。此外，于陆防营内酌调军队，以为游击之师。同时，咨行吉林、黑龙江、直隶、热河等处派兵协同防堵，以期"聚而歼旃"。进而，为了使"官民联络一气"，锡良还就村挑选壮丁，编为预备巡警，"清查户口，严治盗窝，期于有匪必惩，以为防患未然之计"。①

二 难以解决的经费筹措难题

移民垦荒需费甚巨，诸如川资、房屋、农具、牛马、籽种等项，皆须政府筹办，吉抚陈昭常即言："自古移民政策必先借给牛具，赡其妻孥，方可相安无事。否则弱者不久遁归，强者流为盗贼，未有实边之效，及有扰乱之虞。"② 为此，东三省当局极力采取措施减少移民交通等费用。陈昭常曾致电锡良，提出垦户所带不满十二岁子女的交通费应予免价的

---

① 八月二十四日，奉朱批：着即认真勉办，以靖地方，余照所请。《东省防军分路剿匪办法》，《申报》宣统二年九月六日，第一张后幅第二版。
② 《陈简帅来电》（宣统三年二月七日），《锡良任东三省总督时吉林来往电》（第24册），馆藏：甲374/16。

建议。① 此外，东三省还争取到了清政府轮路交通给予半价优惠的政策。② 对于购买牛马等牲畜，锡良亦发给免税护照。③ 然而，上述举措仍嫌不够。

据宣统二年五月间周树模致电锡良所言："招垦事去年与鄂督文电叠商，卒因鄂乏川资中止。"④ 同年十月，周树模向锡良汇报讷谟尔河段招垦情形："房屋一节，现在讷谟尔河段招垦行局已修成者仅百余间，尚不敷用，来年仍须赶造。"⑤ 十一月，三姓向锡良汇报该地区移民垦荒之难，核心问题即是经费紧张："惟预备房木必须今冬砍伐，明年四五月由江顺运，六七月先作木工，八月始有秋草盖房。若八月以前移民到荒，南人不惯露宿，蚊虫暑雨，恐难羁留。……牛具、籽种一切未备，必到次年夏令方能开垦，秋后稍有收获。其未收获以前十数月中，数百户之食粮，其费颇巨。"⑥

由上可见，经费不足成为阻滞移民垦荒之实施的关键因素。因此，锡良在宣统二年九月间特通电各省，欲联合各省合力推动移民实边。他说道，东三省逼处两强，竭力经营移民拓殖，而我则"地广而荒弃，沃壤为石田"，"经纶草昧非一手足所能为力"，吁请转札各谘议局"于移民拓边一事同责劝导、筹措之责"，"不致以大利让之外人，不特东三省之幸，抑亦全局之福"。⑦ 锡良意在争取各省对于东北移民实边的支持，尤

---

① 《陈昭常致锡良电》（宣统元年十月二十三日），《陈昭常致赵尔巽锡良电稿》，馆藏：甲80/4。

② 《邮传部来电》（宣统二年五月二十七日），《锡良任东三省总督时京师来电》（第10册），馆藏：甲374/45。

③ 《周朴帅来电》（宣统二年三月一日），《锡良任东三省总督时黑龙江往来电》（第3册），馆藏：甲374/23。

④ 《周朴帅来电》（宣统二年五月二十三日），《锡良任东三省总督时黑龙江往来电》（第3册），馆藏：甲374/23。

⑤ 《周朴帅来电》（宣统二年十月十八日），《锡良任东三省总督时黑龙江往来电》（第4册），馆藏：甲374/23。

⑥ 《三姓王道来电》（宣统二年十一月二十七日），《锡良任东三省总督时吉林来往电》（第18册），馆藏：甲374/15。

⑦ 《通电各省督抚》（宣统二年九月十二日），《锡良任东三省总督时外省来电》（第8册），馆藏：甲374/18。

其是在劝导移民、筹措资金上给予支持。正如周树模致电锡良所言:"我公关心边垦,电请各省通力合作,复饬司道筹议,老谋深算,佩仰殊深。"①

各省对于锡良推行移民实边颇为认同。如湖广总督瑞澂来电:"筹边实边至计,势不可缓。"陕甘总督长庚来电:"移民殖边,实为固圉第一善策。"江苏巡抚程德全来电:"移民殖边,为东省最要政策。弟前在关东即持此议,只以各省无协助机关,终未见之实行。"山西巡抚丁宝铨来电:"移民殖边自是目前要着,各省均应合筹。惟此事须由经费,地方经费亦各不同。"浙江巡抚增韫来电:"移民实边,规划宏远,内地生齿日繁,东省土沃人稀,遂予外人以拓殖之隙,尊论仿北海道故事,先从道路水里暨舟车之费入手,极表同情。"② 各省虽表支持,但在资金上则并无实质助力,如瑞澂即言:"惟移民费巨,不易筹及。"③ 经费筹措仍旧是发展移民垦荒的瓶颈问题。

三 制定东三省殖民事务章程

甲午战争之后,东北官荒进入全面丈放阶段,各地丈放土地基本都拟定详细章程,诸如《放荒大纲》《丈放荒地章程十条》《黑龙江沿江招民垦荒章程》等,这些章程普遍涵盖以下内容:将土地划出等级,分别地价;规定管理机构;规定承购人资格;规定起种时间;规定丈荒标准;优惠政策;等等。④ 如1908年制定的《黑龙江沿江招民垦荒章程》规定:汉口、上海、天津、烟台、营口、长春设立边垦招待处,派员招民开

---

① 《周朴帅来电》(宣统二年十月十八日),《锡良任东三省总督时黑龙江往来电》(第4册),馆藏:甲374/23。

② 分别参见《瑞莘帅来电》(宣统二年九月十六日)、《长少帅来电》(宣统二年九月十五日)、《程雪帅来电》(宣统二年九月十五日)、《丁衡帅来电》(宣统二年九月十六日)、《增固帅来电》(宣统二年九月十六日),《锡良任东三省总督时外省来电》(第8册),馆藏:甲374/18。

③ 《瑞莘帅来电》(宣统二年九月十六日),《锡良任东三省总督时外省来电》(第8册),馆藏:甲374/18。

④ 参见李治亭主编《东北通史》,中州古籍出版社2003年版,第615页。

垦；为赴黑龙江开垦边荒者设立招待所，发给边垦招待所执照，持有执照者，由烟台至营口坐招商轮船则减收船价；由哈尔滨至松花江、黑龙江的官轮及昂昂溪至齐齐哈尔的铁路，一律减收半价，随带眷口概免收费。①

上述规章的制定，在一定程度上推动了移民实边的发展。然而，由于相关规定有欠完备，再加上人为因素，地亩勘察工作推行并不顺利，甚至存在重大漏洞。如吉林省曾于光绪二十八年大规模调查勘测地亩，然由于"急于速收功利，并不勘明荒段界址，辄即先行收价，发给小票执据，以致各户呈报夹段零荒"。② 另以黑龙江所属西布特哈为例，因各屯散居零落，加之"遇水涨阻隔""冬令又不便行绳"等因，以致地亩勘丈蹉跎日久。③ 此外，东三省仍有诸多未开荒地。宣统二年十月，周树模向锡良汇报讷谟尔河段招垦情形："其段内已经撤佃者约有百五，墨尔根界内尚有未放之荒四十余万垧，将来续招垦户，此两处亦可安插。"又汇报东清铁路两旁荒地甚多："东清铁路两旁，自碾子山扎兰屯一带，腴地甚多，交通尤便。若能招民垦殖，既辟利源又杜侵越，惟兹事体大，应先筹巨款，设立招垦银行或组织大农公司，力厚气聚，乃能有济。"④

宣统二年十一月十二日，锡良致电周树模、陈昭常，通告拟定东三省移民殖边章程46条，并述及其核心内容：奉天省城拟设一殖民总局，为行政机关，负责勘查荒地、划定区域、纂辑图说，以及垦民入奉境后之招待、赴荒段之导送、安插保护等；设一殖务公司，为营业机关，负

---

① 徐世昌等编纂：《东三省政略》（卷7·财政）"附黑龙江省垦务"，李澍田等点校，第1263页。

② 马玉良、王婉玉选编：《吉林农业经济档案》，吉林文史出版社1990年版，第123—124页。

③ 黑龙江省档案馆、黑龙江省民族研究所编：《黑龙江少数民族（1903—1931）》，黑龙江省文化印刷厂1985年印刷，第45页。

④ 《周朴帅来电》（宣统二年十月十八日），《锡良任东三省总督时黑龙江往来电》（第4册），馆藏：甲374/23。

责筑室、凿井、购备垦民日用粮米器物及资本、犁牛、籽种、农具之贷借等。殖民局与公司居对等地位，相辅以行。① 此电意在征求意见。事实上，早在1907年，《申报》即针对"我国移民实边之策，大率由政治上、军事上、农业上而来，非注意于经济上者"的状况，提出"迁民实边以营业的主义行之，不当以政治的主义行之"。所谓"营业的主义行之"，即组织拓殖公司，"以集合各小资本而成一大资本"，在经济学中"为最有利益之事"，"盖资本大而后经营之事业大"。② 显见，锡良谋划殖务公司之举正是出于此意。

十一月十四日，陈昭常来电，认为此举恰能廓除以往积弊："东省议殖民久矣，向者政策未定，机关未备，复枝枝节节为之，是以无效。我公轩然大举，功在三省，所筹设立殖民局、垦务公司，截分行政、营业为两端，机关分权，责固信用，廓除向来官营积弊，极佩。盖东省向乏统一行政，兹事体大，尚应通力合举。"同时他提出建议，认为设置殖民总局"名义不尊"，应设督办东三省殖务一职："惟鄙意，殖民局名义不尊，一入吉、江两省，情形顿殊，呼应转滞。不若略仿从前督办边务名义，特置督办东三省殖务一官，由三省督抚公举奏请简任，位在司道之右，而受成于督抚，所驻设殖务公所，地以三省集中要点为宜。其位尊，其权专，其责任也重也。且垦务公司因之并尊，并专相辅而行，效可操券。"③ 但此议并未得到锡良接纳。

关于《东三省办理殖民事务章程》，笔者未见相关研究系统论及，爰照录于下。

---

① 《致陈简帅、周朴帅电》（宣统二年十一月十二日），《锡良任东三省总督时吉林来往电》（第17册），馆藏：甲374/15。
② 可愕：《变通迁民实变办法之刍言》，《申报》光绪三十三年十一月二十九日，第一张第二版。
③ 《陈简帅来电》（宣统二年十一月十四日），《锡良任东三省总督时吉林来往电》（第17册），馆藏：甲374/15。

《东三省办理殖民事务章程》

（宣统二年十一月）

第一章　总纲

第一条：凡属于本章程所规定之事务，概由东三省总督主持办理，并商同各省督抚暨各省绅民办事团体，如谘议局、教育会、农会、商会、自治会等，请求协赞。

第二条：由东督先就奉天省城奏设东三省殖民总局，以局长一人总揽殖务上行政范围之事务，并得就各办事地方呈设分局。

第三条：由东督奏请部拨殖务经费，于该经费内酌拨款项，并电请各移民省分协济银两，兼招商股组织一殖务公司，公司选举一人为公司总理。经画殖务上之营业事务并得提用资本敷设各种营业机关。

第四条：由东督商请各移民省分设立殖民招待局，经理移民就东之各项事务，并得随时与殖民总局接洽办理。

第二章　筹备时间之计画

第五条：由东督督饬殖民总局调查三省官荒地段，分别核明或宜耕种或宜牧畜或宜树艺，并将该荒地坐落郡县及交通涂径绘图列说勒为专书报告移民各省，一而先由东督指定一处作为移垦入手地方，先行筹办。

第六条：由东督督饬殖民总局查明三省大段民荒，多年未垦者严切出示限令于一年内备资开垦，并将遵办情形于限内报局立案，其有逾限不报或限内呈明无力开垦者，由局查照第二十九条第五项办法另订章程径将该荒交由公司代垦，垦熟后仍准该荒主备具代垦价值，请领原地无力备价者由局核明垦价扣地作抵，此项扣抵之地应与官荒同时授垦，其扣余之地仍亦无人承垦者，准由公司另行授垦，并查传原主询明荒价照数发还。

第七条：由东督奏请饬下邮传部减取移民船车半价。

第八条：由东督咨明移民省分，所有移民到东川资，均归各省自筹开支。

第九条：由东督协商移民省分预定移民数目（每省移民以千户为假定之数），即由各省认定协济银两（以每户协济百两为假定之数）将该款先期汇东，由东督列收，依第三条办法办理。

第三章　垦户东来之待遇

第十条：凡垦户由各省招待局送至到东首站，即由殖民总局派员前赴该站迎迓，并核明人数，发给川资口粮护送到段。

第十一条：凡垦户于到段后，由殖民局分别授荒，自领荒之日起扣足三年以后，分别征收荒价，第一第二两年各征全价三分之一，第三年悉数缴清，其每等地价若干先期由局规定至熟荒，内有公司代垦资本，领户应依公司所定代垦价值将该款分年缴还公司。

第十二条：授田分上中下三等，上地每丁百亩，中地二百亩，下地三百亩。

第十三条：凡上地限令一年成熟，五年升科，中地二年成熟，七年升科，下地三年成熟，九年升科。

第十四条：凡逾限不成熟者，除先期报明该管官确因水旱变故以致误垦外，其余一律督催不力，届升科两年前，仍未成熟者，该管官照章处分荒田撤回，仍将该丁酌罚苦工示儆（说明：此项人民既经资遣来东授地，尚不力作升科其为懒惰之，民无疑故，以罚作苦工示儆）。

第十五条：凡垦民到段后，依殖民局所规定由公司预备房舍井碾牛具籽粮并各项日用必需货物，于第一年期内准其赊用不另取息，但必须的殖民局之许可，并取具同业三户以上之保证书（说明：准其赊欠者，以示体恤，须得殖民局许可者，以防冒滥取，具同业证书者，以订还期）。

第十六条：凡垦民经过之处，先期由殖民总局派员开通道路，安设驿站并由公司多设客店以便行旅。

第十七条：凡垦户安插之处，先期由殖民局派员勘定村落基址，并由公司修造房屋以备居住。

第十八条：凡垦户居住之处由殖民总局呈派兵警择要驻扎，常川梭巡以资护保。

第十九条：凡垦户较多之处，由殖民总局暨公司设法多招商贾前往营业，以资利用。

第二十条：凡垦户发达之处，由殖民总分局体察情形，呈请设治，或分设警察派出所，以资治理。

第二十一条：凡垦户于农隙时得由殖民总分局或该管地方官查照奉天，预备巡警章程编队教演，以资捍卫。

第二十二条：凡垦户于农隙时，得由殖民总分局给以相当之劳力金，修治荒段内桥梁道路，河渠沟洫，以利交通。

第二十三条：凡垦户于荒段内寻常争执非成讼事件，由殖民总分局就近处理，成讼者由局移送该管地方官处理，以平争讼。

第二十四条：凡垦户聚居已定，由殖民总分局倡设旅东垦民俱乐会联络情谊，以固专体，并附设通信处，俾与乡里通信，如户口众多渐成村落者，由局呈请筹设邮政分局，暨医院学堂及其他便利垦民各机关，以谋公益。

第四章　殖民总局之责任

第二十五条：殖民总局有总揽殖民事业上之责任，对于各省招待局应遇事报告之，对于所辖各分局应指示监督之，对于各地方官吏应竭诚协商之，其应办之事项如左。

第一项：依第五条所规定编辑殖务书籍图说，刷印成册，报告移民各省。

第二项：依第五条及第六条所规定，查办各项荒务，编定荒地字号分列等第登记于簿，并绘具荒段区域细图，以便届时指示各分局安置垦户。

第三项：依十六条所规定，派员分勘路工，呈请酌拨兵队开通道路，并酌量请款安设驿站。

第四项：依十七条所规定派员勘定荒段内拟建村落基址绘图列说，限欺完竣。

第五项：依第四条所规定随时与各省招待局遇事接洽。

第六项：依第十条所规定派员于移民入境首站迎迓来东民户，为护送前赴荒段安置。

第七项：依第十一条十二条所规定，详订各垦户计丁授田章程，依十四条所规定，详订局员督垦功过章程，依第六条查办民荒之规定，详订查办民荒章程，分别督饬各分局办理。

第八项：依第一至第二十七各条所规定，凡属于该总局事务者，均应详订办法随时照办。

第二十六条：殖民总局承办一切事项，应随时禀承东督指示，并须受各省招待局之忠告。

第二十七条：殖民总局应附设殖务讲习所，凡局用人员应令分起入所讲习。

第二十八条：殖民总局应于开办后，将每月办理殖务情形及一切章规编为月报，报告本省暨移民各省。

第五章　殖务公司之责任

第二十九条：殖务公司有维持公家殖民政策之责任，对于殖民局应具同一计画，以营业之机关作垦民之保障，公司总理得以资本股东之委任筹设营业机关如左。

第一项：设银行及分银行，经理荒段内官民之借代贷汇转存放各事（说明：此项银行自行操纵金融机关规画连大事业，具有独立性质为宜，开办之初资本较少，用人尤难，固由公司筹设兼理汇兑储畜事宜等于普通银号，以便垦民，如果垦务经费浩大即应另订章程，令其独立经营）。

第二项：设转运行栈并客店。

第三项：设建筑工厂召募工匠，收买木材制造砖瓦，遵照殖民局划定村落地址，建筑房舍。

第四项：设粮食店运售食粮，以济民食。

第五项：设代耕厂，购备火犁以备垦户价赁开地之用，兼由殖民局呈请另订专章拨交生荒开垦成艺，以便垦户备价请领（说明：以火犁开垦荒地易于施工，且较之人工开垦须费尤廉，民间无力购置火犁，故由公司设厂办理，倘由殖民局拨地交厂开垦后以之）。

第六项：设牛马厂运售牛马，以济民用。

第七项：设百货店备办垦民日用必需之物，运入荒段出售，惟不得将奢侈品输入。

第三十条：前条所列各种营业机关系为便利垦民起见，公司应将各种办事章程协商殖民总局呈请核定施行，如查有重利剥民情形，即由该局究明呈办。

第三十一条：公司应将对于垦户营业情形，随时调查，每三个月编为报告一次，报告本省暨移民各省，并分送殖民总局备查。

第六章　各省招待局之义务

第三十二条：各省招待局成立后，应通信于殖民总局，并将规定移民办法随时通告。

第三十三条：招待局应查照第五条所得东省之报告，担任宣布演说事宜。

第三十四条：招待局应呈请该管长官出示晓谕，劝令民户就移并担任协同劝导。

第三十五条：招待局应预计每次移民户数，呈请该管长官筹画川资及协济银两，并担任就地筹款。

第三十六条：招待局应设法招徕自费移垦，各户一切比照官费移民办法办理，并奖励为首倡办之人。

第三十七条　招待局应查明就移民户，以每年有壮丁一人以上带有眷属者为率，单丁不成户者，每次附带十成之四，备有老弱而家无壮丁者勿遣。

第三十八条：招待局应查明就移民人不合于下列资格者勿遣。一，安分良民不致滋事者；二，身无残疾不吃鸦片者；三，身无重大讼案未结者。

第三十九条：招待局应候殖民总局于布置完备通告开办后，再行派员护送移民就道，仍先期电知殖民局以便派员，前赴入境首站迎迓。

第四十条：招待局每移民一次，均须造具户口细册送交殖民局，以便照册查验，并于每次移民出发之先，将户口数电知殖民局，俟殖民局查明荒叚内足数安插，再令移民就道。

第四十一条：招待局应设移民通信处，凡移户由东通信回里，由该处担任转送。

第四十二条：招待局应查照二十八条，三十一条将所得殖民局殖务公司各项报告，宣布演说以资劝导。

第七章　附则

第四十三条：本章程自奏咨立案之日实行。

第四十四条：本章程实行之后，凡三省人民有愿赴荒就垦者，均适用第十一条至第十五条之规定，但须有殖民总局另订稽核章程办理。

第四十五条：本章程实行之后，凡从前三省办理垦务情形有与现任办法抵牾者，得由东督查明饬令更正施行。

第四十六条：本章程如有应行修改之处，得由东督随时更正咨部。①

小结

论者多对锡良移民垦殖给予正面评价，认为锡良大力开办垦荒、辟

---

① 《东三省办理殖民事务章程》，《东北边疆档案史料选辑》（第102册），第353—361页。该章程为锡良督东时期移民垦荒政策的集大成者，不仅反映了锡良移民垦殖思想，在东北移民史上也具有重要地位。兹引全文，以供学界参考。

路、开矿,有力地促进了当地政治、经济和社会的发展,就垦荒而言,"除不适宜耕种的土地、沙地、盐碱地之外,几乎垦辟殆尽"。① 从数据上看,截至宣统三年,东北地区已被开垦的耕地达10266万余亩,为1840年东北耕地总数2864万亩的3.58倍,同时还有大量荒地已经丈放,正在开垦之中。② 可以说,锡良移民实边的构想在一定程度上得以现实。

但取得成绩的同时,问题亦不在少数。首先,经费竭蹶问题始终未能妥善解决。宣统三年正月间,锡良致电直隶总督陈夔龙、山东巡抚孙宝琦,详细言及经费困境:"为东三省计,移民垦荒尤属实边要策,此良所旦夕求之者。……垦荒一节,必须秋冬未经冰冻以前,修辟道路,预建房舍,购备应用一切,若至春融以后,则已届耕种之时,即使部允,借款临时局促,实系赶办不及。且直东赴俄境之小工大抵在路矿操作居多,强令垦荒,恐非所愿,似宜再行从长计议。日来俄境藉防疫为名驱逐华侨,在瑷珲等处被逐过江者数万人,而各段铁道内逐出苦工尤不知凡几,内讧外患,岌岌堪虞。虽勉拟分拨各矿厂工作,而费用甚巨,人数太多,尚不知能否安插。天时、人事相逼而来,同处困难,杞忧何极?"③ 其次,移民垦殖在某种程度上沦为筹款政策、营业政策。熊希龄在《移民开垦东三省意见书》一文中,指出东三省移民垦殖"宗旨既注重于筹款,于是官与民皆以买卖荒地等之",以致吉林、黑龙江所得荒价均耗于行政,"并未为垦户筹一助长之政策","沃壤大陆之荒凉如故"。更者,东三省当局于移民开垦地方设立专门学堂、模范工场等,以求移民能自谋生计。然而,立一场、校则望其获利,办一垦殖则求其速效,

---

① 许淑明:《清代东北地区土地开垦述略》,马汝珩、马大正主编:《清代边疆开发研究》,第71页。
② 杨余练:《清代东北史》,辽宁教育出版社1991年版,第448页。
③ 《致天津陈筱帅济南孙慕帅电》(宣统三年正月二十八日),《锡良任东三省总督时吉林来往电》(第23册),馆藏:甲374/15。

"其得不偿失者浅尝辄止，此与商贾营业无以异也"。①

第七节 参与疆臣会、阁期限讨论

光绪三十二年五大臣考察团归国后奏陈宪政之利，清政府于是年七月十三日颁布"仿行宪政"上谕，然西方宪政模式与中国固有政治体制方凿圆枘，改革进程举步维艰。这当中，作为宪政改革重中之重的召开国会、设立责任内阁问题，尤其引发朝野瞩目。清政府于光绪三十四年八月一日颁布九年筹备立宪清单，据此将在1916年召开国会。而责任内阁制在丙午官制改革中流产，此后一度销声匿迹。针对国会迟开，立宪派于宣统元年十二月至次年九月间发起三次全国联合的请愿运动。② 就包括制台、将军、都统、抚台在内的疆臣群体而言，自宣统二年八月始对会、阁期限问题讨论纷争两月之久，最终实现两次联衔会奏，与立宪派请愿运动一道，合力促成清政府将国会召开时间提前三年。此为疆臣群体在清末政治舞台上一次重要集体亮相，是省域权力"参与决策"③ 的典型一例，构成帝制崩溃前夜重要历史一幕。

依据《国风报》《东方杂志》披露的若干疆臣往来电文以及《近代史资料》刊布的《庞鸿书讨论立宪电文》等史料，学界对该事件展开研究。李振武基于群体视角，对疆臣会奏速开国会的动因、大致经过作了梳理。④ 除为数不多的专门研究外，此事更多在宪政史、官制史论著中作

---

① 林增平、周秋光编：《熊希龄集》（上），第249—250页。
② 关于立宪派国会请愿运动的经过、性质与社会作用，详见耿云志《论清末立宪派的国会请愿运动》，《中国社会科学》1980年第5期。
③ 社会学理论认为，权力的重要体现是"参与决策"，"关键方面在于行动"。卢少华等：《权力社会学》，黑龙江人民出版社1989年版，第16—17页。
④ 李振武：《督抚与请愿速开国会运动》，中国史学会编：《辛亥革命与20世纪的中国》上，中央文献出版社2002年版，第70—95页。稍后，李振武又发表《李经羲与国会请愿运动》（《学术研究》2003年第3期），然基本规模不出前文。

为一个历史片段被附带论及。① 上述研究一个明显缺失在于史料利用不充分，以致论述呈现粗线条化，诸多史实含混不清。在分析框架上，普遍从外官改制和央省权限之争角度着眼，将疆臣讨论会、阁期限视为他们"有责无权"境遇下对中央集权的回应和反击。② 清末央省之间的权限之争固为事实，然仅限于此一宏观分析则无从展示其事复杂诱因和演进脉络。近来，有研究者依据锡良档案，考证了疆臣会奏初稿、定稿、列衔等若干问题。③ 此文颇有创获，但并非意在梳理事件全貌。

东三省总督锡良全程参与了宣统二年疆臣会、阁期限讨论并先后两次领衔疆臣会奏，是一位发挥了关键作用的要角，然尚未引起学界足够重视。中国历史研究院图书档案馆收藏的锡良档案，包含宣统二年锡良与疆臣、枢臣、僚属以及立宪派的往来电文，详细记录了锡良参与会、阁期限讨论的始末，展现出诸多细节和隐情，系统审读可发现前人研究尚多未尽之处。本书在充分吸收学界既有成绩基础上，以锡良档案为基本依据，辅以报刊、日记等多种类史料，从点式聚焦视角细绎锡良参与其事的心路历程和行动演进，旨在呈现疆臣个体处于特殊省域形势下所思所为的具体面相。并期以点带面，对学界讨论不够或尚未触及的重要

---

① 要者如张玉法《清季的立宪团体》，（台北）"中央研究院"近代史研究所专刊28，1971年版，第438—440页；韦庆远等《清末宪政史》，中国人民大学出版社1993年版，第330—334页；侯宜杰《二十世纪初中国政治改革风潮——清末立宪运动史》，人民出版社1993年版，第312—315页；迟云飞《清末预备立宪研究》，中国社会科学出版社2013年版，第226—227页；关晓红《从幕府到职官：清季外官制的转型与困扰》，生活·读书·新知三联书店2014年版，第508—512页。

② 李振武认为，疆臣对载沣集权的不满是他们联衔会奏的"最根本原因"。李振武：《督抚与请愿速开国会运动》，中国史学会编：《辛亥革命与20世纪的中国》上，第81页。关晓红指出，疆臣联衔奏请速开国会、速设责任内阁，"并非真正对国会与内阁情有独钟，而是在正本清源、加速宪政的旗号下，转嫁危机，摆脱困境，维护既得利益，进而表达政治诉求的一种策略"。关晓红：《从幕府到职官：清季外官制的转型与困扰》，第510页。苏全有说道："（清末）中央官制改革和机构重置，目的只有一个，即强化中央集权，而地方督抚制衡中央的抓手就是国会，地方督抚为什么急于开国会？这不是民主诉求，而是权利诉求。"苏全有：《清季预备立宪事件再析》，《江汉论坛》2020年第3期，第99页。

③ 史展：《宣统二年疆臣会奏速开国会新探》，《史林》2020年第2期。

问题，诸如锡良谋士郑孝胥如何在幕后参与其事；疆臣群体如何形成集体性讨论局面，讨论主题有何递嬗转变；疆臣两次会奏的谋划和协商过程如何，与立宪派请愿运动形成何种关系；等等，作出进一步探究。

一 提出全国范围干路借款计划

宣统元年十二月间，立宪派组织发起请愿运动，要求一年内召开国会，二十日清廷拒绝。随后，立宪派为寻求督抚支持，函请各省谘议局"呈恳本省督抚奏达舆情"。①此际疆臣因清廷表态而反应冷淡，广西巡抚张鸣岐所言"疆臣恪遵朝旨"②正是其时写照。宣统二年春，清廷重议外官改制，传闻欲"漏去督抚一级"。③此一釜底抽薪式的集权构思引发疆臣普遍抗议，东三省总督锡良即申说若以部臣统辖行省，"中央既耳目不及，外省又呼应不灵，为祸实大"。④同年五月十日，各省代表再次请愿，二十一日上谕仍拒。恰在此时，清廷于六月二日饬令在京衙门及各督抚详议具奏御史赵炳麟、鄂藩王乃徵主张根据财政状况决定宪政事务缓急的两件折奏。对此一命题作文，疆臣先是按部就班陈说各省财政竭蹶状况。⑤随着云贵总督李经羲以及锡良联合湖广总督瑞澂借议复之机分别发出"微电"、提出干路借款计划，国会、责任内阁问题渐被疆臣提起。

学界注意到李经羲八月五日所发"微电"，视其为促成疆臣会、阁期限讨论的"最初动因"。⑥从内容看，李氏"微电"非就财政状况而是就宪政改革发论，认为"近日旧政轮廓难存、新政支离日甚"的根源在于

---

① 《张坚帅来电》（宣统二年正月二十五日），《锡良任东三省总督时外省来去电》（第5册），馆藏：甲374/17。
② 《张坚帅来电》（宣统二年正月二十八日），《锡良任东三省总督时外省来去电》（第5册），馆藏：甲374/17。
③ 《时评》，《申报》宣统二年八月九日，第一张第六版。
④ 锡良：《时局危急密陈管见折》（宣统二年三月十七日），《锡良遗稿·奏稿》，第1127页。
⑤ 参见关晓红《从幕府到职官：清季外官制的转型与困扰》，第461—468页。
⑥ 李振武：《督抚与请愿速开国会运动》，中国史学会编：《辛亥革命与20世纪的中国》（上），第71页。

"无主脑",以致"诸部各自为谋,亦无次序",并且"无审国情、量国力、联合主断之人",提出宪政改革应从"简单入手"的主张。① 李氏所说"主脑",指国会与责任内阁,署理两广总督袁树勋即言:"主脑者,曰责任内阁、曰国会,此二语为当今普通常识上所共有。"② 尽管李氏以"主脑"指代国会、责任内阁而不明言之,政见表达显有保留意味,但"简单入手"即先立会、阁之意则是可以肯定的,因此学界"最初动因"之论有其道理。然需留意,"微电"仅发给疆臣中具有引领地位的锡良及直隶总督陈夔龙、两江总督张人骏、湖广总督瑞澂四人小规模讨论。③ 正因流播有限,并未引发疆臣普遍关注。事实上,疆臣热议会、阁并非一蹴而就,一个重要过渡环节即是讨论锡良联合瑞澂提出的干路借款计划。

宣统元年正月十九日,锡良调任东三省总督,四月一日接篆。首任东督徐世昌政声欠佳,清政府期冀锡良能够振衰起獘。④ 面对东三省铁路交通为日、俄分据的发引千钧之局,锡良于四月二十一日具折,提出由邮传部筹给经费修造锦瑷铁路的计划。邮传部鉴于路长费巨,认为借款兴修较有把握,加之同僚属吏建言以及美国对华政策转变,锡良转而认同借款修路。⑤ 在锦瑷借款进入实施阶段后,锡良力援时居沪上的郑孝胥参与其事。郑氏为立宪派领袖,既有铁路管理又有边疆防务经验,认为应对边防危机不能仅靠屯兵边塞,而应运用纵横之术折冲于列强环伺之中。⑥ 他一贯主张的借债救国策略,正是上述思路的产物。据笔者见,最

---

① 《滇督李筹商根本救治办法电》,《国风报》第1年第26期,宣统二年九月二十一日,第65—66页。
② 《袁海帅来电》(宣统二年八月十二日),《锡良任东三省总督时外省来去电》(第7册),馆藏:甲374/17。
③ 李氏九月二日致电各督抚即有"敝处八月致奉直江鄂诸帅微电"一语。《云贵总督李经羲致各督抚电》,《东方杂志》第7年第10期,宣统二年十月二十五日,第273页。
④ 参见拙文《宣统元年东三省总督人事变动与清末政局》,《史学月刊》2020年第10期,第48页。
⑤ 参见拙文《锡良督东时期东北铁路规划始末》,《近代史研究》2016年第6期。
⑥ 马陵合:《借款可以救国?——郑孝胥铁路外债观述评》,《清史研究》2012年第2期,第82页。

晚在宣统元年十一月间锡良即邀约郑孝胥赴东，郑氏十一月二十三日日记中即有"锡帅尝托人邀我"之言，但他表示"锡帅延我往议可矣"的先决条件是"东三省人民愿以我为总代表，实行开放之策"，如此则"吾当借箸一筹"。① 为使郑孝胥尽快成行，锡良曾请托郑氏旧时幕主岑春煊："第目前订议贷款，事体重大，条件多端，非如郑公负海内重望、明达时务，不足以语于斯。伏蕲执事转乞郑公来此。"② 最终，郑孝胥于十二月二十九日到奉。③ 郑氏极为认同与己谋国思路一致的锦瑷铁路借款计划，对于锡良遭到奉天谘议局"徒引外人操戈入室"的指责而发出"如东人不愿，可使京官劾我"之言亦颇为赏识，但他强调其事之成须以召开国会为前提："锡帅主开放，是也；然必官对于民先行开放，使三省人民皆能起作主人，而后可言对外开放耳。"④ 随着次年七月间郑氏扈从锡良入京，此思路直接影响了后者的政见表达。

锡良虽有将锦瑷铁路借款计划坚持到底的决心，然因中央各部意见参差以及外力强力干预等原因，进展并不顺利。与此同时，东北亚政治格局的急剧变动使得东三省形势愈加危迫。1910年7月4日（中历五月二十八日），日本、俄国缔结第二次协定，正如锡良判断："近来日、俄邦交亲密，日之合并朝鲜，俄之规划蒙古，两国已不啻互相默许。"⑤ 紧接着，8月22日（中历七月十八日），标志着朝鲜被日本吞并的《日韩合并条约》签订。锡良深虑东北蹈其覆辙，一方面，揭批日本继欲侵略东北的阴谋并预筹抵制之策；⑥ 另一方面，请求入京陛见。前文述及，据《申报》报道，日、俄协定签订后锡良即屡有赴京与枢府面商要政之请，然皆为枢府所却，最终成行则得益于管理军谘处事务大臣贝勒载

---

① 劳祖德整理：《郑孝胥日记》（第3册），第1221页。
② 劳祖德整理：《郑孝胥日记》（第3册），第1224页。
③ 劳祖德整理：《郑孝胥日记》（第3册），第1228页。
④ 劳祖德整理：《郑孝胥日记》（第3册），第1221页。
⑤ 《东督致枢垣俄人胁制中国请提前议定锦瑷张恰二路电》（宣统二年六月一日），王彦威、王亮辑：《清季外交史料》（第4册），第3728页。
⑥ 详见李细珠《日韩合并与清末宪政改革》，《近代史研究》2011年第4期，第106—112页。

涛的说项。① 七月二十二日，锡良偕郑孝胥由奉天登车，晚至山海关，当天郑孝胥"为清帅拟说帖二条"。次日九点登车，晚七点至京，入住贤良寺。②

锡良抵京后连日与枢府筹商修建铁路、吸收外资、移民垦荒诸事，然"大都咨嗟叹息，毫无切实办法"，此时锡良颇为苦闷，不仅有不回东任念头，甚有"胡不早死"之忿言。③ 恰在锡良居京期间，其竭力筹维的锦瑷铁路借款计划遭遇重挫。宣统二年八月二日，外务部、度支部具折，指陈东三省应以经营实业为重："锦瑷铁路久未定议，而时艰日迫，经营实业自不能再事迁延。"④ 处此情势，锡良接纳郑孝胥"以借款修路之策为天下倡"的建言并委其代拟折稿。⑤ 这就是八月六日锡良联合瑞澂借议复财政之机密陈的全国规模干路借款计划。此时瑞澂亦在京觐见，较锡良先至且同住贤良寺。⑥ 锡良联合瑞澂会奏，主要出于以下原因。一是瑞澂支持宪政。他在七月二十四日召见时力言中国"只有民心不失可恃"，"欲固结民心当速开国会"。⑦ 二是借重瑞澂政治声望。宣统二年五月间瑞澂授鄂督，"名流如张謇辈咸与交欢，而懿亲载泽方用事，则又为其姻娅，声势骎骎出南北洋上"。⑧ 郑孝胥也建言锡良"宜结好于泽（载泽）、

---

① 费行简曾形象记述锡良、载涛晤谈情形："锡良告以亲贵竞立门户，不急国事，良于东事屡有规画，皆阁置不行。似此则国之危亡，跂足可待。语时须髯载张，声色颇厉。涛拱手起听，曰此谠论廷臣所不能言者，予归当谏之监国。"沃丘仲子：《当代名人小传》（卷下），（台北）文海出版社1986年影印版，第6—7页。

② 劳祖德整理：《郑孝胥日记》（第3册），第1272页。

③ 《呜呼东督不愿回东矣》，《申报》宣统二年八月三日，第一张第四版。

④ 《度支部外务部奏遵旨妥筹东三省请借外债二千万两兴办实业拟请照准折》（宣统二年八月二日），王彦威、王亮辑：《清季外交史料》（第4册），第3762页。

⑤ 劳祖德整理：《郑孝胥日记》（第3册），第1275页。

⑥ 《申报》报道，瑞澂早有来京之想并屡次请旨，清廷"以鄂省伏莽滋多"而不允。载涛考察各国军政回京后，"深以汉口为吾国江防最重要之地，鄂省军备尤关紧要"，"及闻鄂督奏请陛见之信，因极力主张允准"。《东鄂两督来京陛见之原因》，《申报》宣统二年七月三十日，第一张第三版。

⑦ 《瑞督尚知为探本之论》，《申报》宣统二年八月三日，第一张第四版。

⑧ 赵尔巽等：《清史稿》（第42册），第12813页。费行简有类似记载："名流如张謇、郑孝胥之流皆友澂，而主政府实权之载泽则其姻娅，声势骎骎出南北洋上。"沃丘仲子：《近代名人小传》，第321页。

瑞（瑞澂），引为同志，如三联盟可成，必甚有力量"。①

锡、瑞在密折中坦言以政治、兵力争胜各国万难幸胜，当下唯借款修路为"第一救亡政策"，提出以铁路作抵借外债十万万，十年内修建粤汉、川藏、张恰、伊黑四条干路。此计划果行，可化解政令宣布、军事征调"障阻既多、缓急难恃"的困局，且美、英、法、比诸国必竞输财于我，"不特国内宪政进行更速"，各国图我之谋"亦必苦财力不给因而大挫"。②可见，郑氏"以借款修路之策为天下倡"即放眼全国路事而不必纠结于锦瑷借款之谓。但问题是，在政府强化外债监管的政策背景下，③锦瑷铁路借款尚且步履维艰，全国规模干路借款更属难行，此策旨归何在？笔者认为，郑孝胥将干路修建和宪政推进挂钩，实出于以路政促宪政的策略考量，前者固为所逐目标，后者则为根本诉求。对锡良而言，除上述目的外，亦有借此对抗日本、俄国的意图，正如时论说道："东督则以身处东省，目击祸变，激刺最烈，忧厄独深，以借款筑路稍杀日、俄之势。"④

正如可预料的后果那样，中央相关各部对此计划不以为然。邮传部"谓此折系名士故作大言，出一难题"。⑤度支部尚书载泽认为偿款为难，"故主张议驳"。⑥最终，清廷在折上当天即基本予以否定："除粤汉一路

---

① 劳祖德整理：《郑孝胥日记》（第3册），第1273—1274页。
② 锡良：《密陈筹借外债以裕财政而弱敌势折》（宣统二年八月六日），《锡良遗稿·奏稿》，第1204—1206页。通过文本对比，该折脱胎于郑孝胥撰写的《四大干路建造说帖》，该文收录入戴执礼编：《四川保路运动史料汇纂》上，（台北）"中央研究院"近代史研究所史料丛刊（23），1994年版，第528—529页。
③ 1908年后，邮传部对商办铁路由积极扶持转而消极否定，回到借款官办政策上直至宣布收归国有。列强的鼓动施压是一个因素，但主要出于邮传部鉴于各省铁路公司在资金和管理等方面存在严重问题而对商办铁路失去信心并将之视为铁路发展障碍。较铁路总公司时代，邮传部执行的借债修路政策更加注意利权保护，力图使外资成为促进中国经济发展的力量而不致损害主权。详见崔志海《论清末铁路政策的演变》，《近代史研究》1993年第3期。
④ 宣樊：《政治之因果关系论》，《东方杂志》第7年第12期，宣统二年十二月二十五日，第292页。
⑤ 《东鄂两督密陈救亡大计》，《申报》宣统二年八月十四日，第一张第四版。
⑥ 《东鄂两督主张借款续闻》，《申报》宣统二年八月十七日，第一张第三版。

另行议办外,其川藏、张恰、伊黑三路多属荒远,成本既重,收利难期,将来还款恐无把握……暂应从缓办理。"① 此一结局似在郑孝胥意料之中,他复建议锡良借回应李经羲"微电"之机将干路借款计划发至各疆臣讨论,以期借疆臣群议实现倒逼清廷加快宪政进程的目的。锡良接纳此建议并委郑氏起草复电,此即锡、瑞于八月九日联合发出的"佳电"。② 该电主旨与六日密奏同,唯将借债数额由十万万改为数万万,并着重强调路成之后"行政之易亦如破竹,民间风气自开,速于教育何止十倍",简单入手办法"似无以易此"。③"佳电"意在回应"微电",然两者思路还是存有差异:前者将借款修路视为推进宪政改革的入手之策,后者将会、阁速立视为推进宪政改革的"简单办法"。正因如此,无怪乎梁启超指摘"佳电"文不对题,偏离"微电"本意。④ 但显然,两说推进宪政进程的目的是一致的,实为殊途同归。

二 疆臣从讨论路政到热议会阁

在"受度支部之牵掣日苦无方"的疆臣看来,由于锡良、瑞澂为"督抚中之翘出〔楚〕","号称最开明、最有力",⑤ 干路借款发自其口,"纵有争议,尚无嫌疑"。⑥ 有论者指出,不少督抚虽对借款修路表示同情,但大多提出反对意见。⑦ 实则,疆臣意见明显分为认同和反对两类。

新疆巡抚联魁言铁路为交通关键,借款为兴利母财,借款修路诚为

---

① 《清实录》(第60册),第719页。
② 郑氏在八月七日的日记中写道:"拟复李仲仙并致各督抚一电。"劳祖德整理:《郑孝胥日记》(第3册),第1275页。
③ 《附锡瑞二督致各督抚原电》,《申报》宣统二年八月二十五日,第一张第四版。
④ 沧江:《外债评议》,《国风报》第1年第28期,宣统二年十月十一日,第27页。
⑤ 宣樊:《筹备宪政问题》,《东方杂志》第7年第11期,宣统二年十一月二十五日,第278页。
⑥ 宣樊:《政治之因果关系论》,《东方杂志》第7年第12期,宣统二年十二月二十五日,第292页。
⑦ 李振武:《督抚与请愿速开国会运动》,中国史学会编:《辛亥革命与20世纪的中国》(上),第73页。

"综核靡遗、切当不易"之论。① 陕甘总督长庚将借款修路视为上兵伐谋之策,"不仅交通便利,有裨宪政也"。② 荆州将军凤山言:"目前筹备宪政,十一部各自为谋,未能共同筹画,以致财力困难,内及牵制,所谓以修路为入手办法,诚属确论。"③ 伊犁将军广福提议借款同时应兼募国债,庶免争路权、拒路款冲突。④ 反对者则指摘借款修路存在诸多弊端。河南巡抚宝棻认为,借款以路作押势必债主操权,与外人包修无异。⑤ 两江总督张人骏言:"所借既多,势将指抵丁粮,脱有亏累,利息不继,及抵款租赋正供。设亦启人干预,因租赋而牵连催科,大局何堪设想?"⑥ 广州将军增祺担忧伊黑、张恰、川藏三路处于荒瘠之区,铁路收益恐不敷养路,偿还借款则属难事。并从民情角度立论:"东三省、云南铁路何异,现当民气激昂,万一此议一成,全国人民出而反对,其风潮剧烈必较湘鄂为甚。"⑦ 尽管疆臣在干路借款计划被清廷基本否定的背景下讨论其利弊对于路事而言并无实质意义,但他们由此形成的集体讨论局面则不容忽视,不仅在很大程度上实现了锡良"振朝士之气"⑧ 的预期目的,更为接下来疆臣群议会、阁期限问题做了必要准备和铺垫。

在讨论借款修路利弊同时,个别疆臣则着意分析借款修路与会、阁

---

① 《联星帅来电》(宣统二年九月一日),《锡良任东三省总督时外省来去电》(第8册),馆藏:甲374/18。

② 《长少帅来电》(宣统二年九月一日),《锡良任东三省总督时外省来去电》(第8册),馆藏:甲374/18。

③ 《荆州将军来电》,(宣统二年九月三日),《锡良任东三省总督时外省来去电》(第8册),馆藏:甲374/18。

④ 《伊犁广将军来电》(宣统二年九月九日),《锡良任东三省总督时外省来去电》(第8册),馆藏:甲374/18。

⑤ 《宝湘帅来电》(宣统二年九月八日),《锡良任东三省总督时外省来去电》(第8册),馆藏:甲374/18。

⑥ 《张安帅来电》(宣统二年八月十四日),《锡良任东三省总督时外省来去电》(第8册),馆藏:甲374/18。

⑦ 《广州将军来电》(宣统二年九月一日),《锡良任东三省总督时外省来去电》(第8册),馆藏:甲374/18。

⑧ 劳祖德整理:《郑孝胥日记》(第3册),第1278页。

之立的关系。袁树勋认为，会、阁之立"非谓宪政完全之结果"，而是"各项政策之起点"，借款修路须以此为前提，"政令始有发生之地、始有操纵之方"。并主张在次序上先阁后会，原因在于后者难度更大。① 山东巡抚孙宝琦、江苏巡抚程德全"来电论借债造路，意皆以责任内阁、国会为先着"。② 上述所论，显与李经羲"微电"若合符契。鉴于此，李经羲顺势于八月十九日群发疆臣"效电"，旨在引导疆臣将讨论重点转至会、阁问题上，正如他稍后解释："'微电'言救时弊必从重要简单入手，未及铁路事。旋锡、瑞两帅'佳电'主张借款筑路。乃发'效电'，归本内阁、国会。"③ "效电"表达了以下意思：首先，借款修路必须以会、阁为主持机关，方可避免债主干涉、舆论反对、当事者虚縻等弊端，否则"转虑足以速祸"。其次，无须过虑当前阁、会条件不成熟。内阁设立后，组织者未必皆为干济国难之才，"但部臣既同为阁臣，缓急后先，协同审择，可无目前政出多门、彼此矛盾之事"。加之有国会行使监察权，"庸者既难滥竽，滑者尤难敷衍"。至于议员嚣议纷争情事势所难免，"但国家政策须以理想立进取标准、以实验定施行方法"，若因噎废食则终无召开之期。再次，针对袁树勋会、阁分先后之见，提出二者"如车两轮"的论断，认为有阁无会恐当国者"非揽权营私即延滞痺瘘"。最后，倡议疆臣就会、阁期限"联衔入告"并由在京的锡良、瑞澂、张鸣岐就近主稿。④

与疆臣论说一致，舆论也认为干路借款这一"高瞻远瞩之政见"⑤ 的

---

① 《袁海帅来电》（宣统二年八月十二日），《锡良任东三省总督时外省来去电》（第7册），馆藏：甲374/17。
② 劳祖德整理：《郑孝胥日记》（第3册），第1277页。孙宝琦言："国会宜早日召集，庶免局外訾论，淆乱是非，简单重要之法以此为急。"程德全言："既无主脑，又无群力，内外势乱，上下蒙饰，则虽铁路告成，而政治之不能推行也如故。"《孙慕帅来电》（宣统二年八月十三日）、《程雪帅来电》（宣统二年八月十三日），《锡良任东三省总督时外省来去电》（第8册），馆藏：甲374/18。
③ 《云贵总督李经羲致各督抚电》，《东方杂志》第7年第10期，宣统二年十月二十五日，第273页。
④ 《滇督李电》，《国风报》第1年第26期，宣统二年九月二十一日，第73—75页。
⑤ 《时评》，《申报》宣统二年八月二十五日，第一张第六版。

实施端赖国会召开。《申报》刊发长文，将借款修路视为关系中国存亡的先发制人之策："有国者，以不借债为上策，借债出于万不得已之策，此固不待智者而后知。然而就现在之国势，以观东南一部分尚可从容坐论，而西北一部分则急若燃眉，强邻压境、残虐横行，满洲、蒙古、东三省、西藏各要害异常危险，倘使俄、日于此竟逞其野蛮之手段，而将满洲东三省之地伸手攫取之，我东南各省其将高枕无忧乎？"进而指出，干路借款能否实施，不决于摄政王和各督抚，亦不决于资政院，而是必当求之国会，"使资政院各议员以此议归之于必开国会而后议"，则不仅借款修路问题可立时解决，并且"请愿国会之进行庶可达其目的"，至少缩短年限"当在意计之中"。文章呼吁资政院各议员"幸勿放而弃之，致隳前功，长使人民处于专制之下，无复有伸张权势之一日"。① 之所以立宪舆论与疆臣论说在步调和倾向上形成高度统一之势，当与郑孝胥在两者间的互通声气和穿针引线直接相关。②

受个别疆臣言说的直接引导，加之良好的社会舆论氛围，疆臣群体的讨论重点很快转至会、阁速立问题上。周树模声称若会、阁不立，则朝议难免"意见参差，局势散漫"，如此则诸事难成。③ 陈昭常指陈日韩合并后东事岌岌可危，转圜之机"全视宪政措置若何"，但当下中国内政、外交皆无一定方针，官民之间亦多隔阂，会、阁速立之论实属"阐发无遗、至当不易"。④ 江西巡抚冯汝骙言："今日国是未定，事机不一，内外上下浸成涣散否塞之现象，自应亟设责任内阁以立主脑，速开国会

---

① 《借债筑路解决之问题》（江阴毛凤和来稿），《申报》宣统二年九月一日，第一张第二、三版。

② 郑孝胥及时将疆臣动向通告立宪派。如八月六日锡、瑞联合密奏当日，郑氏即将借债修路说帖交给来访的刘崧生，"使与谘议局联合会研究此事"。劳祖德整理：《郑孝胥日记》（第3册），第1275页。

③ 《周朴帅来电》（宣统二年八月二十六日），《锡良任东三省总督时黑龙江往来电》（第4册），馆藏：甲374/23。

④ 《吉林抚台陈来电》（宣统二年八月二十四日），钱永贤、耿明、邵白整理：《庞鸿书讨论立宪电文》，中国社会科学院近代史研究所《近代史资料》编辑组编：《近代史资料》（第59号），中国社会科学出版社1985年版，第46页。

以固民心，时不我与，毋烦再言。"①察哈尔都统溥良强调："国会事若得请，则修路之策宜可续陈。"②受到"效电"指责的袁树勋也回应道："内阁与国会相对待……仲帅谓如车之两轮，缺一不可，盖不称立宪国则已，既称立宪国，无不设议院而可为完全责任之政府者。鄙意所以引而不发，实虞两事并提，转滋中央疑讶。"③

"效电"提出联衔入告建议，由谁主稿会奏折也是疆臣的讨论议题。尽管李经羲提议由在京的锡、瑞、张就近主稿，然多数疆臣则倾向李氏主稿，正如郑孝胥所言："各省督抚来电，多数主合词请立责任内阁并开国会，欲令李仲仙主稿。"④当然，各疆臣论述角度存在差异。瑞澂从统一政见角度致电李经羲："今诸公既多数以内阁、国会为主体，即请公挈衔主稿，封章入告，总期政见能统一，言行能实行。"⑤锡良称赞"效电"论述"最透彻"，也主张由李经羲主稿会奏折，并建议稿成后再遍告各疆臣征求意见。⑥丁宝铨认为当下国事纷乱、强邻迫逼，建议李经羲赶速主稿并通过会奏方式以动圣听。⑦湖南巡抚杨文鼎则认为事机已迫，无论何人主稿必当附名。⑧李经羲鉴于复电推己主稿者多，电询各疆臣肯列衔与否。⑨

---

① 《冯星帅来电》（宣统二年九月九日），《锡良任东三省总督时外省来去电》（第8册），馆藏：甲374/18。

② 《溥玉帅来电》（宣统二年九月七日），《锡良任东三省总督时外省来去电》（第8册），馆藏：甲374/18。

③ 《袁海帅来电》（宣统二年八月二十三日），《锡良任东三省总督时外省来去电》（第8册），馆藏：甲374/18。

④ 劳祖德整理：《郑孝胥日记》（第3册），第1278页。

⑤ 《瑞莘帅来电》（宣统二年八月二十四日），《锡良任东三省总督时外省来去电》（第8册），馆藏：甲374/18。

⑥ 《复瑞莘帅电》（宣统二年八月二十四日），《锡良任东三省总督时外省来去电》（第8册），馆藏：甲374/18。

⑦ 《丁衡帅来电》（宣统二年八月二十五日），《锡良任东三省总督时外省来去电》（第8册），馆藏：甲374/18。

⑧ 《湖南杨抚台来电》（宣统二年八月二十四日），《锡良任东三省总督时外省来去电》（第8册），馆藏：甲374/18。

⑨ 《云南督帅李来电》（宣统二年八月二十五日），钱永贤、耿明、邵白整理：《庞鸿书讨论立宪电文》，《近代史资料》（第59号），第44页。

此时疆臣讨论并未严格区分主稿、领衔，似有将两者合二为一之倾向，随着讨论不断深入，何人领衔问题方日渐凸显。

疆臣讨论谋划之际，反对速开、速设的意见开始露头。陈夔龙于八月二十三日向各疆臣发出"漾电"，承认速开国会、速设责任内阁为改变当前实业不兴、物力凋敝局面的"洞见本原"之论，但同时强调处此存亡绝续关头，若下着不稳反致内讧外侮"易一境而转以加剧"，坦言"此则龙于愿表同情之中不得不鳃鳃过虑者"。① 张人骏在二十五日发给各疆臣的"有电"中直言速开国会之弊："谨愿者胸无主宰，不能建议；狡黠者多方运动，自便私图。既无政党之可言，复鲜公理之可据。"而在无国会监督情况下强行组阁，"不善者出其权位资财，勾结党援"情事在所难免。他认为目前重要之端不外乎吏治与实业，"盖吏治修则民生安，实业兴则民生厚"。② 尽管多数疆臣主张速开、速设，但个别反对意见更易放大，前者亦将持反对意见者视为政治对立面而群起攻之，构成疆臣会、阁讨论的重要环节。李经羲力陈"根本不立，增隙速祸"，号召各疆臣面对阻力更应"谋国无所讳"。③ 庞鸿书认为，责任内阁有国会施以监督，"日防指摘之不暇"，张氏所言杞人忧天。④ 孙宝琦反问道，历来疆臣何人不讲整饬吏治，各省何尝不务实业，然成效安在？根本原因在于会、阁不立，此直接导致"中央无严肃之精神，各省徒相承以粉饰"。他强调非设责任内阁"无以挈统治之机关"，非开国会"无以定舆论之归宿"。⑤ 舆论在批驳张人骏言论同时，推测"于世界之情形既未明了，于本国之

---

① 《陈筱帅来电》（宣统二年八月二十五日），《锡良任东三省总督时外省来去电》（第8册），馆藏：甲374/18。
② 《张安帅来电》（宣统二年八月二十七日），《锡良任东三省总督时外省来去电》（第8册），馆藏：甲374/18。
③ 《滇督来电》（宣统二年八月二十七日），《锡良任东三省总督时外省来去电》（第8册），馆藏：甲374/18。
④ 《致云南督帅李电》（宣统二年九月三日），钱永贤、耿明、邵白整理：《庞鸿书讨论立宪电文》，《近代史资料》（第59号），第88页。
⑤ 《孙慕帅来电》（宣统二年九月一日），《锡良任东三省总督时外省来去电》（第8册），馆藏：甲374/18。

事势亦甚模糊"的张氏率尔发难实出顽固大佬主使,"借以解散急进派之势力"。①

无疑,国会、责任内阁作为宪政重大设施,期限问题引发讨论和纷争是必要的和有益的,强求意见统一则既不现实,亦非政治生活正常状态,袁树勋即言"事理以讨论而愈明"。②然而,讨论纷争理应适可而止,不能漫无边际地扩大,否则将极大地弱化疆臣群体的影响力。周树模意识及此,他在张人骏几成众矢之的之际通电各疆臣,指陈疆臣"所争者为迟速之问题,非讨论会、阁之是非",通过会、阁速立以定人心固为"扼要之论",张氏所言亦"自成远虑",所谓"有异而旨同""志匡王室"之本心皆然。③较之多数疆臣对反对者一味攻讦之势,周氏意在平息纷争的论说更显稳重。

三 领衔疆臣第一次联衔会奏始末

八月间,各省谘议局联合会在京召开,最重要的决议就是向即将开会的资政院提交要求速开国会的议案。九月四日,瑞澂致电李经羲,指出与其政府受立宪派促速而被迫改动国会召开时间,"不如上沛德意,毅然亲决"④,力谋赶在立宪派提交议案前实现会奏。但最终,疆臣会奏还是落在立宪派行动之后。九月五日,请愿代表孙洪伊等人赴摄政王载沣府第欲上速开国会请愿书。据报道,学生赵振清、牛广生"割股肱凝血染书"。⑤因载沣时在三所而未得见,各代表候至晚间十点钟,由肃亲王

---

① 无妄:《驳江督反对国会与责任内阁之电文(续)》,《大公报》宣统二年九月二十二日,第三版。
② 《袁海帅来电》(宣统二年九月二日),《锡良任东三省总督时外省来去电》(第8册),馆藏:甲374/18。
③ 《周朴帅来电》(宣统二年九月八日),《锡良任东三省总督时黑龙江往来电》(第4册),馆藏:甲374/23。
④ 《湖广总督瑞澂致李总督电》,《东方杂志》第7年第11期,宣统二年十一月二十五日,第322页。
⑤ 《电一》,《申报》宣统二年九月六日,第一张第三版。

善耆亲往劝回并答应次日代递。① 七日，请愿代表赴资政院呈递速开国会请愿书，秘书厅长金邦平出而接受。② 在呈递请愿书同时，他们又展开一系列游说活动。十四、十五两日，请愿代表先后拜见军机大臣贝勒毓朗、领班军机大臣庆亲王奕劻，力陈惟有会、阁速立"庶凡事有主脑"，奕劻承诺竭力赞成。③ 事后看，此仅为敷衍。前文述及，立宪派首次国会请愿失败后寻求督抚支持不果，此时鉴于疆臣热议会、阁而将运动他们赶速会奏作为重要任务，锡良即接到请愿代表来电："锡制台钧鉴，我公倡约各督抚请开国会、立内阁，决定大计，国家存亡争此一举。现各督抚已多数赞成，人民三次请愿书已上，望公若渴，时不可待，敢乞即速电奏。"④

此时，锡良的表现颇称积极。随着锡良督东后最为属意的锦瑷铁路借款计划遇挫，他愈加认识到会、阁不立诸事难成，加之立宪派吁请赶速会奏的来电，遂极力推动会奏尽快实现。九月十六日，即接到立宪派来电次日，锡良致电瑞澂，声称各省政见不一，"多议论而少成功，未便强为联合"。鉴于李经羲主稿之文迟迟未成，提议改由瑞澂主稿，并慷慨陈词"是非利害当以我两人任之"。⑤ 然就在电发次日，李经羲将他主稿的会奏折以锡良领衔名义发至各省，此即"筱电"。⑥ 缘何身兼会奏发起

---

① 《电一》，《申报》宣统二年九月七日，第一张第三版。
② 《第三次国会请愿纪》，《申报》宣统元年九月十四日，第一张第三版。
③ 《代表谒见朗贝勒庆邸详闻》，《申报》宣统二年九月二十四日，第一张第四版。
④ 《国会代表孙洪伊等自京来电》（宣统二年九月十五日），《锡良任东三省总督时京师来去电》（第12册），馆藏：甲374/46。
⑤ 《致瑞莘帅电》（宣统二年九月十六日），《锡良任东三省总督时外省来去电》（第8册），馆藏：甲374/18。
⑥ 有论者考证，《庞鸿书讨论立宪电文》收录的《云南督帅李来电》，虽署发电时间为九月十七日，但不是"筱电"原稿。《云南督帅李来电》列衔者有川督赵尔巽，然赵尔巽在二十二日才同意列衔；另列衔者有闽督松寿，与电文中"松、信、恩三帅尚未赐复"一语矛盾。认为锡良档案中的《李仲帅来电》才是"筱电"原稿。参见史展《宣统二年疆臣会奏速开国会新探》，《史林》2020年第2期，第120页。笔者认同此论断。当时电报往往间隔数日达，李经羲在电文中曾有"铣（十六日）电哿（二十日）到"之言。参见《近代史资料》（第59号），第57页。因此，李经羲十七日出的"筱电"锡良二十日到实合常情。据郑孝胥推断，此折内容"尚晓畅"，"必熊范舆所为"。劳祖德整理：《郑孝胥日记》（第3册），第1284页。

者及主稿者双重角色而实际操控会奏的李经羲不肯领衔呢？据《申报》分析，实由枢府致电李经羲"谓现在人民要求国会之热度极高，公等宜稍镇静，弗主持其事"的指示所致。该报颇为忧虑会奏事因之搁置："仲帅系原先发起之人，既不领衔，则亦将此事暂搁不提矣。海市蜃楼，倏起倏灭，仿佛似之。"① 或正出于向清廷表白心迹之意，李经羲发出"筱电"同时又单独具折，着重陈述疆臣就会、阁期限联衔会奏实出于救亡图存目的。② 至于锡良承担领衔之责，根本上缘于他秉持宪政速进的政治理念，同时与下述因素密不可分。首先东三省局势危迫，东督领衔会奏易动圣听。丁宝铨致电锡良即言："公等所处最难，即力持国会之议，政府亦当深谅其苦衷。"③ 其次，东督在疆臣格局中居"领袖地位"。东三省改制前各省总督以直隶为领袖，东督设立后则"群以班首推之"，联名奏事皆其领衔。④ 如此，则形成主稿者退居幕后，领衔者并未实际操控会奏局面的现象。

"筱电"开篇坦言会衔之举意在救亡图存，而绝非与中央为难："锡良等疆寄忝膺，忧危共切，忍视朝廷为孤注，独与中央以责难？第外觇世变，内察国情，立宪既无反汗之理，则阁、会决无不成立之理。与其迟设而失时机，不如速设以维邦本。"主体部分采用罗列质疑、逐条反驳的形式，论证会、阁之立迫在眉睫。关于速设责任内阁，驳斥了三种论调。一是，针对责任内阁"权盛则恐挟震主之威，责专则虑启营私之渐"之论，其言："今阁臣但司行政，本无统驭军队之权，而责望所归，易兴

---

① 《空中之国会与责任内阁》，《申报》宣统二年九月十六日，第一张第三版。
② 其言："臣非敢谓有会、阁，宪政即能猛进，然必如此宪政始有下手之方；亦非敢谓有会、阁，中国即可立强，然必如此中国乃有图存之望；非敢谓会、阁竟无流弊也，然弊可渐去，利可渐兴；非敢谓会、阁不劳而理也，然劳在一时，逸在万世。古之定大计者、决大疑者，但有一断之功，决无万全之策。必求万全，将无一全。臣备承忠训，素性迂愚，年逾五十，窃位五省，断不敢袭少年耳食之谈，以国家为孤注一掷。"《国风报》第1年第29期，宣统二年十月二十一日，第66—67页。
③ 《丁衡帅来电》（宣统二年十月三日），《锡良任东三省总督时外省来去电》（第9册），馆藏：甲374/18。
④ 沃丘仲子：《徐世昌》，第10页。

易仆,一身进退,利害较轻。既不能有扰作之威福,更不能为要路之盘踞。既有国会以监察财政,出纳末有自专;有审判以权护法权,生杀无由任意。"二是,针对责任内阁设立后君主仅拥虚名之论,其言:"无内阁则职务分之臣下,而担负仍在朝廷;有内阁则统治属诸一人,而功过悉归枢府。"三是,针对责任内阁成员未必皆干济之材的论调,则基本沿用"效电"所述。关于速开国会,亦驳斥三种论调。一是,针对议员"易涉嚣张"之论,其言:"士论沸腾实多激于忧愤,与其强为遏制,徒滋事外猜疑,何若引就范围,俾知局中曲折?及其经验渐深,疑误尽解,可望与政府相扶相励。"二是,针对议员"挟私排击"之论,其言:"黜陟进退,权操君主,宪法自有明文,国会何能干预?至论党派之发生,要皆政见为标准。"三是,针对国会"仅有要求而无担负,财政问题仍难解决"之论,其言:"议员目睹计臣拮据之穷,外界竞争之烈,凡各国通行之租赋,中朝未有之税章,未尝不可审势因时,徐图兴举。即欲广募国债,立应急需,恃此枢纽以为沟通,国民既休戚相关,何能置国难于不顾?"基于上述论述,该电提出立即简派大臣组织责任内阁,颁发通诏定于明年开设国会。①

疆臣讨论电奏稿之际,陈夔龙抢先一步于九月二十二日致电军机处请代奏并将电文转给各疆臣,是为"养电"。在前此对会、阁速立示以消极态度的"漾电"基础上更进一步,声称当前"宪政上应有之预备"如弼德院、审计院、行政裁判院等皆未设立,如此情势下而欲会、阁并举,"不啻治源而先使之纷乱"。进而,他提出宣统三年设内阁、五年开国会的主张,认为国会召开之前可由资政院代行监督内阁之责:"资政院已经

---

① 《李仲帅来电》(宣统二年九月二十日),《锡良任东三省总督时外省来去电》(第8册),馆藏:甲374/18。末署联衔者计19人:锡良(东三省总督,笔者注,下同)、瑞澂(湖广总督)、袁树勋(两广总督)、李经羲(云贵总督)、广福(伊犁将军)、溥良(察哈尔都统)、陈昭常(吉林巡抚)、周树模(黑龙江巡抚)、程德全(江苏巡抚)、朱家宝(安徽巡抚)、孙宝琦(山东巡抚)、丁宝铨(山西巡抚)、宝棻(河南巡抚)、联魁(新疆巡抚)、增韫(浙江巡抚)、冯汝骙(江西巡抚)、杨文鼎(湖南巡抚)、张鸣岐(广西巡抚)、庞鸿书(贵州巡抚)。

成立，代议协赞之职已具规模，自可以资政院代举其（国会）职。俟宣统五年，资政院议员任满，彼时内阁早设三年，行政端绪均已从容整理，代议之职国民亦已熟悉，即以是年为国会召集之期，是较原定期限尚已缩短三年。如此一为转移，既收相辅为用之力，复免凌节措施之弊，实于大局裨益良多。"①陈氏提出先阁后会主张，实出于奕劻等人授意，《申报》即言："或谓监国之意，待至明年召集，而元旦降谕，嗣经某邸电促畿辅某督，授意奏请先设立责任内阁，以梗国会之成立。监国为所动，于是故须至宣统五年始召集。意者某邸得毋希冀内阁总理大臣之职，又惧国会议员之多言，故于责任内阁姑引而近之，而于国会则推而远之，以避抨击而固柄政欤？"②

对于陈氏"已先专奏"之举，锡良急电李经羲、瑞澂"出奏不能再迟"。③由是，电奏稿经仓促改动后于"漾（九月二十三日）晚遵列台衔"拜发，④改动涉及联衔名单和具体内容。首先，调整联衔者。宝棻退出，闽浙总督松寿、四川总督赵尔巽、热河都统诚勋、绥远城将军信勤加入，这样联衔者由19人变为22人。⑤对于唯一退出的宝棻，舆论给予密切关注。《申报》报道，九月十四日河南国会请愿同志会假游梁祠开

---

① 《陈筱帅来电》（宣统二年九月二十三日），《锡良任东三省总督时外省来去电》（第9册），馆藏：甲374/18。

② 《论宣统五年召集国会问题》，《申报》宣统二年十月四日，第一张第二版。有论者分析，奕劻起初并不反对责任内阁制，但鉴于立宪派请愿以及疆臣联衔会奏之举，且以载沣为首的少壮派亲贵对此反应积极，其态度开始变得消极乃至抵制。首先，奕劻派势力把持军机处和政务处，惟恐新的责任内阁将取代其既有权力；其次，对抗以载沣为首的满族少壮派亲贵；最后，立宪派与疆臣请愿时均主张国会与内阁并举，如此即使奕劻能控制新的责任内阁，其权力也将受到国会监督的限制。李细珠：《地方督抚与清末新政：晚清权力格局再研究》，社会科学文献出版社2012年版，第324—325页。

③ 《致滇鄂两帅电》（宣统二年九月二十三日），《锡良任东三省总督时外省来去电》（第9册），馆藏：甲374/18。

④ 《李仲帅来电》（宣统二年九月二十六日），《锡良任东三省总督时外省来去电》（第9册），馆藏：甲374/18。

⑤ 学界对联衔疆臣人员调整已有充分讨论，参见史展《宣统二年疆臣会奏速开国会新探》，《史林》2020年第2期。

会，到者三千余人，群赴抚院要求代奏速开国会，"呼吁之声喧天震地，宝抚大骇……允即代奏"。① 而其退出，则因政府密电令勿赞成国会。② 其次，内容改动。九月二十四日李经羲致电各疆臣，通告内容改动情况。一是"遵慕帅电"删去述前明崇祯事的文字，二是出于"似不迫促"考虑将"定以明年设国会"改为"定于一二年内"，三是增加一段专驳陈夔龙资政院可代行国会职责的文字。③ 显然，改动处尤以国会期限变动最关键，此为李氏个人主张而非疆臣协商结果，或与之前李氏推托领衔出于枢府指示"宜稍镇静"同一原因。

九月一日刚刚开会的资政院，国会请愿成为最热门议题。二十日资政院开会议决具奏立宪派请速开国会书，全院议员莫不高呼，"万岁之声雷动"。④ 然而，此时清廷关于会、阁问题的议决，因掺入权势斗争变得异常复杂。摄政王载沣倾向缩短国会召开期限，以收"维系人心"之效，并与枢臣谕商良久，但因奕劻请假而未议决。⑤ 正如时论所言，奕劻请假五日即意在"暂避会议国会要件"。⑥ 进而，奕劻又以请辞相抗，据报道："各省人民要求速开国会势力日坚，而上之督抚、各部院大臣，下之各谘议局，莫不闻风响应。自揣难敌公论，又不愿见此不合意之举动，故近日已决意辞职。"⑦ 对此，力主速开国会者踌躇无策，载涛致函载洵即叹言："孤掌难鸣，苦无同志，天下不如意事十居八九，信不

---

① 《国会请愿最后之五分钟》，《申报》宣统二年九月二十五日，第一张第四版。
② 《国会问题种种》，《申报》宣统二年十月四日，第一张第三版。
③ 当中有言："就资政院言之，各国下议员必由民选，所以重人民之责、立政府之监。今资政院议员，互选者由议局发生，与人民少直接关系；钦选者以朝官充任，与政府有统属嫌疑。藉为引导议院之机关自无不可，谓可替代国会之作用，而国会遂可迟设数年，则理解殊误。"《李仲帅来电》（宣统二年九月二十六日），《锡良任东三省总督时外省来去电》（第9册），馆藏：甲374/18。
④ 《资政院决议代奏国会》，《申报》宣统二年九月二十四日，第一张第三版。
⑤ 《电一》，《申报》宣统二年九月二十五日，第一张第三版。
⑥ 《电三》，《申报》宣统二年九月二十八日，第一张第三版。
⑦ 《亲贵大臣之国会观》，《申报》宣统二年九月二十七日，第一张第四版。

我欺。"①

四　再次领衔疆臣会奏及清廷颁谕

九月二十六日，上谕着将各省代表速开国会书、疆臣联衔会奏电等件"交会议政务处王大臣公同阅看后预备召见"。② 此预示清廷很快即有决策。加之此际传出国会"再迟三年之风说"，③ 个别疆臣又急谋联衔续奏。就在当天，李经羲致电各疆臣，提议由锡良主稿续奏电。④ 锡良认为会、阁事业经电奏，政府尚无决策前似难续奏。⑤ 鉴于此，李经羲于九月二十七日晚独自行动，将陈昭常于二十四日发出的旨在专驳陈夔龙"养电"的"敬电"略加修润后仍列前奏原衔急电枢府，事后解释未经协商即发电缘于事机急迫，"若朝旨一发，更难挽回"。⑥ 九月二十八日下午一点，军机大臣及各行政大臣齐聚会议政务处，讨论会、阁期限问题。据《申报》事后报道，各员"大抵语多骑墙"，在"若不稍为缩短年限难餍众望"和"若遽予允许又恐民气愈张"之间摇摆而"无一决断之词"。最终至下午四点议定调停办法，即宣统三年设立责任内阁，宣统五年召

---

① 《国会请愿最后之五分钟》，《申报》宣统二年九月二十五日，第一张第三版。
② 中国第一历史档案馆编：《光绪宣统两朝上谕档》（第36册），第370页。
③ 《程雪帅来电》（宣统二年十月三日），《锡良任东三省总督时外省来去电》（第9册），馆藏：甲374/18。
④ 《李仲帅来电》（宣统二年九月二十七日），《锡良任东三省总督时外省来去电》（第9册），馆藏：甲374/18。
⑤ 《复滇致东晋浙桂吉各帅电》（宣统二年九月二十七日），《锡良任东三省总督时外省来去电》（第9册），馆藏：甲374/18。
⑥ 《李仲帅来电》（宣统二年十月一日），《锡良任东三省总督时外省来去电》（第9册），馆藏：甲374/18。"敬电"指出，陈夔龙所言各种宪政上应有之预备尚未健全"不必置虑"，可暂以审计院附属于度支、行政裁判院领于内阁，待会、阁成立后"再谋完全"。进而强调责任内阁必须接受国会监督方有实效，所谓"国会一日不开，内阁仍一日不固"。国会监督之责断不能由资政院代行，原因在于前者"为人民代表"，后者"基础接近政府"，"监督性质殊不完全"。《吉林抚台陈来电》（宣统二年九月二十四日），钱永贤、耿明、邵白整理：《庞鸿书讨论立宪电文》，《近代史资料》（第59号），第58—59页。

开国会。①

明谕颁发前疆臣仍未放弃努力。九月二十八日，丁宝铨电劝锡良领衔续奏："尊处外交难，各省尤难，若无国民以盾其后，一半年间设出有不可思议之现象，又将何策以图救？故国会一举，对外较对内为尤亟。鄙意仍由公领衔，联合各省续请。"②是论从固结民心切入，可谓语重心长。此时锡良颇为担虑前奏竹篮打水，但又恐日内奏入而朝命已下，如此不仅难望政府收回成命，"将来再争亦归无效"。③三十日，锡良从外务部右丞施肇基来电得知二十八日朝臣会议做出的会、阁期限决议，施并密告"诸大佬现无明反对早开国会者"。④此时郑孝胥也向锡良力谏"迟则无及"。最终，锡良决定续奏并委郑孝胥草拟电文，三十日夜七点撰成。锡良僚属冯冲贤建议将电稿中"锡良等前奏请内阁、国会定于一二年内同时并举"一语改为"锡良等前奏请开内阁、国会以救危急"，刻意避开"一二年"字样，得锡良采纳。据郑孝胥记，锡良读罢续奏电后颇为动情，"奋髯抵几曰：此电有力，我革职亦甘之"。该电当晚八点拍发，取军机处代奏方式。同时，郑孝胥将该电抄寄立宪派重要人物孟昭常，托其登报以布天下，并慨言"此真最后之十五分钟矣，我将挟各督抚之力为国民决一死战"。⑤

出于赶速续奏目的，锡良并未征询各疆臣联衔意愿，直接沿袭首次会奏名单。续奏电援引日本召开国会出于民力促动的事实，重申速开国会之益及迟开之害："说者谓日本维新亦先立内阁、后开国会，遂欲取以为法。不知日本改革幕府之后，长（州）、萨（摩）二藩握权专政，其基

---

① 《国会问题种种》，《申报》宣统二年十月四日，第一张第三版。
② 《丁衡帅来电》（宣统二年九月二十九日），《锡良任东三省总督时外省来去电》（第9册），馆藏：甲374/18。
③ 《致丁衡帅电》（宣统二年九月二十九日），《锡良任东三省总督时外省来去电》（第9册），馆藏：甲374/18。
④ 《施丞堂来电》（宣统二年九月三十日），《锡良任东三省总督时京师来去电》（第13册），馆藏：甲374/46。
⑤ 上述引文参见劳祖德整理《郑孝胥日记》（第3册），第1285—1286页。

未固，故专用压力缓开国会，而民间积愤不平，第二倒幕之声已闻于全国。幸政党人才继起，国会旋开，仅保未乱，此日本之内容，固无可隐讳者也。今中国民气奋发，视日本当年不啻过之，而朝中大臣勋业才望较之长、萨二党相去何如，岂可复袭其危险政策哉？且国会既开，人心拥戴，皇室愈固，一切颠倒倾侧意外之变无自而生。……若又迟以三年，则三年之内风潮万状，佥壬之人皆欲趁此三年夤缘援结以据要津，贪利之臣亦皆乘此三年黩货营私以肥囊橐，失败之政仍归咎于君上，监督之力终难及于当权。"① 该电虽未明确指明会、阁具体时间，但明确表达了"内阁、国会不能不同时并立"之意，如此召开国会、组织责任内阁皆应在宣统三年完成。十月一日，锡良将续奏电发给各疆臣，并解释未经协商意在赶于上谕明颁前递达。② 揆诸锡良档案，各疆臣纷纷复电表态认可，亦有疆臣认为一旦付诸联合行动则不可废于半途，陈昭常即言"须坚持到底"，"既已发端，必当至再至三"。丁宝铨认为此说最有见地，并呼吁疆臣不达目的誓不罢休，团体抗争意识昭然："今日世界无事不讲求团体，我辈既联衔十数人呈此政见，若云政见不是，宁可自请斥退，岂能忽彼忽此，与反对者强同？公有此一电，日人之在东省亦将曰'国有人焉'，其气必为稍慑。刻日人对待三省政策，全视我之国会成立与否及议员程度若何，此为彼最注意之事。"③

十月二日，载沣召见会议政务处大臣议决会、阁期限，各军机亦在场。当日施肇基致电锡良披露会议详情："（摄政王载沣）先问组织内阁、钦颁宪法应否同时并举，抑分先后；次问国会应何年可集。诸王大臣均

---

① 《致军机处电》（宣统二年九月三十日），《锡良任东三省总督时京师来去电》（第13册），馆藏：甲374/46。郑孝胥在九月三十日的日记中也照录此电。劳祖德整理：《郑孝胥日记》（第3册），第1285—1286页。

② 《通电各省将军都统督抚》（宣统二年十月一日），《锡良任东三省总督时外省来去电》（第9册），馆藏：甲374/18。

③ 《丁衡帅来电》（宣统二年十月三日），《锡良任东三省总督时外省来去电》（第9册），馆藏：甲374/18。郑孝胥在日记中照引该电，并论及其他疆臣复电数通，独以丁氏之论"最为激烈"。劳祖德整理：《郑孝胥日记》（第3册），第1289页。

主张缩短年限,有请明年设阁并钦派大臣拟订宪法、五年开会。学、尚奏对,拟仿日本先设阁、缓开会。邮尚驳之,与那相同意,主张速进。讨论一小时余,监国命枢臣拟谕稿,明早进呈核定。"① 最终,清廷未改九月二十八日决议,十月三日颁谕:"着缩改于宣统五年实行开设议院,先将官制厘定,提前颁布试办,预即组织内阁。"并特别声明缩定期限,"系采取各督抚等奏章,又由王大臣等悉心谋议请旨定夺"。② 尽管谕旨如此言说,但清廷缩改国会召开期限实为疆臣会奏和立宪派请愿合力的结果,正如《申报》言:"某巨公对人宣言,朝廷实无必开国会之意,不过各省督抚及各省人民纷纷要求,故定于宣统五年召集,此次转圜尚系格外成全。"③

清廷虽提前国会召开期限,然与疆臣及立宪派要求仍有距离。个别疆臣言辞激烈地对此表达了不满,丁宝铨即言:"以多数之督抚与国民之意见,而政府必欲深闭固拒……即不必有列强环伺,亦恐祸至无日。"④ 但主导会奏的数疆臣则认为既然清廷已颁谕旨则未便续陈。十月十三日,瑞澂致电锡良、李经羲,言武汉各团体仍有要求明年开国会之请,对此"续奏固不能,坚拒又未便",故而"一再宣述旨意"。⑤ 锡良表示认同此议,声称"敝省人民现在并未求请续奏",如再陈请则仿效其法。⑥ 之前个别疆臣坚持到底的论说,也随着此数人如此表态渐而偃旗息鼓。然而,锡良所言"并未求请续奏"或仅为一时之态,或是有意讳之。实则,奉天各界鉴于东北局势较日韩合并时更为危迫,瓜分之祸迫在眉睫,先后

---

① 《施丞堂来电》(宣统二年十月三日),《锡良任东三省总督时京师来去电》(第13册),馆藏:甲374/46。

② 中国第一历史档案馆编:《光绪宣统两朝上谕档》(第36册),第377页。

③ 《国会问题种种》,《申报》宣统二年十月四日,第一张第三版。

④ 《丁衡帅来电》(宣统二年十月三日),《锡良任东三省总督时外省来去电》(第9册),馆藏:甲374/18。

⑤ 《瑞莘帅来电》(宣统二年十月十五日),《锡良任东三省总督时外省来去电》(第9册),馆藏:甲374/18。

⑥ 《复瑞莘帅电》(宣统二年十月十五日),《锡良任东三省总督时外省来去电》(第9册),馆藏:甲374/18。

于十一月三日、五日两次赴督署请愿。处此情势，锡良又有单衔具奏之举。

关于奉天各界的这两次督署请愿，地处东北的《盛京时报》给予密切关注。十一月三日恰为星期日，奉天各团体代表千余人在刘文焕等人的带领下，执旗数面齐赴督署门前请愿速开国会。锡良恐"人数过多恐激他变"，"电传民政、提学二司到署向众开导"。然请愿代表"非请督宪亲身面允不可"，进而全体跪地号哭。最终锡良亲出开导，"谓尔等暂回，本大臣定即代奏"，"众始起立并欢呼万岁者三，纷纷散去"。① 五日的请愿活动则规模声势更为浩大，先是奉天各界民众万余人齐聚谘议局，于午前十一时由该局成列前进，最前列者揭持特书"奉天全体人民请愿即开国会""谘议局"等字样大旗三四方，次为手捧请愿书的谘议局议长吴景濂，再为各团体持旌旗依次前进，观者如堵以致道路拥挤。请愿队伍抵达督署门前后，跪地请求督宪面允代奏。锡良在此之前已邀集各司道磋议，及至是时与请愿代表晤面并允以代达。②

请愿发生次日，锡良具折痛陈"欲求所以捍三省之危亡者，一无可恃，所恃者民心不死"，惟有速开国会可系人心而维大局，否则东三省必为朝鲜之续。③ 考虑到之前锡良和瑞澂往来电文中的表态，他面对民众请愿当经过心理斗争。据报道，"御史庆福奏，锡良屡请速开国会自当允从，并力陈东三省危急情形，语极恳挚，摄政王甚为所动"。④ 载沣或心有所动，然终无行动展现。折上两天后锡良请病假半月，二十日又以病势未减奏请开缺。⑤ 正如舆论分析，病体仅为借口，锡良决计乞休意在抗

---

① 《吁请督宪代达渴望国会下忱》，《盛京时报》，宣统二年十一月五日，第5版。
② 《各界人民请愿即开国会之伟观》，《盛京时报》，宣统二年十一月六日，第5版。
③ 锡良：《奉天全省各界绅民因时局迫不及待呈请代奏明年即开国会以救危折》（宣统二年十一月六日），《锡良遗稿·奏稿》，第1263页。
④ 《专电》，《申报》宣统二年十一月十八日，第一张第三版。
⑤ 锡良：《假期届满病仍未痊恳请开缺》（宣统二年十一月二十日），《锡良遗稿·奏稿》，第1258页。

"当局不谅"①。最终,十一月二十三日内阁奉上谕:"开设议院缩改于宣统五年,乃系廷臣协议,请旨定夺。……各省如再有聚众滋闹情事,即非安分良民,该督抚等均有地方之责,着即懔遵十月初三日谕旨查拿严办。"② 此谕旨的颁布,不仅强制性地为宣统二年疆臣会、阁讨论画上了一个并不"完结"的句号,也浇灭了立宪派的希望。就前者言,李经羲认为两次上谕皆未涉及责任内阁与官制未定有关:"朝廷意,深谓官制与内阁相关,官制一日不定,内阁一日难设。"③ 因是之故,之后疆臣讨论重点转向官制设计尤其是督抚权限乃至去留的问题上;就后者言,《申报》将清政府驱逐请愿代表视为"弃吾民"的表现,民心一去则"万事瓦裂"。④ 其时正在奉天的汤寿潜、张謇等人喟然长叹:"国家对爱国民众如此压迫,非革命不能救国也!"⑤ 十月二十四日夜,锡良亲至郑孝胥寓所示昨日谕旨,郑氏在日记中照录谕旨全文并写下"国民已怨朝廷之无能,朝廷犹以国民为无知""人心去矣""乱必成矣"⑥ 等文字,内心之失望与悲愤可见一斑。

小结

锡良联合瑞澂提出的干路借款计划引发疆臣集体性讨论,很大程度实现了疆臣群力的有效凝聚和联合,为疆臣继而热议会、阁期限问题搭建了重要的桥梁,正如事后时论总结:"因谋借债而防流弊,因防流弊而思及国会、内阁之不可缓。及其结果,乃舍借债之问题,而有联合电请

---

① 《专电》,《申报》宣统二年十一月二十一日,第一张第四版。
② 中国第一历史档案馆编:《光绪宣统两朝上谕档》(第36册),第489页。郑孝胥在日记中记道:"金仍珠来电:'密闻此策乃庆邸以询于项城,而袁教之者。'"劳祖德整理:《郑孝胥日记》(第3册),第1297页。
③ 《滇督来电》(宣统二年十月十五日),《锡良任东三省总督时外省来去电》(第9册),馆藏:甲374/18。
④ 《读二十三日上谕恭注》,《申报》宣统二年十一月二十五日,第一张第二版。
⑤ 吴叔班记录,张树勇整理:《吴景濂自述年谱》(上),《近代史资料》(第106号),第30页。
⑥ 劳祖德整理:《郑孝胥日记》(第3册),第1297页。

速开国会之举。"① 进一步分析，干路借款计划由锡良谋士郑孝胥提出，其幕后推动者的角色值得重视。郑孝胥游走于疆臣中间，素抱借疆臣之力对时局产生影响的构想，他提出干路借款计划并非仅仅期于路事之成，而是借疆臣讨论倒逼清政府加速宪政进程，最终实现路政与宪政皆进的目的，这正是他"民先行开放"而后"可言对外开放"政治理念的落实。锡良接纳郑氏建言并积极参与疆臣会、阁讨论，直接诱因于锦瑷铁路借款计划遭挫背景下对会、阁不立诸政难行的切身体会，如此挽救东三省于危亡势将沦为空谈，从根本上看实为疆寄职守使然，并非"权利诉求"一语所能全部概括。

就疆臣的政治言说和宪政观念而言，整体看他们从统一政令和划分权责的角度论证会、阁速立的必要性，将会、阁之立视为宪政先着，希冀借此消解"上下、内外互相乖睽"②的政治困局，从而实现中央和省域之间的良性互动和有效协作，显然有一定的合理性。更能直接反映锡良个人政治见解的续奏电，则重点论述了"民气"的重要性，所谓"朝廷宜防官邪，不宜徒防民气""在位者不必亲，在野者不必疏，其崇戴我大清则一"，③在某种程度上将对会、阁的诉求演化为民意和政治之间的博弈。此不仅反映出锡良对立宪派力量的感知和利用，也展现出他借民力对政府施压乃至要挟的意图。而续奏电将会、阁奉为圭臬，甚言会、阁成立后"一切颠倒倾侧意外之变无自而生"，则凸显出锡良对宪政不切实际的寄望。

就疆臣行动轨迹来看，他们愈来愈秉持义无反顾、坚持到底的理念，正印证了心理学"一切类型群体的共性就是专横和偏执"④的观点。疆臣

---

① 宣樊：《筹备宪政问题》，《东方杂志》第7年第11期，宣统二年十一月二十五日，第278—279页。

② 《丁衡帅来电》（宣统二年十月三日），《锡良任东三省总督时外省来去电》（第9册），馆藏：甲374/18。

③ 《致军机处电》（宣统二年九月三十日），《锡良任东三省总督时京师来去电》（第13册），馆藏：甲374/46。

④ ［法］古斯塔夫·勒庞：《乌合之众：大众心理研究》，张波、杨忠谷译，华中科技大学出版社2015年版，第28页。

如此表现不无借此造势以撼动人心的策略考量，李经羲即坦承会、阁"初办未必即善"，"然实做逼紧收拢主义，敷衍人渐少、明白人渐多"。①正如其言，激进态度构成疆臣会、阁讨论的显著特征。政治学认为，中央权力具有"普遍性、至上性和排他性"，"必须坚持维护中央权威和发挥中央与地方两个积极性的原则"。②尽管疆臣强调会衔之举意在救亡图存而非与中央为难，然参与度极高的群体行动不可避免地触碰了清廷权威，使得已然脆弱的央省关系雪上加霜。而载沣派与奕劻派围绕会、阁期限问题的角力，说到底还是权力之争，暴露出统治阶层内部的严重分化与内耗。③从政府与立宪派关系审视，清廷提前国会召开期限并未能"餍众望"，驱逐请愿代表更是加剧了政府和民众的对立，制造统治合法性流失。综上有理由说，疆臣会、阁讨论与行动不啻为一个政治试错过程，证明改良主义方案对于积重难返的近代中国而言实为隔靴搔痒之策。

结　语

宣统三年三月二十二日，上谕准予锡良开缺："前据锡良电奏疫气已经扑灭，病势加剧，恳准开缺，简员接替等语。该督向来办事认真，在东两年，精力劳瘁，屡经因病赏假，现在防疫事竣，东三省总督锡良着准其开缺回旗调理。"④从宣统元年四月一日接篆东三省总督至此，锡良长达两年的面临复杂内外环境的东北施政告一段落。在列强对东北掀起

---

① 《李仲帅来电》（宣统二年九月二十二日），《锡良任东三省总督时外省来去电》（第8册），馆藏：甲374/18。

② 李宗楼主编：《政治学概论》，中国科学技术大学出版社2005年版，第172页。

③ 有论者指出，载沣派主要人物为满族少壮亲贵，包括载涛、载洵、载泽、毓朗、溥伦、荫昌，奕劻派主要人物包括那桐、世续、徐世昌，两派围绕会、阁期限问题展开论争的情况，详见李细珠《地方督抚与清末新政：晚清权力格局再研究》，第321—325页。

④ 中国第一历史档案馆编：《光绪宣统两朝上谕档》（第37册），第69页。所言防疫事，指宣统二年东三省暴发的大规模鼠疫，关于锡良应对的基本情况可参见拙文《清末东北应对鼠疫之得失》，《团结报》2020年3月5日，第8版。

政治、经济、军事的全方位侵略的背景下，中外博弈成为影响和制约锡良施政的重要因素。就央地关系论，东三省不仅难以得到清政府财力方面的有力支持，且在某些施政方略上存在严重歧异。

在乌云已经密布满天的时刻离任东督，对于年届花甲的锡良而言不可不谓为幸事。观看此际锡良的往来函电，他一时间颇显欣喜，其致电湖广总督瑞澂言："良两载治边，愧无建树，益以衰病，悚惧滋深。幸荷圣恩，俾归养疴，承念感甚。"① 从督抚同僚回电来看，一方面对锡良脱离宦海之苦表以欣喜，但同时又对失一同志深表遗憾。瑞澂在回电中言："昨旨允公引退，以大局论，则惜公去；以私义论，可为公贺。澂卧病数月，刻未出房，早晚亦拟乞骸，可所愿得步后尘也。次珊何时到东，公回京寓何处，定否？"② 三月二十六日，云贵总督李经羲两次致电锡良，一电言："公得暂予休息，帝眷优隆，舆情爱恋，如此美满，曷胜颂羡。鄙意以为东三省非与政府立生死合同，百易人有损无益。羲身堕元海，日在荆棘，虽死何益？亦如公言，见人登岸，百念悴悴，将来能革退下场，即为万幸。贤袖领去矣，羲与莘公何所依赖？望公念气谊机便，一援手也。"又电则言："失一同志，局势愈孤，心摧神沮，非仅私谊，惟公江湖忠爱，此后对于国家计划，如何进行，悉附知心，务祈略示。"③

就舆论而言，普遍对锡良离任东督表示遗憾。如《申报》刊文说道："锡良之督东也，自誓大展其抱负，减核浮费也、清理外交也、确定施政方针也，一若将有一番振作者。然试问其结果何如？"进而对新任东督赵

---

① 《致武昌瑞莘帅电》（宣统三年三月二十五日），《锡良任东三省总督时外省来电》（第15册），馆藏：甲374/18。同日，锡良电山东巡抚孙宝琦也说道："良两载治边，愧无建树，益以衰病，悚惧滋深。幸荷圣恩，俾归养疴，承念感甚。东省疫气净尽，堪纾廑注。"《致济南孙慕帅电》（宣统三年三月二十五日），《锡良任东三省总督时外省来电》（第15册），馆藏：甲374/18。锡良同时又将此电致送云贵总督李经羲、广西巡抚桂林沈秉堃。

② 《武昌瑞莘帅来电》（宣统三年三月二十五日），《锡良任东三省总督时外省来电》（第15册），馆藏：甲374/18。

③ 《云南李仲帅来电》（宣统三年三月二十六日），《锡良任东三省总督时外省来电》（第15册），馆藏：甲374/18。

尔巽之施政拭目以待："今赵尔巽督东，又将有一番大振作，对待外交方针也、筹措内治办法也、弥补财政竭蹶也、要求用人全权也，日夜筹画，条陈盈寸，枢臣赞成，监国嘉纳，吾不知其结果何如。"① 在另一篇文章中，《申报》甚至将锡良视为一遇困难即告辞职的督抚之典型："世人每讥中国人热心做官，余谓热心做官犹不足为中国人病也，所可虑者，热心做太平之官，而不愿当艰危之任。夫一般做官人所热中渴望者，莫如督抚，然而，锡良则一遇政务之难办而已乞退矣，丁宝铨则一经预算之困难而已规避矣，陈昭常则以火灾善后之棘手而亦欲告病矣，陈夔龙则以屡受舆论之激刺而亦欲辞职矣。若李经羲之屡请开缺，王人文之拼舍一官，虽皆一时负气之言，要其心则固感触于时局艰难，而有不愿身当其冲之意，亦非扶危定倾、百折不回之才也。然则此万斤一担之干系，将付之谁任也哉？"② 是论与其说是对锡良辞任表达"怨气"，毋宁说是对宣统年间督抚群体性辞职以致抚疆乏人严峻形势的慨叹和惋惜。③

在锡良离东之际，奉天谘议局、商务总会、教育会、农会、报界公会、自治会、董事会各代表，特在谘议局设宴公钱锡良，陪座者各司道

---

① 《新东督之政见》，《申报》宣统三年四月十九日，第一张第六版。
② 《时评》，《申报》宣统三年六月三十日，第一张第六版。在另一篇时评中，《申报》又言："今日诸大老，外惧各国之交涉，内惧国民之要求。惟其惧交涉也，故东三省总督一席锡良不敢留，赵尔巽不肯往，陈夔龙不愿调；惟其惧要求也，故新内阁总理一席，庆邸不敢允，泽公不肯当，那相不愿任。呜呼！新律未行，礼教未灭，而已无人敢为君父赴汤火、蹈鼎镬而不辞者，昧人臣事君之大义以偷安，旦夕为明哲，忠义之衰，于斯极矣。"《礼教之昌欤，忠义之丧欤》，《申报》宣统三年三月七日，第一张第六版。
③ 除上述几人外，另据《申报》报道，这一时期退志颇坚的督抚还有瑞澂、赵尔巽、张人骏等人："监国昨早在三所，特饬四大军机酌量保荐学识优博、堪任疆寄之大臣数员以备简放，盖以东督锡良、鄂督瑞澂、川督赵尔巽、江督张人骏等，皆退志甚坚，恐无人继其后。"《京师近事》，《申报》宣统三年正月十八日，第一张第六版。清廷对于大员请辞颇显被动和无奈。宣统三年三月十三日，内阁奉上谕："现在时事多艰，朝廷宵旰忧勤，孜孜求治，凡在臣工，应如何夙夜在公，勤供职守，乃近来京外大臣辄托词请假，几于无日无之，甚有一再续请者，殊属不成事体。嗣后内外诸臣，务当共体时艰，力图振作，除实在患病准其请假外，倘再有讬故请假藉图安逸者，一经查出，定即严行惩处。"中国第一历史档案馆编：《光绪宣统两朝上谕档》（第37册），第63页。

及奉天新军将领张绍曾、蓝天蔚、陈宧等共计三十余人，先合摄一影，并请锡良摄一小影。奉天谘议局议长吴景濂代表同人发表离别祝辞，对锡良东省施政给予肯定：

> 溯自我公来督斯土，今二年矣。方衔命督东之始，正东省积患之时，强邻默觇政策，内政亟待补苴，难可知也。我公宽以治内，严以治外，民气于以大和，国际因之以睦。公以为未可已也，闳谋图之伟略，促宪政之进行，为民请命，面阙者一，抗疏者再，积诚格天，筹备期限特奉明诏缩短，功在全国，业在千秋，我奉天绅民隐蒙幸福，犹其小者。去腊天灾流行，毒氛肆猰，至春未熄。我公督饬僚属，昕夕焦劳，遂以人谋之臧，竟厌天心之祸，而万国鼠疫研究会之代表在奉者，亦皆感极于公之诚恪忧勤，无间言焉。可见公之用心，无非为民；而公之行事，无非为国也。景濂等被福在躬，食惠未餍，怅地方之多难，竟祖帐之在途，惟有代表全省士民敬举一觞，为我公寿。今日天气清明，惠风和畅，愿我公一饮而尽之，毋忘东省，日后旄节重临，其欢迎当更倍于今日也。辞不尽意，惟祝我公努力加餐，为国自爱。①

此一祝辞虽难免恭维，但也并非虚妄之言。

锡良自莅任东督之始，鉴于东三省"两强侵略，一切内政皆成外交，所处地位异于腹省"②的特殊形势，遂不畏艰巨、迎难而上，紧紧围绕巩固边防安全、保卫东三省主权这一根本指向多措并举，展示出强烈的国

---

① 《锡良收东三省各界绅民送行祝词》，虞和平主编：《近代史所藏清代名人稿本抄本》（第3辑第129册），第436—439页；《新旧东督之今昔观》，《申报》宣统三年四月二十二日，第一张第三版。两者唯文字稍有异。
② 《致瑞莘帅、李仲帅电》（宣统二年十月二十七日），《锡良任东三省总督时外省来电》（第10册），馆藏：甲374/18。

家意识和主权观念。① 得时人"办事竭蹶,有蜀相鞠躬尽力之谊"② 的美誉,报刊舆论更是普遍给予赞赏和同情,尤其是"中外士民无不称其清廉","颇有去后之思"。③ 宣统二年十一月间,赵尔丰亦致函锡良也说道:"日居两强之间,而与争持辩论,其间挽回补救者,当已不少……公虽处艰危之地,而盛名愈显。"④ 然而,锡良虽志向抱负,而其身处内忧外患的清末时代,面临外力压迫、央地歧异的困境,⑤ 财政匮乏、⑥ 人才短缺,⑦ 亦无不是难以克服的瓶颈问题,以致其志终难得偿,东三省危迫局势并未得以扭转。这种结局是时代的产物,更是时代的悲剧。随着离职东三省,锡良的政治生涯也基本走到尽头。

宣统三年九月二十五日,内阁奉上谕,热河都统着锡良补授。⑧ 并密

---

① 熊希龄曾言:"督部堂锡移镇斯邦,下车之始,复以葫芦港、锦瑷铁道、兴业银行为着手,一举而破强敌之阴谋,东三省之有转机,或在是也。然造端宏大,筹谋匪易。"熊希龄:《移民开垦东三省意见书》,林增平、周秋光编:《熊希龄集》(上),第271页。

② 孙葆田:《寄锡清弼制府书》,《校经室文集》(卷3),《丛书集成续编》(第198册),第348页。

③ 《新旧东督之今昔观》,《申报》宣统三年四月二十二日,第一张第二版。

④ 《赵尔丰来函》(宣统二年十一月二十二日),《近代史所藏清代名人稿本抄本》(第3辑第138册),第373页。

⑤ 就当时舆论而言,亦对外力压迫以及央地歧异尤为愤恨。宣统三年正月间,《申报》刊文写道:"国与国之交际,必有平等之权力,而后有完全独立之主权,故互相平等之国家,其国内之土地,必不容他人之干涉,即至强弱相差,势力不敌,而致国际地役,亦不过国内之地,许他国人设铁道、过军队而止,未闻有国内之地,他国人可屯兵肆威于其间者。今东三省之外兵充斥已久,率藉口防御马贼,增兵不已,东督锡良再四筹维,计穷力尽,而政府诸公掉头不顾,即使警电赓续,亦且漠然无动于中,此其形势已属可危之甚矣。"《中国真楚歌四起矣》,《申报》宣统三年正月二十三日,第一张第二版。

⑥ 关于财政匮乏,《申报》曾一针见血地指出:"锡良履任以来年将一周,而筹办各项新政皆以财政困难未能实行。"《东三省仍请募债一千万》,《申报》宣统二年三月十六日,第一张第五版。

⑦ 以教育为例,锡良指出一个突出难题即是师资缺乏:"办事以人为本,奉省师资缺乏,不能不借材内地。无如塞外生计昂贵,气候严寒,硕彦名流,往往闻风裹足,求才之艰,数倍内地。"锡良:《奉省办学人员奖励并师范生义务年限拟请援案办理片》(宣统三年三月),《锡良遗稿·奏稿》,第1300页。

⑧ 中国第一历史档案馆编:《光绪宣统两朝上谕档》(第37册),第301页。

谕"速赴热河，修葺行宫，整备一切"，①"预备北狩时，翼卫之用"。②是为锡良时隔8年后再任是职。锡良至热河后即开始添练营队，然无可筹之饷。辛亥革命爆发后，革命党电劝锡良赞成共和。如清帝退位两天前，革命党人沈卓吾致电锡良："吾师历任兼圻，素以爱国忧民为宗旨，今事机迫切，兵端未息，后患方长，请率同麾下军人并口外蒙古王公台吉，以赞助共和，而定大局。中国幸甚，民生幸甚！"③从宣统三年十一月始，锡良屡电内阁请辞热河都统，最终于十二月间离任。1912年后，锡良侨寓天津，"得半身偏瘫之疾"，但国已不国，死则死耳，是以"坚拒医药"。卧榻六年之后，1918年3月2日（农历正月二十日），即生日前一天，锡良卒于京寓，享年六十有六。④ 数日后，上海《时报》专门刊发一则消息："前清奉天总督锡清弼，前由天津回京，在顺治门内王恭厂居住。三月三号为其六六大庆，已邀集各名角在家唱戏一天。与锡有交谊者，先期恭送寿礼，络绎不绝。不料，于二号辰刻，因病逝世。亲友闻之，咸为惋悼不置。"⑤ 这是锡良留在世上的最后痕迹。

同年3月13日（农历二月一日），斌循代递乃父遗折，有"受三朝特达之知，领十省封圻之寄，涓埃未报，疚戾实深"之言。逊帝溥仪接到遗折后即发"谕旨"："前东三省总督锡良，持躬谨慎，练达老成，由进士即用知县，荐升监司。历任巡抚，都统，四川、闽浙、云贵总督，钦差大臣，东三省总督，宣力有年。……兹闻溘逝……赏给陀罗经被，

---

① 《专电》，《申报》宣统三年九月二十七日，第一张第三版。
② 《专电》，《申报》宣统三年九月二十八日，第一张第三版。
③ 《上海沈卓吾来电》（宣统三年十二月二十三日），《锡良第二次任热河都统时各省往来电》，馆藏：甲374/7。
④ 斌循：《锡文诚公行述》。
⑤ 中路：《锡良逝世·贺者盈门吊者入室》，《时报》，1918年3月9日，第3张。顺治门，指宣武门。宣武门由顺城门改名而成，更名后民间通行叫法还是顺城门，北京老百姓舌头卷起儿化音，更是讹传为"顺治门"。

谥文'文诚'。赏银五百元治丧,由广储司给发。任内一切处分,悉予开复。"① 9月27日(八月二十三日),锡良葬于阜成门外枣林东北,祖茔西之新阡。②

① 秦国经:《逊清皇室秘闻》,故宫出版社2014年版,第211页。
② 斌循:《锡文诚公行述》。

余论　进退失据：锡良及其时代

人物创造历史，构成历史的主体，人物研究是历史研究的永恒主题。挖掘历史上有作为历史人物的有关史事，是历史研究的必然选择，也是我们深入认识一个时代之风貌的必然路径。面对近代以来亘古未有的危亡局势，一时间朝野俊彦站在时代前列，从不同道路谋求中国之走出困境，殊途而同归。作为一个生长生活在"三千年未有之大变局"时代的人物，蒙古镶蓝旗人锡良和千千万万那个时代里的人一样，通过科举考试爬上封建统治阶层。他眼见国步方蹇，危机四伏，把自身追求和时代困境紧密结合，忠君思想、主权意识、国家观念集于一身，期冀以变革维护统治、抵制革命的意图和成效，构成清末时期统治阶层尤其是旗籍官员救亡图存的缩影，也是那个时代最好的注脚之一。

锡良自称，"环顾时局，殊深焦灼"，"非发愤自强不能撑搘世界"。① 又言，为政"但求有利于国，无害于民，身外浮名，本非所惜"。② 其子斌循亦记道："先君服官以来，视国事如己事，日未出即起治文书，至晚不辍。"③ 在载沣眼中，锡良也以"谨慎公正，办事认真"著称。④ 揆诸锡良施政实践，颇能两相呼应。锡良在各总督任上之施政虽各有差异，

---

① 《拟复驻藏钦差有》，《锡良督川时函稿》（丙册），馆藏：甲374/113。
② 《复滇藩沈》（宣统元年十二月二十七日），《锡良任东三省总督时信函》，（第5册），馆藏：甲374/75。
③ 斌循：《锡文诚公行述》。
④ 《专电》，《申报》宣统元年四月八日，第一张第三版。

但更有一以贯之的改革脉路，即无不将整顿吏治、编练新军、筹办铁路、发展教育等作为施政重点，展示出其以推进区域发展、抵制列强欺凌、巩固国家主权为旨归的改革思路。由此可见，锡良新政在事实上突破了维护王朝利益的狭隘诉求，而是具有巩固国家主权完整和各民族共同发展的实际效果。当然，作为旧营垒里的历史人物，萦绕其内心深处的则是挥之不去的忠君思想，甚至在病笃之际"坚拒医药"，发出"时事若此，虽愈亦悉以为竟"① 之言。

锡良是一位勤政清廉的官员，他能博得最高统治者的好感和信任，主要靠他的干练和他在执行中央决策中坚决贯彻的作风。但是，锡良在政治界的惊涛骇浪中则并不能做到八面玲珑。高度自我约束的道德品行，是锡良身上的闪光之处。宣统二年九月四日，锡良致电锦新道交代赴新民阅操事宜："本大臣定于初六日早乘专车赴新民阅操，十二钟由新乘车赴营口巡阅，到营即驻税局内。该道及文武各员不准渡河迎接，亦无庸丝毫供应及备酒席。初七日拜各领事后，即日仍回专车回奉。"② 于此可见锡良对陋规盛行的官场气候的厌恶和抵拒。但同时，这种品行或多或少影响了他在官场的交际，甚至使他居于鹤立鸡群、格格不入的地位。周询曾记录一则让人颇为感慨的故事："清时各省督抚，夏冬两季，多馈军机大臣冰、炭敬。公自到川，从未馈过。某年杪，幕僚中有谓非略点缀不可者。公蹙然曰：我从何有此力量耶？踌躇再四，始曰：必不得已，四位军机大臣每位送二百金而已。余等窃虑过微，乃送到后，闻诸大臣相晤曰：今年锡五爷亦送炭敬，大非易事。又一大臣曰：锡五爷之二百金，当作其他之二千金观也。足见直道在人，而公之清廉实中外共信。"③ 或许正因此，他与同僚的交往似乎限于公事而止，难以有私交深交，在中枢大吏中也缺少利益攸关而可以推心置腹的可靠人脉。锡良在推行新

---

① 斌循：《锡文诚公行述》。
② 《饬锦新道电》（宣统二年九月四日），《锡良任东三省总督时本省各属电》（第8册），馆藏：甲374/25。
③ 周询：《蜀海丛谈》，第511—512页。

政遇到各种困难乃至陷入困境时,一方面不得不求诸中央以及其他省份的督抚,另一方面他又对某些官员的做派看不顺眼,表面上的恭敬和气难以抑制内心的鄙夷。对此,《清史稿》甚至将锡良施政"遇事动相牵制"归因为"于权贵尤一无馈遗"。① 此言或许不无偏颇,但也不能说全无道理。

锡良五短身材,其相貌的显著特征是须髯及腹,这是极为典型的中国传统官员形象。他个性强悍,具有耿直、清高同时又不乏执拗、顽固的鲜明性格秉性和施政作风。他做事雷厉风行、峭拔凌厉,展示出他果断刚毅的一面。但有时候则显得好高骛远、急功近利,并没有设身处地考量现实条件成熟与否,呈现出独断专行乃至偏执的倾向,时常激愤到要逃避官场。他为人也并非一团和气,对待属吏颇为严苛,几至盛气凌人,对待建言献策似乎也不能予以充分的借鉴和采纳,遑论虚怀若谷、从谏如流。在锡良周围,并没有形成一个相对成规模的稳定的智囊团,锡良似乎亦不注意培植自己的私人势力,或许他作为蒙古旗人不屑于此。锡良在新政时期频繁调动,实际上扮演了救火队长的角色,这在很大程度上影响了省域施政的效果。如锡良赴滇后,每谈及四川未竟各事,"意殊拳拳"。② 另如锡良在滇督任上仅二十个月之久,举凡练兵、禁烟等举措不得不随着其离任而中断。时任云南布政使的沈秉堃即慨叹:"锡帅惨淡经营,诸凡新政,甫有端绪,正以款项支绌,拟续请筹拨,以竟全功,顷有东省之调。"③ 毫无疑问,督抚在同一省域长时期任职虽难免有其弊端,但显然更能获得施政延续性的优势。

内政、外交为国家的根本,两者密切关联、相互影响。锡良深切意识到,处于列强竞争的时代,惟有修明内政才能在外交中站稳脚跟,从而巩固国家主权稳定,其言:"伏维列强竞争,立国之本不外乎内政、外

---

① 赵尔巽等:《清史稿》(第41册),总第12535页。
② 周询:《蜀海丛谈》,第513页。
③ 《沈护院致南京督幕沈电》(宣统元年正月二十三日),《锡良任云贵总督时外省来往电》(第6册),馆藏:甲374/11。

交，而内政尤为外交之本，处外交之情见势绌，而乃修其内政，抑已晚矣。然既值艰危之际，犹不亟筹补救之方，则又何以为国？"① 从内容上看，锡良新政涵盖路政、吏治、教育、实业、经济等多方面内容，这在其四川、云贵、东三省施政中具有高度的延续性。其所遭遇的诸多困境和阻滞，既与全国有相通之处，诸如财政竭蹶、人才匮乏等问题；更有其独特之处，诸如中外博弈、央地歧异、民族问题棘手等。面对各种问题交织混杂的复杂形势，锡良大致能做到励精图治，受到时论普遍的积极评价。锡良在云南的某属吏曾致电锡良："伏维宪台在蜀在滇，于兴革两大端不独炳耀中外，实为两省开世之利，靡不同钦。"② 此论不能全然视为恭维。但很显然，在很多情况下，其努力并未收到其预期效果。不仅如此，某些方面的举措诸如厉禁鸦片、整顿吏治以及筹办铁路等，反而进一步加剧了各种矛盾。这正应了锡良叹息之言："中国之事，每举一政，利未著而害已随之。……而奇邪之辈，因缘为奸，亦在所不免。"③ 可以说，在腐朽的病菌弥漫官场上下的时代，锡良在政局中的拓进与彷徨，成功与失败，个人感情的起起伏伏，呈现了一个蒙古族旗人的作为与处境，展现出中国早期现代化进程的复杂性、曲折性和艰巨性，同时也为我们一窥清末政情特色乃至缘何新政不仅未能挽救王朝统治反而加速清王朝走向穷途末路提供了一个观察的视角。

政治人物的生活是复杂的，权势与职守，声名与压力，成功与苦闷，往往相伴而生。由于诸多现实困境，加之性格耿介率直，锡良在各地方任上多有请辞之举，其积极开拓省域新局的努力在这面前也显得黯淡无光，他本人不断受到舆论尖锐批判，被视为督抚群体中畏难避

---

① 锡良：《滇省应办事宜大概情形折》（光绪三十三年二月二十八日），《锡良遗稿·奏稿》，第661页。

② 《云南郭道来电》（宣统元年十一月三日），《锡良任东三省总督时外省来电》（第4册），馆藏：甲374/17。

③ 《复山西补用知府沈士鑅》（宣统元年七月三日），《锡良任东三省总督时信稿》（第2册），馆藏：甲374/75。

艰的典型。① 锡良的不愿仕宦，当然和政治环境有关，他不是不关心政治，而是因为政治空气过于稀薄。事实上，较之同时代其他官僚，锡良对恪尽职守更为看重，不仅将之视为官员事功的重要体现，更上升至道德品行的高度，这就致使他在面临恶劣环境时，内心所产生的苦闷焦虑感更为沉重。我们细绎锡良每一次请辞的缘由，无不展示出他对时局的无奈。然而，请辞之举丝毫不妨碍锡良在各任上尽职尽责，所谓"为难"并不必然导致"畏难"。因此说，请辞之举表面看与锡良"护主老家人"的形象不符，实则恰恰展示出锡良进退失据的复杂而矛盾的心境，反映出他积极思想背后的消极因素的侵袭。身处清末官场，逃避官场既不可能，安于现实又无可安，锡良正是在各种各样的希望和失望的伴随下踽踽而行，他身上表现出来的复杂情感映衬着那个时代的特殊风貌，其新政改革成功与失败同在甚至后者更为常态则是受制于时代的必然结果。

---

① 《申报》写道："世人每讥中国人热心做官，余谓热心做官犹不足为中国人病也，所可虑者，热心做太平之官，而不愿当艰危之任。夫一般做官人所热中渴望者莫如督抚，然而，锡良则一遇政务之难办而已乞退矣，丁宝铨则一经预算之困难而已规避矣，陈昭常则以火灾善后之棘手而亦欲告病矣，陈夔龙则以屡受舆论之激刺而亦欲辞职矣。若李经羲之屡请开缺，王人文之拼舍一官，虽皆一时负气之言，要其心则固感触于时局艰难，而有不愿身当其冲之意，亦非扶危定倾、百折不回之才也。然则此万斤一担之干系，将付之谁任也哉？"《时评》，《申报》宣统三年六月三十日，第一张第六版。

参考文献

一 史料

（一）档案

1. 中国历史研究院图书档案馆藏"锡良档案"

（1）四川总督时期

《锡良督川时外省来往电报》，甲 374/5、甲 374/6。

《勘定泰凝巴塘桑披案牍》，甲 374/8、甲 374/9。

《锡良督川时本省来往电报》，甲 374/20、甲 374/21、甲 374/22。

《锡良存川汉铁路奏咨录要》，甲 374/27、甲 374/28。

《锡良存四川续备军规则》，甲 374/29。

《锡良存藏案摘要》，甲 374/30。

《锡良督川时各厅州县事实清单（三十年分）》，甲 374/47。

《锡良督川时各厅州县事实清单（三十一年分）》，甲 374/48

《锡良督川时处理江北厅煤铁公司案等函牍》，甲 374/49。

《锡良督川时电钞》：甲 374/56。

《锡良督川时道员章世恩等禀稿》，甲 374/57。

《锡良督川时函稿》，甲 374/113。

《锡良督川时北京往来电稿》，甲 374/119。

《锡良任川督时与国外往来电》，甲 374/134。

《锡良督川时办理泰里巴塘事宜电稿》，甲 374/144。

《锡良任四川总督时电稿》，甲 374/172。

(2) 云贵总督时期

《锡良任云贵总督时北京来往电》，甲 374/10。

《锡良任云贵总督时外省来往电》，甲 374/11。

《锡良任云贵总督时办理滇蜀腾越铁路卷》，甲 374/50。

《锡良任云贵总督时编练陆军等卷》，甲 374/51。

《锡良任云贵总督时办理巴龙交涉电》，甲 374/52。

《锡良任云贵总督时有关筹饷等杂电》，甲 374/54。

《锡良任云贵总督时本省来往电》，甲 374/59、甲 374/60、甲 374/61、甲 374/62。

《锡良任云贵总督时有关练兵文件》，甲 374/65。

《锡良存镇康改土归流卷》，甲 374/89。

《锡良任云贵总督时电报》，甲 374/106。

《锡良交卸云贵总督时电稿》，甲 374/115。

《锡良任云贵总督时往来电稿》，甲 374/118。

《锡良督川时北京往来电稿》，甲 374/119。

《锡良调任云贵总督时奏折及电文等件》，甲 374/185。

(3) 东三省总督时期

《锡良任东三省总督时吉林来往电》，甲 374/12、甲 374/13、甲 374/14、甲 374/15、甲 374/16。

《锡良任东三省总督时外省来电》，甲 374/17、甲 374/18。

《锡良存各省铁路奏咨录要》，甲 374/19。

《锡良任东三省总督时黑龙江往来电》，甲 374/23。

《锡良任东三省总督时本省各属电》，甲 374/25、甲 374/26。

《锡良任东三省总督时京师来电》，甲 374/45、甲 374/46。

《锡良任东三省总督时办理洮辽蒙荒卷》，甲 374/55。

《锡良任东三省总督时电稿》，甲 374/74。

《锡良任东三省总督时信稿》,甲 374/75。

(4) 其他时期

《锡良第二次任热河都统时北京往来电》,甲 374/7。

《锡良手稿》,甲 374/96。

《锡文诚尺牍》,甲 250。

2. 其他档案史料

中国科学院图书馆藏《锡文诚公行述》,清抄本。

中国历史研究院图书档案馆藏:陈昭常致赵尔巽锡良电稿,甲 80/4。

中国历史研究院图书档案馆藏:日本报纸评论中国译件(清末),乙 F35。

中国第一历史档案馆藏锡良相关档案。

(台北)"中央研究院"近代史研究所藏锡良相关档案。

(二)报刊

《申报》《大公报》《盛京时报》《国风报》《新民丛报》《顺天时报》《时报》《政治官报》《东方杂志》《民立报》《康导月刊》《云南杂志》《禹贡半月刊》《新闻报》《大同报》。

(三)文献

北京市档案馆编:《那桐日记》,新华出版社 2006 年版。

本书编写组编:《清代名人书札》(第 6 册),北京师范大学出版社 2009 年版。

查骞:《边藏风土记》,多杰才旦主编:《中国藏学史料丛刊》(第 1 辑),中国藏学出版社 1991 年版。

陈春华编译:《俄国外交文书选译》,《中国藏学》2013 年第 2 期。

陈灨一:《睇向斋秘录》,中华书局 2007 年版。

陈灨一:《新语林》,上海书店出版社 1997 年版。

陈义杰整理:《翁同龢日记》,中华书局 2006 年版。

程德全:《程将军(雪楼)守江奏稿》,沈云龙主编:《近代中国史料丛刊正编》(第 17 辑),(台北)文海出版社 1966 年影印版。

戴执礼编：《四川保路运动史料汇编》，（台北）"中央研究院"近代史研究所史料丛刊（23），1994年。

戴执礼编：《四川保路运动史料》，科学出版社1959年版。

单毓年：《西藏小识》，拉巴平措等主编：《西藏学文献丛书别辑》（第7函），中国藏学出版社1995年版。

杜春和、耿来金、张秀清编：《荣禄存札》，齐鲁书社1986年版。

方国瑜主编：《云南史料丛刊》（第12卷），云南大学出版社2001年版。

凤冈及门弟子编：《三水梁燕孙先生年谱》，《民国丛书》（第2编），上海书店1990年版。

傅嵩炑：《西康建省记》，（台北）成文出版社1968年影印版。

耿马傣族佤族自治县地方志编纂委员会编纂：《耿马傣族佤族自治县志》，云南民族出版社1995年版。

故宫博物馆明清档案部、福建师范大学历史系编：《清季中外使领年表》，中华书局1985年版。

故宫博物院辑：《清宣统朝中日交涉史料》，（台北）文海出版社1963年影印版。

故宫博物院明清档案部编：《清末筹备立宪档案史料》，中华书局1979年版。

郭廷以、李毓澍主编：《清季中日韩关系史料》（第10册），（台北）"中央研究院"近代史研究所1972年版。

国家图书馆善本部编：《赵凤昌藏札》（第7册），国家图书馆出版社2009年版。

韩国钧：《永忆录》，沈云龙主编：《近代中国史料丛刊正编》（第1辑），（台北）文海出版社1966年影印版。

汉史氏述：《满清兴亡史》，《清代野史》（第1辑），巴蜀书社1998年版。

贺觉非：《西康纪事诗本事注》，西藏人民出版社1988年版。

黑龙江省档案馆、黑龙江省民族研究所编：《黑龙江少数民族（1903—1931）》，黑龙江省文化印刷厂1985年版。

胡思敬：《国闻备乘》，上海书店出版社1997年版。

胡思敬：《退庐全集》，沈云龙主编：《近代中国史料丛刊正编》（第45辑），（台北）文海出版社1966年影印版。

吉林省档案馆、吉林省少数民族古籍整理办公室编：《清代吉林档案史料选编·吉林旗人生计》，天津古籍出版社1991年版。

吉林省社会科学院《满铁史资料》编辑组编：《满铁史资料》（第2卷第1分册），中华书局1979年版。

《交通史路政编》（第15册），交通部、铁道部交通史编纂委员会1935年版。

金梁：《光宣小记》，上海书店出版社1998年版。

《近代史资料》编辑部编：《近代史资料》（第106号），中国社会科学出版社2003年版。

《近代史资料》编辑部编：《近代史资料》（第111号），中国社会科学出版社2005年版。

《近代史资料》编辑部编：《近代史资料》（第126号），中国社会科学出版社2012年版。

《近代史资料》编辑部编：《近代史资料》（第130号），中国社会科学出版社2014年版。

《近代史资料》编辑部编：《近代史资料》（第131号），中国社会科学出版社2015年版。

《近代史资料》编辑部编：《近代史资料》（第132号），中国社会科学出版社2015年版。

《近代史资料》编辑部编：《近代史资料》（第133号），中国社会科学出版社2016年版。

《近代史资料》编辑部编：《近代史资料》（第137号），中国社会科学出版社2018年版。

中国科学院历史研究所第三所编：《锡良遗稿·奏稿》，中华书局 1959 年版。

劳祖德整理：《郑孝胥日记》，中华书局 1993 年版。

老吏：《贪官污吏传》，北京古籍出版社 1999 年版。

李文治编：《中国近代农业史资料》（第 1 辑），生活·读书·新知三联书店 1957 年版。

李兴盛等主编：《陈浏集（外十六种）》，黑龙江人民出版社 2001 年版。

林绍年：《闽县林侍郎奏稿》，沈云龙主编：《近代中国史料丛刊正编》（第 31 辑），（台北）文海出版社 1966 年影印版。

林增平、周秋光编：《熊希龄集》（上册），湖南人民出版社 1985 年版。

刘杜英、陈燕平：《光绪三十四年云南河口起义档案》，《历史档案》2011 年第 4 期。

刘锦藻：《清朝续文献通考》，王云五编：《万有文库》（第 2 集），商务印书馆 1955 年版。

刘廷恕：《光绪打箭厅志》，《中国地方志集成·四川府县志辑（66）》，巴蜀书社 1992 年版。

刘赞廷：《三十年游藏记》，民族文化宫图书馆 1961 年复制。

卢秀璋主编：《清末民初藏事资料选编（1877—1919）》，中国藏学出版社 2005 年版。

鲁子健：《清代四川财政史料》（上），四川省社会科学院出版社 1984 年版。

鹿传霖：《筹瞻奏稿》，全国图书馆文献缩微复制中心 1992 印制。

罗继祖：《枫窗三录》，大连出版社 2000 年版。

马玉良、王婉玉选编：《吉林农业经济档案》，吉林文史出版社 1990 年版。

宓汝成编：《中国近代铁路史资料》，中华书局 1963 年版。

南京市档案局（馆）编：《铁血忠魂——辛亥先烈范鸿仙纪念文集》，凤凰出版社2011年版。

《内蒙古教育志》编委会编：《内蒙古教育史志资料》（第1辑），内蒙古大学出版社1995年版。

潘景隆、张璇如主编：《清代吉林档案史料选编·吉林旗务》，天津古籍出版社1990年版。

秦国经主编：《清代官员履历档案全编》，华东师范大学出版社1997年版。

青岛市博物馆、中国第一历史档案馆、青岛市社会科学研究所编：《德国侵占胶州湾史料选编（1897—1898）》，山东人民出版社1987年版。

（清）崇谦等修：《楚雄县志》，（台北）成文出版社1967年版（据宣统二年抄本影印）。

《清实录》，中华书局1987年影印版。

荣孟源、章伯峰：《近代稗海》（第1辑），四川人民出版社1985年版。

上海商务印书馆编译所编纂：《大清新法令》（第1卷），商务印书馆2010年版。

盛宣怀：《愚斋存稿》，沈云龙主编《近代中国史料丛刊续编》（第13辑），（台北）文海出版社1974年影印版。

施肇基：《施肇基早年回忆录》，（台北）传记文学出版社1967年版。

四川省民族研究所编：《清末川滇边务档案史料》，中华书局1989年版。

孙葆田：《校经室文集》，《丛书集成续编》（第198册），上海书店出版社1994年版。

汤志钧编：《康有为政论集》（上册），中华书局1981年版。

藤冈启：《东省刮目论》，汤尔和译，上海商务印书馆1930年版。

汪洪亮等编：《民国时期边疆教育文选》，黄山书社2010年版。

汪敬虞主编：《中国近代工业史资料》（第2辑·上册），科学出版社

1957年版。

王慕宁：《东三省之实况》，上海中华书局1929年版。

王铁崖：《中外旧约章汇编》（第1册），生活·读书·新知三联书店1957年版。

王锡彤：《抑斋自述》，郑永福等点注，河南大学出版社2001年版。

王彦威、王亮：《清季外交史料》，书目文献出版社1987年版。

文公直：《最近三十年中国军事史》，沈云龙：《近代中国史料丛刊正编》（第64辑），（台北）文海出版社1966年影印版。

沃丘仲子：《当代名人小传》，沈云龙主编：《近代中国史料丛刊三编》（第8辑），（台北）文海出版社1986年影印版。

沃丘仲子：《近代名人小传》，沈云龙主编：《近代中国史料丛刊三编》（第8辑），（台北）文海出版社1986年影印版。

沃丘仲子：《徐世昌》，崇文书局1918年版。

吴丰培编：《赵尔丰川边奏牍》，四川民族出版社1984年版。

吴丰培整理：《清代藏事奏牍》，中国藏学出版社1994年版。

西藏自治区社会科学院、四川省社会科学院合编：《近代康藏重大事件资料选编》，西藏古籍出版社2001年版。

夏丽莲整理：《钱塘夏曾佑穗卿先生纪念文集》，（台北）文景书局1998年版。

乡城县志编纂委员会：《乡城县志》，四川大学出版社1997年版。

谢本书主编：《清代云南稿本史料》，上海辞书出版社2011年版。

谢兴尧整理：《荣庆日记：一个晚清重臣的生活实录》，西北大学出版社1986年版。

熊希龄：《熊希龄先生遗稿》（电稿1），上海书店出版社1998年版。

徐凌霄、徐一士：《凌霄一士随笔》，山西古籍出版社1997年版。

徐世昌等编纂：《东三省政略》，李澍田等点校，吉林文史出版社1989年版。

徐世昌：《退耕堂政书》，沈云龙主编：《近代中国史料丛刊正编》

（第 23 辑），（台北）文海出版社 1966 年影印版。

徐世昌：《徐世昌日记》，北京人民出版社 2015 年版。

许宝蘅：《许宝蘅日记》（第 1 册），中华书局 2010 年版。

杨长虹编：《凤全家书笺证》，民族出版社 2012 年版。

杨觐东辑：《滇事危言初集》，沈云龙主编：《近代中国史料丛刊正编》（第 62 辑），（台北）文海出版社 1966 年影印版。

杨铭译：《光绪年间"巴塘事件"史料辑译》，《历史档案》1998 年第 3 期。

姚锡光：《筹藏刍议》，沈云龙主编：《近代中国资料丛刊正编》（第 39 辑），（台北）文海出版社 1966 年影印版。

邮传部编纂：《轨政纪要初次编》，（台北）华文书局 1969 年版。

有泰：《有泰驻藏日记》，吴丰培整理，西藏社会科学院西藏学汉文文献编辑室编辑：《西藏学汉文文献汇刻》（第 2 辑），全国图书馆文献缩微复制中心 1992 年制。

虞和平主编：《近代史所藏清代名人稿本抄本》（第 1 辑），大象出版社 2011 年版。

虞和平主编：《近代史所藏清代名人稿本抄本》（第 2 辑），大象出版社 2014 年版。

虞和平主编：《近代史所藏清代名人稿本抄本》（第 3 辑），大象出版社 2017 年版。

云南省档案馆、红河学院编：《滇越铁路史料汇编》（上），云南人民出版社 2014 年版。

云南省志编纂委员会：《续云南通志长编》，内部发行，1985 年。

张明祥编：《东西湖区专志·艺文志》，武汉出版社 2007 年版。

张孝若编：《张季子九录·政闻录》，中华书局 1931 年版。

张勇主编：《赵藩纪念文集》，云南美术出版社 2004 年版。

张元济主编：《外交报汇编》（第 15 册），国家图书馆出版社 2009 年版。

赵尔巽等:《清史稿》,中华书局1976、1977年版。

赵心愚等编:《康区藏族社会珍稀资料辑要》(上册),巴蜀书社2006年版。

赵德馨主编:《张之洞全集》,武汉出版社2008年版。

赵中孚、张存武、胡春惠主编:《近代中韩关系史资料汇编》(第1册),(台北)"国史馆"1987年版。

《镇康县民族志》编委会:《镇康县民族志》,云南民族出版社1994年版。

郑振铎编:《晚清文选》,中国人民大学出版社2012年版。

政协德宏傣族景颇族自治州委员会文史资料研究委员会编:《德宏州文史资料选辑》(第10辑·德宏土司专辑),德宏民族出版社1997年版。

政协湖北省安陆市委员会文史资料研究委员会编:《陈宧研究资料》,内部资料,1987年。

政协昆明市委员会文史委员会编:《昆明文史资料选辑》(第44辑),内部资料,2006年。

政协全国委员会文史资料研究委员会编:《辛亥革命回忆录》(第3集),文史资料出版社1962年版。

政协全国委员会文史资料研究委员会编:《辛亥革命回忆录》(第5集),中华书局1963年版。

政协全国委员会文史资料研究委员会编:《辛亥革命回忆录》(第6集),中华书局1963年版。

政协天津市委员会文史资料研究委员会编:《天津文史资料选辑》(第31辑),天津人民出版社1985年版。

政协云南省红河哈尼族彝族自治州委员会学习文史委员会编:《红河州文史资料选辑》(第13辑),内部发行,2001年印制。

政协云南省委员会文史资料研究委员会编:《云南文史资料选辑》(第1辑),内部发行,1962年。

政协云南省委员会文史资料研究委员会编:《云南文史资料选辑》

（第20辑），云南人民出版社1983年版。

政协镇康县委员会文史资料委员会编：《镇康文史资料选辑》（第1辑），内部发行，1991年。

中国边疆史地研究中心、辽宁省档案馆合编：《东北边疆档案选辑》（第79册），广西师范大学出版社2007年版。

中国第二历史档案馆编：《中华民国史档案资料汇编》（第1、2辑），江苏古籍出版社1991年版。

中国第二历史档案馆编：《中华民国史档案资料汇编·教育》，江苏古籍出版社1994年版。

中国第一历史档案馆编：《光绪帝起居注》（8），广西师范大学出版社2007年版。

中国第一历史档案馆编：《光绪宣统两朝上谕档》，广西师范大学出版社1996年版。

中国第一历史档案馆满文部、黑龙江省社会科学院历史研究所编：《清代黑龙江历史档案选编》，黑龙江人民出版社1986年版。

中国第一历史档案馆编：《清代军机处电报档汇编》，中国人民大学出版社2005年版。

中国科学院图书馆整理：《续修四库全书总目提要》（第24册），齐鲁书社1996年版。

中国人民银行总行参事室编：《中国清代外债史资料：1853—1911》，中国金融出版社1991年版。

中国社会科学院近代史研究所《近代史资料》编辑组编：《义和团史料》（下册），中国社会科学出版社1982年版。

中国社会科学院近代史研究所中华民国史组编：《清末新军编练沿革》，中华书局1978年版。

中国地震局、中国第一历史档案馆编：《编明清宫藏地震档案》（上），地震出版社2005年版。

周秋光编：《熊希龄集》（第1册），湖南人民出版社2008年版。

周询：《蜀海丛谈》，沈云龙主编：《近代中国史料丛刊正编》（第1辑），（台北）文海出版社1966年影印版。

朱彭寿：《旧典备征》，中华书局1982年版。

朱启钤：《东三省蒙务公牍汇编》，黑龙江教育出版社2015年版。

朱有瓛主编：《中国近代学制史料》（第1辑·下册），华东师范大学出版社1986年版。

左舜生：《万竹楼随笔》，沈云龙主编：《近代中国史料丛刊正编》（第5辑），（台北）文海出版社1966年影印版。

［日］东亚同文会编：《对华回忆录》，胡锡年译，商务印书馆1959年版。

［英］杜格尔德·克里斯蒂：《奉天三十年：1883—1913》，张士尊等译，湖北人民出版社2007年版。

［英］李提摩太：《亲历晚清四十五年：李提摩太在华回忆录》，李宪堂等译，天津人民出版社2005年版。

［澳］骆惠敏编：《清末民初政情内幕——〈泰晤士报〉驻北京记者袁世凯顾问乔·厄·莫理循书信集》（上卷），刘桂梁等译，知识出版社1986年版。

［日］松本敬之：《富之满洲》，马为珑译，政治转输社1907年。

二 论著

（一）论文及论文集

陈一石：《从清末川滇边务档案看赵尔丰的治康政绩》，《近代史研究》1985年第2期。

陈一石：《清代瞻对事件在藏族地区的历史地位与影响》，《西藏研究》1986年第1、2、3期。

陈一石：《清末川铸藏元与印度卢比》，《西藏民族学院学报》1983年第4期。

崔志海：《美国政府对新政伊始清廷朝政的观察和反应》，《近代史研究》2010 年第 3 期。

崔志海：《美国政府与清末禁烟运动》，《近代史研究》2012 年第 6 期。

崔志海：《建国以来的国内清末新政史研究》，《清史研究》2014 年第 3 期。

崔志海：《论清末铁路政策的演变》，《近代史研究》1993 年第 3 期。

崔志海：《清末十年新政改革与清朝的覆灭》，《社会科学辑刊》2013 年第 2 期。

崔志海：《摄政王载沣驱袁事件再研究》，《近代史研究》2011 年第 6 期。

戴其芳、张瑞萍：《论锡良》，《内蒙古大学学报》1992 年第 4 期。

杜春和：《锡良》，载罗明、徐彻主编《清代人物传稿》（下编·第 7 卷），辽宁人民出版社 1992 年版。

《法国汉学》丛书编辑委员会编：《边臣与疆吏》，中华书局 2007 年版。

方平：《地方自治与清末至世界的民族国家想象》，《史林》2012 年第 2 期。

方铁：《论羁縻治策向土官土司制度的演变》，《中国边疆史地研究》2011 年第 2 期。

高乐才：《日本帝国主义对吉长铁路的攫取与侵华战略》，《东北师大学报》1989 年第 5 期。

耿云志：《论清末立宪派的国会请愿运动》，《中国社会科学》1980 年第 5 期。

何一民：《锡良与晚清四川近代化》，《四川师范大学学报》1993 年第 3 期。

黄鸿钊：《1904 年英国侵略西藏战争》，《中国藏学》1993 年第 1 期。

黄忠恪：《第一个勘测西藏电话线路的人》，《文史杂志》1994 年第 3 期。

贾大泉主编：《四川历史研究文集》，四川省社会科学院出版社1987年版。

焦润明：《1910—1911年的东北大鼠疫及朝野应对措施》，《近代史研究》2006年第3期。

康沛竹：《锡良与锦瑷铁路计划》，《黑河学刊》1989年第3期。

李茂郁：《试论清末川边改土归流》，《西藏研究》1984年第2期。

李绍先、陈渝：《锡良与近代四川教育》，《文史杂志》2004年第3期。

李细珠：《日韩合并与清末宪政改革》，《近代史研究》2011年第4期。

李细珠：《清末政治史研究的宏观检讨》，《史学月刊》2013年第2期。

李振武：《督抚与请愿速开国会运动》，中国史学会编：《辛亥革命与20世纪的中国》（上），中央文献出版社2002年版。

连振斌：《近四十年锡良研究综述》，《内蒙古民族大学学报》2011年第1期。

林明德：《安奉铁路改筑问题与抵制日货运动》，（台北）《"中央研究院"近代史研究所集刊》1971年第2期。

凌纯生：《中国边政之土司制度》，《中国边疆民族与环太平洋文化》，（台北）联经出版事业公司1979年版。

刘增合：《度支部与清末鸦片禁政》，《中国社会经济史研究》2004年第1期。

吕实强：《清末民初四川的农业改良（1894—1916）》，（台北）《台湾师大历史学报》1978年第6期。

马菁林：《清末川边藏区改土归流的宏观历史分析》，《西藏研究》2001年第3期。

马陵合：《从"开门通商"到"厚集洋债，以均势力"：徐世昌与东北外交策略的变化》，《中国边疆史地研究》2004年第2期。

马汝珩、马大正主编:《清代边疆开发研究》,中国社会科学出版社1990年版。

任新建:《凤全与巴塘事变》,《中国藏学》2009年第2期。

任新建:《论康藏的历史关系》,《中国藏学》2004年第4期。

任新建:《明正土司考略》,《西南民族学院学报》1985年第3期。

沈乃正:《清末之督抚集权、中央集权与同署办公》,《社会科学》(第2卷第2期),北平国立清华大学,1937年1月。

王宏斌:《清末新政时期的禁烟运动》,《历史研究》1990年第4期。

王娟:《流官进入边疆:清初以降川边康区的行政体制建设》,《中南民族大学学报》2014年第1期。

王铁军:《中日围绕新奉铁路权益的交涉》,《日本研究》1997年第4期。

吴达德:《清末新军的编练与教育——以云南新军为中心的探讨》,《四川师范大学学报》2008年第2期。

吴强:《辛亥时期的云南土司》,云南省历史学会、云南省中国近代史研究会编:《云南辛亥革命史》,云南大学出版社1991年版。

席萍安:《锡良与二十世纪初年的四川》,《成都大学学报》2002年第2期。

夏良才:《清末币制实业借款的几个问题》,《学术月刊》1986年第2期。

谢维:《中国近代史研究三十年——过去的经验与未来的可能走向》,《近代史研究》2010年第2期。

熊月之:《略论晚清改造胥吏的思想》,《史学月刊》2017年第2期。

徐君:《清季对川边的认识与决策(上):兼论瞻对问题的由来》,《康定民族师范高等专科学校学报》1999年第1期。

许茂慈:《清末川边土司制度与改土归流》,《民族论丛》(第7辑),内部刊物,1989年。

许小青:《双重政治文化认同的困境——解读梁启超民族国家思想》,

《安徽史学》2001年第1期。

许新民、康春华：《清末地方统治集团与云南辛亥革命》，《云南社会科学》2012年第2期。

张秋雯：《清代嘉道咸同四朝的瞻对之乱——瞻对赏藏的由来》，（台北）《"中央研究院"近代史研究所集刊》1993年第22期上。

张秋雯：《清代雍乾两朝之用兵川边瞻对》，（台北）《"中央研究院"近代史研究所集刊》1992年第21期。

张秋雯：《清季鹿传霖力主收回瞻对始末》，（台北）《"中央研究院"近代史研究所集刊》1998年第29期。

张秋雯：《清末巴塘变乱之探讨》，《"中央研究院"近代史研究所集刊》1981年第10期。

张守真：《清季东三省的改制及其建设》，《中国近代现代史论集》（第16编），中国台湾商务印书馆1986年版。

张守真：《清季东三省路权的开放与美国的投资》，王明荪主编：《古代历史文化研究辑刊》（第2编·第29册），（台北）花木兰文化出版社2009年版。

赵云田：《50年来的中国近代边疆史研究》，《近代史研究》2000年第4期。

赵云田：《清末川边改革新探》，《中国藏学》2002年第3期。

赵云田：《清末新政期间的筹蒙改制》，《民族研究》2002年第5期。

赵中孚：《清末东三省改制的背景》，（台北）《"中央研究院"近代史研究所集刊》1976年第5期。

周平：《对民族国家的再认识》，《政治学研究》2009年第4期。

[美] 戴福士：《四川总督锡良的对藏政策》，高翠莲译，达力扎布主编：《中国边疆民族研究》（第5辑），中央民族大学出版社2011年版。

[美] 王秀玉：《清末川康战事：川西藏区改土归流的前奏》，《民族学刊》2011年第2期。

（二）著作

丁名楠主编：《帝国主义侵华史》，人民出版社1986年版。

甘孜州志编纂委员会：《甘孜州志》（上），四川人民出版社1997年版。

关晓红：《从幕府到职官：清季外官制的转型与困扰》，生活·读书·新知三联书店2014年版。

牙含章：《达赖喇嘛传》，生活·读书·新知三联书店1993年版。

何炳贤：《中国的国际贸易》，《民国丛书》（第1编·第38册），上海书店1989年影印版。

侯宜杰：《二十世纪初中国政治改革风潮：清末立宪运动史》，人民出版社1993年版。

胡成：《困窘的年代：近代中国的政治变革和道德重建》，上海三联书店1997年版。

黄玉生等：《西藏地方与中央政府关系史》，西藏人民出版社1995年版。

贾大泉、陈世松主编：《四川通史》，四川大学出版社1994年版。

贾英健：《全球化背景下的民族国家研究》，中国社会科学出版社2005年版。

姜守明：《从民族国家走向帝国之路：近代早期英国海外殖民扩张研究》，南京师范大学出版社2000年版。

蒋秋明、朱庆葆：《中国禁毒历程》，天津教育出版社1996年版。

李珪主编：《云南近代经济史》，云南民族出版社1995年版。

李剑农：《中国近百年政治史》，商务印书馆2011年版。

李细珠：《地方督抚与清末新政——晚清权力格局再研究》，社会科学文献出版社2012年版。

李治亭主编：《东北通史》，中州古籍出版社2003年版。

厉声、李国强主编：《中国边疆史地研究综述》，黑龙江教育出版社2002年版。

连振斌：《锡良与清末新政研究》，中国社会科学出版社 2014 年版。

凌兴珍：《清末新政与教育转型：以清季四川师范教育为中心的研究》，人民出版社 2008 年版。

刘成、刘金源：《世界现代化历程·总论卷》，江苏人民出版社 2010 年版。

刘绍唐主编：《民国人物小传》（第 10 册），生活·读书·新知三联书店 2015 年版。

刘增合：《鸦片税收与清末新政》，生活·读书·新知三联书店 2005 年版。

闾小波：《近代中国民主观念之生成与流变：一项观念史的考察》，江苏人民出版社 2012 年版。

罗荣渠：《现代化新论》，北京大学出版社 1993 年版。

罗玉东：《中国厘金史》，（香港）大东图书公司 1977 年版。

马大正等整理：《吴丰培边事题跋集》，新疆人民出版社 1998 年版。

马大正、刘逖主编：《二十世纪中国边疆研究：一门发展中的边缘学科的演进历程》，黑龙江教育出版社 1997 年版。

马菁林：《清末川边藏区改土归流考》，巴蜀书社 2004 年版。

马连龙：《历辈达赖喇嘛与中央政府关系》，青海人民出版社 2008 年版。

马陵合：《清末民初铁路外债观研究》，复旦大学出版社 2004 年版。

马汝珩、马大正主编：《清代的边疆政策》，中国社会科学出版社 1994 年版。

宓汝成：《帝国主义与中国铁路（1847—1949）》，经济管理出版社 2007 年版。

宁骚：《民族与国家：民族关系与民族政策的国际比较》，北京大学出版社 1995 年版。

牛平汉主编：《清代政区沿革综表》，中国地图出版社 1990 年版。

齐磊、胡金野：《中国禁毒史》，甘肃人民出版社 2004 年版。

秦国经：《逊清皇室秘闻》，故宫出版社 2014 年版。

秦和平：《云南鸦片问题与禁烟运动》，四川民族出版社 1998 年版。

任乃强：《民国川边游踪之〈泸定考察记〉》，中国藏学出版社 2009 年版。

任新建：《康巴历史与文化》，巴蜀书社 2014 年版。

四川省甘孜军分区《军事志》编纂委员会编：《甘孜藏族自治州军事志》，内部资料，1999 年。

苏智良：《中国毒品史》，上海人民出版社 1997 年版。

陶绪：《晚清民族主义思潮》，人民出版社 1995 年版。

王笛：《跨出封闭的世界——长江上游区域社会研究（1644—1911）》，中华书局 2001 年版。

王海波：《东北移民问题》，上海中华书局 1932 年版。

王巨新：《清代中缅关系》，社会科学文献出版社 2015 年版。

王芸生：《六十年来中国与日本》，生活·读书·新知三联书店 1980 年版。

王征国等：《改革心理学》，黑龙江人民出版社 1989 年版。

韦庆远、高放、刘文源：《清末宪政史》，中国人民大学出版社 1993 年版。

隗瀛涛、李有明、李润苍等：《四川近代史》，四川省社会科学院出版社 1985 年版。

隗瀛涛：《四川保路运动史》，四川人民出版社 1981 年版。

隗瀛涛主编：《四川近代史稿》，四川人民出版社 1990 年版。

吴丰培：《藏学研究论丛·吴丰培专辑》，西藏人民出版社 1999 年版。

吴康零主编：《四川通史》（第 6 册），四川大学出版社 1994 年版。

吴心伯：《金元外交与列强在中国（1909—1913）》，复旦大学出版社 1997 年版。

谢本书等：《云南近代史》，云南人民出版社 1993 年版。

谢本书、李成森：《民国元老李根源》，云南教育出版社1999年版。

闫光亮：《清代内蒙古东三盟史》，中国社会科学出版社2006年版。

杨余练：《清代东北史》，辽宁教育出版社1991年版。

姚大力：《北方民族史十论》，广西师范大学出版社2007年版。

尤中：《云南地方沿革史》，云南人民出版社1990年版。

云南省志编纂委员会办公室：《续云南通志长编》（上），内部刊物，1985年。

张守真：《清季东三省的铁路开放政策：1905—1911》，高雄复文图书出版社1995年版。

张宇燕、李增刚：《国际关系的新政治经济学》，中国社会科学出版社2010年版。

张仲礼：《中国绅士——关于其在十九世纪中国社会中作用的研究》，李荣昌译，上海社会科学院出版社1991年版。

赵云田：《清末新政研究：20世纪初的中国边疆》，黑龙江教育出版社2004年版。

赵云田：《中国边疆民族管理机构沿革史》，中国社会科学出版社1993年版。

赵云田：《中国治边机构史》，中国藏学出版社2002年版。

［英］埃里·凯杜里：《民族主义》，张明明等译，中央编译出版社2002年版。

［英］菲利浦·约瑟夫：《列强对华外交（1894—1900）——对华政治经济关系研究》，胡滨译，商务印书馆1959年版。

［美］韩德：《中美特殊关系的形成：1914年前的美国与中国》，项立岭、林勇军译，复旦大学出版社1993年版。

［英］霍布斯鲍姆：《民族与民族主义》，李金梅译，上海人民出版社2006年版。

［美］孔华润：《美国对中国的反应——中美关系的历史剖析》，张静尔译，复旦大学出版社1997年版。

〔美〕李约翰:《清帝逊位与列强》,孙瑞芹等译,中华书局1982年版。

〔美〕马士:《中华帝国对外关系史》,张汇文等译,上海书店2000年版。

〔美〕迈克尔·谢勒:《二十世纪的美国与中国》,徐泽荣译,生活·读书·新知三联书店1985年版。

Roger V. Des Forges, *Hsi-liang and the Chinese National Revolution*, New Haven and London: Yale University Press, 1973.

后　　记

　　2012 年，我进入中国社会科学院近代史研究所博士后流动站，跟随晚清史研究著名学者崔志海老师学习。其时我任职一所地方师范院校，能在近代史研究的最高殿堂学习，实为可遇不可求的机会。在研究选题上，我原本计划沿着博士期间五大臣出洋考察的研究继续探讨清末宪政史，崔老师则建议另辟蹊径，以近代史所收藏的锡良档案为依据展开锡良研究，如此不仅有资料之便且可以开拓新的研究领域。自此，我便开始了一段新的学术历程。值得一提的一个小插曲，当时锡良档案因影印出版之故而封存，但面世至少在数年之后，调阅原档势属必然。翻看当时写的流水日记："2012 年 8 月 27 日，星期一，雨，下午交博士后面上资助申请书，请崔老师签字，又携我去段梅馆长办公室，协调查阅锡良档案事。"在崔老师和段老师帮助下，最终顺利得到阅档许可。

　　史家姚大力在一篇访谈中曾说："如果说历史研究真应该'还原'什么，那它首先要还原的，就应该是活动在那个时代的各人群或个人存留在历史文本及其他形式记忆之中的对那个时代的切身感知。"理解历史人物，感知历史时代，无疑是历史研究的一个核心目的。锡良是晚清少有的少数民族名督抚，他的奋进与彷徨、成功与失败，呈现了一个旗人的作为与处境。近代史所收藏的锡良档案具有时间跨度长、类型和内容丰富、文本和史料价值高等特点，不仅反映锡良仕宦经历，也记录光宣两朝政局变动、满汉关系、社会变革、对外交涉等林林总总，堪称一部晚清百科全书。读档过程的辛苦自不待言，时有所得的欣悦尤难忘怀。岁月蹉跎，从2012年阅档至2022年出版这本小书，倏忽间十年光阴已过。2013年，我以"锡良与清末新政研究"为主题，先后申报了中国博士后科学基金和国家社科基金青年项目。数年来，十余篇立足于央地关系、督抚作为、省域矛盾、中外博弈等视角的专题文章，在《近代史研究》《民族研究》《史学月刊》《史林》《西藏研究》《军事历史研究》《四川师范大学学报》《读书》《兰州学刊》《内蒙古大学学报》《关东学刊》等刊物发表，编辑老师与审稿专家的指点与建议对我帮助良多，时有茅塞顿开之感。能在锡良人物研究上取得一点成绩，也印证了崔老师选题建议的高屋建瓴，使我对"师傅领进门"多了一层领悟。

一本书的产生，既是学术研究经历，也反映了人生中的一段历程。本书付梓之际，需要感谢的人很多。崔志海老师是一位淡泊名利的纯粹学者，道德文章俱臻佳境，数年受教获益匪浅。师母葛夫平老师也时常关切询问我在近代史所的研究和生活情况。徐秀丽老师是主持我博士答辩的座师，后从崔老师口中得知徐老师曾特至他办公室就我申请进站事力为举荐，恩惠提携唯有铭记在心。姜涛老师、刘俐娜老师、徐秀丽老师、马忠文老师、李细珠老师、尚小明老师、郑大华老师、李文通老师、扎洛老师，分别参加了博士后中期考核会和出站报告会，在篇章设置、资料使用乃至文字表述等方面提出诸多良言益策，心存感念之至。我在东厂胡同近代史所三楼落脚之处是马平安老师的办公室，马老师一直以来对我很是照顾。朱东安老师偶尔也会去办公室，总能滔滔不绝，学术心得常在不经意间流露。吴丽平师姐是我第一本专著《清末五大臣出洋考察研究》的责编，此次又承担本书责编，她的敬业和专业令我钦佩。自2014年始，我接连参加了崔志海老师联合学界主办的第六至第九届晚清史研究国际学术研讨会，提交的锡良研究论文得到众师友指正与鼓励，结识高明先进则更属人生幸事。

2018年秋，我从安阳师范学院调至福建师范大学工作。说来亦有故事。我独立参加的首个学术会议，即是2006年10月由福建师范大学等单位在武夷山组织召开的"纪念严复逝世85周年国际学术研讨会",记得当时坐绿皮火车从保定先到洛阳再转车至武夷山,不意十多年后到师大工作。苏轼尝言:"我今漂泊等鸿雁,江南江北无常栖。"虽无此种意境,但与故乡重山阻隔,加之新冠疫情肆虐,亦生别样情愫。历史专业是福建师大历史最为悠久的专业之一,身处其中不时能感受到她的深厚学术底蕴。叶青院长一直关心我来福州后的生活与工作情况,陈尚旺书记、孙建党院长对我的研究进展也多有励勉之言,在此谨致以最衷心的感谢。在安阳师范学院工作的八年,也是我人生中一段非常美好的时光。郭旭东院长是林州人,几次作为"向导"带领我们徒步太行大峡谷,时隔数年仍历历在目。与常全喜、韩玉璞、赵俊杰、杨宽等老师合力,连续两次夺取校教工篮球赛冠军,一时让全校上下对素有"四体不勤"之名的历史系刮目相看,更留下一段难忘的"青春"记忆。最后,也要对家人表示感谢。随着我工作调动,妻子来到师大图书馆工作,儿子也转学到师大附小就读,感谢他们对我的理解和支持。转瞬四年过去,来福州时的三年级小学生也即将开启新的中学生活,希望你能一如既往地健康快乐成长。

　　书稿得以出版,内心固有如释重负的一时之快。然细细思忖,似乎又毫无轻松之感。坦白地讲,对锡良人物的认知和人物本相之间还是有相当的距离。由于本书主题所限,锡良人际关系、政坛遭际、对外交涉等内容尚难系统展现,现有认识亦难免存在盲人摸象的偏见。因此,本书既是笔者锡良研究的一个阶段性总结,也是一个新的研究起点。

　　真诚期待学界的批评与指正。

2022年5月24日于福州南台岛